W0300967

REDLINE WIRTSCHAFT

MICHAEL JUNGBLUT (HRSG.)

ZDF WISO

Aktien • Fonds • Futures

Eine Einführung in die Börse

Autoren:
Michael Jungblut, Claudia Krafczyk,
Rudolf Rauschenberger

REDLINE WIRTSCHAFT

Michael Jungblut
WISO Aktien, Fonds, Futures
Eine Einführung in die Börse
2., aktualisierte und erweiterte Auflage
Frankfurt: Redline Wirtschaft, 2004
ISBN 3-636-01184-7

Unsere Web-Adresse:
http://www.redline-wirtschaft.de

Alle Rechte, insbesondere das Recht der Vervielfältigung und Verbreitung sowie der Übersetzung, vorbehalten. Kein Teil des Werkes darf in irgendeiner Form (durch Fotokopie, Mikrofilm oder ein anderes Verfahren) ohne schriftliche Genehmigung des Verlages reproduziert oder unter Verwendung elektronischer Systeme gespeichert, verarbeitet, vervielfältigt oder verbreitet werden.

Umschlag: INIT, Büro für Gestaltung, Bielefeld
Coverabbildung: zefa, Hamburg
Copyright © 2004 by Redline Wirtschaft, Redline GmbH, Frankfurt/M.
Ein Unternehmen der Süddeutscher Verlag Hüthig Fachinformationen
Satz: Redline Wirtschaft – Beate Soltész, Wien
Druck: Himmer, Augsburg
Printed in Germany

Inhalt

NYSE

Geld verdienen – mit Aktien und anderen Wertpapieren

Könner schaffen das nicht nur bei steigenden Kursen

Spätestens dann, wenn Sie dieses Buch gelesen haben, sind Sie Angehöriger einer Minderheit. Denn alle einschlägigen Untersuchungen zeigen seit Jahren immer wieder, dass die große Mehrzahl der Bundesbürger über den Umgang mit Geld bestenfalls weiß, wie man es ausgibt oder, nach dem Motto „Geiz ist geil", auf die hohe Kante legt. Aber wenn es darum geht, Geld einigermaßen sinnvoll anzulegen, damit Vermögen zu bilden, herrscht das „Prinzip Ahnungslosigkeit".

Das gilt beim Umgang mit fast allen der so genannten „Finanzprodukte" – egal, ob es sich dabei um Aktien und Anleihen, das gute alte Sparbuch oder etwas komplexere Anlage- und Spekulationsinstrumente wie Puts und Calls oder Hedgefonds handelt. Wie eine Studie des Deutschen Instituts für Wirtschaftsforschung (DIW) ergab, tun sich viele Deutsche vor allem damit schwer, das Risiko bestimmter Geldanlagen richtig einzuschätzen. Da stellen zum Beispiel jeweils rund 27 Prozent der Deutschen das Sparbuch auf der einen und Aktien sowie Aktienfonds auf der anderen Seite auf die gleiche Risikostufe. Dabei liegen in Wirklichkeit Welten zwischen diesen beiden Formen der Geldanlage – sowohl was das Risiko angeht als auch hinsichtlich der Erträge, die sie bringen können.

Gegen den Trend

Die größten Gewinne am Aktienmarkt machen auf die Dauer diejenigen, die sich nicht auf dem Höhepunkt einer Spekulationswelle von der allgemeinen Euphorie mitreißen lassen. Im Gegenteil. Das sind meistens die „Letzten, die die Hunde beißen". Wer dagegen vorsichtig einsteigt, wenn alle anderen die Taschen zuhalten, günstig bewertete Aktien solider Unternehmen kauft und dabei möglichst auch noch darauf achtet, eine gute Dividendenrendite zu erzielen, kann mit hoher Wahrscheinlichkeit auf mittlere und längere Sicht sein Vermögen mehren. Vor allem für diesen Anlegertyp ist dieser WISO-Ratgeber gedacht. Um eine Anleitung

für Zocker handelt es sich dagegen nicht. Wer die Börse mit einem Spielkasino verwechselt, sollte zu anderen Ratgebern greifen – und sich dann später nicht beschweren, wenn seine Hoffnungen auf das „schnelle Geld“ nicht in Erfüllung gehen. Denn wenn die Autoren solcher Bücher den sicheren Weg zum Reichtum wirklich kennen würden, müssten sie ihre Zeit nicht damit vergeuden, Rezeptbücher für Spekulanten zu Papier zu bringen.

Nicht einmal die Hälfte der Befragten kann die Sicherheit verschiedener Formen der Geldanlage einigermaßen zutreffend einschätzen. Mehr als ein Drittel wusste nicht, dass die Kündigung von Kapitallebensversicherungen in den ersten Jahren nach Vertragsabschluss eine Entscheidung ist, die hohe Verluste bringt. Immerhin wusste rund die Hälfte, dass Aktien langfristig gesehen die Form der Geldanlage ist, die den höchsten Wertzuwachs bringt. Aber das bedeutet umgekehrt eben auch, dass die Hälfte aller erwachsenen Deutschen nicht weiß, wie und wo man sein Geld mit den besten Ertragsaussichten einsetzt – und das bei einigem Geschick sogar dann, wenn die Kurse fallen.

Große Wissenslücken bestehen sogar bei denen, die bereits Erfahrungen mit etwas anspruchsvolleren Formen der Geldanlage gesammelt haben. So zeigte eine Untersuchung des BVI, des Bundesverbandes Investment und Asset Management, dass selbst von den über 15 Millionen Bundesbürgern, die bereits Anteile an Investmentfonds besitzen, nur 28 Prozent Aktienfonds als eine der Möglichkeiten kennen, ihre Ersparnisse profitabel anzulegen. Unter denen, die bisher noch nie Fondsanteile erworben haben, sind es gerade noch 7 Prozent, die etwas mit dem Begriff „Aktienfonds“ anfangen können. Dabei haben nur 6 Prozent derjenigen, die seit längerer Zeit einen Teil ihres Geldes in Fonds anlegen, damit schlechte Erfahrungen gemacht. Die Mehrzahl hat ihr Vermögen – trotz zeitweilig herber Rückschläge an den Wertpapiermärkten – mit Hilfe dieser Anlageinstrumente deutlich erhöhen können. Aber das hat sich offenbar bei den „Anlagemuffeln“ immer noch nicht herumgesprochen.

Solche Ergebnisse sind auch deshalb besorgniserregend, weil die gesetzliche Rentenversicherung auf höchst wackeligen Füßen steht und die Tendenz der Politik eindeutig darauf gerichtet ist, die Alterssicherung stärker als in der Vergangenheit auf private Vorsorge auszurichten. Das bedeutet: Es geht nicht mehr allein darum, aus „Spaß an der Freude“ Vermögen zu bilden, um sich später ein paar Extras leisten zu können oder den Kindern etwas zu hinterlassen. Wer nicht selber rechtzeitig vorsorgt, läuft Gefahr, in die Falle der Altersarmut zu geraten. Mochte früher mancher den Wunsch von Durchschnittsverdienern nach Kapital- und Vermögensbildung als bürgerlichen Trieb und „Hang zum Kapitalismus“ belächeln – heute ist es eine schlichte Notwendigkeit für alle, die ihren Lebensstandard im dritten Lebensabschnitt nicht stark absenken oder in totale Abhängigkeit von Vater Staat und seinen Launen geraten wollen.

Aber es kommt nicht nur darauf an, zu sparen. Wichtig ist auch, das Ersparte richtig anzulegen. Denn nur so kann es vor der Gefahr der Entwertung oder den allzeit gierig ausgestreckten Händen des Fiskus bewahrt werden.

Doch mit der Geldanlage ist es wie mit dem Fahrradfahren: Man beherrscht es nicht einfach von Geburt an; aber wer sich einmal damit vertraut gemacht und ein wenig geübt hat, dem bleibt diese Fähigkeit ein Leben lang erhalten. Und wie mit dem Fahrrad kommt man auch bei der Vermögensbildung schneller voran, wenn man die verfügbaren Instrumente der Geldanlage richtig nutzt. Doch nur wer die Verkehrsregeln kennt und beherzigt, kann schwere Unfälle vermeiden.

Unfallopfer sind bei der Geldanlage leider ebenso zu beklagen wie im Verkehr. Entweder werden die Betroffenen Opfer ihrer eigenen Unkenntnis und machen grobe Fehler. Oder sie geraten in die Fallen von Anlagebetrügern und windigen Ratgebern, die ihre Unkenntnis schamlos ausbeuten. Es ist immer wieder erstaunlich, mit welchen simplen Tricks selbst ernannte Finanzexperten, Anlageberater oder Börsengurus braven Bürgern ihr sauer verdientes Geld abnehmen. Auch das ist eine Folge davon, dass so viele Menschen zwar unendlich viel über Fußball oder Tennis, Volksmusik oder Popstars, Filmschauspieler oder die tragischen Ereignisse an fremden Fürstenhäusern wissen, aber wenig oder nichts über ihre Rentenansprüche, über Geldanlage oder Möglichkeiten der Steuerersparnis.

Dass so wenig Bundesbürger über die Börse Bescheid wissen und sich nicht für Aktien interessieren, liegt sicher auch daran, dass viele sich gleich beim ersten Versuch, Wertpapiere anzufassen, gründlich die Finger verbrannt haben. Das liegt vor allem daran, dass es um die Jahrtausendwende an der Börse so heiß herging wie schon lange nicht mehr. Nach einer Hausse, wie es sie seit Jahrzehnten nicht mehr gegeben hat, folgte ein Absturz, wie ihn viele nicht mehr für möglich gehalten haben.

Das wird vor allem dann deutlich, wenn man die Kursentwicklung über einen etwas längeren Zeitraum betrachtet: Der deutsche Aktienindex DAX, der am 1. Juli 1988 erstmals offiziell ermittelt wurde und damals bei 1.000 Punkten startete, überschritt erst neun Jahre später, nämlich im Jahr 1997, erstmals die Grenze von 3.000 Punkten. Danach stieg er bis Ende 1999 rasch auf über 5.000 Punkte und schoss dann Anfang 2000 noch einmal steil nach oben: Am 7. März 2000 erreichte der DAX mit 8.136,16 Punkten seinen vorläufigen Höchststand – um danach fast ebenso schnell wieder in die Tiefe zu rauschen. Anfang 2003 durchbrach er die Grenze von 3.000 Punkten nach unten und war nach fast genau sechs Jahren wieder da, wo er 1997 seinen steilen Anstieg begonnen hatte.

Noch schlimmer als die Werte der „Old Economy“ erwischte es die „New Economy“. Der so genannte „Neue Markt“, an dem es für kurze Zeit so aussah, als ob man scheinbar mühelos zum Millionär werden könne, stürzte nach einer rasanten Kurvenfahrt so steil ab, dass er schließlich selber im Strudel der Krise unterging. Am 5. Juni 2003 wurde er von der Deutschen Börse AG, die so schnell wie möglich dieses unrühmliche

Kapitel in ihrer sonst so erfolgreichen Geschichte beenden wollte, für immer geschlossen. Viele Anleger, die in diesen Jahren zwischen Hausse und Baisse zu Zockern und Spekulanten geworden waren, mussten so erleben, wie schnell man an der Börse ein Vermögen nicht nur gewinnen, sondern auch (wieder) verlieren kann.

Eine neue Generation von Anlegern hat um die Jahrtausendwende wieder die gleiche Lektion schmerzhaft lernen müssen wie schon ihre Väter und Großväter: Wenn sich die Kurse vom Boden der wirtschaftlichen Realität entfernen, wenn Geld nicht mehr wohlüberlegt angelegt, sondern verzockt wird, bildet sich eine Spekulationsblase, die früher oder später platzt. Das ist eine Erfahrung, die nicht nur Aktienanleger machen. Überhitzte Spekulationen mit Gold oder Silber, mit Immobilien oder Hochzinsanleihen, mit Devisen oder Schweinebäuchen enden regelmäßig auf die gleiche Weise. Wer da nicht rechtzeitig aussteigt, erlebt am eigenen Leib, was der Spruch bedeutet: „Den Letzten beißen die Hunde." In Japan hat es länger als ein Jahrzehnt gedauert, ehe sich Sparer und Banken einigermaßen von dem Crash des Immobiliensektors erholt hatten. Nachdem die Grundstückspreise jahrelang wie Raketen in den Himmel geschossen waren und Quadratmeterpreise von 50.000 Dollar und mehr keine Seltenheit waren, brach auch diese Spekulation Anfang der Neunzigerjahre in sich zusammen und riss neben ungezählten Spekulanten auch große, bis dahin als solide geltende Bankhäuser mit in den Abgrund.

Aber auch wer sein Geld in Anleihen anlegt und dabei mehr auf die Höhe der Zinsen als auf die Seriosität des Schuldners achtet, kann sein Geld ebenso gut gleich verbrennen. Länder wie Argentinien haben schon zum wiederholten Mal das Vertrauen ihrer Geldgeber – oder deren Gier nach hoher Verzinsung – missbraucht. Und wer nach dem Ende der Goldpreisbindung das gelbe Metall gehortet und sich über den Schwindel erregenden Preisanstieg gefreut hat, der einsetzte, als sich die USA 1971 von der Verpflichtung verabschiedeten, den Dollar jederzeit gegen eine bestimmte Menge Gold einzutauschen, wartet bis heute vergeblich darauf, dass der Goldpreis auch nur in die Nähe der einstigen Spitzenkurse kommt. Das zeigt: Weder Aktien noch Gold, weder Immobilien noch Anleihen sind eine absolut sichere Geldanlage. Nicht einmal das Sparbuch ist es. Das dort „gebunkerte" Geld bringt zu wenig Zinsen, um das Ersparte vor der schleichenden Entwertung durch Preissteigerungen zu schützen.

Doch dagegen und gegen so manche andere Gefahr können Sie sich – und Ihr Geld – schützen. In diesem Buch werden wir Ihnen an vielen Stellen zeigen, wie man einerseits mit Aktien verdienen kann – und zwar bei steigenden wie bei fallenden Kursen. „Derivate" nennt man die Instrumente, mit denen informierte Anleger nicht nur spekulieren, sondern sich auch absichern. Und wir weisen auch immer wieder darauf hin, wo Gefahren oder halbseidene Ratgeber lauern – und wie man sich gegen allzu hohe Risiken absichern kann.

Achtung Abzocker

Auch in Zukunft wird es neben Perioden einer moderaten Kursentwicklung immer wieder zu mehr oder weniger großen Schwankungen kommen. Das bietet cleveren Anlegern große Chancen, ist aber immer auch mit Risiken verbunden. Das gilt besonders für den Handel mit den so genannten Derivaten, mit den vielfältigen Anlageinstrumenten, die auf der Basis von Aktien und Anleihen entwickelt wurden und ständig neu entwickelt werden.

Nicht nur die Geschichte der Börsen, sondern auch die Zukunft der Wertpapiermärkte ist eine Geschichte heiß-kalter Wechselbäder. Seit es Börsen gibt, hat es auch immer wieder Zeiten einer übersteigerten Spekulation und anschließend eines tiefen Absturzes gegeben. Geschickte Spekulanten haben dabei ohne große Mühen ein Millionenvermögen gemacht. Andere haben ihre durch harte Arbeit erworbenen Ersparnisse verloren, weil sie zu spät auf den fahrenden Zug aufgesprungen sind, dann nicht den Mut fanden, sich ihren Irrtum rechtzeitig einzugestehen und so mit einem kleinen Verlust wieder auszusteigen.

Das Schicksal uninformierter oder halsstarriger Anleger läuft fast immer nach dem gleichen Muster ab: Sie kaufen erst, wenn die Kurse schon kräftig gestiegen sind. Wenn die Entwicklung kippt, warten sie zu lange mit einem Verkauf. Dann steigen sie schließlich doch aus, um zu retten, was noch zu retten ist – und sind nicht mehr investiert, wenn die Kurse schließlich wieder steigen. Der Zug fährt ohne sie ab. Das geht nun schon seit drei Jahrhunderten so.

Die erste Aktienbörse entstand schon im 17. Jahrhundert in Amsterdam. Dort wurden zunächst die Aktien der Ostindischen und etwas später der Westindischen Kompanie gehandelt. Auf dem ersten, noch erhaltenen Kurszettel der Amsterdamer Börse aus dem Jahr 1747 standen bereits 44 verschiedene Papiere, darunter drei niederländische und drei englische Aktien, 25 öffentliche Anleihen der Niederlande sowie vier englische und sechs deutsche Schuldverschreibungen. Fast gleichzeitig mit dem Börsengeschäft wurde auch der Spekulant geboren.

Betrüger und Spekulanten

Schon bald entdeckten gerissene Geschäftsleute, dass sich durch gezielte Käufe und Verkäufe, durch Verbreitung von Nachrichten und Streuen von Gerüchten, die Kurse beeinflussen lassen. Und weil es in Zeiten stark steigender Kurse so leicht ist, das Geld gutgläubiger oder habgieriger Anleger einzusammeln, entstanden auch bald die ersten Schwindelfirmen. Es waren Kolonialgesellschaften, die ihren Aktionären versprachen, ihnen die Reichtümer der Neuen Welt zu Füßen zu legen. Als die Regierung 1720 eingriff und Gesetze zum Schutz der Anleger erließ, brach die Spekulation über Nacht zu-

sammen. Tausende waren ruiniert. Selbst die Bank von England konnte sich nur mit knapper Not vor einem Zusammenbruch retten.

Wenn Sie jetzt an gewisse Vorgänge am ehemaligen „Neuen Markt“ denken, dann ist das durchaus kein Zufall.

Der Zusammenbruch von 1720 war zwar der erste, aber er blieb bis heute nicht der letzte spektakuläre Börsenkrach. Besondere „Berühmtheit“ erreichte der „schwarze Freitag“ des Jahres 1873. In den „Gründerjahren“ nach dem deutsch-französischen Krieg 1870/71 und der deutschen Reichsgründung hatte der wirtschaftliche Boom schließlich auch zu einer stark überhitzten Kursentwicklung an den Börsen geführt. Ihr Ende wurde am Freitag, dem 4. Mai 1873, eingeläutet. In Erinnerung daran wurde auch der Tag des Jahres 1929, an dem es nach einem monatelangen Kursfeuerwerk völlig überraschend zu einem Kurseinbruch an der Wall Street kam, der schließlich katastrophale Folgen für die gesamte Weltwirtschaft nach sich zog, als „Schwarzer Freitag“ bezeichnet. In Wirklichkeit wurde die Krise aber am Donnerstag, dem 24. Oktober 1929, ausgelöst. Es folgte allerdings ein ebenso schwarzer Freitag und viele weitere Tage, an denen die Kurse dramatisch fielen. Vorausgegangen war eine Zeit wilder Spekulationen. Wer Aktien ausgab, konnte sicher sein, genügend Käufer dafür zu finden, die gar nicht erst fragten, was für eine Art Unternehmen eigentlich dahinter stand – falls überhaupt etwas dahinter stand. (Wenn bei Ihnen jetzt erneut Erinnerungen an die Entwicklung am Frankfurter Neuen Markt in den Jahren 1999/2000 wach werden sollten, ist auch das sicher nicht rein zufällig.)

Ein Donnerstag mit dem Namen „Freitag“

Der bis heute berüchtigtste „Schwarze Freitag“ seit Bestehen des organisierten Handels mit Wertpapieren ist der Börsencrash von 1929 in New York. Er fand allerdings am Donnerstag, 24. Oktober 1929 statt. Es war bisher der folgenschwerste Börsen-Unfall. Damals sank der Kurs der wichtigsten amerikanischen Aktien innerhalb von wenigen Stunden um 13 Prozent. Das wiederum löste panikartige Verkäufe in allen Marktbereichen aus. Tausende von Anlegern, die oftmals ihre Wertpapiere mit Hilfe von Krediten erworben hatten (auch ein Fehler, der bis heute immer wieder gemacht wird), trennten sich ebenso gedankenlos von ihren Papieren, wie sie diese zuvor gekauft hatten. Vier Jahre lang – nämlich bis 1933 – ging es fast ohne Unterbrechung immer weiter bergab. Dabei wurden – ebenso wie das heute immer noch der Fall ist – auch Aktien von Unternehmen mit in den Strudel gerissen, die gut fundiert waren und glänzend verdienten.

Wenn erst einmal Panik um sich greift, interessiert – ebenso wie zuvor im Boom – die tatsächliche wirtschaftliche Lage einer Aktiengesellschaft niemanden mehr. So stürzte während des großen Börsenkrachs von 1929 zum Beispiel auch die Aktie von General

Motors von stolzen 180 auf lächerliche 10 Dollar. Wer damals beherzt zugriff (und noch über das dazu notwendige Geld verfügte), war Jahre später ein gemachter Mann.

Das Spiel wiederholte sich in der zweiten Hälfte des vergangenen Jahrhunderts – wenn auch in gemäßigter Form. Auch nach dem Zweiten Weltkrieg hat es nach Zeiten heißer Spekulation mehrfach kräftige Rückschläge gegeben. Trotz aller schmerzhaften Erfahrungen gelingt es windigen Geschäftemachern immer wieder, unerfahrene und von Habgier geblendete Anleger in solchen Situationen über den Tisch zu ziehen. Als Konsequenz daraus wurden die Gesetze zum Schutz der Anleger immer strenger und die Börsenaufsichtsbehörden immer mächtiger. Doch das alles konnte und kann nicht verhindern, dass es nach Phasen übertriebener Erwartungen zu bösen Rückschlägen kommen kann.

Und was lernen wir daraus?

Erstens: Die alte Regel „Aus Schaden wird man klug" gilt an der Börse offenbar nur begrenzt oder wird nach einer gewissen Zeit wieder vergessen. Seit 1720 musste zwar immer wieder die Erfahrung gemacht werden, dass es an den Aktienmärkten nicht nur nach oben geht und dass nach einem allzu raschen Kursanstieg ein Rückschlag fast so sicher kommt wie das Amen im Gebet. Dennoch tappen Anleger immer wieder in diese Falle. Das gilt nicht nur für die Masse der Kleinaktionäre. Es gilt auch für die Mehrzahl der Fondsmanager und Analysten. Im Boom können sie alle mit klotzigen Gewinnen und – solange die Kurse immer weiter klettern – mit zutreffenden Prognosen aufwarten. Erst in der Krise zeigt sich der Meister. Den bevorstehenden Knick in der Kursentwicklung hat im Jahr 2000 kaum ein Analyst rechtzeitig erkannt. Außer einigen notorischen Schwarzsehern sahen die meisten den DAX zum Jahresende eher über als unter 10.000 Punkten. Das hat nicht nur Tausende von Kleinanlegern um einen großen Teil ihres Vermögens gebracht. Auch viele deutsche und ausländische Banken sowie große Versicherungen kamen 2002/2003 in eine „Schieflage", weil sie – trotz oder wegen der Heerscharen von Analysten, die sie damals beschäftigten – die Entwicklung an den Aktienmärkten völlig falsch eingeschätzt hatten. Für die Mannheimer Versicherung brachten Fehlspekulationen am Aktienmarkt schließlich sogar das endgültige Aus. Mitte 2003 scheiterte der letzte Rettungsversuch.

Zweitens: Trotz aller Rückschläge ging es bisher auf lange Sicht mit den Kursen nach einem Crash immer nach oben. Wurden in den Sechzigerjahren noch Wetten abgeschlossen, ob der Dow Jones jemals über 1.000 Punkte steigen könnte, so wurde nach dem weltweiten Einbruch 2001 nur noch darüber diskutiert, wie weit dieser Index unter 10.000 Zähler fallen könnte. Auch der DAX, der 1987 mit 1.000 Punkten startete, lag selbst im März 2003, als er auf seinen bis dahin tiefsten Punkt nach dem

Boom gefallen war, noch um mehr als 100 Prozent über dem Ausgangswert. Ähnliches gilt für den europäischen Aktienindex STOXX und erst recht für das nach wie vor populärste amerikanische Kursbarometer, den Dow Jones Index. Dass es an den Neuen Märkten in Europa und den USA ein wenig anders lief, ist kein Gegenbeweis. Denn das waren oder sind Börsensegmente für besonders risikoreiche Beteiligungen. Es war von vornherein klar, dass nur ein Teil der jungen Unternehmen, deren Aktien dort notiert wurden, dauerhaft erfolgreich sein würden. Da aber die Anleger – kleine wie große – im Spekulationsfieber schließlich alle Regeln einer vernünftigen Aktienbewertung vergaßen, musste das passieren, was auch schon in den Jahren 1720, 1873 oder 1929 geschah: Die Spekulationsblase musste irgendwann platzen. In Deutschland war der Knall so stark, dass ihn der gesamte Neue Markt nicht überlebte.

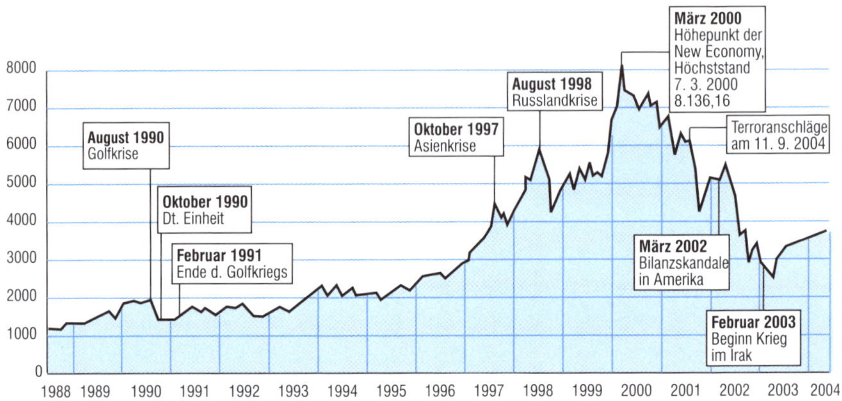

Wie stark der Aktienmarkt nicht nur von spekulativen Wellen, sondern auch von politischen Ereignissen beeinflusst wird, zeigt die Entwicklung des deutschen Aktienindex DAX seit seiner ersten offiziellen Berechnung am 1. Juli 1988. Wer damals alle 30 Werte entsprechend ihrer Gewichtung kaufte (und sein Depot den Veränderungen in der Zusammensetzung des Index anpasste), hatte im März 2000 sein Vermögen um gut 700 Prozent vermehrt – auf dem Papier. Auf dem Tiefpunkt der „Salami-Baisse", also des Absturzes auf Raten, war davon nur noch ein Drittel erhalten. Das allerdings hatte immer noch mehr als den doppelten Wert des Startkapitals.

Vorsicht ist die Mutter der Porzellankiste – aber etwas Mut gehört auch dazu

Drittens: Wer angesichts einer überhitzten Spekulation nicht auch noch den letzten Euro mitnehmen will, sondern rechtzeitig aussteigt, dafür aber zu den Ersten gehört, die nach dem Absturz wieder einsteigen (auch auf die Gefahr hin, dass es kurzfristig vielleicht noch einmal etwas billiger werden könnte), macht die besseren Geschäfte. Und wer es sich nicht zutraut, diese Punkte einigermaßen genau zu erwischen, fährt am besten mit einer regelmäßigen Anlage – in guten wie in schlechten Zeiten. Denn so profitiert man mit Sicherheit vom langfristigen Trend. Am einfachsten gelingt dies durch regelmäßige Einzahlungen in einen gut gemanagten Aktienfonds.

Viertens: Anleger, die nicht wild draufloskaufen, sich nicht auf Gerüchte verlassen oder einfach auf die Empfehlungen mehr oder weniger guter und seriöser Berater vertrauen, sondern sich das notwendige Wissen aneignen (zum Beispiel durch Ratgeberbücher wie das vorliegende), vermeiden nicht nur unnötige Risiken. Sie wissen auch, dass sich selbst bei sinkenden Kursen oft noch gute Gewinne erzielen lassen. Denn an der Börse kann man immer dann – und nur dann – verdienen, wenn man dem Trend voraus ist. Optionen, Calls und Puts oder Discountzertifikate gehören zu den Instrumenten, mit denen informierte Anleger in solchen Zeiten arbeiten, in denen es nicht einfach weiter aufwärts, sondern auch seitwärts und abwärts geht.

Mit diesem WISO-Buch wollen wir Ihnen das Know-how vermitteln, mit dessen Hilfe Sie nicht nur die Vorgänge an der Börse verstehen, sondern auch eine langfristig erfolgreiche Anlagestrategie verfolgen können. Und dabei wünschen wir Ihnen, was man neben allem anderen an der Börse trotzdem auch immer braucht: ein wenig Glück. Das brauchen Sie auch deshalb, weil angesichts der Misere der staatlich organisierten Altersvorsorge eine eigenständige Vermögensbildung so wichtig ist wie noch nie zuvor. Wertpapiersparen sollte dabei eine wichtige – allerdings nie die einzige – Säule sein, auf der Ihre private Vorsorge ruht. Denn wer einen Teil seiner Mittel direkt in Aktien oder in Aktienfonds anlegt und damit nicht zu spät beginnt, hat gute Chancen, sich später einmal mehr leisten zu können als andere, die zwar hart für ihr Geld arbeiten, aber nicht wissen, dass man Geld auch für sich arbeiten lassen kann.

Doch damit Sie neben den oft faszinierenden Anlageinstrumenten der Börse nie die anderen Möglichkeiten der Geldanlage aus dem Auge verlieren und immer daran denken, dass man nie alle Eier in einen Korb legen darf, werden wir an vielen Stellen auch auf andere Möglichkeiten hinweisen. Und eine Vorsichtsmaßnahme sei auch an dieser Stelle schon einmal erwähnt: Mit zunehmendem Alter sollte der Anteil der Aktien an den Gesamtersparnissen schrittweise zurückgefahren werden. Dazu und über eine vernünftige Risikostreuung später mehr.

Der Deutsche Aktienmarkt seit 1918

Quelle: Heribert Müller, Trust AG

Dass sich die Geldanlage in Unternehmensanteilen trotz gelegentlicher – und manchmal sehr schwerer – Rückschläge nicht nur auf mittlere Sicht lohnt, wie die Fieberkurve des DAX seit 1988 deutlich macht, zeigt sich auch bei einer sehr langfristigen Betrachtung, die mit dem Ende des Ersten Weltkriegs im Jahr 1918 beginnt. Zwar haben die Hyperinflation in den Zwanzigerjahren, die Weltwirtschaftskrise und der Zweite Weltkrieg auch für Aktionäre verheerende Folgen gehabt, aber sie haben den langfristigen Aufwärtstrend an der deutschen Börse nur unterbrochen, nicht gebrochen.

Von Investmentfondssparen über ...

Mit dem Fondssparen beginnt für viele Anleger der Einstieg in das Wertpapiersparen – sei es zunächst aus Mangel an eigener Erfahrung in puncto Geldanlage, sei es aus Mangel an Zeit oder wegen der Möglichkeit, „mäßig, aber regelmäßig" zu sparen. Deshalb steht auch in diesem Buch das Kapitel Fondssparen am Anfang. Denn dieses will ebenso wohl überlegt sein, wenn es zum Erfolg führen soll. Sie können es zwar erfahrenen Managern überlassen, nach den besten Anlagemöglichkeiten für Ihr Geld zu suchen. Aber nicht jedes Management ist gleich gut. Selbst kleine Unterschiede in der für

Sie erwirtschafteten Rendite können im Laufe der Jahre zu großen Unterschieden im Vermögenszuwachs führen. Zu beachten ist auch, dass nicht nur die Rendite, sondern auch das Risiko bei den verschiedenen Fonds sehr unterschiedlich sein kann. Ein weiterer Punkt sind die oft höchst unterschiedlichen Gebühren, die die einzelnen Fondsverwalter für ihre Dienste verlangen. Die Antwort auf die Frage, welcher Fonds für Sie persönlich der Richtige ist, hängt nicht zuletzt von Ihren Anlagezielen ab und auch davon, wann oder wie schnell Sie das Geld wieder „flüssig“ machen möchten. Wir sagen Ihnen, worauf Sie beim Fondssparen achten müssen.

... die Aktie bis zum ...

Was man über Aktien und die Spielregeln an den Wertpapiermärkten wissen muss, um erfolgreich an der Börse zu agieren, erfahren Sie im folgenden Abschnitt. Ein Blick in Richtung Finanzamt gehört immer auch dazu. Denn was nützt es Ihnen, wenn Sie einen schönen Gewinn einstreichen – und dann ein großer Teil davon beim Fiskus landet, während Sie auf eventuellen Verlusten alleine sitzen bleiben? Das lässt sich vermeiden – wenn man Bescheid weiß. Wichtig ist aber auch, sich nicht nur über steuerliche Fallstricke Gedanken zu machen, sondern auch über die eigene Psyche. Denn viele Anleger scheitern nicht an den Unwägbarkeiten der Kursentwicklung, sondern an sich selber, an der eigenen Persönlichkeitsstruktur.

... Spekulieren mit Turboeffekt

Sollten Sie neben dem Erwerb von Fondsanteilen oder dem Kauf und Verkauf von Aktien Ihr Glück auch mit Derivaten versuchen wollen, nach Möglichkeiten der „Spekulation mit Turboeffekt“ suchen oder schlicht und einfach nach Absicherungsstrategien für Ihr Depot, dann bietet Ihnen der Abschnitt „Börse für Fortgeschrittene“ dazu das erforderliche Grundlagenwissen. Denn wer sich ohne die erforderlichen Kenntnisse auf derartige Geschäfte einlässt, handelt wie jemand, der sein Auto mit verbundenen Augen über eine kurvenreiche Straße zu steuern versucht. In beiden Fällen landen Sie unweigerlich im Graben – oder fahren an die Wand.

Michael Jungblut

Aktien- und andere Fonds

Nicht nur für Einsteiger: Wie Sie die besten Manager für Ihr Geld finden

Es gibt viele gute Gründe, nicht immer alles selber machen zu wollen, sondern Fachleute zu beauftragen. Das gilt auch für die Geldanlage in Wertpapieren. Manche glauben, nicht über das notwendige Fachwissen zu verfügen. Anderen fehlt die Zeit, die Lust oder die Geduld, sich ständig mit dem Thema Geld zu beschäftigen. Wieder andere wollen regelmäßig einen festen Betrag anlegen, um so für den „dritten Lebensabschnitt" angemessen vorzusorgen. In allen diesen Fällen ist es sinnvoll, sich zunächst mit den Möglichkeiten zu beschäftigen, die das Fondssparen bietet. Diese Möglichkeiten sind so vielfältig, dass der Sparer auch hier die „Qual der Wahl" hat. Aber es lohnt sich. Denn heute gibt es für jeden Anlegertyp maßgeschneiderte Lösungen. Es lohnt sich aber auch deswegen, weil ohne vorherige Information die Gefahr groß ist, unseriösen Geschäftemachern in die Hände zu fallen. Berichte über Opfer von Anlagebetrügern können Sie fast täglich in der Zeitung lesen.

Die Baisse an den Aktienmärkten vom Frühjahr 2000 bis in den März 2003 hat zu einer nachhaltigen Verunsicherung der Anleger geführt. Der Anschlag vom 11. September 2001 und spektakuläre Milliardenpleiten in den USA wegen krimineller Bilanzierungstricks schockten die Börsen zusätzlich. Der Irakkrieg im Jahr 2003 und zunehmende Belastungen der Weltkonjunktur drückten ebenfalls auf die Kapitalmärkte und auf die Kauflaune der Anleger. Die häufigsten Fragen der Privatanleger lauten seitdem:

1. Sind Investmentfonds überhaupt noch das richtige Anlageinstrument für den Kleinanleger?
2. Sollen wir überhaupt noch die Aktie und/oder Investmentfonds als Geldanlage im Auge behalten?
3. Sollen wir unser Erspartes nach den negativen Erfahrungen seit dem Jahr 2000 überhaupt noch den Risiken an den Börsen aussetzen?

Aus finanzmathematischer Sicht lautet die Antwort darauf: Die historische Performance – also die Wertentwicklung von Aktien und Aktienfonds in der Vergangenheit – ist nach wie vor ein Argument für ein direktes oder indirektes Investment in börsen-

notierte Wertpapiere. Als Direktanlage oder als Anteil in einem Investmentfonds gehören Aktien nach wie vor zu einer soliden Vermögensplanung für den Ruhestand. Nur eines darf dabei nicht vergessen werden: Die Kapitalanlage muss langfristig gesehen werden, also zehn Jahre, zwanzig Jahre oder – besser noch – 30 Jahre. Dann rentiert sich die Börsenanlage mehr als sichere Rentenpapiere (wie Bundesschatzbriefe und Bundesanleihen), das Sparbuch oder eine Kapitallebensversicherung. Hierfür sprechen jedenfalls die Börsendaten der Vergangenheit. Die vergangenen Jahrzehnte zeigen: Es gab mehr gute als schlechte Aktienjahre. Das belegen historische Rendite-Vergleiche. Anlagezeiträume über jeweils zwanzig Jahre zeigen nämlich: „Die Aktienrendite schlägt die Rentenrendite!“

Dieser Schluss ergibt sich aus Antworten auf die Frage: Welche Anlageform brachte mir für 10.000 Mark (beziehungsweise rund 5.000 Euro) mehr Rendite über verschiedene Anlagezeiträume von jeweils zwanzig Jahren – die Aktien- oder die Rentenanlage? In der Folge die Ergebnisse eines historisches Renditevergleichs „Aktien gegen Renten“, die der renommierte Finanzwissenschaftler Richard Stehle von der Berliner Humboldt-Universität für WISO zusammengefasst hat. Hier wird noch in Mark gerechnet, da der Euro noch kein Zahlungsmittel war:

- Von 1961 bis 1980 – dem schlechtesten 20-Jahres-Zeitraum für deutsche Aktien seit Kriegsende – lag die Rente mit 26.500 Mark vorn. Die Aktie brachte nur 16.400 Mark. Das entspricht einer jährlichen nominalen Verzinsung von 2,5 Prozent bei Aktien und rund 5 Prozent bei Renten.
- Von 1973 bis 1992 – einem für Aktien und für Renten durchschnittlichen 20-Jahres-Zeitraum – gewannen Aktien mit 60.600 Mark vor Renten mit 44.400 Mark. Das entspricht einer jährlichen nominalen Verzinsung von 9,4 Prozent bei Aktien und 7,7 Prozent bei den Rentenpapieren.
- Von 1981 bis 2000 – einem der besten 20-Jahres-Zeiträume für Aktien – liegt die Aktienrendite noch klarer vor der Rentenrendite: 199.400 Mark Endkapital bei Aktien stehen 42.500 Mark Endkapital bei Renten gegenüber. Das entspricht einer jährlichen nominalen Verzinsung von 16,1 Prozent bei Aktien und rund 7,5 Prozent bei der Rentenanlage. Selbst bei einem Verlust von 50 Prozent bei Aktien als Folge der Kursstürze nach 2000 liegen Aktien immer noch deutlich vor Rentenpapieren.

Natürlich haben die Jahre der Börsenbaisse seit dem Ende des Börsenhype im Jahr 2000 an den Aktienrenditen gezehrt. Doch die gute Performance hat das nicht völlig verhagelt. Das zeigt der Verlauf des DAX, des wichtigsten deutschen Aktienindex mit seinen 30 Aktienschwergewichten. Am 1. Juli 1988 wurde der DAX erstmals an der Frankfurter Wertpapierbörse notiert und begann mit rund 1.350 Punkten. Am 1. Juli 2004, also 16 Jahre später, lag der Index bei 4.050 Punkten. Das ist ein Zugewinn von immerhin 200 Prozent. Jahr für Jahr ist das noch immer eine Rendite von rund 10 Prozent – eine stattliche Wertsteigerung für den, der damals Geld in den DAX inves-

tierte und auf Kursgewinne spekulierte. Das zeigt auch, dass der Börsenboom von 1998 bis 2000 ein außergewöhnlicher und zeitlich begrenzter Ausschlag nach oben war. Die Hausse dieser Jahre beginnt bereits historisch zu werden. Das Fieber der Anleger mit den übersteigerten Erwartungen an das „schnelle Geld" an der Börse ist längst passé. Das drückt sich auch aus in der Zahl der Investmentfondsbesitzer.

Der bisherige Rekordwert lag Mitte des Jahres 2001 bei 10,17 Millionen Deutschen, die zu diesem Zeitpunkt Fondsanteile gehalten haben. Drei Jahre später sind es noch acht Millionen. Dabei darf aber nicht unterschlagen werden, dass die Zahl Anfang 1997 nur bei 2,3 Millionen lag. Die Vertrauenskrise an den Kapitalmärkten wirkte sich also nicht dramatisch auf das Fondssparen aus. Nimmt man zum Beispiel die Zahlen über die Geldanlage der privaten Haushalte in Deutschland im Zehn-Jahres-Vergleich, so zeigt sich eine deutliche Steigerung bei den Investmentfonds. Nach Angaben der Deutschen Bundesbank hatten die Deutschen Ende 1993 ein Geldvermögen von 2.428 Milliarden Euro. Davon waren damals 6 Prozent in Investmentfonds investiert. Zehn Jahre später, Ende 2003, waren es bereits 3.993 Milliarden. Davon waren bereits 12 Prozent in Investmentfonds angelegt, das ist eine prozentuale Zunahme von 100 Prozent. Das beweist ein kontinuierliches Wachstum bei der Geldanlage in Investmentfonds, einer Sparform also, die an Attraktivität stark zugenommen hat. Daran hat offensichtlich auch die Enttäuschung der Privatanleger über die hohen Kursverluste nach dem jüngsten Börsencrash nichts ändern können. Die niedrigere Aktienquote von 6 Prozent Ende 2003 gegenüber 8 Prozent im Jahr 1993 zeigt aber auch, dass wieder etwas Normalität Einzug gehalten hat beim Geldanlageverhalten der Deutschen. Es gelten – wie vor dem Crash – die klassischen Regeln der Geldanlage für den Anleger, und die heißen:

1. Der erfolgreiche Anleger hat gesunden Menschenverstand.
2. Er hat keine übertriebenen Erwartungen.
3. Er hat Geduld.
4. Sein wichtigstes Sparziel ist die finanzielle Unabhängigkeit im Alter.

Der letzte Punkt sollte jedem Privatanleger besonders am Herzen liegen. Denn: Ohne ausreichende private Altersvorsorge werden künftige Generationen nicht über die Runden kommen. Die gesetzliche Rente wird als einzige Einkommensquelle im Alter bald noch weniger als heute für einen finanziell gesicherten Lebensabend ausreichen. Im Klartext: Nach dem Ausscheiden aus dem Berufsleben werden viele der Beitragszahler von heute zusätzlich auf private Geldquellen angewiesen sein. Das trifft besonders die jungen Beitragszahler. Sie haben noch ein langes Arbeitsleben bis zum Rentenalter vor sich und sind völlig im Ungewissen, wie hoch ihre Rente mal sein wird. Nur eines sollten sie wissen: Da muss noch etwas drauf! Der Hauptgrund dafür ist die Entwicklung unserer Bevölkerung. Das heutige Rentensystem gerät gewissermaßen in eine demografische Falle. Die Deutschen werden immer älter. Die Zahlen zum Alterungsprozess der Gesellschaft belegen das. Heute schon leben in Deutschland über

17 Millionen Einwohner im Alter von mindestens 60 Jahren. Im Jahr 2030 werden bereits 26 Millionen Einwohner im Alter von mindestens 60 Jahren sein. Und das Ganze muss man sich vorstellen vor dem Hintergrund einer sinkenden Bevölkerungszahl. Die 82 Millionen Einwohner von heute werden wir nämlich nicht halten. Und auch nach 2030 wird sich das nicht entspannen – im Gegenteil. Das hat Folgen. Nehmen wir das Verhältnis von Beitragszahlern zu Rentnern:

1960: Vier Beitragszahler kommen auf einen Rentner.
Vier Beitragszahler zahlen für einen Rentner.

2002: Zwei Beitragszahler kommen auf einen Rentner.
Zwei Beitragszahler zahlen für einen Rentner.

2040: Ein Beitragszahler kommt auf einen Rentner.
Ein Beitragszahler zahlt für einen Rentner.

Das Verhältnis von Beitragszahlern zu Rentnern verschlechtert sich also dramatisch. Das bedeutet schon heute ständig steigende Beiträge für die Rentenkasse. Es wird wohl auch in 40 Jahren noch irgendeine Form der staatlichen Rente geben. Aber wie hoch oder eher wie niedrig sie sein wird, weiß niemand genau. In den meisten Fällen dürfte sie gerade noch für die Miete reichen.

Die gesetzliche Rentenversicherung stößt ja schon heute an ihre Grenzen. Beim heutigen Generationenvertrag, der gesetzlichen Rentenversicherung, wird praktisch Monat für Monat ausgegeben, was gerade erst eingezahlt wurde. In der Kasse bleibt so gut wie keine Reserve. Nach jeder monatlichen Überweisung an die Rentner ist sie praktisch wieder leer. Hohe Arbeitslosenzahlen und immer mehr Rentner sorgen schon jetzt dafür, dass ohne Ökosteuer und Steuerzuschüsse die Renten gar nicht mehr in vollem Umfang ausgezahlt werden könnten. Ohne diese Hilfe würden die Rentenbeiträge heute deutlich über 20 Prozent liegen. Die Folgen sind absehbar: Die staatliche Altersvorsorge wird in den nächsten Jahrzehnten kontinuierlich zurückgeschraubt werden.

Wichtig: Sicher an der künftigen Rente ist nur eines, nämlich, dass die Versorgungslücke, vor der die künftigen Rentner stehen, weiter wachsen wird. Zusammengefasst lauten die Thesen zur staatlichen Altersvorsorge: Die Zukunft der gesetzlichen Rentensysteme ist unsicher. Daraus ergibt sich die Notwendigkeit privater Vorsorge. Entscheidend für die Höhe und den Umfang der individuellen Alterssicherung sind die jeweilige Vermögenssituation des Sparers und seine Risikobereitschaft.

Vor diesem gesellschaftlichen Hindergrund kommt dem Sparen für das Alter eine entscheidende Bedeutung zu. Das Investmentsparen sollte der Privatanleger dabei nicht vergessen. Wie Sie mit Investmentfonds ein Vermögen nach Plan aufbauen, ist das Thema des folgenden Kapitels.

Privates Vermögen bilden mit Investmentfonds

Nicht jeder Sparer und Anleger hat die Zeit, sich regelmäßig um seine Geldanlagen zu kümmern. Andere haben – zu Recht oder Unrecht – die Sorge, dass ihre Kenntnisse für ein erfolgreiches Engagement an der Börse noch nicht ausreichen. Wieder andere sind unsicher geworden durch die Erfahrungen, die sie seit dem Börsencrash im Jahr 2000 machen mussten. Wenn Sie trotzdem von dem im Vergleich zu anderen Anlageformen im langjährigen Durchschnitt überproportionalen Wertzuwachs bei Aktien profitieren wollen, bietet sich der Erwerb von Anteilen an Aktienfonds an. Dann kümmern sich Fondsmanager für Sie um die Suche nach den ertragreichsten Wertpapieren in Deutschland, in Europa oder rund um den Globus. Die Wertzuwächse, die von einzelnen Fonds in den vergangenen Jahren erzielt wurden, lagen oft weit über den Ergebnissen, die Aktiensparer mit ihren selbst zusammengestellten Depots erzielten.

Allerdings zeigt sich spätestens seit dem Jahr 2000, dass auch viele Fondsmanager nur „mit Wasser kochen“. Bei dem Kursfeuerwerk in den Jahren 1998, 1999 und bis in das späte Frühjahr 2000 war es – im Rückblick gesehen – keine allzu große Kunst, hohe Zuwächse beim Fondsvermögen zu erzielen. In dieser geradezu euphorischen Börsenphase garantierte fast jeder Kauf von Anteilen an Investmentfonds automatisch hohe Wertzuwächse. Es herrschte eben „Goldgräberstimmung“. Da kam es kaum noch auf die Anlagestrategie und die Qualität der Fondsmanager an. Doch das hat sich dramatisch geändert. Es zeigt sich seitdem, dass ein Investmentfonds, der in einem Jahr glänzend abgeschnitten hat, schon im folgenden Jahr zu den Verlierern gehören kann. Deshalb gilt auch für Investmentfondssparer, dass sie die richtige Geldanlage nicht dem Zufall überlassen dürfen. Denken Sie daran:

- Sie müssen wissen, in welchen Fondstyp Sie investieren.
- Sie müssen sich entscheiden, wie Sie Ihr Geld sinnvoll aufteilen.
- Sie müssen sich ein Urteil über die Qualität des Managements bilden.
- Sie müssen überlegen, ob Sie sporadisch oder regelmäßig Fondsanteile erwerben wollen.
- Sie müssen die unterschiedlich hohen Verwaltungskosten berücksichtigen.

Dazu finden Sie in diesem Kapitel die notwendigen Informationen, Hinweise und auch Warnungen, die es Ihnen erleichtern, die für Sie persönlich richtigen Anlageentscheidungen zu treffen.

Trotz allem eine Erfolgsstory – Fondssparen

Seit 1950 gibt es das Fondssparen in Deutschland. Es begann mit dem Fondra, einem Mischfonds mit Anlageschwerpunkt in Deutschland für Aktien und Renten. Wer seit seiner Auflage monatlich hundert Mark beziehungsweise rund 51 Euro in den Fondra

einzahlte, konnte bisher pro Jahr über 10 Prozent Rendite einstreichen. Daran änderte auch der Börsencrash zwischen 2000 und 2003 nichts: Mit dem Fondra begann zwar der Siegeszug der Investmentfondsanlage in Deutschland. Doch der wirkliche Durchbruch kam erst in den späten Neunzigerjahren. Seitdem boomt die Branche und erzielt gewaltige Zuwachsraten. Das Jahr 2000 brachte den absoluten Rekord. Mit Nettomittelzuflüssen von mehr als 114 Milliarden Mark wurden erstmals mehr als 40 Prozent der privaten Ersparnisse in Investmentfonds investiert. Überraschend daran ist eigentlich nur, dass der Boom so spät kam. Denn mit Fondssparplänen konnten Anleger in den vergangenen Jahrzehnten auf relativ sichere Weise und auch mit kleinen Beiträgen ein Vermögen bilden – jedenfalls bis zum Beginn der Börsenbaisse im Verlauf des Jahres 2000. Doch auch die verhinderte nicht, dass die Sparer nach wie vor in Investmentfonds anlegen, also an ihren Sparplänen festhalten.

WISO rät: Vergessen Sie nicht auf die Kosten! Gute Renditen sind auch deshalb wichtig, weil das Verdienen für Sie erst anfängt, wenn der Fonds seine Kosten gedeckt hat. Denn die Kosten für Management, Vertrieb, Depotverwaltung usw. zahlen Sie immer – unabhängig davon, ob der Fonds hohe Zuwächse erwirtschaftet oder böse Verluste macht.

Fazit: Investmentsparen lohnt sich. Aber es lohnt sich noch mehr, unter den Guten nach den Besten zu suchen. Denn nur die schaffen es, den „Index“ zu schlagen – also höhere Zuwächse zu erzielen als die Börse insgesamt.

Dafür, dass die Investmentbranche seit den Neunzigerjahren expandierte wie nie zuvor, sorgte neben einem zunehmenden Interesse an Vermögensbildung und privater Altersvorsorge die rasante Entwicklung an den Börsen. Das war und ist der geeignete Nährboden für die Investmentfonds-Branche. Begünstigt wird der Boom der Fonds durch:

- weltweit niedrige Inflationsraten,
- weltweit niedrige Zinsen,
- gute Unternehmensaussichten,
- Fusionen und Fusionsphantasien,
- die starke US-Wirtschaft mit robustem Wachstum und niedriger Arbeitslosenzahl,
- den stabilen Dollar,
- die hohe Liquidität im Markt,
- die insgesamt positive Vorwegnahme und schließlich reibungslose Einführung des Euro.

Auch die weiteren Aussichten für Anleger erscheinen eher positiv als negativ. Rückschläge an den weltweiten Börsen, wie wir sie seit dem Frühjahr 2000 besonders bei

den Hightech-Aktien erlebt haben, sind zwar immer möglich, treffen den „Eigenanleger“ aber meist härter als den Aktienfondssparer.

Nach einer weltweiten Untersuchung der amerikanischen Investmentbank Merrill Lynch zusammen mit der Unternehmensberatung Cap Gemini Ernst & Young, dem so genannten „World Wealth Report“, verfügten im Jahr 2002 allein die weltweit 7,3 Millionen Dollar-Millionäre über ein Vermögen von 27,2 Billionen Dollar. Für die kommenden Jahre erwartet Merrill Lynch, dass das Vermögen der Reichen um jährlich rund 7 Prozent wachsen wird. Ende 2007 sollte es dann – nach diesen Schätzungen – weltweit auf 38 Billionen Dollar gestiegen sein. Zu diesem gigantischen Vermögen kommen noch die Anlagegelder der vielen Kleinanleger. Zu den Geldern der Privatanleger addieren sich noch die institutionellen Vermögen von Versicherungen, Pensionskassen, Rentenanstalten, Unternehmen, Stiftungen oder Unterstützungskassen. Alle diese Gelder sind ständig auf der Suche nach der bestmöglichen Rendite – und Aktienfonds spielen dabei eine wachsende Rolle. Das in Investmentfonds verwaltete Mittelaufkommen und Vermögen (Spezialfonds und Publikumsfonds) ist seit den Neunzigerjahren deutlich gestiegen. So betrug das verwaltete Fondsvermögen in Deutschland Ende Juni 2004 insgesamt 980 Milliarden Euro. Ein Jahr zuvor waren es noch 923 Milliarden und Mitte 2002 noch 890 Milliarden Euro. Das zeigt, was „für ein Rad“ in der Investmentbranche gedreht wird. Die Zahlen stammen vom BVI, dem Bundesverband Investment und Asset Management.

Das Ende der „tollen Jahren“

Die Baisse ab dem Frühjahr 2000 drückte schwer auf die Ergebnisse bei Investmentfonds. Die Jubelstimmung der rund drei Jahre davor ist längst verflogen. Die riesigen Gewinne aus dieser Zeit sind teilweise zerronnen, jedenfalls für den, der seine Anteile nicht rechtzeitig verkauft hat und sie in seinem Depot behielt. Die Investmentbranche steht vor der größten Herausforderung seit ihrem Bestehen. Sie muss nach den „tollen Jahren“ von 1998 bis 2000 zeigen, dass sie auch aus einer solchen Krise gestärkt herauskommen kann. Zum Zeitpunkt der Entstehung dieses Ratgebers sieht es ganz danach aus. Einiges von den Kursverlusten ist schon wieder aufgeholt.

Nach einer Wertentwicklungs-Statistik des BVI (Stand 30. Juni 2004) über die Zeiträume von fünf, zehn und 20 Jahren ergeben sich allerdings noch stark schwankende, durchschnittliche Jahresrenditen. Deutsche Aktienfonds erbrachten Mitte 2004 nach fünf Jahren einen Verlust von 4,5 Prozent pro Jahr. Bei zehn Jahren liegt die Wertentwicklung im Plus mit 6,1 Prozent, und nach 20 Jahren beträgt die jährliche Rendite sogar 8,3 Prozent. Geduld ist also gefordert. Wer auf europäische Aktienfonds setzte, erzielte nach fünf Jahren ein Minus von 6,7 Prozent pro Jahr, nach zehn Jahren 5,6 Prozent plus pro Jahr und nach 20 Jahren 7,8 Prozent plus per anno. Der Vermögensunterschied nach fünf Jahren Sparen und 20 Jahren Sparen ist also beträchtlich. Ein

Blick auf die historische Performance-Messung von Investmentfonds ist somit auf jeden Fall zu empfehlen.

Unter dem Druck des Wettbewerbs

Die Aktienexperten unter den Fondsmanagern müssen sich auf das wachsende Bedürfnis der Anleger nach indirekter Teilnahme an Börsengewinnen einstellen. Das schafft in der Investmentbranche einen ungeheuren Konkurrenzdruck – zum Nutzen der Anleger. Denn: Fonds und Fondsmanager, die zum Beispiel deutlich hinter der DAX-Entwicklung herhinken, verschwinden vom Markt. Den jeweiligen Index in der Performance zu schlagen, das ist das Ziel aller Fondsmanager. Daran werden sie gemessen und dabei wird ihnen „ununterbrochen auf die Finger geschaut". Die Berichterstattung in den Medien und im Internet über die Börsen, die einzelnen Aktiengesellschaften und die Investmentbranche hat stark zugenommen. Das sorgt für Information bei den Anlegern und für mehr Markttransparenz. Diese Entwicklung ist ein Spiegelbild des wachsenden Interesses der Öffentlichkeit an Themen rund um die Geldanlage. Dieser Trend wird in den kommenden Jahren wohl andauern. Dafür sorgt auch die „Riester-Rente" mit ihren staatlichen Zuschüssen.

Hinzu kommt ein günstigeres Umfeld. Seit Ende der Neunzigerjahre bestehen deutlich bessere Entwicklungschancen für den Investmentplatz Deutschland. Das sorgte für Schwung im Fondsangebot. Einige wichtige Neuerungen sind:

- die Zulassung so genannter Altersvorsorge-Sondervermögen (AS) nach dem Vorbild der angelsächsischen Pension-Funds mit einem Sparplan in der Ansparphase und einem Auszahlungsplan in der Rentenphase (siehe weiter unten);
- die Zulassung von verschiedenen Fondstypen, die bisher nur über Luxemburg angeboten werden konnten;
- die Zulassung von reinen Indexfonds, die bis dahin nur von ausländischen Gesellschaften angeboten werden durften;
- die Erleichterung der Arbeit der Fondsmanager durch erweiterte Anlagemöglichkeit in derivaten Instrumenten, so genannten Hedgefonds.

Anlagekategorien, Fondsanbieter und Fondstypen

Nach deutschem Recht ist ein Investmentfonds ein Sondervermögen. Es wird von einer Kapitalanlagegesellschaft (KAG) verwaltet und von einer unabhängigen Depotbank verwahrt. In einem Investmentfonds sammelt eine Kapitalanlagegesellschaft (KAG) die Gelder vieler Anleger, um sie gewinnbringend anzulegen. Dabei ist die KAG laut Gesetz zu einer Risikomischung verpflichtet. Deutsche KAGs unterliegen dem Ge-

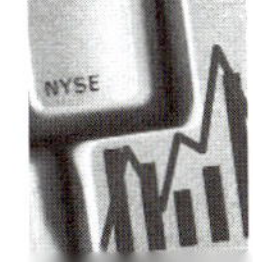

setz über Kapitalanlagegesellschaften (KAGG) und dem Gesetz über das Kreditwesen (KWG). Alle Vermögensgegenstände des Fonds zusammengenommen, ergeben den so genannten Inventarwert. Dieser wird durch die Anzahl der ausgegebenen Anteilsscheine geteilt und ergibt so den Fondspreis oder Inventarwert je Anteil, den Anteilswert also. Mit dem Kauf von Inventarteilen, auch Investmentzertifikate genannt, erwirbt der Anleger einen bestimmten Anteil am Fondsvermögen. Die KAG ist verpflichtet, die ausgegebenen Anteile jederzeit im Rahmen der Vertragsbedingungen zum Anteilswert zurückzunehmen. Der Fondsanleger ist also jederzeit liquide.

Eine KAG ist gesetzlich verpflichtet, über jeden ihrer Fonds jährlich einen Rechenschaftsbericht zur Information der Anleger vorzulegen. Darin enthalten sind im Wesentlichen:

- die Vermögensaufstellung,
- die Aufwands- und Ertragsrechnung,
- die Höhe einer eventuellen Ausschüttung,
- Informationen zur Geschäfts- und Fondsentwicklung.

Die KAG setzt sich Anlageziele, beispielsweise einen Index wie den DAX oder einen der Euro-STOXX-Familie zu schlagen. Dazu trifft sie Kauf- und Verkaufsentscheidungen zur Auswahl der Wertpapiere. Die Anlagepolitik wird stets für einen gewissen Zeitraum festgelegt. Sie wird von einem Anlageausschuss der KAG getroffen und ist für das Fondsmanagement verbindlich. Im Vordergrund müssen per Gesetz immer die Interessen der Anteilseigner stehen. Nach dem KAGG gibt es Anlagegrenzen für das Fondsvermögen. Dadurch soll der Grundidee des Investmentsparens Rechnung getragen werden, nämlich der Risikostreuung durch eine Vielzahl von Anlagen. Hinter den KAGs stehen in der Regel Banken, Versicherungen, Sparkassen, Privatbanken und private Vermögensgesellschaften. Die marktbeherrschenden deutschen Kapitalanlagegesellschaften sind Activest-Gruppe (Hypovereinsbank), ADAM-Gruppe (Allianz Dresdner Asset Management), Cominvest-Gruppe (Commerzbank), Deka (Sparkassen), DWS (Deutsche Bank) und Union Investment (Raiffeisen- und Volksbanken). Diese fünf Fondsgesellschaften halten allein über 85 Prozent des Marktanteils. Daneben gibt es eine Vielzahl von ernst zu nehmenden Anbietern wie Sal. Oppenheim etwa oder das Bankhaus Metzler. Doch auch viele ausländische Anbieter sind auf dem Markt, wie Fidelity, Templeton, Morgan Stanley, Flemings, Barings, die UBS oder Goldman Sachs.

Pfadfinder im Dschungel der Fonds

Alle Marktanbieter, die inländischen wie die ausländischen, wollen natürlich nur „das Beste“ von ihren Kunden, nämlich deren Geld. Kein Wunder: Das Geldvermögen der

Deutschen wächst auch in Zeiten hoher Arbeitslosigkeit. Da die Bundesbürger häufig mit Bausparverträgen und Lebensversicherungen bereits ausreichend versorgt sind, verstärkt sich das Interesse an alternativen Möglichkeiten der Geldanlage. Dafür sorgt auch die Werbung der Branche. Die Angebote der Finanzdienstleister werden immer vielfältiger. Tausende inländische und ausländische Investmentfonds werden in Deutschland angeboten und jedes Jahr kommen weitere hinzu. Selbst Experten können längst nicht mehr alle Länder-, Regionen- und Branchen- oder Themenfonds für Aktien kennen. Noch weniger kann das der durchschnittliche Anleger. Wie soll er das Management oder gar die Wertentwicklung und die Durchschnittsrendite der einzelnen Fonds überblicken und die Chancen ihrer künftigen Wertentwicklung einschätzen? Deshalb braucht der interessierte Anleger Wegweiser für die Orientierung im Fondsdschungel. So wie der Aktionär, der sich seine Papiere an der Börse selber aussucht, mit Sorgfalt wählen und sich Informationen beschaffen muss, so sollte es auch der Investmentsparer bei der Auswahl der für ihn geeigneten Fonds tun. Wie wichtig dies ist, zeigen die erheblichen Unterschiede der erwirtschafteten Rendite der verschiedenen Fonds.

Verschaffen Sie sich also zunächst einmal einen Überblick, bevor Sie Ihr Geld in einem Investmentfonds anlegen. Glauben und vertrauen Sie weder Ihrer Bank noch einem unabhängigen Finanzberater blindlings. Glauben Sie vor allem nicht von vornherein den Wachstumsprognosen, die in den Prospekten der Fondsgesellschaften stehen. Die sind immer aus der Vergangenheit errechnet und lassen sich nicht automatisch in die Zukunft projizieren. Morgen schon kann es anders kommen! Lassen Sie sich Zeit! Kaufen Sie auf keinen Fall nach dem ersten Gespräch mit Ihrem Bankberater oder einem unabhängigen Finanzberater. Informieren Sie sich zuerst umfassend. Es lohnt sich. Und Quellen gibt es viele:

- Eine umfangreiche Literatur zum Thema Geldanlage.
- Die Berichterstattung in den Medien. Sie wird angesichts des wachsenden Interesses der Leser immer weiter ausgebaut – und verständlicher. An jedem Kiosk können Sie zwischen zahlreichen Publikationen mit Finanzinformationen wählen.
- Die Prospekte der Fondsanbieter.
- Die Wirtschaftspresse bietet regelmäßige Fondsrubriken mit Performance-Vergleichen und hält ihre Leser über die Neuigkeiten auf dem Laufenden.
- Auch das Internet bietet eine Fülle von Basisinformationen.
- Direktbanken und Finanzdienstleister bieten im Internet Serviceangebote über Fonds und deren Leistungen.

Fondsführer in Buch- oder Broschüreform schlüsseln Tausende von Fonds auf nach Kriterien wie etwa:

- Fondsstruktur,
- Kostenanalyse,

- Bewertung auf Basis der Risikostreuung und der Rendite,
- Verfügbarkeit des investierten Kapitals,
- Vertriebs- und Marketingaktivitäten der Fondsgesellschaft.

WISO rät: Die Kosten für aktuelle Fondsratgeber liegen meist im zumutbaren Rahmen. Eine lohnende Investition! Bereits wenige Stunden Lektüre helfen bei der Investitionsentscheidung. Diese Zeit sollte Ihnen Ihr gespartes Geld wert sein. Mit solchem Wissen versehen, gehen Sie mit besseren Voraussetzungen in jedes Beratungsgespräch – sei es bei Ihrer Hausbank oder bei einem Vermögensverwalter. Damit steigen Ihre Aussichten auf eine Erfolg versprechende Anlage.

Die Fondstypen nach Anlagekategorien

Am Fondsanlagemarkt kann der private Anleger in Deutschland mittlerweile unter rund 8.000 Fonds aussuchen. Da gleicht die Suche nach dem passenden Finanzprodukt der Suche nach der Stecknadel im Heuhaufen. Zu viele Fonds unterscheiden sich nämlich zu wenig und viele neue Finanzprodukte bringen keine wirklichen Neuerungen. Der Fondsmarkt in Deutschland ist gesättigt. Immer mehr Investmentfonds werden wegen zu geringer Mittelzuflüsse, zu wenig Volumen oder mangelndem Erfolg geschlossen. Doch an dem Fondsdschungel aus der Sicht des privaten Anlegers ändert das gar nichts. Wer trotzdem mit Erfolg seine Anlagestrategie verfolgen will, der kann mit Systematik schon einiges erreichen. Damit Sie sich also in dem breiten Angebot nicht vollständig verlieren und zwischen „Gag und Nutzen" der Fonds unterscheiden können, folgt hier eine Auswahl nach dem Motto: „Diese Fondstypen sollten Sie kennen!" Die Auswahl ist alphabetisch geordnet und enthält eine Definition sowie eine Einschätzung des Fondstyps und seiner Anlagekategorien. Das ist natürlich nicht mehr als eine Orientierungshilfe, aber wenn Sie diese Fondstypen einigermaßen richtig einordnen können, sind Sie schon ein Stück weiter. Zunächst einmal unterscheidet man zwischen Publikumsfonds und Spezialfonds. Die beiden Fondstypen definieren lediglich den Kreis der Anleger. Publikumsfonds werden für Privatanleger aufgelegt, also für die breite Öffentlichkeit. Spezialfonds dagegen sind für Großinvestoren wie Unternehmen, Versicherungen, Stiftungen, Unterstützungskassen und dergleichen gedacht. Es gibt auch da wieder Ausnahmen wie besondere Fonds für mittelständische Unternehmen oder kommunale Einrichtungen. Hier interessieren nur die jedermann zugänglichen Publikumsfonds.

Aktienfonds: Wer auf die Börse setzt, aber nicht alles auf eine Karte setzen will, dem bieten Aktienfonds Chancen für ein gutes Investment. Das Geld der Anleger wird dabei in Aktien (Wertpapiere) angelegt. Der Sparer investiert sein Geld in einen Korb aus

vielen verschiedenen Aktien, die von der jeweiligen Fondsgesellschaft ausgewählt werden. Die Verteilung des Fondsvermögens durch den oder die Fondsmanager soll möglichst breit geschehen, in der Regel auf mindestens 20 unterschiedliche Aktien in einem Fonds. Damit sind die Anleger gegen negative Entwicklungen einzelner Aktien einigermaßen geschützt. Das Fondsmanagement schichtet automatisch das Aktienportfolio in dem jeweiligen Aktienfonds um. Im Idealfall steigt es also bei Negativkandidaten vorzeitig aus, realisiert bei hohen Kursständen Gewinne und steigt bei Werten mit begründeter Kursphantasie ein. Der risikoscheue Anleger muss hier gewarnt werden. Die hohen Kursschwankungen an den Börsen machen deutlich, wie nahe Gewinne und Verluste zeitlich nebeneinander liegen können. Das Beispiel der Börsen in Südostasien macht es deutlich. Nach einem schier endlos erscheinenden Boom folgte in Japan von 1990 an ein lang anhaltender Katzenjammer. Auch wer zu Beginn des neuen Jahrtausends in der Erwartung, dass die Baisse doch irgendwann ein Ende finden müsse, auf den Nikkei, den Index für die großen japanischen Standardaktien, setzte, wurde immer wieder enttäuscht. Selbst ausgebuffte Profis finden da keineswegs immer den richtigen Zeitpunkt für den Ein- und Ausstieg. Das gilt für Investmentfonds wie für die Direktanlage in Aktien. Der Vorteil eines Aktienfonds gegenüber einer Aktie liegt allerdings in der Risikominimierung durch Streuung. So kann der Verlust einer Aktie den Wert des Fonds insgesamt nur so stark berühren, wie sie anteilsmäßig am Fondsvermögen beteiligt ist.

WISO rät: Wichtig ist der Anlageschwerpunkt des jeweiligen Aktienfonds. In Deutschland investierende Aktienfonds sind stark von der Entwicklung der Heimatbörse abhängig. Die großen Unternehmen, die so genannten „Blue Chips“, wie Allianz, DaimlerChrysler, Deutsche Bank, BASF, Siemens usw., sind einem wirtschaftlich interessierten Anleger in der Regel bekannt. Eine Ausrichtung des Fonds auf solche Werte schafft also ein gewisses Maß an Vertrauen beim Anleger. Riskanter wird es bei internationalen Aktienfonds. Hier haben auch Währungskurschancen und -risiken Einfluss auf den Anlageerfolg. Je exotischer der Anlageschwerpunkt wird, desto schwerer können Sie die ökonomische Situation des jeweiligen Landes, der Region oder der jeweiligen Branche einschätzen – und desto schlimmer können die unangenehmen Überraschungen werden. Lassen Sie sich nicht von plakativen Prospektsprüchen über die Erfolgsaussichten in Tigerstaaten und von ähnlichen Allgemeinplätzen beeindrucken. Sobald Sie nämlich Anteile gekauft haben, zahlen Sie die Kosten für Management, Vertrieb und Depot, egal, ob der Fonds nun gewinnt oder verliert.

Ausschüttende und thesaurierende Investmentfonds: Nach Beendigung des Fondsgeschäftsjahres werden die dem Fonds zugeflossenen Erträge (Zinsen, Dividenden, Bezugsrechte) an die Anteilsinhaber ausgeschüttet. Das geschieht entweder durch Barauszahlung (ähnlich wie bei der Bardividende einer Aktie) oder durch Gut-

schrift zusätzlicher Fondsanteile. Der Anleger hat die Wahl, ob er Barzahlung oder Fondsanteile will. Bei thesaurierenden Fonds werden die Erträge direkt dem Fonds gutgeschrieben und erhöhen so den Fondswert.

WISO rät: Ob Erträge ausgeschüttet werden oder nicht, ist nicht von ausschlaggebender Bedeutung. Auf die Qualität des Fondsmanagements lässt dies keinen Rückschluss zu. Vielen Anteilseignern ist es einfach lieber, am Ende des Geschäftsjahres noch einen Fondsanteil mehr auf dem Papier zu haben, als sich damit zu trösten, dass beim thesaurierenden Fonds die Erträge dem Fondsvermögen zufließen und so den Wert des einzelnen Fondsanteils erhöhen.

Branchenfonds: Das sind in der Regel Aktienfonds, die eine spezielle Anlagepolitik verfolgen. Sie investieren das Geld ihrer Kunden nur in bestimmte Wirtschaftsbereiche. Beispiele dafür sind: Energiefonds, Finanzwertfonds, Telekom-Fonds, Multimedia-Fonds, Ökofonds, Pharmafonds, Biotechnologiefonds, Internetfonds, Technologiefonds usw. Die Fondsmanager versuchen dabei, die besten Einzelwerte einer bestimmten Branche im eigenen Land oder weltweit zu kaufen. Das setzt Spezialwissen und Spezialrecherche beim Fondsmanagement voraus. Anleger sind oft überfordert, wenn es darum geht, die Chancen von Unternehmen einer Branche in Europa, Fernost, in Südamerika oder den Vereinigten Staaten einzuschätzen. Wer an den Wachstumschancen in solchen Ländern teilhaben will, ist deshalb gut beraten, nicht auf eigene Faust zu investieren, sondern die Auswahl Spezialisten zu überlassen. Auch hier hat der Konkurrenzdruck dafür gesorgt, dass der Grad der Spezialisierung und damit die Qualität der Fondsmanager in den vergangenen Jahren gestiegen ist. Das macht Branchenfonds für Anleger zunehmend attraktiver. Neuerdings werden so genannte Themenfonds aufgelegt, gewissermaßen eine Variante des Branchenfonds. Sie investieren in Unternehmen, die von besonderen Trends profitieren. Die Fondsgesellschaften setzen dabei auf Trends wie Sport und Unterhaltung. Sie konzentrieren sich auf Werte, die von Kindern und Jugendlichen in ihrem Konsumverhalten bevorzugt werden. Themenfonds für Jugendliche setzen zum Beispiel auf Aktien von Sony, Nintendo oder Time Warner. Doch ob es wirklich genug „trendige" Aktien für einen Themenfonds gibt, wird erst die künftige Entwicklung zeigen, dann, wenn die Performance der Themenfonds mit der von klassischen Branchenfonds verglichen werden kann.

WISO rät: Vorsicht ist angebracht. Wer in solche Fonds investiert, sollte auch selber die Entwicklung verfolgen und die Besonderheiten des jeweiligen Wirtschaftssektors ein wenig kennen. Fonds können zwar eine Risikostreuung betreiben, und Misserfolge einzelner Unternehmen drücken sich daher im Anteilswert der Fonds nicht so deutlich aus wie beim Kurs der entsprechenden Aktie an der Börse. Aber wenn sich die Branche insgesamt nicht erwartungsgemäß entwickelt, sinken auch die Fondsanteile im Wert.

Die Erfahrung zeigt: Branchenfonds unterliegen zum Teil erheblichen Schwankungen. Die hohen Kursverluste der Internet-Aktien in der jüngsten Vergangenheit haben das drastisch vor Augen geführt. Je enger also die Anlageziele definiert sind, umso stärker hängt die Wertentwicklung der jeweiligen Fonds am Schicksal der jeweiligen Unternehmen. Wenn es einmal nach unten geht, dauert die Erholung oft sehr lange. Das setzt beim Anleger dann Stehvermögen voraus. Anleger sollten deshalb auch hier nicht alles auf eine Karte setzen. Wer die Chancen von Branchenfonds nutzen will, sollte seine Mittel auf mehrere Fonds verteilen, die ihren Anlageschwerpunkt in unterschiedlichen Wirtschaftszweigen haben.

Dachfonds: Das sind Fonds, die ihre Mittel in Unterfonds, also in verschiedene andere Fonds, anlegen. Sie sind in Deutschland erst seit dem 1. April 1998 aufgrund des 3. Finanzmarktförderungsgesetzes erlaubt. Hinter dem Dachfonds (im Englischen „Fund of Funds“) verbirgt sich also eine Familie von Aktien-, Renten- und vielen anderen Fonds. Das Management investiert nicht in einzelne Aktien, sondern in schon bestehende Investmentfonds. Die Anleger beteiligen sich dadurch an einer Vielzahl breit gefächerter Wertpapierdepots. Dachfonds gibt es für Aktien mit internationalem Anlageschwerpunkt oder auch für bestimmte Branchen. Diese Investmentidee soll konservative Sparer anlocken. Geworben wird mit dem Prinzip der Risikostreuung. Das Konzept dabei ist: Dachfonds kombinieren spekulative Anlagen mit weniger riskanten. Mögliche Verluste eines Investments sollen im Falle eines Falles mit Gewinnen aus anderen Fonds ausgeglichen werden. Der Gesetzgeber hat einige Sicherungen in die erst seit einigen Jahren zugelassene Fondsart eingebaut. Danach darf ein Dachfonds höchstens 20 Prozent des Fondsvermögens in einen einzelnen Fonds investieren. Auf dem Markt sind bereits viele Varianten von Dachfonds, ausgerichtet je nach persönlicher Risikoneigung des Anlegers. Die Anbieter werben mit Begriffen wie „vorsichtigen“, „risikoneutralen“ und „wagemutigen“ Dachfonds.

WISO rät: Die Risiken bei dieser Anlageform sind derzeit schwer abzuschätzen, da sie noch zu neu in Deutschland ist. Der Vorteil kann darin liegen, dass die Risikostreuung, die jeder Fonds schon per Definition bietet, noch gesteigert wird. Gleichzeitig werden die Renditeaussichten verringert, denn es kann sein, dass erfolgreiche Fonds die Verluste der weniger erfolgreichen Mitglieder der Fondsfamilie ausgleichen müssen. Ob Dachfonds sinnvoll und nötig sind, ist deshalb umstritten. Kritiker halten Dachfonds für intransparent, weil der Anleger den Überblick über die vielen Unterfonds verliere. Zudem entstehen zusätzliche Verwaltungskosten. Dachfonds sind wohl eher ein Produkt kreativer Fondsanbieter und der Marktstrategen in den Investmenthäusern als eine wirkliche Bereicherung der Fondslandschaft. Vorsicht ist auf jeden Fall bei den unterschiedlichen Ausgabeaufschlägen angebracht. Sie variieren zwischen 1 und 4 Prozent. Die Gebühren liegen bei jährlich 0,5 Prozent des angelegten Betrages, aber nur bei Dachfonds mit Produkten aus dem eigenen Haus. Wer auch Konkurrenzprodukte aufnimmt, verlangt noch ein zusätzliches Aufgeld.

Garantiefonds: Damit werden Investmentfonds bezeichnet, bei denen die Fondsgesellschaft dem Anleger eine Mindestausschüttung, einen Mindestrücknahmepreis oder eine Garantie auf den Kapitalerhalt einräumt. Kursausschläge des Fonds werden damit nach unten begrenzt und gleichzeitig Aufwärtsentwicklungen so gut wie irgend möglich mitgemacht. „Garantie“ bedeutet für den Anleger zum Beispiel, dass er sein Kapital zu 100 Prozent oder leicht darunter zurückgezahlt bekommt. Um diese Zusage einlösen zu können, sichert sich der Fonds gegen Kursverluste ab. Das aber kostet Geld. Der Anleger zahlt es in der Regel mit Abschlägen auf die Kursgewinne. Er ist also nur zu einem Teil am erwirtschafteten Gewinn beteiligt. Die Garantie kostet eben Rendite. Das liegt daran, dass sie aus Sicht der Fondsgesellschaft eine Anlage in risikoarme Wertpapiere erfordert, weil der Garantiegeber Kapital für den Garantiefall vorhalten muss und weil er für die Übernahme des Risikos eine angemessene Prämie verlangt.

Die Marketing-Strategen der Fondsbranche studieren die Mentalität der Anleger und entwickeln auf der Basis dieses Wissens ihre Produktpalette. Der Garantiefonds ist so ein Resultat daraus. Der Anleger, der zu ängstlich ist für einen Aktienfonds, soll damit geködert werden. Das Sicherheitsdenken wird angesprochen und gleichzeitig eine Garantie vorgegaukelt, die es so eigentlich gar nicht gibt. Wer sich an einem Garantiefonds beteiligt, geht durchaus Risiken ein. Die für den Kauf fällige Gebühr ist meist verloren. Beträgt also der Ausgabeaufschlag 3 Prozent, gibt es in einem solchen ungünstigen Fall statt zum Beispiel 20.000 Euro nur 19.417 Euro. Hinzu kommt der Zinsverzicht, denn eine festverzinsliche Anlage hätte im selben Zeitraum zusätzliches Geld erwirtschaftet. Vorsicht: Viele Garantiefonds geben die Rückzahlungsgarantie nur auf einen bestimmten Zeitpunkt. Für die Zeit davor gilt das nicht. Deswegen sollte sich jeder ein paar Fragen beantworten, bevor er sich auf Garantiefonds einlässt. Zum Beispiel: Wird sein Kapital zu 100 Prozent garantiert oder nur zu 90 oder 80 Prozent? Steht die Garantie in angemessenem Verhältnis zu seiner eingeschränkten Teilnahme an steigenden Aktienkursen? Gilt die Garantie nur zum Laufzeitende des Fonds, kann der Anleger also bei einer zwischenzeitlichen Veräußerung durchaus Verluste erleiden? Wird der Ausgabeaufschlag mit abgesichert oder nicht? Gibt es Einschränkungen für die Garantie, etwa wenn die Kurse besonders stark fallen?

WISO rät: Eigentlich kann sich der Anleger gleich eine Bundesanleihe zulegen und weiß dann wirklich „garantiert“, wann er wie viel zurückerhält. Gegen Garantiefonds spricht, dass die Gewinne begrenzt sind, dass bei vorzeitigem Verkauf der Kapitalschutz entfallen kann und Verluste dann natürlich nicht ausgeschlossen sind. Für Garantiefonds spricht, dass die Verluste begrenzt sind. Gerade in turbulenten Börsenzeiten bewahrt das so manchen Anleger vor schlaflosen Nächten.

Geldmarktfonds: Eine Anlageform für kurzfristige Gelder, die nicht als Festgelder bei der Bank „geparkt" werden sollen. Seit 1994 sind die Geldmarktfonds in Deutschland zugelassen. In unruhigen Börsenzeiten rücken die als verhältnismäßig sicher geltenden Geldmarktfonds verstärkt ins Blickfeld der Anleger. Anders als bei Festgeld kennt der Geldmarktfonds keine starren Anlagezeiträume. Das Kapital ist täglich verfügbar und die Zinsen orientieren sich an den kurzfristigen Geldmarktsätzen. Auf Grund der sehr kurzen Restlaufzeiten haben sie praktisch keine Kursrisiken. Die vom Gesetzgeber maximal erlaubte Restlaufzeit von zwölf Monaten wird in den meisten Fällen deutlich unterschritten. Ausgabeaufschläge werden in der Regel keine erhoben. Die Geldmarktfonds sind eine echte Alternative zu allen anderen Formen der kurzfristigen Geldanlage geworden. Sie investieren in großem Stil in

- kurzfristige Termingelder (Tages- und Monatsgelder),
- Pfandbriefe (Anleihen zur Finanzierung von Hypotheken),
- Commercial Papers (kurzfristige Schuldentitel von Unternehmen) und
- Floater (kurzfristige Anleihen mit variablem Zins).

Die Geldmarktfonds profitieren von ihrem starken Marktauftritt. Sie erhalten bessere Konditionen als Kleinanleger, da sie ja in großem Stil, in Millionenhöhe, investieren. Viele Kleinanleger machen so aus dem Geldmarktfonds einen starken Großanleger mit entsprechenden Renditevorteilen. Davon profitiert der Einzelne mit seinen Fondsanteilen. Die Anleger begrüßen sie offenbar als liquide Anlageform. Der Vorteil: Diese Anlage lässt alle Dispositionsmöglichkeiten seitens des Anlegers offen. Das Geld ist jederzeit frei verfügbar, sozusagen von einem Tag auf den anderen, und gewährt, jedenfalls statistisch betrachtet, in der Regel etwas mehr Rendite als das Sparbuch.

WISO rät: Da die Anteilswerte in der Regel nur geringen Schwankungen unterliegen, ist dieser Fondstyp attraktiv für Anleger, die ihr Geld nur mal eben kurz „parken" wollen, weil sie beispielsweise noch ein wenig Zeit benötigen, sich endgültig für die eine oder andere langfristige Fondsstrategie zu entscheiden.

Hedgefonds: Das im Januar 2004 in Kraft getretene Investmentmodernisierungsgesetz ist aus der Sicht der Hedgefonds-Branche zu begrüßen, da es für den deutschen Markt die Grundlage bietet, neue Produkte anzubieten. Ob das für den Anleger allerdings auch so stimmt, ist noch völlig offen. Seit März 2004 ist jedenfalls der erste deutsche Dach-Hedgefonds auf dem Markt, also ein Fonds, der in viele einzelne Hedgefonds investiert. So genannte Single-Hedgefonds dürfen in Deutschland nicht vertrieben werden. Aus Anlegerschutzgründen ist dies durchaus berechtigt. Noch haben viele Privatanleger nämlich keine rechte Ahnung, was denn Hedgefonds überhaupt machen. Im Wesentlichen verfolgen die Fonds folgende Strategie: Die Manager der Fonds versuchen zum Beispiel Fehlbewertungen bei Wertpapieren auszunutzen. Sie kaufen unterbewertete Aktien einer Branche und verkaufen als Gegenposition überbewertete Aktien „leer“. Sie verdienen dann doppelt, wenn die Kurse der unterbewerteten Aktien steigen und die der überbewerteten fallen. Eine andere Strategie der Manager setzt auf Fusionen von Aktiengesellschaften, bei denen in der Regel die Aktien der aufzukaufenden AG steigen. Oder aber die Manager spekulieren auf Rohstoffpreise oder Wechselkursveränderungen. Neben den „Leerverkäufen“ gehört auch der Einsatz von Fremdkapital (Leverage) zum Instrumentarium der Hedgefonds-Manager.

Mit dem Begriff Hedgefonds bezeichnet man also ein breites Spektrum alternativer Anlagevehikel. Sie setzen stets auf Geschäfte mit Terminen. Gehandelt wird mit Optionen, Futures und Optionsscheinen. Es geht in der Regel um die Rechte auf den Erwerb oder den Verkauf von Wertpapieren zu einem bestimmten Zeitpunkt in der Zukunft. Dabei handelt es sich um eine ganz besonders heikle Spielart der Fondsanlage. Typische Investmentinstrumente sind die oben genannten Leerverkäufe (Short Sellings), ein Hebeleffekt durch Aufnahme von Fremdkapital und den Handel mit Derivaten. Es handelt sich also um äußerst spezialisierte Finanzierungsstrategien. Seit den Neunzigerjahren wächst die Branche weltweit. Heute gibt es schätzungsweise 7.000 solcher Fonds in aller Welt. Das ist bislang nur etwas für Profis und kann ziemlich ins Auge gehen. Dies haben Beispiele aus der jüngsten Vergangenheit gezeigt, bei denen nur mit international koordinierter Milliardenhilfe der betroffenen Banken Hedgefonds vor dem völligen Bankrott bewahrt wurden. Doch bedeutet dies noch kein absolutes Verdikt für Hedgefonds. Die überhitzten Börsen bereiten manchen Anlegern zu Recht Sorgen, und so suchen sie eben Formen der Vermögensabsicherung über Hedgefonds. Das ist jedoch eher etwas für vermögende Anleger. Die Erfahrung in Amerika zeigt: Institutionelle oder vermögende private Anleger vertrauen ihr Geld nur solchen Fondsmanagern an, die seit mindestens drei Jahren satte Renditen auf diesem Gebiet vorzuweisen haben und bereits ein dreistelliges Millionenvermögen verwalten. Doch selbst das muss kein absoluter Schutz sein. Anleger hierzulande sollten wissen: Das Geschäft mit den Hedgefonds steckt in Deutschland noch in den Kinderschuhen.

WISO rät: Hedgefonds tragen zwar den Begriff „Schutz“ im Namen (engl. hedge heißt Schutz), doch sollte dies nicht für bare Münze oder gar für eine Garantie des eingesetzten Kapitals genommen werden. Beim Handel mit derivaten Instrumenten sprechen viele vom „Zockermarkt“. Erinnerungen an den Neuen Markt werden dabei wach, also Erinnerungen an enttäuschte Anleger, die den Traum vom ungehemmten Wachstum geträumt haben. Ob Hedgefonds nun eine „Wunderwaffe“ oder ein „Teufelszeug“ sind, das kann hier nicht entschieden werden. Tatsache ist, dass bei dieser Form der Investmentanlage rasante Kursgewinne ebenso möglich sind wie der Totalverlust des eingesetzten Kapitals. Wer also derartige Fondsanteile erwirbt, muss wissen, dass damit äußerst riskante Geschäfte, und zwar völlig anonym, gemacht werden. Und

wer schon Schwierigkeiten mit Begriffen wie „leerverkaufen“ hat, der sollte auf jeden Fall die Finger von Hedgefonds lassen.

Immobilienfonds: „Anlegen in inflationsgeschützte Sachwerte“ oder „Wer an Immobilien verdienen will, braucht sich nicht gleich ein Haus zu kaufen“ – so wird von der Branche um Anleger geworben. Die Zielgruppe ist klar: Wer sich nicht ein eigenes Haus leisten kann, soll auch mit kleineren Anlagesummen an der Ertragskraft von Grund- und Hauseigentum beteiligt werden. Die Motive für ein Investment im Immobiliensektor sind stets die gleichen. Die Immobilie stellt einen Sachwert dar und bietet ein gewisses Maß an Wertbeständigkeit und Inflationsschutz. Wer sich mit einem direkten Erwerb einer Immobilie nicht zu sehr festlegen will, dem können Immobilienfonds einiges bieten.

Dazu kommt das Steuerargument: Seit Anfang 2000 gelten Veräußerungsgewinne aus Immobilien erst nach zehn Jahren (bis dahin zwei Jahre) als freigestellt. Damit sind die Wertsteigerungen von Immobilien innerhalb der ersten zehn Jahre nach dem Erwerb – aus der Sicht eines rendite- und spekulativ orientierten Anlegers jedenfalls – faktisch bedeutungslos, falls er seinen Gewinn nicht mit dem Fiskus teilen will.

Außerdem: Wer innerhalb von fünf Jahren drei oder mehr Immobilien verkauft, dem unterstellen die Finanzbehörden sogar ein gewerbsmäßiges Handeln mit allen steuerlichen Konsequenzen. Da ist natürlich der Kauf von Anteilen an einem Immobilienfonds im Vergleich zu einer Direktanlage in eine einzelne Immobilie zu Renditezwecken nicht ohne Reiz. Immobilienfonds investieren in Häuser, Bürogebäude, Einkaufscenter usw. Doch in Zeiten sinkender Renditen auf diesem Gebiet darf ein großer Teil des Fondsvermögens auch in Wertpapiere und Anleihen oder liquide angelegt werden. Dann aber hat er mit einem Immobilienfonds eigentlich nicht mehr allzu viel zu tun. Wichtig ist die Unterscheidung in offene und geschlossene Immobilienfonds. Für Fondssparer, die an ihre private Rente denken, sind vor allem die Erstgenannten von Interesse.

Offene Immobilienfonds: Der Zusatz „offen“ bei Immobilienfonds bedeutet, dass der Anleger sich nicht an einer speziellen Immobilie beteiligt, sondern an einem großen Pool von Objekten in Deutschland, in Europa oder sogar in der ganzen Welt. Außerdem heißt es, dass der Anleger jederzeit seine Anteile zu einem aktuellen Marktpreis über seine Bank wieder verkaufen kann. Es herrschen strenge Regeln. Offene Immobilienfonds investieren in Häuser, Bürogebäude, Einkaufscenter usw. Sie investieren also in der Regel in viele verschiedene Objekte. Ein Großteil der Anlegergelder wird in Gewerbeimmobilien (bebaute Geschäfts- und Mietwohngrundstücke) investiert. Das restliche Geld dient als Liquiditätsreserve für Neuinvestitionen. Offene Immobilienfonds veröffentlichen Halbjahresberichte und einmal im Jahr einen Rechenschaftsbericht. In beiden finden Sie eine komplette Vermögensaufstellung und Angaben zu den

Objekten, in die der Fonds investiert hat. Diese Berichte werden dem Anleger auf Verlangen zur Verfügung gestellt. Oftmals veröffentlichen die einzelnen Gesellschaften darüber hinaus zusätzliche Informationen, beispielsweise über neu erworbene Objekte. Die ausschüttungsfähigen Erträge stammen aus Miet- und Zinseinnahmen. Doch in Zeiten sinkender Renditen auf dem Immobilienmarkt darf ein großer Teil des Fondsvermögens auch in Wertpapiere und Anleihen, Tagesgeld oder Geldmarktfonds angelegt werden. Wichtig ist die Unterscheidung in offene und geschlossene Immobilienfonds. Nur die „offenen" dürfen den geschützten Namen „Investmentfonds" führen. Die geschlossenen Immobilienfonds dürfen sich „nur" Fonds (also ohne den Zusatz „Investment") nennen. Die Fondsgesellschaften sind an strenge Anlegerschutzvorschriften gebunden. Ein Fonds (nach dem Wortlaut des Gesetzes ist er ein „Grundstück-Sondervermögen") besteht aus mindestens zehn, meist jedoch mehr als 50 unterschiedlichen Einzelobjekten. Keines der Einzelobjekte darf 15 Prozent des gesamten Fondsvermögens übersteigen. Sie sind gestreut nach Nutzungsart, Größe und Region. Der jährliche Anlageerfolg besteht aus Mieterträgen, Zinsen und Wertsteigerungen von Grundstücken. Das Risiko dabei bezieht sich vor allem auf Leerstände, sich verzögernde Erstvermietungen und auslaufende Mietverträge. Achten Sie also besonders auf offene Immobilienfonds, deren Objekte Mietverträge mit langen Restlaufzeiten haben.

Der Verkauf ist jederzeit möglich. Offene Immobilienfonds sind unter staatlicher Aufsicht stehende, treuhänderisch verwaltete Investmentfonds, die von Grundstücks-Investment-Gesellschaften verwaltet werden. Schwierig zu beurteilen ist die Preisbildung der Anteile, da Immobilien ja nicht wie Aktien an der Börse gehandelt werden. Das Gesetz schreibt daher einen Sachverständigenausschuss vor. Der bewertet mindestens einmal im Jahr sämtliche Grundstücke. Das heißt also: Anstelle eines transparenten Marktes treten Sachverständige. Sie nehmen die Objekte unter die Lupe. Wie das geschieht, darüber dringt allerdings nichts an die Öffentlichkeit. Der Anleger erwirbt über den Kauf eines Anteils an einem offenen Immobilienfonds wirtschaftliches Miteigentum an den Vermögensgegenständen des Immobilienfonds. Offene Immobilienfonds geben eine unbegrenzte Zahl von Anteilen aus, die börsentäglich erworben und zurückgegeben werden können. Die Rückgabe an die Grundstücks-Investment-Gesellschaft erfolgt zum börsentäglich veröffentlichten Rücknahmepreis. Der wird ermittelt auf der Grundlage der im Investmentfonds enthaltenen Vermögensgegenstände.

Die Rendite war in der Vergangenheit solide. Bewertungen offener Immobilienfonds – etwa durch die Stiftung Warentest – zeigen, dass diese Form der Kapitalanlage zwar ein „sicherer Hafen" ist, aber auch keine Garantie für eine stetige Wertentwicklung über der jeweiligen Inflation. Doch eines lässt sich bisher sagen: „Sparer, die sich für einen offenen Immobilienfonds entschieden haben, mussten noch nie um ihr Geld zittern. Es ging kontinuierlich aufwärts. Doch während der Aktienmarkt zeitweise vorpreschte und denen, die in Aktienfonds angelegt hatten, traumhafte Renditen bescherte, blieben die Immobilienfonds zurück. Mit ihrer Wertentwicklung können sich offene Immobilienfonds aber durchaus sehen lassen. In den vergangenen fünf Jahren lag die jährliche Wertsteigerung bei durchschnittlich etwas über 4 Prozent. Verluste hat in über 40 Jahren noch kein einziger Fonds gemeldet. Aber Vorsicht: nicht die Kosten beim Kauf der Anteile vergessen. Der so genannte Ausgabeaufschlag liegt derzeit so um die 5 Prozent, und die wollen ja erst einmal wieder reingeholt werden. Doch immerhin: Je länger der Anleger spart, desto kleiner wird der Renditedruck der Ausgabeaufschläge auf die realen Renditen. Deshalb sollten Sie Ihr Geld schon mindestens fünf Jahre anlegen. In Zeiten niedriger Zinsen und volatiler Börsen, in denen selbst große Kapitallebensversicherungen ihre garantierten Zinsen und die Überschussbeteiligungen deutlich zurücknehmen müssen, stellen offene Immobilienfonds jedenfalls eine Alternative dar.

WISO rät: Offene Immobilienfonds sind solide, bringen aber dafür keine kurzfristigen Gewinne. Dafür sorgen schon die Kosten beim Kauf der Anteile. Wie die Statistik der Vergangenheit beweist, hat noch nie ein solcher Fonds ein Geschäftsjahr mit Verlust abgeschlossen. Anleger erhalten eine jährliche Rendite, die meist klar über der Inflationsrate liegt. Offene Immobilienfonds sind damit geeignet für Anleger, die einen Teil ihrer Ersparnisse inflationsgeschützt anlegen wollen. Dafür sorgt die Durchschnittsrendite von offenen Immobilienfonds von etwas über 4 Prozent jährlich seit Bestehen der Fonds im Jahre 1959. Ein weiterer Vorteil ist die geringe Anzahl von derartigen Fonds. Unter weniger als dreißig kann der Sparer auswählen. Offene Immobilienfonds sind insgesamt ein solides Investment, doch für mindestens fünf Jahre sollten Sie Ihr Geld schon anlegen. Auf den Internetseiten des BVI (www.bvi.de) können Einzelheiten über die Fonds nachgelesen werden.

Geschlossene Immobilienfonds: Geschlossene Immobilienfonds werden, anders als offene Immobilienfonds, in der Regel für einzelne, in Ausnahmefällen auch für mehrere Grundstücke aufgelegt. Sie unterliegen bei ihrer Auflegung keinen spezialgesetzlichen Vorschriften und auch keiner Aufsicht. Bei der Auflage eines geschlossenen Immobilienfonds mit begrenzter Anlagezielsetzung kann naturgemäß das Prinzip der Risikostreuung kaum beachtet werden. Geschlossene Immobilienfonds sind nicht verpflichtet, Anteile zurückzunehmen. Die Verkehrsfähigkeit der Anteile geschlossener Immobilienfonds ist deshalb stark eingeschränkt. Dies hat zur Konsequenz, dass Anteile an geschlossenen Immobilienfonds nur verkauft werden können, wenn hierfür ein Käufer gefunden wird. Dies ist in der Regel mit großen Schwierigkeiten verbunden. Versuche, einen funktionierenden Zweitmarkt für derartige Anteile zu schaffen, haben meist fehlgeschlagen.

Geschlossene Immobilienfonds wurden – jedenfalls bis zur Verschärfung der Steuergesetze – häufig auch unter dem Gesichtspunkt der Steuerersparnis mit erheblichen

Verlustzuweisungen aufgelegt. Eine Sicherheit für den Erwerber eines Anteils an einem geschlossenen Immobilienfonds, ob diese steuerlichen Verlustzuweisungen auch in der Zukunft Wirkung entfalten, besteht nicht, da die Rechtsprechung der Finanzgerichte derartige Konstruktionen des Öfteren überprüft. Auch bestehen keine speziellen gesetzlichen Anlegerschutzregeln, sodass der Anleger auf die allgemeinen gesetzlichen Vorschriften zurückgreifen muss, wenn Probleme auftreten.

Demgegenüber unterliegen offene Immobilienfonds dem KAGG, einem dem Anlegerschutz verpflichteten Gesetz, und der staatlichen Aufsicht durch die Bundesanstalt für Finanzdienstleistungsaufsicht (BaFin, Graurheindorfer Str. 108, 53117 Bonn, Tel.: 0228/410 80, www.bafin.de), das die Einhaltung der gesetzlichen Vorschriften überprüft. Die Anlagevorschriften für offene Immobilienfonds sind in den §§ 27 ff. KAGG geregelt. Anders als bei geschlossenen Immobilienfonds hat ein Anleger in offenen Immobilienfonds die Möglichkeit, bei Geldbedarf börsentäglich seine Anteile zum täglich veröffentlichten Rücknahmepreis zurückzugeben. Offene Immobilienfonds werden nicht unter dem Aspekt der Steuerersparnis aufgelegt, sondern unter dem Gesichtspunkt der regelmäßigen Ertragserzielung und Wertsteigerung.

WISO rät: Wer für die private Rente spart, sollte geschlossene Immobilienfonds eher meiden. Zu viele Objekte halten am Ende nicht, was sie versprochen haben. Für die Investoren kann das bedeuten, dass sie auf Ausschüttungen verzichten oder gar den Totalverlust ihrer Einlage beklagen müssen. Im Rentenalter ist es dann zu spät, um zu korrigieren.

Indexfonds: „Das Vorbild immer im Auge behalten!“ – so lautet die Devise aller Fondsmanager, denn die von ihnen erzielten Renditen werden mit der Wertentwicklung des betreffenden Marktes (Aktien- oder Rentenmarkt) verglichen. Dabei vergleicht man die Performance eines Fonds mit einem Index, also einer Benchmark. Jeder Fonds versucht Schritt zu halten mit einem Index, entweder dem DAX oder dem Dow Jones, oder welcher Vergleichsindex auch immer das Vorbild ist. Das gilt natürlich besonders für einen Indexfonds. Kursgewinne der einen oder anderen Aktie, die Ausgabe neuer Aktien oder eine Umgewichtung in einem Index, das sind die Signale, auf die der Manager eines Indexfonds reagieren muss. 1975 legte die amerikanische Fondsgesellschaft Vanguard den ersten Publikumsfonds auf den S&P 500 auf. In den USA und in England fließen rund 20 beziehungsweise 30 Prozent der Anlagegelder in diese Produkte. Auch in Deutschland hat sich das in Indexfonds angelegte Vermögen in den vergangenen Jahren deutlich erhöht.

Fondsmanager kaufen bei einem Indexfonds nicht die ihrer Meinung nach aussichtsreichsten Titel, sondern versuchen, eine Indexstruktur nachzubilden. Ein Indexfonds wird dem Anleger im Idealfall die gleiche Performance liefern wie der zu Grunde liegende Index. Wenn also ein Aktien-Indexfonds zum Beispiel den DAX abbilden

soll, dann hat er anteilsmäßig die 30 wichtigsten deutschen Aktien im Depot. Bis vor kurzem gab es dabei ein Handikap. In Deutschland durfte bis zum 4. Finanzmarktförderungsgesetz vom Juli 2002 ein Indexfonds nicht mehr als 10 Prozent seines Vermögens in einem Einzeltitel anlegen. Ein Wertpapier allein durfte also nicht mehr als 10 Prozent des Fondsvermögens ausmachen. So jedenfalls schrieb es das Gesetz über Kapitalanlagegesellschaften (KAGG) vor. Das ergab ein Problem, wenn ein Wert beispielsweise den marktkapitalisierten Wert von 10 Prozent aller DAX-Titel überschritt, was etwa bei der Deutschen Telekom passierte. Dem Fondsmanager waren dann die Hände gebunden, weil er diese Entwicklung nicht vollständig nachvollziehen durfte. Er musste somit dieses DAX-Schwergewicht untergewichten. Die Folge war ein leichtes Abweichen der Wertentwicklung des Indexfonds von der wirklichen Wertentwicklung des DAX. Deshalb waren Indexfonds im Grunde genommen bis zum Juli 2002 nur *indexnahe* Fonds. Doch der Gesetzgeber hat hier Abhilfe geschaffen (siehe die Erläuterungen zum neuen Fondstyp „Börsengehandelte Indexfonds" direkt im Anschluss). Wer allerdings bereits einen herkömmlichen indexnahen Indexfonds im Depot hat, für den gelten noch die alten einschränkenden Bestimmungen. Nur wenn die vertraglichen Bestimmungen inzwischen geändert wurden, darf ein solcher Indexfonds sich an die neuen Regeln halten. Insgesamt steigen Indexfonds in der Beliebtheitsskala der Anleger. Das hat folgende Gründe:

- Indexfonds sind kostengünstiger zu betreuen, besonders weil die Fondsmanager weniger Wertpapiertransaktionen im Fonds abwickeln.
- Damit entstehen deutlich weniger Kosten als bei den so genannten *aktiv gemanagten* Fonds.
- Die jährlichen Ertragsvorteile bis zu 2 Prozent allein auf Grund der deutlich niedrigeren Transaktionskosten sind beträchtlich.

In den meisten Fällen unterliegen aktiv gemanagte Fonds beim Vergleich der Wertentwicklung mit dem Vergleichsindex oder dem entsprechenden Indexfonds. Mit Indizes, wie etwa der Euro-STOXX-Indexfamilie oder in Deutschland dem SDAX für kleinere Unternehmen oder dem TecDAX für die 30 größten Aktien aus den Wachstumsbranchen, können Anleger mittlerweile fast in jeder Region oder Branche investieren, ohne sich den Risiken eines Missmanagements in einem Fonds auszusetzen. Statistiken belegen, dass bisher nur eine deutliche Minderheit aller aktiv gemanagten Fonds ihren Vergleichsindex schlagen. Die Zahlen schwanken je nach Jahr und Quelle zwischen 10 und 25 Prozent. Wer also auf eine positive Entwicklung der Börse wettet, sich aber nicht auf einzelne Werte oder Branchen einlassen will, für den ist ein „passiv" gemanagter Indexfonds das Richtige. Voraussetzung ist aber, dass der Anleger keinen Wert auf einen Sieg über das jeweilige Börsenbarometer legt. Denn das schafft kein Indexfonds. Die Wertentwicklung hinkt eher etwas nach. Dafür sorgen die Kosten wie der marktübliche Ausgabeaufschlag und die Verwaltungsgebühr für das Fondsmanagement. Der Fonds muss außerdem, je nach Börsenentwicklung, Transaktionen tätigen, um den Index, falls notwendig, nachbilden zu können. Und diese Kosten drücken ebenfalls die Wertentwicklung. Allerdings: Im Indexfonds werden die Analysekosten, die bei einem „aktiven“ Fondsmanagement anfallen, gespart. Das wiederum hebt die Wertentwicklung. Letztlich stellt sich also für jeden Anleger die Frage, ob er nicht gleich auf einen Indexfonds setzen sollte. Das erspart ihm eine Menge Ärger und Kopfzerbrechen. Andererseits: Bei fallenden Börsenbarometern sind dem Indexfonds-Management die Hände gebunden, denn die Anlagepolitik bleibt starr an die Indexstruktur gebunden, bei steigenden wie bei fallenden Märkten.

Börsengehandelte Indexfonds – die Alternative: Wem einzelne Investmentfonds zu risikoreich sind, der kann auf ein noch recht neues Finanzprodukt zurückgreifen. Es handelt sich um börsengehandelte Investmentfonds. Darunter befinden sich einige spezielle Aktienfonds und vor allem eine ganze Palette Indexfonds. Sie sind erst seit dem Jahr 2001 auf dem Markt. Speziell die börsengehandelten Indexfonds sind nichts anderes als eine kostengünstige Variante zu den schon existierenden indexnahen Indexfonds (wie oben beschrieben). Die Deutsche Börse AG bietet die Handelsmöglichkeiten für diese neuen Finanzprodukte. Sie will nach eigenen Angaben an den Erfolg dieser Anlageform in den USA anknüpfen. Auf den Internetseiten der Deutschen Börse AG (Segment XTF = Abkürzung für Exchange Traded Funds, übersetzt heißt das: börsenmäßig handelbare Investmentfonds) werden die Preise ständig aktualisiert.

Der Name der Seite lautet: www.deutsche-boerse.com. Dort muss der Interessent auf den Button XTF klicken, um zu der Seite mit den ständig aktualisierten Daten der neuen Indexfonds zu gelangen. Sie werden genauso gehandelt wie Aktien und haben eine Wertpapierkennnummer wie sie. Der Unterschied liegt nur in der Form des Wertpapiers: Mit einer Aktie kauft der Anleger Anteile an einem einzelnen Unternehmen. Mit der Indexaktie aber kauft er Anteile an einem Index (zum Beispiel sämtliche 30 Titel des DAX, des größten und wichtigsten deutschen Aktienindex – es gibt auch Indexfonds auf den MDAX, die Euro-STOXX-Indizes oder die bekannten Rentenindizes).

Die entscheidende Neuerung dabei: Die Preise für die herkömmlichen Investmentfonds werden nur einmal am Tag festgelegt. Der Kurswert dieser nicht börsennotierten Fonds wird anhand der Kurse der enthaltenen Positionen addiert und durch die Anzahl der ausgegebenen Anteile dividiert. Wer seine Anteile an einem Aktienfonds verkaufen will, erhält somit nur selten den gerade aktuellen Wert der Aktien in seinem Fonds. Preisausschläge nach oben oder unten innerhalb nur weniger Minuten oder Stunden, wie sie an der Börse durchaus üblich sind, bleiben also bisher beim Kauf oder Verkauf von Fondsanteilen unberücksichtigt. Die Folge: Fondsbesitzer, die ihre Anlagen schnellstmöglich verkaufen oder neue kaufen wollen, sind somit gegenüber Aktienbesitzern benachteiligt. Das ändert sich mit dem neuen Typ der börsengehan-

delten Indexfonds grundlegend. Sie sind börsennotiert und werden wie eine Aktie gehandelt. Bei diesen Finanzprodukten richtet sich der aktuelle, laufend ermittelte Kurs nach Angebot und Nachfrage der Marktteilnehmer. Banken, die als so genannte Designated Sponsors auftreten, verpflichten sich zu einem fortlaufenden Handel während des gesamten Börsentages. So können Anleger theoretisch sogar Daytrading mit diesen Indexfonds betreiben, also mehrmals am Tag kaufen und verkaufen. Einige wichtige Details zu dem neuen Finanzprodukt aus dem Anlageuniversum der Investmentfonds:

- Börsengehandelte Indexfonds können ab einem Volumen von einem Stück geordert werden. Dabei entspricht der Wert eines Zertifikats einem Hundertstel des zugrunde liegenden Index. Auf dem Niveau von 4.000 Punkten würde damit ein DAX-Anteil rund 40 Euro kosten.
- Beim Kauf von Indexfonds über die Börse fällt kein Ausgabeaufschlag wie bei einem herkömmlichen Investmentfonds an. Die Preisspannen (gemeint ist der Spread, also der Aufpreis für den Käufer eines solchen Produkts) sind vergleichsweise niedrig.
- Die jährliche Managementgebühr für die Verwaltung und Betreuung der Fonds liegt bei maximal 0,5 Prozent des Fondsvermögens. Auch das ist niedriger als bei den herkömmlichen Investmentfonds.
- Für Transparenz sorgt die laufende Veröffentlichung der Preisspannen bei Kauf und Verkauf der börsengehandelten Indexfonds und die Tatsache, dass der Nettoinventarwert der Fonds alle 15 Sekunden neu errechnet und den Anlegern zur Verfügung gestellt wird.

WISO rät: Klassische Indexfonds sowie die neuen börsengehandelten Indexfonds sind durchaus geeignet für einen langfristig angelegten Vermögensaufbau. Sie streuen Ihr Risiko damit. Wer sich für diese Art von Investmentsparen entscheidet, sollte sein Geld vielleicht in zwei unterschiedliche Fonds investieren, und zwar in einen, der sich auf einen Aktienindex und einen, der sich auf einen Rentenindex bezieht. So betreiben Sie eine angemessene Risikostreuung in Ihrem Depot.

Länderfonds und Regionenfonds: In diesem Fall beschränken die Fondsmanager ihre Anlagestrategie auf ein bestimmtes Land oder eine bestimmte Region. Sie halten also Ausschau nach den besten Werten in der Schweiz oder in den USA, in Großbritannien oder Frankreich oder beobachten eine Region wie Lateinamerika oder Osteuropa. Je nach der „Reife“ des jeweiligen Börsenplatzes ist bei dieser Anlagepolitik mit rasanten Kursgewinnen und Kursverlusten zu rechnen. Ein durchorganisierter und rechtlich abgesicherter Finanzplatz wie London bietet eben mehr Sicherheit als die Börsen in Warschau, Moskau oder Kiew. In Zukunft dürften die Investmentfonds an Attraktivität gewinnen, die sich auf die neuen Beitrittsländer der EU konzentrieren, also auf Polen, die Slowakei, Tschechien, Ungarn und Slowenien zum Beispiel. Die zehn neuen, vorwiegend in Osteuropa gelegenen Börsenplätze bieten durchaus Chan-

cen für private Anleger. Das haben sie bereits in ihrer Rolle als Kandidaten für die EU bewiesen, und zwar auf dem Rentenmarkt. Wer sich nämlich in den Jahren vor dem endgültigen Beitrittsdatum im Mai 2004 Staatsanleihen aus Polen oder Ungarn, Tschechien oder der Slowakei ins Depot gelegt hat, bekam wegen des höheren Risikos gegenüber den Staatsanleihen von Ländern wie Frankreich, Italien oder Deutschland stets einen Zinsaufschlag bezahlt. Dieses höhere Risiko hat sich für die Anleger gelohnt. Polen, die Slowakei, Tschechien und die anderen ehemaligen EU-Kandidaten haben alle pünktlich die Zinsen überwiesen. Jetzt bieten sich den Anlegern neue Chancen. Die zehn Neuen in der EU gelten als Wachstumsländer. Wer also einen Teil seiner Spargelder in Investmentfonds mit Aktienunternehmen aus diesen Ländern anlegt, hat alle Chancen, am Aufstieg dieser Länder teilzuhaben.

WISO rät: Eine Anlage in solche Aktienfonds sollte besonders durchdacht sein. Wer nicht über die Performance des Fonds, die Zusammensetzung des Managements und damit über seine Qualität Bescheid weiß, sollte die Finger davon lassen. Ein idealer Investor ist in einem solchen Fall jemand, der bereits Kenntnisse über die Länder oder Regionen mitbringt, in die der Fonds investiert. Ein weiterer wichtiger Punkt: Bei Länder- und Regionenfonds spielt die Währung eine entscheidende Rolle. Der schönste Anstieg eines Index bringt dem in Euro rechnenden Anleger nicht viel, wenn die schwache Währung des jeweiligen Landes einen Großteil der Erträge wieder auffrisst. In Euroland fällt dieses Risiko weg, denn die Währungssicherheit in der Europäischen Wirtschaftsunion ist durch die Einheitswährung Euro garantiert. In den übrigen Ländern der EU ist das Risiko relativ gering, dass eine Währung „abschmiert", denn die meisten der anderen EU-Länder wollen den Euro so schnell wie möglich einführen.

Mischfonds: Solche Fonds mischen Aktien- und Rentenpapiere. Das ist sehr wichtig beim langfristigen Vermögensaufbau für die private Rente. Sie streuen nämlich das Risiko in besonderer Weise. Im Gegensatz zu Aktien- und Rentenfonds setzt das Depot eines Mischfonds nicht allein auf eine Wertpapiergattung. Hier versucht das Management, die größeren Gewinnchancen bei Aktien mit der höheren Sicherheit der Anlage in Rentenpapiere zu kombinieren. „Sicherheit plus Gewinn" – so könnte die Hauptformel für die Anlage in einen Mischfonds lauten, und zwar in dieser Reihenfolge.

Aus der Zwitterkonstruktion dieses Fondstyps ergibt sich logischerweise eine besondere Anlagestrategie. Die Anlageschwerpunkte variieren je nach der Situation an den Aktien- und Rentenmärkten. Die Struktur eines Mischfonds setzt sich gewöhnlich zusammen aus:

- öffentlichen Anleihen,
- Pfandbriefen,
- Kommunalobligationen,
- Geldmarktpapieren,

- Aktien aus allen Branchen, Ländern und Regionen,
- Barreserven und
- Sonstigem.

Die starke Diversifikation bei einem gemischten Fonds trägt dem Investmentgedanken Rechnung. Dieser Zwitter unter den Fondstypen ermöglicht es den Fondsverwaltern, nahtlos zwischen Aktien und Rentenpapieren zu wechseln. Beim Management von Mischfonds ist das Geschick der Manager besonders gefragt. Denn in Zeiten florierender Aktienmärkte heißt es, früh genug den Aktienanteil hochzufahren, und in Zeiten fallender Zinsen sollte bereits vorher der Rentenanteil verstärkt worden sein, um an den damit verbundenen, höheren Kursen zu partizipieren.

In unsicheren Börsenzeiten sind Mischfonds besonders gefragt. Sie sind eher für passive Sparer geeignet, denen meist die Kenntnis und die Zeit fehlen, sich den geeigneten Mix aus Aktien- und Rentenfonds zusammenzustellen. Dass sie damit durchaus nicht falsch liegen, zeigt die beachtliche Wertentwicklung vieler Mischfonds. Kapitalanlegern geht es mit ihren Wünschen meist um zwei grundsätzliche Anliegen: erstens um Sicherheit auf der einen Seite mit Renten, Obligationen und allen Arten festverzinslicher Papiere und zweitens um spekulative Gewinne mit Aktien. Die Fondsmanager können bei Mischfonds unter den angebotenen Papieren grundsätzlich kaufen, was ihnen passt. Dabei entscheiden sie über das geeignete Verhältnis von Renten und Aktien. Drei verschiedene Gruppen unterscheidet man dabei:
- gemischte Fonds mit offensiver Ausrichtung, also hohem Aktienanteil,
- gemischte Fonds mit ausgeglichenen Anteilen von Renten und Aktien sowie
- gemischte Fonds mit defensiver Ausrichtung, also hohem Rentenanteil.

Wichtig für Anleger: Sie können bei einigen Gesellschaften schon aus dem Namen ablesen, welche der drei Strategien sie wählen, zum Beispiel bei der schweizerischen UBS. Sie signalisiert mit Namenszusätzen die grundsätzliche Anlagestrategie bei Mischfonds:
- „Growth“ bedeutet einen höheren Aktienanteil (rund 65 Prozent),
- „Balanced Fonds“ heißt ausgeglichene Mischung (rund 45 Prozent in Aktien),
- „Yield“ meint niedrigen Aktienanteil (rund 25 Prozent).

Statt „Yield“ für einen niedrigen Aktienanteil verwenden viele Anbieter auch den Namenszusatz „Income“. Es gibt noch weitere Fondstypen, die mit den Mischfonds verwandt sind: AS-Fonds, Dachfonds oder auch VL-Fonds.

WISO rät: Wer einen Mischfonds wählt, sollte die Vertragsbedingungen genau lesen. Häufig nämlich sind die Mischfonds in ihren Anlagemöglichkeiten eingeschränkt. Was nutzt die schönste Aktienhausse, wenn der Fondsvertrag nur einen maximalen Aktienanteil von einem Drittel vorschreibt? Die Fondsmanager sollten also, wenn schon, denn schon, frei schalten und walten können, wie sie das Depot des Fonds im Einzelnen gewichten. Denn nur bei flexibler Anlagepolitik bringt der Mischfonds auch volle Leistung!

Rentenfonds: Sie sind die Klassiker unter den Investmentfonds, waren jahrzehntelang klar die Nummer eins, sind heute aber nicht mehr dominierend. Die Rendite ist meist geringer als bei einem Engagement in Aktienfonds. Aber: Die geringere Schwankungsanfälligkeit des Kursverlaufs von Renten – also zum Beispiel Staatspapieren, Unternehmensanleihen oder Kommunalobligationen – macht diesen Fondstyp besonders attraktiv für vorsichtige Anleger.

Die Fondsmanager müssen vor allem den Kapitalmarktzins und seine Entwicklung vorausahnen. Der Zins spielt die entscheidende Rolle für die Kurswerte der Anteile. Sinkende Zinsen bringen steigende Kurse für die Anteile des Anlegers und steigende Zinsen fallende Kurse. Das gilt vor allem für die Rentenfonds, die in inländische Anleihen investieren. Die Rentenfonds mit internationaler Ausrichtung haben noch die Währungschancen und -risiken einzuschätzen. Die Entwicklung der Währungen, auf die jeweils die im Fonds gehaltenen Anleihen laufen, haben entscheidenden Einfluss auf den Wert der Anteile. Eine fallende Währung drückt auf den Kurs. Seit der Einführung des Euro sind dem Anleger in Rentenfonds Vorteile entstanden. Damit ist der zweitgrößte Markt der Welt für verzinsliche Wertpapiere entstanden. Auf diesem neuen europäischen Gesamtmarkt decken Tausende von Emittenten, also Staaten, Organisationen, Unternehmen und Kommunen, ihren Finanzbedarf.

Rentenfondsmanager nehmen dem Anleger viel Arbeit ab. Die Märkte für verzinsliche Wertpapiere sind komplexer geworden. Heute reicht es nicht mehr aus, sich für kurze oder lange Laufzeiten zu entscheiden und auf den Heimatmarkt zu setzen. Auf der Suche nach ertragsstarken Anleihen schauen die Fondsteams sowohl auf gesamtwirtschaftliche Faktoren als auch auf titelspezifische Merkmale. Das heißt: In den Entscheidungsprozess fließen beispielsweise sowohl Währungseinschätzungen oder Erwartungen für das Wirtschaftswachstum eines Landes ein als auch Bonitätsanalysen einzelner Schuldner. Erst wenn die Fondsmanager sich eine Meinung zu Märkten gebildet und einen Überblick über alle relevanten Emissionen verschafft haben, wählen sie Anleihen aus. Gegen Schwankungen an den Renten- und Devisenmärkten sichern sie sich gegebenenfalls durch Zins- und Währungsderivate ab. Die Bandbreite von Rentenfonds, die inzwischen sehr unterschiedliche Chancen und Risiken für den Anleger bieten, reicht von

- geldmarktnahen Fonds,
- Rentenfonds mit kurz laufenden verzinslichen Wertpapieren und
- in Euro-Anleihen anlegenden Fonds über
- internationale Rentenfonds und

- Fonds mit Hochzinsanleihen bis hin zu
- Investmentfonds, die Anleihen aus den EU-Betrittsländern kaufen.

Wer eine Anlage sucht, die nur geringen Wertschwankungen unterliegt, weil vor allem die Werterhaltung des Geldes angestrebt wird, sollte Rentenfonds mit kurz laufenden Anleihen wählen. Dagegen können Anleger, die auch bei der Rentenanlage erhöhte Wertschwankungen akzeptieren, überdurchschnittliche Renditen erzielen. Die Chance dazu bieten so genannte High-Yield-Fonds, die in Hochzinsanleihen aus aufstrebenden Schwellenländern und in Unternehmensanleihen investieren. Bei der Vielfalt der neuen Anlagemöglichkeiten wird es immer wichtiger, die Spreu vom Weizen zu trennen. Für den Fondsmanager gewinnt neben dem klassischen Aufbau von Fonds mit festverzinslichen Wertpapieren nach Länder- und Währungskriterien die sorgfältige Auswahl von Einzelwerten und damit die Kreditanalyse der Emittenten an Bedeutung. Daher kombinieren die Rentenfondsmanager die volkswirtschaftliche Analyse mit einer Kreditwürdigkeitsprüfung der Emittenten, um Anleihen mit langfristig überdurchschnittlichem Kurspotenzial herauszufiltern.

Noch ziemlich neu am Markt sind Rentenfonds, die in Anleihen mit Inflationsschutz investieren. Sie lehnen sich an die neuen Anleihen mit Inflationsschutz an. Der Grundgedanke dabei ist folgender: Die Inflation nagt im Laufe der Zeit an der Kaufkraft unserer Ersparnisse. Deshalb bieten die Anleiheausgeber eine Realzinsanleihe, bei der der Coupon, also der Zins, und die Rückzahlung mit der jeweiligen Inflation anwachsen. Möchte der Anleger vorzeitig an sein Geld, so profitiert er jederzeit von dem Inflationsschutz, da er von Beginn an bis zu seiner Veräußerung besteht. Emittiert, also herausgegeben werden solche Realzinsanleihen von einer Vielzahl von Staaten. Auch Bundesanleihen sollen demnächst in Form von Realzinsanleihen emittiert werden. Der weltweite Markt ist schon recht beachtlich. Bisher sind es zwar fast nur institutionelle Anleger, die zugreifen; private Geldgeber sind noch zurückhaltend. Doch nach und nach werden auch Fonds aufgelegt, die auf solche Anleihen als Basisprodukte setzen. Interessenten mit kleinerem Geldbeutel können da also noch mit einem wachsenden Angebot rechnen.

WISO rät: Einen Rentenfonds als eine Art Gegengewicht zu einem riskanteren Aktienfonds im Vermögensdepot zu haben, ist grundsätzlich in Ordnung. Wer stets ein Auge auf die Zinsentwicklung am Kapitalmarkt hat, dürfte auch seine Chancen steigern, den Einstiegszeitpunkt für einen Rentenfonds richtig auszuwählen.

Schwellenländerfonds, Emerging Markets: Dieser Aktienfondstyp setzt zum Beispiel auf die Entwicklung von Volkswirtschaften in ehemaligen Entwicklungs- und Schwellenländern wie Brasilien, Malaysia, Südkorea, Thailand usw. „Emerging Markets“ lautet der international gebräuchliche Begriff dafür. Wer auf diese aufstrebenden

Länder Asiens, Lateinamerikas oder auch Osteuropas setzt, selber aber nicht über genügend Informationen verfügt, überlässt die Anlage seiner Gelder besser erfahrenen Fondsmanagern. Aber selbst diese sind nicht gefeit vor bösen Überraschungen wie der jüngsten Asienkrise mit den Auswirkungen, die in dieser Form kaum einer der Spezialisten vorhergesagt hatte. Was stets zu beachten ist, gilt für diese Fonds besonders: Hohen Chancen stehen entsprechend hohe Risiken gegenüber.

WISO rät: Hände weg von Schwellenländerfonds, wenn die notwendigen Kenntnisse oder die entsprechende Risikobereitschaft fehlen. Die Märkte sind hochempfindlich. Die Asienkrise zeigt deutlich, wie schnell auch die jungen Tigerstaaten, die jahrelang als Inbegriff des geplanten Wirtschaftswunders galten, in ökonomische Schwierigkeiten geraten können. Die oft hohe, kurzfristige Verschuldung aufstrebender Volkswirtschaften macht sie außerordentlich anfällig für Liquiditätskrisen. Dann fehlt plötzlich das notwendige Kapital für weitere Forschung und Investitionen im eigenen Land, und das kann leicht in eine jahrelange Rezession münden. Japan ist dafür ein besonders krasses Beispiel, auch wenn es kein Schwellenland mehr ist. Auf einen schier endlos erscheinenden Aufschwung der Gesamtwirtschaft und des Aktienmarktes, die mit immer neuen Rekorden aufwarteten, folgte in den Neunzigerjahren eine Dauerkrise als Folge einer so nicht erwarteten Reformunfähigkeit. Diese Risiken müssen bei Emerging-Market-Fonds besonders beachtet werden. Nur wer gute Nerven und finanziell gesehen das notwendige Durchstehvermögen hat, sollte hier investieren.

Neben diesen Hauptgruppen gibt es noch zahlreiche andere Typen und Spielarten von Investmentfonds. Beispiele dafür sind Rohstofffonds, Turnaround-Fonds, Junkbond-Fonds usw. In der Ausgestaltung, Spezialisierung und Bezeichnung der vielen Fonds sind der Phantasie kaum Grenzen gesetzt. Eine lupenreine Definition der einzelnen Fondstypen ist fast nicht möglich. Häufig überlappen sie sich. Anleger, die sich für die eine oder andere Spielart interessieren, sollten sich jeweils genau über die Anlageziele dieser Fonds informieren und sich dann ein Urteil bilden, welche Zukunftschancen die jeweilige Branche hat. Denn ein Fonds kann nur dann hohe Renditen erzielen, wenn die Branche oder die Region, in die er investiert, erfolgreich ist und hohe Wachstumsraten aufweist.

Und auch das sollte jeder wissen: Die Fondsbranche muss wie jeder andere Wirtschaftszweig um Kunden werben. Das lässt sie sich viel Geld kosten. Millionen Euro fließen in die Werbung. Für Fonds gelten die gleichen Spielregeln wie für Jeans, Parfum oder Autos. Marketing und Vertrieb sind hier wie dort die Zauberwörter. Produktgestaltung und Kommunikation, Werbung, Public Relations und Medienarbeit werden forciert. Ob über die Hausbank oder den Versicherungsvertreter, ob über das Internet oder den Fonds-Shop – egal, über welche Vertriebskanäle der Fondsverkauf läuft, es gibt immer nur ein Ziel: das Portemonnaie der Kunden. „Fit for Fonds" kann

für den Anleger deshalb nur bedeuten, dass er sich selber ausreichend informiert und lernt, die Spreu vom Weizen zu trennen. Sonst wird er überrollt vom Angebot und den Versprechungen der Investmentbranche.

Einen Anhaltspunkt dafür, was von der Qualität eines Fondsmanagements zu halten ist, bietet ein Blick auf die in der Vergangenheit erzielten Resultate. Das ist zwar keine Garantie dafür, dass es auch in Zukunft so weiter geht – aber immerhin ein wichtiger Anhaltspunkt. Und: Ein Fonds, der bisher schon unterdurchschnittliche Resultate erzielt hat, bietet diese Gewähr noch weniger.

Vorsicht – viele wollen kassieren!

Versprechungen in Hochglanzprospekten sind noch lange keine Gewinngarantie. Obwohl Fonds eine breitere Risikostreuung bieten, als dies beim Kauf einzelner Aktien möglich ist, haben auch Fondsmanager schon so manchen Flop gelandet. Überdies muss auch immer berücksichtigt werden, dass erst einmal die Werbeaufwendungen, die Provisionen der Vertreter oder die Verwaltungsgebühren bezahlt werden müssen, ehe etwas für den Anleger übrig bleibt. Dies sollte besonders dann beachtet werden, wenn Sie Ihr Geld einem der so genannten Strukturvertriebe anvertrauen. Ehe Sie etwas verdienen, kassieren erst einmal viele andere in der hierarchisch aufgebauten Organisation. Wer darauf achtet, dass zwischen ihm und seinem Geld so wenig andere wie möglich stehen, muss die Erträge seiner Anlage nicht mit so vielen anderen teilen. Sie können Ihrer Bank auch ohne Vermittler sagen, welche Fonds oder Aktien Sie kaufen wollen.

Wertentwicklung der Fonds

Statistisch gesehen gilt: Der Durchschnitt der Fonds erwirtschaftet in der Regel weniger Rendite als eine Direktanlage an der Börse. Dies zeigt sich beim Vergleich der durchschnittlichen Wertentwicklung der deutschen Aktienfonds mit der Entwicklung des DAX. Ein Aktienfonds bildet in seiner Wertentwicklung die Kurse nur nach. Je nach Art des Fonds bildet er den gesamten DAX nach oder hat seine Anlageschwerpunkte in einzelnen Bereichen. Wenn der Fonds den DAX genau nachbildet, erzielen die Anleger eine schlechtere Verzinsung, weil sie beim Fondskauf höhere Kosten haben, also Ausgabeaufschläge bezahlen müssen, die es beim direkten Aktienkauf nicht gibt. Nur Fonds, die es schaffen, sich auf die Aktien zu konzentrieren, deren Kurse sich überdurchschnittlich entwickeln, können höhere Zuwächse erzielen. Allerdings gibt es keine Garantie dafür, dass dies auch gelingt. Branchenfonds, deren Vertragsbedingungen eine Anlage der zufließenden Mittel auf bestimmte Wirtschaftsbereiche vorschreiben, können daher sowohl über- als auch unterdurchschnittliche Erfolge erzielen. Ein

gutes Abschneiden in der Vergangenheit garantiert nicht den Erfolg in der Zukunft – selbst wenn sie über mehrere Jahre den Index geschlagen haben. Denn wenn die entsprechende Branche – die Konsum- oder Autowerte, die Hightech-Unternehmen oder die Chemie – in eine Struktur- oder Ertragskrise gerät, zieht das auch die entsprechenden Fonds mit nach unten.

Zudem gilt auch für Fondsmanager: Ruhm ist vergänglich. Das zeigen zum Beispiel die spektakulären Beispiele von Fondsmanagern, die sich nach dem Frühjahr 1997 zu stark auf die damals so hochgepriesenen Internet-Aktien gestürzt haben. Im Jahr 2003 – nach dem skandalträchtigen Ende des Neuen Marktes, des ehemaligen Börsensegments für die jungen, innovativen Wachstumsaktien – ist jedenfalls nicht mehr viel von den früheren Milliarden in den Neue-Markt-Fonds übrig geblieben. Die Heftigkeit der Kursausschläge nach unten – wie bei diesen Fonds – spürt der Anleger dann besonders bitter, wenn er erst in der Phase überschäumender Erfolge eingestiegen ist. Die enormen Kursrückschläge werden oft erst nach Jahren – wenn überhaupt – wieder ausgeglichen. Denn die Nachfolger der nach den Abstürzen entlassenen Investmentstars von einst können deren Fehler meist nur mühsam wieder gutmachen.

Wichtig: Aktienfonds rutschen die Hitlisten rauf und runter. Das hängt nicht nur mit dem Geschick des Managements zusammen, sondern ist auch die Folge von Börsentrends. Wenn gerade Großunternehmen wie DaimlerChrysler, Deutsche Bank und Allianz gefragt sind, dann profitieren davon die Fonds, die auf „Blue Chips“ in der Auto-, Banken- oder Versicherungsbranche gesetzt haben. Sind aber gerade mal die Unternehmen aus der zweiten Reihe wie Puma, Fielmann, Fresenius oder Merck gefragt, dann profitieren die Mid-Cap-Fonds. Deshalb legen die Kapitalanlagegesellschaften auch so viele Fonds auf. Nach der Wahrscheinlichkeitstheorie haben sie dann so viele Pfeile im Köcher, dass eine höhere Trefferquote garantiert ist. Mit den erfolgreichen Fonds wird dann geworben.

Sparen mit „Turbo-Effekt“

Wer sich über Jahrzehnte eine finanzielle Absicherung für sein Alter aufbauen will, kann schon mit relativ kleinen regelmäßigen Einzahlungen in Aktienfonds ein ansehnliches Vermögen erwerben. Das liegt neben den stetigen Einzahlungen vor allem an dem optimal genutzten Zinseszinseffekt. In einem Aktienfonds werden ständig Erträge erwirtschaftet. Sie werden sofort wieder zu den bestmöglichen Konditionen angelegt. Dies sorgt dafür, dass beim Fondssparen im Laufe der Zeit eine Art Spar-Turbo zugeschaltet wird, der schließlich das angesammelte Vermögen immer rascher wachsen lässt.

Auf den richtigen Anlagemix kommt es an

Es gibt durchaus Möglichkeiten, auch in Zukunft Geld an der Börse zu verdienen. Das ist das Credo des Finanzwirtschaftlers Professor Dr. Raimond Maurer von der Universität Frankfurt, das er auch gegenüber WISO immer wieder bekräftigt. Börsencrashs sind nichts, was ihn wirklich beeindruckt. Ihn irritieren Kurseinbrüche nicht, weil es so etwas immer gegeben hat und die Anleger sich am Ende trotzdem auf eine vernünftige Rendite freuen konnten. Maurer forscht an seinem Lehrstuhl für Investment, Portfolio Management und Alterssicherung mit seinem Team und dem Kollegen Professor Dr. Christian Schlag auf dem Gebiet: „Geldanlage für die Alterssicherung“. Dabei wird die zukünftige Entwicklung der Kapitalmärkte simuliert, und zwar auf der Grundlage von Daten aus der Vergangenheit. In einem Computer-Programm sind Millionen von Kurssimulationen eingespeichert. Sie basieren bisher auf Erkenntnissen der Börsenentwicklung aus Jahrzehnten. Aus dieser riesigen Datenmenge errechnen sich die wahrscheinlichen Renditen und Risiken für unterschiedliche Investment-Sparverträge, also Sparpläne in Aktien-, Renten- und Immobilienfonds. Entscheidend dabei sind der Umfang der Geldanlage und die Dauer des Sparens.

Ein Blick auf das erwartete Endvermögen zeigt, dass die Aktienmärkte das langfristig höchste Versorgungsniveau erwarten lassen. Dabei steigt der erwartete Renditevorsprung von Aktienfonds relativ zu Renten- und Immobilienfonds mit zunehmender Anlagedauer. Zwei Beispiele für zu erwartende Renditen und Verlustwahrscheinlichkeiten gemäß den Untersuchungen des Finanzwirtschaftlers:

1. Sparplan für einen reinen Aktienfonds: Angenommen, ein Sparer legt jedes Jahr 1.000 Euro in einen typischen Aktienfonds an. Basierend auf drei Millionen Simulationspfaden ergeben sich dann folgende Ergebnisse: Nach zehn Jahren kann der Sparer nach Abzug aller Kosten und nach Ausgleich der Inflation ein Endvermögen von ca. 16.500 Euro und nach 20 Jahren von ca. 60.000 Euro erwarten.

Aber Vorsicht! Es gibt auch ein Verlustrisiko. So beträgt die Wahrscheinlichkeit eines Kaufkraftverlusts nach zehn Jahren ca. 12,5 Prozent und nach 20 Jahren ca. 4.4 Prozent. In einem solchen Verlustfall würde der Sparer nach zehn Jahren im Durchschnitt nur noch ca. 8.500 Euro und nach 20 Jahren ca. 16.600 Euro übrig haben.

2. Sparplan für einen AS-Fonds: Angenommen, ein Sparer legt jedes Jahr 1.000 Euro in einen AS-Fonds (enthält Aktien, Immobilien und Renten) mit ausgewogener Asset Allocation (Vermögensverteilung) an, also 50 Prozent Aktien, 35 Prozent Renten und 15 Prozent Immobilien. Basierend auf drei Millionen Simulationspfaden ergeben sich folgende Ergebnisse: Nach zehn Jahren kann der Sparer nach Abzug aller

Kosten und Inflation ein Endvermögen von rund 14.340 Euro und nach 20 Jahren von etwa 44.716 Euro erwarten, also etwas weniger als beim reinen Aktienfonds. Aber dafür sind auch die Verlustrisiken deutlich geringer als beim reinen Aktienfonds! So beträgt die Wahrscheinlichkeit eines Kaufkraftverlusts nach zehn Jahren ca. 5,07 Prozent und nach 20 Jahren nur noch ca. 0,43 Prozent. In einem solchen Verlustfall würde der AS-Fonds-Sparer nach zehn Jahren im Durchschnitt noch ca. 9.400 Euro und nach 20 Jahren rund 19.000 Euro übrig haben.

Wichtig: Durch eine geeignete Streuung der Spargelder lassen sich etwa mit AS-Fonds Verlustrisiken kontrollieren, ohne auf die Ertragsstärke der Aktienmärkte verzichten zu müssen. Es kommt also auf den richtigen Anlagemix und die Dauer des Sparplans an!

Die Beispiele zeigen: Geld braucht Zeit, um sich zu vermehren. Je früher der Sparplan gestartet wird, umso größer ist die Rendite am Ende. Je jünger der Kunde, desto geringer ist zwar im Allgemeinen auch der Betrag, den er oder sie regelmäßig monatlich abzweigen kann. Doch mit wachsendem Einkommen ist meist eine dynamische Steigerung der Beiträge drin. Und wenn eine noch stärkere Dynamisierung der Einzahlungen vorgenommen wird oder von Anfang an eine höhere Startsumme möglich ist, lässt sich der Vermögenseffekt natürlich noch steigern. Im Umkehrschluss heißt das: Wenn erst in späteren Jahren mit einem systematischen Vermögensaufbau begonnen wird, müssen die monatlichen Raten natürlich immer höher werden, um noch zu ähnlichen Resultaten zu kommen. Deshalb ist ein frühzeitiger Beginn so wichtig.

Frühstarter machen das Rennen

Bei der Altersvorsorge sind ein früher Start und eine kontinuierliche Wiederanlage der Erträge noch wichtiger als die Summe, die monatlich zurückgelegt werden kann. Denn um einen möglichst hohen Zinseszinseffekt zu erzielen, braucht man einen langen Anlauf. Wer erst „im reiferen Alter“ mit dem systematischen Vermögensaufbau beginnt, muss wesentlich höhere Summen regelmäßig anlegen als ein Frühstarter. Siehe Tabelle: „So viel müssen Sie einzahlen ...“ weiter hinten.

Dabei darf eine grundsätzliche Regel nicht vergessen werden: Wer sein Geld in Aktienfonds anlegt, darf tolle Ergebnisse von gestern nicht einfach auf morgen übertragen. Peter Lynch, einer der erfolgreichsten Fondsmanager aus den USA der Neunzigerjahre, prägte dazu den Satz: „Die Zukunft kann man nicht im Rückspiegel sehen!“ Deshalb muss beim Einstieg auch bei erfolgreichen Fonds vor allem geprüft werden, ob die bisher verfolgte Anlagestrategie selbst in Zukunft Erfolg haben kann. Beispiel: Fonds, die vor allem in Asien investierten und damit hohe Zuwachsraten erzielten.

Hier muss geprüft werden, ob die Anteile schon wieder so billig sind, dass es nur noch aufwärts gehen kann, und natürlich auch, welche Aussichten bestehen, dass die Länder nach Überwindung von Schulden- und Strukturproblemen wieder an frühere Wachstumsmuster anknüpfen können. Wie das Beispiel Japan zeigt – das aber nicht unbesehen auf andere asiatische Länder übertragen werden darf –, kann darüber ein Jahrzehnt und noch längere Zeit vergehen. Grundsätzlich gilt aber: Wer sein Geld wohldosiert und gut überlegt in Aktienfonds anlegt, der kann – zumindest statistisch betrachtet – mit einer vernünftigen Rendite rechnen.

Immer aktuell: die Fondstabellen auf der WISO-Monats-CD

Auf der monatlich erscheinenden, sendungsbegleitenden WISO-CD finden Sie jeweils aktuelle Übersichten über die Wertentwicklung der Fonds. Damit haben Sie einen wichtigen Maßstab für die Bewertung des Managements dieser Fonds. Zwar sind gute Leistungen in der Vergangenheit keine Garantie für eine ähnliche Performance in der Zukunft. Aber eine nachhaltig günstige Entwicklung gehört dennoch zu den besten Indizien dafür, ob Sie Ihr Geld einem guten „Wirt“ anvertrauen.

Investmentfonds für die Altersvorsorge

Das Vertrauen in die gesetzliche Rentenversicherung schwindet. Die Politik stärkte deshalb auch die private Vorsorge mit der Reform der Rentengesetzgebung, die seit dem Jahr 2002 greift. Die so genannte Riester-Rente ist in ihrer logischen Konsequenz nichts anderes als die späte Einsicht in die Tatsache, dass die Rendite der gesetzlichen Rentenversicherung sich in der Zukunft erheblich verschlechtern wird. Die traurige Wahrheit ist: Wer nach 1980 geboren ist, dürfte im Alter überhaupt keine Rendite mehr für seine oft jahrzehntelangen Abgaben in die staatliche Rentenkasse erhalten. Es handelt sich bei der staatlichen Rente nun einmal um ein Umlagesystem, bei dem keine Kapitalbildung stattfindet. Die Rentner der kommenden Generationen müssen schon froh sein, wenn sie überhaupt so viel herausbekommen, wie sie im Laufe des Arbeitslebens eingezahlt haben. Wer vorzeitig stirbt, geht auch noch leer aus und kann nicht einmal etwas vererben. Von einer angemessenen Verzinsung der Rentenbeiträge konnte ohnehin nie die Rede sein. Ein gigantischer Geldbetrag entgeht so jedem einzelnen Beitragszahler.

Die Frage der finanziellen Sicherheit im Alter wird also immer brisanter. Darum sollte für jeden die private Altersvorsorge eine wichtige Säule der Vorsorge für den dritten Lebensabschnitt bilden. Und damit muss so früh wie möglich begonnen werden, denn eine Versorgungslücke ist mit zunehmendem Lebensalter immer schwerer

zu schließen. Um zu einem ähnlichen Ergebnis beim Vermögensaufbau zu kommen, müssen die monatlichen Sparbeträge schließlich so hoch werden, dass für die aktuelle Lebenshaltung, für Freizeit und Reisen so gut wie nichts übrig bleibt.

Deshalb schauen sich immer mehr Erwerbstätige nach Alternativen um. Entsprechend steigt die Nachfrage nach privater Altersvorsorge. Das Problem: Es gab in Deutschland bis Ende der Neunzigerjahre außer der Lebensversicherung keine geeignete Form der Geldanlage, die speziell auf das Ziel „Altersvorsorge“ ausgerichtet war. Die Politik hat auf die veränderte Situation sehr spät reagiert. Erst das „Dritte Finanzmarktförderungsgesetz“, das zum 1. April 1998 in Kraft trat, enthält Regelungen, die ähnlich wie in vielen anderen Ländern rentenorientierte Pensionsfonds möglich machen – das so genannte Altersvorsorge-Sondervermögen (AS) oder die Pensionsfonds.

Altersvorsorge als Wachstumsmotor für Aktienfonds

Das Altersvorsorge-Sondervermögen (AS) ist ein Fondstyp, der erst durch das Dritte Finanzmarktförderungsgesetz im April 1998 ermöglicht wurde. Innerhalb eines engen gesetzlichen Rahmens wird der Fonds auf Sicherheit durch breite Streuung setzen. Mindestens 51 Prozent müssen in Substanzwerten (Aktien, Immobilien) angelegt werden. Davon dürfen allerdings maximal 75 Prozent in Aktien und stillen Beteiligungen, höchstens 30 Prozent in Immobilien investiert sein. Außerdem sind festverzinste Anleihen und Anteile an anderen Fonds zugelassen. Die Erträge des Fonds werden während der Laufzeit nicht ausgeschüttet, sondern wieder angelegt.

Keine starre Bindung

Damit das Ziel der Altersvorsorge tatsächlich erreicht wird, soll der Fonds mindestens 18 Jahre lang laufen oder bei älteren Sparern mindestens bis zum 60. Lebensjahr. Hat man sich für einen Fonds entschieden, muss der Anbieter einen Sparplan vorlegen. Darin wird dem Sparer die lange Laufzeit empfohlen, damit das angelegte Geld auch wirklich im Alter genutzt wird. So weit die Theorie. In der Praxis braucht sich keiner an vorgeschriebene Laufzeiten halten. Der Sparplan kann mit einer dreimonatigen Frist gekündigt werden. So kann man jederzeit an sein Geld, zum Beispiel wenn man in einen finanziellen Engpass geraten ist. Ist dieser durch Arbeitslosigkeit hervorgerufen, beträgt die Kündigungsfrist nur vier Wochen.

Auch die Einzahlungen sind variabel. Zu Beginn legt der Sparer zwar fest, wie viel monatlich angespart werden soll. Es ist aber auch möglich, diesen Betrag zu verändern, größere Einmalzahlungen vorzunehmen oder eine Weile mit den Beiträgen auszusetzen. Allerdings muss mindestens einmal im Jahr ein Betrag in den Fonds eingezahlt werden. Über die Kosten für die AS-Fonds entscheidet der Wettbewerb zwischen den Anbietern. Ein Ausgabeaufschlag ist wahrscheinlich, zusätzlich können Depotgebühren anfallen, je nach Preispolitik des Anbieters. Angebote erhalten Sie bei Banken, Fonds-Shops oder bei den Anlagegesellschaften direkt.

WISO rät: Der Kauf von AS-Fondsanteilen sollte gut durchdacht sein. Auch wenn die monatlichen Beträge variabel sind, sollte man sich finanziell nicht übernehmen. AS-Pensionsfonds legen ihr Geld ebenfalls in Werten mit schwankenden Kursen an. Aufgrund möglicher Kursverluste trägt der Anleger also auch ein Risiko. Aber das ist bei den neuen Pensionsfonds geringer als bei den meisten anderen Fondsarten. Dafür sorgen gesetzliche Vorgaben. Den Altersvorsorge-Sondervermögen ist es nämlich vorgeschrieben, ihre Anteile breit zu streuen. So *müssen* sie mindestens 21 Prozent, *dürfen* aber höchstens 75 Prozent Aktien enthalten. Zusätzlich dürfen maximal 30 Prozent des Fondsvermögens in Immobilien angelegt sein. Daneben können beliebige Mengen festverzinsliche Anleihen und Anteile anderer Fonds in dem Paket gebunden sein. Durch diese breite Streuung und die empfohlene lange Laufzeit sinkt das Risiko erheblich. Wem das trotzdem noch zu riskant ist, der hat nach drei Vierteln der Laufzeit die Möglichkeit, kostenlos, also ohne einen neuen Ausgabeaufschlag, die bis dahin angesparte Summe zum Beispiel in offene Immobilienfonds, Geldmarktfonds oder Rentenfonds umzuschichten. Die bringen auf lange Sicht zwar meist weniger Ertrag, dafür muss man auch weniger Angst vor Kursverlusten kurz vor Eintritt ins Rentenleben haben. Auch manche anderen Fonds bieten eine solche Umschichtung zwar an, teilweise sogar kostenlos. Die Angebote für AS aber enthalten diese Möglichkeit prinzipiell. Auch wenn die Akzeptanz der AS-Fonds sich nicht so entwickelt hat, wie sich das die Initiatoren gewünscht haben, sollte jeder Anleger das Angebot am Markt prüfen. Nicht alles, was vom Markt nur zögerlich aufgenommen wird, verdient die Note „mangelhaft".

Wie wird die Rente ausgezahlt?

Ist der Sparplan bei einem AS-Fonds abgelaufen, kann man mit der Bank oder der Anlagegesellschaft vereinbaren, über welche Zeitspanne und in welchen Raten das Kapital zurückgezahlt werden soll. Jetzt muss entschieden werden, ob man eine monatliche Rente erhalten will oder die gesamte Summe auf einmal ausbezahlt werden soll. Selbstverständlich kann das Guthaben auch beliebig lange unangetastet liegen bleiben oder nur über einen Teil davon verfügt werden. Die Gesamtsumme oder der Rest kann dann weiterhin durch den Zinseszinseffekt wachsen.

Wie sich regelmäßige Einzahlungen auswirken und dass man – frühen Beginn und angemessene Verzinsung vorausgesetzt – auch mit kleinen Sparbeträgen Millionär werden kann, zeigen die folgenden Tabellen.

So viel müssen Sie einzahlen:

Monatliche Sparbeträge, um ein Vermögen von einer Million Euro zu erreichen (Kapital im Alter von 65 Jahren, vor Steuer und bei Ertragsthesaurierung)

Beginn der Einzahlung mit ...	monatliche Einzahlung in Euro bei Zinssatz von			Beginn der Einzahlung mit ...	monatliche Einzahlung in Euro bei Zinssatz von		
	4%	6%	8%		4%	6%	8%
Geburt	291	119	46	31 Jahren	1.226	813	529
1 Jahr	303	126	49	32 Jahren	1.294	872	575
2 Jahren	317	133	54	33 Jahren	1.366	933	626
3 Jahren	331	142	58	34 Jahren	1.444	1.000	680
4 Jahren	345	150	62	35 Jahren	1.528	1.072	741
5 Jahren	360	160	67	36 Jahren	1.617	1.152	807
6 Jahren	376	169	72	37 Jahren	1.715	1.237	880
7 Jahren	393	180	79	38 Jahren	1.820	1.330	961
8 Jahren	411	191	85	39 Jahren	1.933	1.433	1.049
9 Jahren	429	203	92	40 Jahren	2.057	1.546	1.148
10 Jahren	448	215	100	41 Jahren	2.192	1.668	1.257
11 Jahren	469	229	107	42 Jahren	2.339	1.804	1.378
12 Jahren	490	244	117	43 Jahren	2.501	1.954	1.513
13 Jahren	512	258	125	44 Jahren	2.680	2.120	1.664
14 Jahren	537	275	135	45 Jahren	2.877	2.305	1.833
15 Jahren	562	292	147	46 Jahren	3.095	2.511	2.024
16 Jahren	588	311	159	47 Jahren	3.340	2.743	2.240
17 Jahren	615	331	171	48 Jahren	3.614	3.004	2.485
18 Jahren	645	352	186	49 Jahren	3.925	3.301	2.766
19 Jahren	675	375	201	50 Jahren	4.278	3.641	3.089
20 Jahren	708	399	217	51 Jahren	4.683	4.033	3.464
21 Jahren	742	425	235	52 Jahren	5.151	4.489	3.902
22 Jahren	779	453	255	53 Jahren	5.700	5.024	4.419
23 Jahren	818	482	276	54 Jahren	6.351	5.661	5.039
24 Jahren	859	515	299	55 Jahren	7.134	6.430	5.790
25 Jahren	902	548	324	56 Jahren	8.093	7.375	6.717
26 Jahren	948	585	352	57 Jahren	9.296	8.563	7.886
27 Jahren	996	624	381	58 Jahren	10.844	10.097	9.400
28 Jahren	1.049	667	414	59 Jahren	12.913	12.150	11.432
29 Jahren	1.105	712	448	60 Jahren	15.813	15.034	14.296
30 Jahren	1.163	761	487				

Unter Berücksichtigung eines Ausgabeaufschlags von 5 Prozent und einer Wiederanlage der Ausschüttungen zum Anteilswert.

Quelle: Bundesverband Deutscher Investmentgesellschaften, Frankfurt

Im Alter vom Vermögen leben

So viel Geld können Sie zehn, 15 oder 20 Jahre lang monatlich entnehmen, wenn Sie die Erträge und das Kapital in diesem Zeitraum verbrauchen wollen.

Bei einem Vermögen von Euro	beträgt Ihre monatliche Entnahme während einer Dauer von 10 Jahren			15 Jahren			20 Jahren		
	und einer angenommenen Verzinsung von								
	6%	7%	8%	6%	7%	8%	6%	7%	8%
50.000	407	548	572	595	416	441	467	352	379
100.000	1.097	1.143	1.190	831	882	933	704	758	814
150.000	1.645	1.715	1.785	1.247	1.322	1.400	1.055	1.137	1.220
200.000	2.193	2.286	2.381	1.662	1.763	1.866	1.407	1.516	1.627
250.000	2.741	2.858	2.976	2.078	2.204	2.333	1.759	1.895	2.034
300.000	3.290	3.429	3.571	2.493	2.645	2.799	2.111	2.274	2.441
400.000	4.386	4.573	4.761	3.324	3.526	3.733	2.815	3.031	3.254
500.000	5.483	5.716	5.952	4.155	4.408	4.666	3.518	3.789	4.068

Quelle: Bundesverband Deutscher Investmentgesellschaften, Frankfurt

Riester-Rente mit Investmentfonds

Investmentfonds und die Riester-Rente – das lässt sich sehr gut miteinander verknüpfen. Zunächst das Grundsätzliche zur selbst angesparten Zusatzrente:

- Seit dem 1. Januar 2002 gibt es die Riester-Rente.
- Sie ist freiwillig: Keiner muss einen entsprechenden Vertrag abschließen.
- Die Förderung besteht aus staatlichen Zulagen.
- Besonders Familien mit vielen Kindern profitieren davon.
- Nur bestimmte Sparverträge werden gefördert. Sie müssen eine lebenslange Rente garantieren.
- Die Sparverträge müssen vom BaFin zertifiziert sein. Das ist die Bundesanstalt für Finanzdienstleistungsaufsicht in Bonn.

Die Voraussetzungen für die Riester-Fähigkeit sind:

- Dem Kunden wird zu Beginn der Auszahlungsphase garantiert, am Ende mindestens über die Gesamtsumme der eingezahlten Beträge verfügen zu können.
- Die Sparpläne laufen mindestens bis zum 60. Lebensjahr beziehungsweise dem Beginn der Altersrente aus der gesetzlichen Rentenversicherung.
- Während der Auszahlungsphase wird dem Anleger eine fixe oder eine steigende monatliche Auszahlung zugesagt.
- Ab dem Alter von 85 Jahren erhält der Kunde eine lebenslange, gleich bleibende Leibrente.

Das sind die wichtigsten Angaben zur in mancher Hinsicht sonst etwas komplizierten Riester-Rente.

Riester-Rente mit Investmentsparen

Produkte für eine Riester-Rente haben mittlerweile alle großen Fondsgesellschaften. Eines ist allen diesen Finanzprodukten gleich: Der Anleger legt seine Spargelder in jungen Jahren möglichst lange in einen internationalen Aktienfonds an. Später, wenn der Anleger älter wird, geschieht durch Umschichtung in einen Rentenfonds ein Risikoausgleich. Diese Notwendigkeit ergibt sich prinzipiell mit zunehmendem Alter des jeweiligen Anlegers. Junge Anleger können also auch bei schwachen Börsen in Aktien investiert bleiben. Sie sollten sogar weitere Aktien auf niedrigem Niveau erwerben, damit sie die höheren Renditechancen von Aktienfonds wahren. Alle großen Investmentgesellschaften haben für die Riester-Rente einen Sparplan. Da gibt es die Deka Bonus-Rente, die UniProfiRente von Union Investment, die DWS TopRente, den BHW Förderfonds-Sparplan, den Activest Switch Förder-Plan, die DIT-Fonds-Vorsorge oder das Adig Förderdepot. Jeder dieser Riester-Fonds verfolgt natürlich ein eigenes Konzept. Hier geht es ganz allgemein um die Riester-Rente. Es liegt bei jedem Anleger, diese Angebote zu vergleichen.

Staatliche Zulagen als Renditetreiber

Die eigentliche Rendite bei der Riester-Rente stammt aus den monatlichen Zulagen des Staates über die vielen Jahre des Sparplans! Egal, für welches Produkt Sie sich am Ende entscheiden – die staatlichen Zulagen sind geschenktes Geld, und einem geschenkten Gaul schaut man nicht ins Maul. Hier lesen Sie die staatlichen Förderungen in einem Raster dargestellt:

Steuerlicher Veranlagungszeitraum	Mindesteigenbetrag pro Jahr[1]	Höhe der Grundzulage pro Jahr[2]	Höhe der Kinderzulage pro Kind und Jahr
2002 und 2003	1% bis max. 523 €	38 €	46 €
2004 und 2005	2% bis max. 1.050 €	76 €	92 €
2006 und 2007	3% bis max. 1.575 €	114 €	138 €
ab 2008 jährlich	4% bis max. 2.100 €	154 €	185 €

1 Um die vollen Zulagen zu erhalten. In Prozent des Bruttoeinkommens des Vorjahres (höchstens bis zum maximalen Förderbetrag) abzüglich Summe der Zulagen.

2 Maximal je Steuerpflichtigen. Spart der Kunde weniger als den Mindesteigenbetrag, werden die Zulagen entsprechend gekürzt.

Quelle: Altersvermögensgesetz

Von dieser staatlichen Förderung kommt der entscheidende Einfluss auf die Rendite der Riester-Rendite. Nur ein Beispiel: eine Familie mit zwei Kindern mit einem Jahres-Bruttoeinkommen von 30.000 Euro. Davon muss sie 4 Prozent in die Riester-Rente stecken. Das wären 1.200 Euro. Der Staat gibt der Familie davon 524 Euro an Grund-

zulage und Kinderzulagen. Die Familie muss also selbst nur 676 Euro aufbringen und bekommt somit über viele Jahre hinweg eine staatliche Förderung in der Höhe von rund 40 Prozent des angesparten Kapitals geschenkt. Erst wenn die Kinder ihre Ausbildungszeit beendet haben, fallen die Kinderzulagen weg. Die Grundzulage aber gibt es bis zum Auslauf des Sparvertrags.

Wichtig: Familien mit geringem bis durchschnittlichem Einkommen mit einem oder mehreren Kindern zählen zu den Nutznießern der Riester-Rente. Sonst gilt: Jeder muss es sich selbst durchrechnen lassen, ob sich für ihn die Riester-Rente lohnt oder nicht. Nehmen Sie sich die notwendige Zeit dafür. Sonst verschenken Sie Geld von Vater Staat. Und fragen Sie Ihren Berater bei Ihrer Bank!

BaFin – eine wichtige Kontaktadresse: Die Bundesanstalt für Finanzdienstleistungsaufsicht (BaFin) gibt es seit Mai 2002. Jeder Anleger sollte sich kundig machen über diese Finanzaufsichtsbehörde. Die BaFin vereint die Geschäftsbereiche der ehemaligen Bundesaufsichtsämter für das Kreditwesen (Bankenaufsicht), für das Versicherungswesen (Versicherungsaufsicht) sowie für den Wertpapierhandel (Wertpapieraufsicht/Asset-Management) in sich und führt diese weiter. Die BaFin ist eine rechtsfähige, bundesunmittelbare Anstalt des öffentlichen Rechts im Geschäftsbereich des Bundesministeriums der Finanzen. Internetadresse: www.bafin.de.

Steuerliche Aspekte des Fondssparens

Der Erfolg einer Geldanlage hängt nicht zuletzt davon ab, ob auch die steuerlichen Bedingungen beachtet werden. Denn wenn das Finanzamt mehr von Ihren Erträgen kassiert als Sie selber, ist das nicht nur unerfreulich und demotivierend für jeden Sparer. Es bedeutet auch, dass Sie das Ziel Ihrer Vermögensbildung nicht oder nur mit Zeitverzögerung erreichen.

Steuern auf Erträge von inländischen Fonds: Das Gesetz in Deutschland über Kapitalanlagegesellschaften (KAGG) enthält eigene steuerliche Regelungen für Fonds. Grundsätzlich gibt es drei Einkommens- beziehungsweise Ertragsarten bei Fonds, die der Anleger im Inland versteuern muss: Zinsen, Dividenden und Veräußerungsgewinne. Die Erträge sind unabhängig davon, ob sie vereinnahmt oder thesauriert werden, entsprechend dem persönlichen Einkommensteuersatz beim privaten Anleger als „Einkünfte aus Kapitalvermögen" zu versteuern. Bei den folgenden Ausführungen zur Besteuerung von Fondserträgen sind nur die Gesetze für in Deutschland zum Vertrieb zugelassene Fonds erläutert.

Für Erträge, die bei einem Investment im Ausland anfallen, kommen die dort jeweils

geltenden Gesetze zur Anwendung (Näheres dazu weiter unten im gleichen Kapitel). Steuerabkommen mit den jeweiligen Ländern ermöglichen es aber, dass mit der Einkommensteuererklärung diese Steuer teilweise zurückerstattet wird.

Ausgeschüttete Gewinne sowie thesaurierte (im Fonds verbleibende, erwirtschaftete) Zinserträge und Dividenden des jeweiligen Fonds unterliegen der Kapitalertragssteuer oder der Zinsabschlagsteuer (ZASt). Die ZASt beträgt 30 Prozent. Sie betrifft Zinsen aus Rentenpapieren, Termingeschäften oder Anlagen in Geldmarktfonds oder Festgeld. In diesen Fällen zahlt die Kapitalanlagegesellschaft 30 Prozent Zinsabschlagsteuer bei ausschüttenden und bei thesaurierenden Fonds, jeweils zuzüglich des Solidarzuschlags. Nur wer seine thesaurierenden Fonds selbst verwahrt, muss in Eigenregie 35 Prozent ZASt an das Finanzamt abführen. Bei Dividenden aus Aktienbesitz, die ein Fonds ausschüttet, muss dieser am Ende des Geschäftsjahres 25 Prozent Kapitalertragssteuer zuzüglich Solidaritätszuschlag abführen. Bei thesaurierenden Fonds erhält der Anleger hierüber eine Steuerbescheinigung, denn in allen Fällen handelt es sich um eine Steuervorauszahlung des Privatanlegers, die auf die endgültige Einkommensteuerschuld angerechnet werden kann. Die Depotbank weist mit den Zinserträgen des Anlegers auch diese Steuer aus. Steuerinländer erhalten beim Bezug von Dividenden eine Steuergutschrift über die abgezogene Körperschaftssteuer. Bei der Einkommensteuererklärung ist dieses Steuerguthaben dann anzugeben.

Dabei sind die gesetzlich festgeschriebenen Sparerfreibeträge und Werbungskostenpauschalen für Ledige und Verheiratete zu beachten. Der Anleger kann auch bei seiner Depotbank schon vor der Ausschüttung einen Freistellungsauftrag für die jeweiligen Freibeträge einreichen. Dann wird keine Kapitalertragssteuer auf Zinserträge einbehalten. Auch bei Vorlage einer Nichtveranlagungs-Bescheinigung (NV) für Anleger, die auf Grund entsprechend geringer Einkünfte (bis 7.462 Euro im Jahr 2004/ab 2005 7.700 Euro Jahreseinkommen für Ledige und bis 14.925 Euro im Jahr 2004/15.401 Euro ab 2005 für Verheiratete) nicht zur Einkommensteuer veranlagt werden, wird keine Zinsabschlagsteuer erhoben. Wird die NV dem depotführenden Institut rechtzeitig vor Ausschüttung vorgelegt, behält dieses bei der Ausschüttung keine Zinsabschlagsteuer ein und zahlt das Körperschaftssteuerguthaben sofort aus. Das jeweilige Finanzamt am Wohnsitz stellt die NV aus.

Private Veräußerungsgewinne beim Verkauf von Fondsanteilen werden innerhalb der gesetzlich vorgeschriebenen Spekulationsfrist ähnlich wie bei Aktien versteuert. Sie müssen in der KSO angegeben werden. Das ist nach § 23 des Einkommensteuergesetzes (EStG) gesetzlich vorgeschrieben. Genau genommen werden die „Spekulationsgeschäfte" in den Zeilen 48 bis 50 behandelt: in Zeile 48 der Verkaufspreis der Fondsanteile, in Zeile 49 der Anschaffungspreis der Fondsanteile und in Zeile 50 steht der Gewinn. Die Spekulationsfrist dauert zwölf Monate. Danach sind Veräußerungs-

gewinne steuerfrei. Spekulationsgewinne unterhalb von 512 Euro pro Kalenderjahr bleiben unabhängig von irgendwelchen Fristen steuerfrei. Spekulationsgewinne unter der Höhe von 512 Euro (also bis 511,99 Euro) bleiben unabhängig von irgendwelchen Fristen steuerfrei. Bei kürzerer Besitzdauer als zwölf Monate sind die Veräußerungsgewinne ebenfalls in der Anlage KSO anzugeben, sofern der Gewinn mindestens 512 Euro beträgt.

Steuerhinterziehung: hohes Risiko

Bei Steuerhinterziehung drohen saftige Strafen. Steuersünder, die ihre Spekulationsgewinne verschweigen und erwischt werden, müssen nachzahlen. Außerdem wird ein Hinterziehungszins von 6 Prozent pro Jahr fällig. Die Verjährungsfrist für Steuerhinterziehung beträgt zehn Jahre. Das heißt, die Steuerfahnder haben genügend Zeit, den Steuersündern auf die Schliche zu kommen. Steuerbehörden fahnden bundesweit bei Banken, insbesondere seit den Spekulationsgewinnen am Neuen Markt. Nur sehr wenige Steuerzahler haben bisher Spekulationsgewinne deklariert. Dadurch entgeht ihnen auch die Möglichkeit, die zum Teil hohen Verluste aus vorangegangenen Jahren gegenzurechnen.

Verluste aus Veräußerungsgeschäften: Sie können mit Veräußerungsgewinnen des vorigen Jahres oder zukünftiger Jahre verrechnet werden, um die Steuern zu reduzieren. Ein Beispiel: Hat ein privater Anleger im Vorjahr einen Spekulationsverlust von 2.000 Euro ausgewiesen und liegen seine Spekulationsgewinne in diesem Jahr bei 2.999 Euro, ergibt sich ein Restbetrag von 999 Euro. Dieser befindet sich bei Anwendung des seit 2002 geltenden Halbeinkünfteverfahrens innerhalb der Freigrenze von 512 Euro und bleibt somit vom Finanzamt verschont. Wichtig in diesem Zusammenhang: Eheleute und Familien dürfen Wertpapiere dem Partner oder den Kindern überschreiben. Diesen stehen dann ebenfalls Spekulationsgewinne bis zur Höhe von 511,99 Euro steuerfrei zu. Für ein Ehepaar verdoppelt sich damit der Freibetrag.

Zwischengewinne, die ein Fonds während des Verlaufs eines Geschäftsjahres durch Kursgewinne bei Veräußerung von Aktien macht, bleiben fondsintern steuerfrei.

Zwei goldene Regeln für die Steuer:

1. Ein Tag weniger als zwölf Monate oder ein Cent mehr als 511,99 Euro führen sofort zur vollen Steuerpflicht bei Spekulationsgewinnen! Denn es handelt sich um eine Freigrenze, nicht um einen Freibetrag!
2. Für die Dauer der Spekulationsfrist gilt: Wer auch nur einen Tag zu früh ver-

kauft, hat das dem Finanzamt zu melden. Deshalb sollte man sich merken, dass die Tageszahl, an der man im Vorjahr gekauft hat, vorbei sein muss, wenn man Steuern umgehen will. Beispiel: Hat jemand am 31. März eines Jahres Fondsanteile gekauft, dann darf er sie erst am 1. April des darauf folgenden Jahres ohne Zugriff des Finanzamts verkaufen!

Solidaritätszuschlag: Seit dem 1. Januar 1998 wird ein Solidaritätszuschlag in Höhe von 5,5 Prozent auf die Körperschaftssteuer und die Zinsabschlagsteuer erhoben. Er ist ebenfalls bei der Einkommensteuer anrechenbar. Sofern ein Freistellungsauftrag oder eine Nichtveranlagungs-Bescheinigung (NV) vorliegen, wird kein Solidaritätszuschlag einbehalten.

Erbschaftssteuer: Bei einem Nachlass, zu dem auch Fondsbeteiligungen gehören, greift die Erbschaftssteuer. Ihre Höhe ist abhängig von der Höhe des zu versteuernden Nachlasses. Angesetzt wird der Fondsanteil mit dem Rücknahmepreis. Es gelten außerdem gesetzlich festgelegte Freibeträge für Ehegatten, Kinder, Stiefkinder und Enkel: 307.000 Euro für Ehegatten, 205.000 Euro für Kinder und Stiefkinder sowie 5.200 Euro für Enkel.

Sparerfreibetrag und Werbungskostenpauschbetrag: Jedem Anleger steht ein Sparerfreibetrag zu. Bei Ledigen sind dies seit dem Januar 2004 1.370 Euro, bei Verheirateten das Doppelte, also 2.740 Euro. Bis Ende 2003 gelten noch die Freistellungsaufträge in Höhe von 1.550/3.100 Euro.

Zum Sparerfreibetrag hinzu kommt der Werbungskostenpauschbetrag: Bei der Steuererklärung kann zur Vereinfachung ein Werbungskostenpauschbetrag von gegenwärtig 51/102 Euro für Ledige/Verheiratete abgesetzt werden. Für die Höhe gilt das Gleiche wie beim Sparerfreibetrag. Der Gesetzgeber legt sie fest. Sie kann sich also ändern.

Wichtig: Die Höhe der Freibeträge ist gesetzlich geregelt. Sie kann sich also auch in Zukunft nach unten wie nach oben hin ändern. Es empfiehlt sich, die sich ständig ändernde Steuergesetzgebung in diesem und anderen Punkten aufmerksam zu verfolgen, um keine finanziellen Nachteile zu erleiden und um Ärger mit dem Finanzamt auszuschließen. Auch unter steuerlichen Gesichtspunkten sollte stets versucht werden, die Anlageentscheidungen zu optimieren.

Mit der Werbungskostenpauschale sind die Kosten berücksichtigt, die bei der Geldanlage anfallen, ohne dass ein Einzelnachweis erforderlich ist. Höhere Werbungskosten können, wenn sie belegt werden, bei der Einkommensteuererklärung geltend gemacht werden. Wichtig: Der Ausgabeaufschlag, der beim Kauf der meisten Fonds fällig wird, zählt nicht zu den Werbungskosten. Grundsätzlich aber gilt: Anleger, die diese Pauschale ignorieren und dafür ihre Ausgaben detailliert dem Fiskus vorlegen, fahren meistens besser. Als solche speziellen Werbungskosten, die im Zusammenhang mit dem Investmentsparen auftreten, kommen in Betracht: Bücher- und Aktenschränke, Computer mit spezieller Börsen- und Fondssoftware, Fachliteratur oder Beiträge zu Vereinen, die durch ihre Aktivitäten den Mitgliedern möglichst hohe Erträge aus Kapitalvermögen verschaffen möchten. Dazu zählt zum Beispiel der Mitgliedsbeitrag zur Deutschen Schutzvereinigung für Wertpapierbesitz (DSW), deren Zeitschrift „Wertpapier“ zu den Klassikern unter den Finanzzeitschriften gehört. Die Attraktivität eines Investments in Fonds hängt auch von den steuerlichen Rahmenbedingungen ab. Deshalb sollte jeder Investor über die gerade geplanten oder bereits durchgeführten Gesetzesänderungen auf dem Laufenden sein.

Vorsicht: steuerliche Überraschungen bei ausländischen Fonds

Wer in Deutschland ausländische Fonds kaufen will, sollte vorher klären, ob sie vom BaFin zugelassen sind oder zumindest einen steuerlichen Vertreter hier zu Lande haben. Wenn beides nicht zutrifft, kann es nach dem Kauf zu unangenehmen Überraschungen kommen. In der Praxis stehen ausländische Fonds ohne Zulassung steuerlich im Abseits. Denn ausländische Investmentfonds, die weder eine Vertriebszulassung noch einen steuerlichen Vertreter in Deutschland haben, werden nach § 18 Abs. 3 Auslandsinvestment-Gesetz behandelt, und das heißt: Der Erwerb eines solchen Fonds lohnt sich in der Regel nicht, weil die Besteuerung in einem solchen Fall viel höher liegt als bei einem deutschen Fonds. Es gelten nämlich folgende Bedingungen:

- Volle Besteuerung der Ausschüttungen einschließlich der Kursgewinne beim Verkauf von Wertpapieren, etwa innerhalb eines Aktienfonds.
- Eine alljährliche Besteuerung von 90 Prozent des Wertzuwachses oder Kursgewinnes des jeweiligen Fonds am Ende eines Kalenderjahres.
- Sogar wenn der Kurs eines Fondsanteils innerhalb eines Jahres sinkt, wird der letzte Kurs am Ende des Kalenderjahres zu Grunde gelegt und mit 10 Prozent besteuert. Das bedeutet: Zusätzlich zu dem Verlust auf dem Papier wird der Anleger auch noch durch eine Steuer belegt, da der Fonds ja nicht verkauft wurde.
- Wird der Fonds verkauft, müssen 20 Prozent vom Rücknahmepreis versteuert werden.

Achtung: Ein ausländischer Fonds nach § 18 Abs. 3 des Auslandsinvestment-Gesetzes muss schon unglaubliche Renditen erzielen, wenn er sich für einen steuerehrlichen Anleger in Deutschland noch lohnen soll.

Nicht ganz so hart trifft es ausländische Fonds, die zwar hier zu Lande nicht zum Vertrieb zugelassen sind, aber einen steuerlichen Vertreter in Deutschland haben. Als steuerlicher Vertreter gilt, wer die ausländische Fondsgesellschaft gegenüber Finanzbehörden und vor Finanzgerichten vertreten kann. Dann gilt § 18 Abs. 1 und 2 Auslandsinvestment-Gesetz. In einem solchen Fall beschränkt sich der Steuernachteil auf die Kursgewinne, die der Fonds bei der Transaktion eines Managers innerhalb der zwölfmonatigen Spekulationsfrist erzielt hatte. Immerhin ein dicker Nachteil. Durch die Neuerungen im Investmentsteuergesetz 2004 fallen die Unterscheidungen und die unterschiedliche Besteuerung ausländischer Investmentfonds weg (siehe dazu weiter unten).

Ausländische Fonds „deutscher Provenienz"

Eine nicht zu vernachlässigende Gruppe ausländischer Fonds sind diejenigen, die vom BaFin zum Vertrieb in Deutschland zugelassen sind. Man nennt sie ausländische Fonds deutscher Provenienz (deutscher Herkunft). Diese Investmentfonds werden nach § 17 Auslandsinvestment-Gesetz steuerlich wie deutsche Fonds behandelt – mit einer wesentlichen Ausnahme: Im Gegensatz zu deutschen Fonds können diese ausländischen Fonds dem Anleger keinen Anspruch auf Vergütung der Körperschaftssteuergutschrift verschaffen.

Zu dieser großen Gruppe gehören auch die immer wieder in Zeitungsberichten oder Statistiken auftauchenden, so genannten Sicaf- oder Sicavfonds. Dies sind französische oder luxemburgische Investmentgesellschaften, die man mit den deutschen Fondsgesellschaften nach KAGG vergleichen kann. Sie haben häufig in Luxemburg ihren Sitz und sind daher Wertpapier- und Geldmarktfondsgesellschaften nach Luxemburger Recht und somit ausländische Fonds deutscher Provenienz. In der Regel bedarf es für deren Genehmigung deshalb nur eines Antrags auf Vertriebszulassung beim BaFin, dem dann nach einigen Wochen Bearbeitungsfrist zugestimmt wird.

Die Zulassung der ausländischen Fonds deutscher Provenienz zum Vertrieb ist ein wesentlicher Schritt auf dem Weg zu einem gemeinsamen europäischen Fondsmarkt. Doch bis zu einer Harmonisierung der steuerrechtlichen Fragen in Euroland (zwölf EU-Staaten) oder im Gebiet aller mittlerweile 25 EU-Staaten ist es noch ein weiter Weg. Hemmnisse sind die komplizierten nationalen Steuergesetzgebungen und die faktischen Probleme beim Vertrieb in den Mitgliedsländern.

Änderungen bei der Besteuerung in- und ausländischer Dividenden

Nach dem Steuersenkungsgesetz zur Besteuerung von Investmentfonds bleiben in- und ausländische Dividenden eines Fonds sowohl bei Ausschüttung als auch bei der Thesaurierung steuerfrei, und zwar für die Kapitalgesellschaften als auch für die

Fondsanleger. Für die in Privatvermögen gehaltenen Fondsanteile gilt aber: In- und ausländische Dividendenerträge sind bei Ausschüttung oder Thesaurierung nur zur Hälfte steuerpflichtig (§§ 40 II KAGG, 3 Nr. 40 EStG). Die andere Hälfte bleibt steuerfrei nach dem neuen, so genannten Halbeinkünfteverfahren. Danach gelten folgende Regeln:

- Die von Aktiengesellschaften ausgeschütteten Dividenden sind mit 25 Prozent Körperschaftssteuer belastet (die ausgeschütteten 75 Prozent Dividenden nennt man Bardividende). Der Dividendenempfänger hat keine Möglichkeit der Anrechnung oder Auszahlung der Körperschaftssteuer (so genannte Definitivbesteuerung mit 25 Prozent Körperschaftssteuer) mehr.
- Die ausgeschütteten Dividenden sind vom Anteilsinhaber – zum Ausgleich der fehlenden Körperschaftssteueranrechnung – nur noch zur Hälfte zu versteuern, die andere Hälfte ist steuerfrei (§ 3 Nr. 40 EStG).
- Werbungskosten, die in wirtschaftlichem Zusammenhang mit Dividenden stehen, sind demzufolge bei Fonds nur zur Hälfte abziehbar (§ 3 c Abs. 2 EStG).
- Von der in der Ausschüttung oder Thesaurierung enthaltenen Bardividende wird eine Kapitalertragssteuer von nur noch 20 Prozent anstelle der bisher 25 Prozent einbehalten. Bemessungsgrundlage ist die gesamte Bardividende, auch wenn sie nur zur Hälfte steuerpflichtig oder sogar vollständig steuerfrei ist.
- Diese Kapitalertragssteuer kann bei Steuerveranlagung auf die Steuerschuld des Steuerpflichtigen angerechnet oder gegen Vorlage eines Freistellungsauftrages oder einer NV-Bescheinigung ausgezahlt werden. Die Anrechnung beziehungsweise Auszahlung der Kapitalertragssteuer erfolgt in voller Höhe, auch wenn die Dividende nur zur Hälfte steuerpflichtig oder sogar steuerfrei ist (§ 36 II Nr. 2 EStG).

Achtung: Bei der Besteuerung von Investmentfonds gibt es immer wieder gesetzliche Änderungen. Was aus den ständig neu auftauchenden Plänen wird, ist immer erst klar, wenn das Gesetzgebungsverfahren im Bundestag und Bundesrat abgeschlossen ist. Achten Sie deshalb stets auf die entsprechenden Informationen in den Tageszeitungen. Eines steht allerdings fest: Deutschland und weitere elf EU-Länder melden seit 2004 automatisch Informationen über Kapitalerträge auf Konten von EU-Ausländern an deren Heimatländer. Österreich, Luxemburg und Belgien behalten ihr Bankgeheimnis. Sie erheben dafür auf Kapitalerträge von EU-Ausländern eine Quellensteuer, die zu 75 Prozent an das Heimatland des Anlegers überwiesen wird. Sie startet in diesen drei Ländern mit 15 Prozent, steigt 2007 auf 20 Prozent und beträgt ab 2010 dann 35 Prozent.

Ab 2004: Neuerungen durch das Investmentsteuergesetz

Unbeständigkeit gehört zu den Problemen der deutschen Steuerpolitik. Nicht zuletzt Sparer und Anleger müssen sich regelmäßig informieren, um keine Fristen zu versäumen oder sich keine Nachteile einzuhandeln, die später bei der Steuererklärung nicht mehr zu korrigieren sind. Hier die steuerlichen Folgen aus dem Investmentsteuergesetz von 2004:

- Fondsanleger müssen künftig keine Steuern auf Zwischengewinne für in- und ausländische Investmentfonds zahlen, wenn sie ihre Fonds nach der einjährigen Spekulationsfrist für private Veräußerungsgeschäfte verkaufen. Für ausgeschüttete oder thesaurierte Zinserträge gilt also: Sie werden nicht mehr entsprechend der Besitzdauer (also den Stückkosten aus festverzinslichen Wertpapieren vergleichbar) erfasst, sondern ausschließlich bei demjenigen, der zum Zeitpunkt der Ausschüttung oder steuerpflichtigen Thesaurierung Inhaber der Fondsanteile ist.
- Durch das Investmentsteuergesetz, das Anfang 2004 in Kraft trat, wurde die Benachteiligung ausländischer gegenüber inländischen Investmentfonds aufgehoben. Dividenden, die ausländischen Fonds zufließen, unterliegen nun auch – wie bei inländischen Fonds – dem Halbeinkünfteverfahren (zur Erklärung siehe oben). Das heißt: Die Ausschüttung ist bei Privatanlegern zur Hälfte steuerfrei. Daraus ergibt sich, dass zum Beispiel von 1.000 Euro Bruttodividende nach Abzug der Körperschaftssteuer 750 Euro als Bardividende zur Versteuerung bei der Einkommensteuererklärung übrig bleiben. Von diesen 750 Euro wird aber nur die Hälfte, also 375 Euro, zur Steuerberechnung herangezogen. Über die Höhe der Steuersumme entscheidet der individuelle Steuersatz.
- Mit dem Investmentsteuergesetz wird seit Anfang 2004 darüber hinaus durch die Ausweitung des Regelungsbereichs der Pauschalbesteuerung (früher Strafbesteuerung nach dem Auslands-Investmentgesetz bei so genannten schwarzen Fonds) auf inländische Investmentvermögen eine weitere Gleichstellung von in- und ausländischen Investmentfonds erreicht.

Vorsicht bei den Kosten und Gebühren

Vor der Rendite stehen die Gebühren. Fondsmanager lassen sich nämlich für ihre Dienste fürstlich entlohnen. Ebenso wie bei der Direktanlage an der Börse über eine Bank oder Sparkasse fallen auch beim Erwerb von Fonds Kosten und Gebühren an. Der Anleger muss mit einem Katalog von „Spesen“ rechnen. Experten kritisieren in diesem Zusammenhang die geringe Transparenz und die Höhe der Fondskosten. Dazu zählen:

Ausgabeaufschlag: Je nach Fondsart, ob Aktien- oder Rentenfonds, werden zwischen 1 und 5 Prozent verlangt. Dieser Betrag wird bei Einzahlung der Investitionssumme verlangt, also bei monatlicher Einzahlung jeden Monat neu und bei einmaliger Einzahlung alles auf einen Schlag.

Beispiel: Bei einer Investitionssumme von 10.000 Euro in einen Aktienfonds gehen bei 5 Prozent Ausgabeaufschlag 500 Euro an die Fondsgesellschaft und nur 9.500 Euro werden wirklich angelegt. Die Differenz von 500 Euro geht für die Vertriebskosten drauf. Diese Gebühr erscheint in den meisten Fällen nicht auf den Kontoauszügen des Anlegers. Sie wird fondsintern abgerechnet und ist insofern eine Art unsichtbare Gebühr. Außerdem wird dieser Kostenpunkt in vielen Beratungsgesprächen noch immer nicht deutlich genug angesprochen.

Depotgebühr: Werden die Fondsanteile bei einer Bank aufbewahrt, ist mit einer Gebühr von mindestens 10 Euro pro Jahr zu rechnen. Die Höhe ist letztlich Angelegenheit der Bank, Sparkasse oder Investmentgesellschaft, sofern das Depot dort verwaltet wird. Dieser Kostenpunkt kann also stark variieren.

Verwaltungsvergütung: Das ist die Managementgebühr für die laufenden Kosten im Fonds selbst, also zum Beispiel Provisionen für An- und Verkauf der im Fonds gehaltenen Wertpapiere. Sie betragen in der Regel mindestens 1 Prozent, können aber auch deutlich darüber liegen.

Sonstige Verwaltungsgebühren: Hierin enthalten sind Berichterstattungskosten und Kosten für die Fondsprospekte. Dadurch entfallen noch einmal mindestens 0,1 Prozent.

Fonds-Wechsel-Kosten: Wer innerhalb einer Fondsgesellschaft wechseln will, also zum Beispiel sein Kapital von einem Aktienfonds in einen Rentenfonds umschichten will, zahlt je nach Fondsgesellschaft eine Gebühr (im Fachchinesisch auch Switch-Gebühr genannt).

Beispiel: Bei einer Anlagesumme von 10.000 Euro können sich die Kosten einmalig auf 500 Euro und pro Jahr auf zusätzliche 200 Euro summieren. Das muss der Fonds erst einmal erwirtschaften, bevor er aus der Sicht des Fondskäufers in die Gewinnzone gelangt.

Wichtig: Bei so genannten „No-load“-Fonds werden keine Ausgabeaufschläge erhoben. In Deutschland wird derartigen Fonds die Bezeichnung „Typ 0“ an den Fondsnamen angehängt. Doch Vorsicht: In diesen Fällen gilt meist eine erhöhte Verwaltungsvergütung plus eine erfolgsbezogene Vergütung, die dem jeweiligen Verkaufsprospekt zu entnehmen ist.

Beim Kauf von Fondsanteilen sollte man sich genau über die Kosten informieren. Warum nicht eine Liste der Kosten verlangen? Glücklicherweise drückt die wachsende Konkurrenz unter den Anbietern auf die Kosten und Gebühren. Eines ist klar: Nur auf die Kosten zu starren, wäre kurzsichtig. Doch Preis- und Kostenvergleich und ein selbstbewusstes Auftreten gegenüber der Bank können nicht schaden. Wichtig wird zunehmend der Blick auf eine neue Kennzahl für den Anleger: die Total Expense Ratio (TER). Sie zeigt mit einer Zahl in Prozenten, wie hoch die Gesamtbelastung des Fondsvermögens ist, die aus dem Fondsvermögen jedes Jahr für Kosten abgezogen wird und auf dem Konto der jeweiligen KAG landet. Der Anleger hat mit der TER den Vorteil, die Kosten ähnlicher Fonds auf einen Blick erfassen und vergleichen zu können. Das ist dann nicht selten mitentscheidend für die Wahl eines Fonds.

So können Sie bei den Gebühren sparen

Anleger müssen nicht alle Kosten hinnehmen. Der Markt ist zum Glück für die Sparer seit einiger Zeit kräftig in Bewegung. Seit sich Direktbanken, Fonds-Shops und freie Vermittler um die Anleger bemühen und der Fondsvertrieb sich verändert, geraten auch die Kosten unter Druck. Der Markt wird auch auf diesem Gebiet nach und nach so transparent, dass der Kunde die Angebote vergleichen kann. Nicht vergessen: Wer größere Beträge anlegen will, hat grundsätzlich immer die Chance, Kosten und Gebühren bei der jeweiligen Bank zu drücken. Wer die Bank umgeht und direkt bei der Fondsgesellschaft oder bei einer Direktbank kauft, kann oft den Ausgabeaufschlag reduzieren. Das kann aber auch geschehen, wenn mit der Hausbank verhandelt oder das Kreditinstitut gewechselt wird.

Wer bei einer der Direktbanken oder einem Discountbroker ordert, erhält dafür häufig Rabatte. Sie sind im Fondsgeschäft mittlerweile eine Selbstverständlichkeit. Dafür muss er allerdings meist auf jede Form von Beratung verzichten. Im Internet kann man die Tarife der Fondsanbieter durchstöbern. Wichtig: Auch die Direktbanken und Discountbroker sind keine Menschheitsbeglücker. Für ihre Dienste verlangen sie natürlich etwas. Deswegen sollte jeder Investor genau studieren,

- welche der Fonds überhaupt einen reduzierten Ausgabeaufschlag haben,
- wie hoch dieser ist,
- wie viel die Mindestgebühren pro Kauf betragen und
- wie hoch die Depotkosten liegen.

Denn der Fondskauf per Internet oder Fax, also an der alten Hausbank vorbei, ist zwar als zusätzlicher Vertriebsweg zu begrüßen, aber ohne Kosten läuft natürlich auch da nichts, und die sind meist erst auf den zweiten Blick zu erschließen. Um einen Gebühren- und Kostenvergleich kommt der Anleger also nicht herum. Noch herrscht ein wahrer Tarifdschungel unter den Direktbanken und Discountbrokern (sie nennen sich auch Online-Broker). Alle wollen ein großes Stück vom Markt erobern. Da sich die vielen Tarife konkurrenzbedingt ständig ändern und gegenseitig unterboten werden, muss der Fondskäufer besonders auf die Veränderungen im Wettbewerb von Direktbanken und Online-Brokern auf der einen Seite und den Fondsgesellschaften auf der anderen Seite achten.

Neue Trends im Vertrieb

Auch die Fondsbranche ist im Wandel und passt sich veränderten Marktbedingungen und Bedürfnissen der Kunden an. Der moderne Vertrieb von Fonds an den Filialen der Banken vorbei geht nicht nur über das Internet. Insgesamt geraten die alten Vertriebsstrukturen unter Druck. Mehr und mehr vertreiben Versicherungsvermittler, freie Vermittler und so genannte Strukturbetriebe die Investmentanteile im Direktgeschäft. Das Fondsgeschäft zeigt alle Anzeichen einer Strukturveränderung. Auf der Ebene von Service und Vertrieb bleibt das natürlich nicht ohne Folgen. Dabei sind die wesentlichen Faktoren aus den USA vorgegeben:

Professionell gemanagte Fondsanlagen werden immer populärer. Das Angebot an maßgeschneiderten Fondskonzepten nimmt zu. Vermögenszulage-Fonds, Dachfonds, Garantiefonds und Indexfonds sind dafür Beispiele. Diese bieten Sparpläne und Sparformen, die auch schon von kleinen Sparraten an gelten. Der Kleinanleger ist also keineswegs ausgeschlossen, im Gegenteil. Die neuen Kommunikationstechnologien verändern die Verhaltensweisen von Sparern und Managern dramatisch. Die neuen Möglichkeiten, sich über das Internet zu informieren, internationalisieren und revolutionieren Vertrieb und Service. Wer unter den Anbietern mithalten will, muss zum Full-Service-Provider, also zum „Alles-Anbieter" beziehungsweise „Vollsortimenter", werden. Er muss also alles im Angebot haben: Fonds, Sparpläne, eigene Kontoführung, den ganzen Service drumherum. Der Kunde wird zunehmend anspruchsvoller.

Die traditionellen Vertriebswege verändern sich grundlegend. Die Grenzen zwischen der klassischen Bank und der Versicherung verschwimmen. Die Entwicklung bei der Dit, der Fondstochter der Dresdner Bank, zeigt dies exemplarisch. Nach der Übernahme durch die Allianz Versicherung ging sie in der ADAM-Gruppe auf, der neuen Vermögensverwaltungsgruppe von der Mutter-Gesellschaft Allianz und der Tochter Dresdner Bank. Die Allianz will neben dem Versicherungsgeschäft auch im Fondsgeschäft zum Marktriesen werden und sucht zum entsprechenden Marktauftritt einen geeigneten Vertriebsweg oder Vertriebspartner. Was bisher die alleinige Domäne der Banken war, gerät ins Wanken.

Unabhängige Vermögensverwalter – eine Alternative

Banken und Sparkassen bleiben zwar weiterhin führend beim Vertrieb von Investmentfonds. Noch halten sie einen Marktanteil von knapp 75 Prozent beim Vertrieb von Investmentfonds. Doch unabhängige Vermittler verzeichnen einen stetigen Zuwachs. Anfang 2003 wurden bereits 11,4 Prozent des gesamten Fondsvertriebs über sie abgewickelt. Zunehmend mischen also bankunabhängige Vermögensverwalter in der Fondsbranche mit. Sie bieten ihren Kunden meist fremde, aber auch eigene Investmentfonds an, arbeiten auf eigene Rechnung und fordern oft einen Anteil am Performanceerfolg. Früher waren sie nur für die besonders gut betuchte Klientel zuständig. Mittlerweile kommen sie, mit monatlichen Sparraten von etwa 100 Euro, auch dem breiten Publikum entgegen. Die meisten Fondssparer kommen mehr oder weniger zufällig mit einem solchen Außendienstmitarbeiter der Finanzdienstleistungsbranche, der dann Fonds im Angebot hat, zusammen. Für den Anleger stellt sich nun die Frage, inwieweit er den Aussagen trauen kann. Dazu sieben Tipps für Ihr Beratungsgespräch:

1. Vor der Kontaktaufnahme mit einem Anlageberater sollten Sie sich darüber im Klaren sein, welches Ziel Sie mit der Investition verfolgen. Als mögliche Ziele kommen die Altersvorsorge, der Kapitalerhalt nach Inflation plus eine kleine Rendite oder auch ein bestimmter zu erwirtschaftender Betrag in Frage.
2. Das mit der Kapitalanlage verfolgte Ziel sollten Sie vor der Kontaktaufnahme idealerweise bereits schriftlich fixiert oder wenigstens mit einem Vertrauten besprochen haben.
3. Ein Beratungsgespräch sollte am besten in Anwesenheit eines Zeugen, eines Vertrauten (Familienangehörige reichen aus) geführt werden.
4. Sie sollten während des Gesprächs eigene Aufzeichnungen machen: zu den Anlagezielen, den Informationen Ihres Beraters, zu dem Anlageobjekt und auch zu den Risikohinweisen.
5. Nach dem Gespräch sollten Sie den Inhalt des Gesprächs schriftlich zusammenfassen lassen und sich vom Anlageberater bestätigen lassen.
6. Soweit der Anlageberater seinerseits die Unterzeichnung von Formularen oder eines Beratungsprotokolls verlangt, sollten Sie sich dieses Protokoll vorher zu Hause gründlich durchlesen und noch mal darüber schlafen.
7. Erst wenn diese sechs Punkte positiv abgehakt sind, sollten Sie erwägen, die vom Anlageberater empfohlene Anlage zu tätigen. Das erspart eine Menge Ärger und Verdruss für die Zukunft.

Checkliste Vermögensberater
Nach einem Gespräch mit einem privaten Vermögensberater sollte sich der Anleger prinzipiell darüber Klarheit verschaffen: Wie war die Qualität von Beratung und Kundenservice? Am besten geht dies, wenn Sie die Qualität der Beratung an Hand einer Checkliste prüfen. Die wichtigsten Fragen einer persönlichen Qualitätsprüfung und eine Checkliste der dabei zu beachtenden Punkte finden Sie am Ende dieses Kapitels.

Fonds-Shops statt Bankfiliale

Zu den interessanten Entwicklungen bei den freien Finanzdienstleistern gehören die so genannten Fonds-Shops, auch Fonds-Boutiquen oder Fonds-Center genant. Diese Fonds-Shops konzentrieren sich ausschließlich auf den Vertrieb von Investmentfonds. Fonds-Shops haben gegenüber einzelnen freien Vermittlern gewisse Vorteile. In der Regel bieten sie eine breite Palette an Fonds an. Dazu haben sie nicht nur Vertriebsverträge mit deutschen Investmentgesellschaften, sondern oft auch die ganze Palette der großen ausländischen Investmentgesellschaften im Angebot.

Fonds-Shops werben damit, dass in der Beratung der Kundschaft ein hohes Niveau angestrebt wird. So haben sich viele Shops im Bundesverband Deutscher Investmentberater (BVDI) zusammengeschlossen. Immerhin: Mitglied in diesem Verband können nur Fondsberater werden, die überprüfte Kenntnisse in diesem Bereich aufweisen. So verlangt der BVDI als Aufnahmekriterium eine abgeschlossene Bankausbildung oder ein abgeschlossenes Studium der Wirtschafts- oder Rechtswissenschaften oder eine Registrierung als Finanzdienstleistungsinstitut durch das BaFin. Ferner muss die Beratung in gewerblich genutzten Räumen stattfinden und das Haupttätigkeitsgebiet die Investmentberatung sein. Fragen Sie also beim BVDI (Bundesverband Deutscher Investmentberater e. V.) nach, ob Ihr Fonds-Shop-Berater Mitglied ist. Der Verband gibt auf Anfrage auch eine Mitgliederliste heraus. Adresse: Kieler Straße 357/359, 22525 Hamburg, Tel.: 040/54 54 52, Fax: 040/54 53 55.

WISO rät: Fragen Sie unbedingt Ihren Vermittler oder Fonds-Shop, ob sie Mitglied in einem Verband sind. Können sie eine solche Mitgliedschaft nicht nachweisen, ist zumindest Vorsicht angebracht!

Die Fonds-Shop-Betreiber streben an, als Qualitätssiegel die Registrierung als Finanzdienstleistungsinstitute beim BaFin zu erreichen. Dazu sind freie Finanzdienstleister nach der 6. Novelle des Kreditwesengesetzes (KWG) verpflichtet, wenn sie gewisse Kriterien erfüllen. Erfüllt ein Finanzdienstleister folgende Voraussetzungen, muss er sich beim BaFin eine Erlaubnis für seine Tätigkeit holen:

- Die gewerbliche Vermittlung von Anlagen wie Investmentfonds.
- Die Verwaltung von Kundenvermögen mit eigenem Entscheidungsspielraum, wenn zum Beispiel eine Verwaltungsvollmacht des Kunden vorliegt.
- Den möglichen Zugang zum Vermögen des Kunden durch eine Kontovollmacht.

Auch Fonds-Shops machen nichts umsonst: Ähnlich wie bei den Banken sind die Möglichkeiten, Gebühren oder Kosten zu sparen, bei einem freien Vermittler oder einem Fonds-Shop eher gering. Der Grund ist der fixe Ausgabeaufschlag. Der nämlich ist die Provision des Vermittlers, von der seine Existenz abhängt. Deshalb muss ein Anleger schon sehr hohe Anlagebeträge mitbringen, ehe sich ein Vermittler aufs Handeln einlässt. Freilich hat der Kunde bei der laufenden Verwaltung weniger Kosten als bei der Bank, denn beim Kauf von Fondsanteilen bei einem Vermittler oder Fonds-Shop fließt das Geld direkt auf ein Konto bei der Investmentgesellschaft. Für diese Investmentkonten verlangen die Fondsgesellschaften entweder keine oder allenfalls eine geringe Depotgebühr. Das Investmentkonto hat außerdem weitere Vorteile: Will der Kunde von einem Fonds der Gesellschaft zu einem anderen Fonds der gleichen Gesellschaft wechseln (switchen), fällt oftmals kein oder nur ein verringerter Ausgabeaufschlag an. Außerdem kann der Anleger bei einem Investmentkonto Ausschüttungen zum Rücknahmepreis anlegen. Es entfällt also der Ausgabeaufschlag.

Was geschieht mit den Anlegergeldern? Das Geld des Anlegers fließt direkt von seinem Konto bei seinem Fonds-Shop auf ein Konto der Investmentgesellschaft. Somit ist garantiert, dass der Vermittler das Geld des Anlegers nicht in falsche Kanäle leiten kann. Die Angst vieler Anleger, dass freie Vermittler oder Fonds-Shops Anlegergelder veruntreuen könnten, ist daher – theoretisch jedenfalls – nicht begründet. Nach Aussage der Fonds-Shops benützen Banken dieses Argument aber oft, um ihre Kunden bei der Stange zu halten. Lassen Sie sich also davon nicht beeindrucken.

Ranking und Rating: Wie Sie gute Fonds erkennen

Welcher Fonds verspricht bei welcher Risikobereitschaft die höchste Rendite? Das sind Kernfragen für jede Anlegergruppe, egal, ob es sich um professionelle Fonds-Vermögensverwalter, institutionelle Investoren, Anlageberater oder Privatanleger handelt. Aber die Auswahl des „richtigen" Fonds ist schon für den Profi nicht einfach. Besonders dem Privatanleger, der nicht ständig den Markt beobachten kann, fällt die Entscheidung schwer. Performance allein sagt zu wenig aus. Die bisher üblichen Orientierungshilfen waren die oben erwähnten Performancelisten, die mittlerweile in vielen Zeitschriften publiziert werden. Sie erscheinen auch in den Finanzteilen der

Tages- und Wirtschaftspresse und mittlerweile auch vermehrt im Internet. In der Regel listen diese Statistiken eine Reihe von Fonds mit vergleichbarem Anlageschwerpunkt auf und vergleichen sie untereinander nach dem Renditekriterium – also der erzielten Wertsteigerung – innerhalb eines gewissen Zeitraums, meist ein, zwei und drei Jahre.

Die so genannten Ranking-Listen sind nur eingeschränkt aussagefähig. Zwar gilt die Devise: „Performance ist nicht alles, aber ohne Performance ist alles nichts." Doch nach Meinung von Experten sind zum Beispiel Ranglisten nach dem Kriterium der Ein-Jahres-Performance nur bedingt zu gebrauchen. Untersuchungen belegen nämlich, dass Fonds mit dem gleichen Anlageschwerpunkt schon nach zwei Jahren die Hitlisten rauf und runter rutschen. Die logische Folgerung aus dieser Erkenntnis ist: Erst wenn ein Fonds bezogen auf die Performance im Ein-, im Drei- und im Fünf-Jahres-Vergleich gut abschneidet, ist das ein zuverlässiges Indiz für ein erfolgreiches Management.

Mit den steigenden Mittelzuflüssen in Investmentfonds steigt auch die Nachfrage bei institutionellen und privaten Anlegern nach einer systematischen Bewertung. Die Anleger brauchen Anhaltspunkte zum Chance-Risiko-Verhältnis eines Fonds. Wie gut ist ein Fonds, wie gut sind seine Manager und wie gut dürfte er in Zukunft laufen? Auf diese und andere Fragen sucht der Fondsinteressent Antworten. Zum Glück für den Anleger sind seit kurzem solche Fondsvergleiche über lange Zeiträume für Anleger auch allgemein zugänglich und erhältlich. Die Einstufungen und Beurteilungen einzelner Fonds werden von Rating-Agenturen und Vermögensverwaltungsgesellschaften mit umfangreichem Fondsresearch vorgenommen. Sie analysieren die Fondsanbieter nach Kriterien wie Anlagepolitik, Kontinuität im Management und Wertentwicklung und vergeben Gütesiegel wie Noten, Buchstaben, Medaillen oder Sterne als Resultat ihrer Untersuchungen. Das ist ein ganz neues Instrument in der Hand der privaten Anleger. Ratings von Fonds dürften sich in Zukunft etablieren.

Zusammengefasst kann man sagen, dass Rating-Agenturen gewisse Grundannahmen treffen, bevor sie ihre Untersuchungen beginnen. Sie betreffen die Wünsche und Bedürfnisse der Anleger. Danach trifft auf den typischen Privatanleger Folgendes zu:

- Er hat einen mittelfristigen Anlagehorizont von mindestens fünf Jahren.
- Er spart meist für die Altersvorsorge.
- Er ist auf der Suche nach zuverlässigen Performern unter den Fonds und nicht nach kurzfristigen Überfliegern.
- Er hat den Wunsch, Verluste weitgehend zu vermeiden.
- Er verfügt bei der Auswahl von Fonds nur begrenzt über Zeit und Kenntnisse.

Wichtige Finanzdienstleister mit einem Fondsrating im Angebot sind Standard & Poor's und Morningstar, die beide bereits durch ihre Bewertungen (Ratings) von Staats- und Unternehmensanleihen bekannt sind, sowie in Deutschland FERI Trust und in der Schweiz die Reuters-Tochter Lipper. Da sie nicht mit einheitlichen Bewertungskennzeichnungen arbeiten, ist es wichtig, die Art der Klassifizierung der wichtigsten Agenturen zu kennen. Dazu drei Beispiele:

Moody's: Die amerikanische Rating-Agentur vergibt bisher nur Gütesiegel für Geldmarkt-, Immobilien- und Rentenfonds. Das sind „Bonitätsnoten“ und „Einschätzungen des Marktrisikos“.

- Die Bonitätsnoten gehen von „Aaa“ für „geringes Anlagerisiko“ über „Aa“, „A“, „Baa“ und „Ba“ für „spekulatives Investment“ bis zur schlechtesten Bewertung mit „B“. Die Bewertungstabelle entspricht damit der bekannten Kategorisierung bei Anleihen.
- Die Einstufung des Marktrisikos schätzt die Einflüsse von Zinsänderungen und Währungsrisiken auf den Fondswert ein. Die beste Einstufung ist „MR1“ und bedeutet, dass nur sehr geringe Einflüsse von Zinssteigerungen und anderen negativen Markteinflüssen auf den Fondswert ausgehen dürften. Die Noten gehen weiter über „MR2“, „MR3“ und „MR4“ bis zu „MR5“. Das heißt im Schema von Moody's: sehr starke Wertverluste bei Zinssteigerungen und anderen negativen Markteinflüssen.

Standard & Poor's (S&P): Auch S&P will den Anlegern die Kaufentscheidung erleichtern. Das Rating-Haus will europaweit Fonds einem Qualitätsrating unterziehen. Die Devise lautet: Die Performance ist wichtig, die Managementqualität aber noch wichtiger. Die Londoner Abteilung vergibt bereits Ratings für Fonds in Großbritannien, Luxemburg und dem Steuerparadies auf Guernsey. Dazu zählen ausländische Investmentgesellschaften wie Mercury und Threadneedle, die ihre Produkte auch deutschen Kunden anbieten. Die Vorgehensweise ist zusammengefasst etwa so: S&P untersucht zunächst die längerfristige Performance eines Fonds innerhalb seiner Gruppe, also Fonds mit ähnlicher Anlagepolitik. Dies ist ein rein quantitativer Prozess, bei dem historische Wertentwicklungen gemessen werden. Bei diesem ersten Schritt bleiben etwa 20 Prozent der untersuchten Fonds übrig, die quantitativ gesehen als gut gelten können.

Im zweiten Schritt kommt dann die qualitative Bewertung. Dazu besuchen die S&P-Analysten nach eigenen Angaben jedes Jahr eine Schar von Fondsmanagern und Chefs der Anlagegesellschaften. Dabei werden die Schlüsselfaktoren erörtert, die zu einem Anlageerfolg führen, und Fragen gestellt wie:

- Wie erfahren ist der Manager?
- Hält er sich an die festgelegte Anlagepolitik?
- Wie erläutert er Perioden mit guter und schlechter Performance?
- Wie gut läuft das Teamwork im Fonds?

Danach entscheidet die Rating-Kommission von S&P über die endgültige Einstufung des jeweiligen Fonds. Die Ergebnisse der Interviews mit den Fondsmanagern fließen mit einem Anteil von 60 Prozent in das Ergebnis ein. Die reine Risiko- und Performancemessung hat einen Anteil von 40 Prozent. Die Notenskala der Fonds-Ratings (fr) von S&P lautet ähnlich wie bei den Anleihe-Einstufungen:

- „frAAA“ für außergewöhnlich gute Investmentmanagement-Fähigkeiten,
- „frAA“ für sehr gute Investmentmanagement-Fähigkeiten,
- „frA“ für gute Investmentmanagement-Fähigkeiten.

FERI Trust: Ziel des Fonds-Ratings der Bad Homburger Vermögensgesellschaft FERI Trust ist es nach eigenen Angaben, Anlegern einen systematischen, nachvollziehbaren und verständlichen Ansatz zu bieten. Dazu gehört, dass das Rating die Ziele und Zwänge des Fondsmanagements berücksichtigt, herausragende Fähigkeiten des Fondsmanagers oder des Management-Teams erkennbar werden und der Managementstil sowie die Investmentziele in Einklang stehen, Fehlinvestitionen in weniger gute Fonds vermieden werden können und durch die Selektion von Top-Performern deutlicher Mehrwert geschaffen werden kann.

Das Fonds-Research der FERI Trust umfasst mittlerweile weit über 1.000 Fonds. Betrieben wird eine quantitative Analyse. Gemessen werden die Performance und die Risikokennzahlen sowie das Verhalten in Auf- und Abschwungphasen. Bei FERI Trust beziehen sich alle Angaben auf einen Zeitraum von fünf Jahren. Für jüngere Produkte gibt es kein Rating. Mit der Fünf-Jahres-Messmethode unterscheidet sich FERI Trust deutlich von fast allen anderen veröffentlichten Ranking-Listen, die deutlich kürzere Zeiträume für ihre Bewertung nehmen. Die Fondsanalysten legen großen Wert auf die Feststellung, dass Investmentfonds ihre wirkliche Klasse nur auf längere Sicht von ab fünf Jahren zeigen.

Ein geprüfter Fonds befindet sich immer in einer Konkurrenzgruppe (Peer Group) von mindestens weiteren 19 Fonds. Das Rating setzt sich aus drei Indikatoren, zwei quantitativen und einem qualitativen, zusammen:

- **Performance:** Messung der Wertentwicklung des Fonds im Vergleich zur Konkurrenz und zum jeweiligen Index.
- **Risiko:** Messung des bestmöglichen Ein- und Ausstiegszeitpunkts. Dies geschieht anhand der jährlichen Kursschwankungen des Fonds, also anhand der Volatilität.
- **Management:** Messung der so genannten weichen Faktoren. Dazu gehören die Teamqualität, die Anzahl der Berufsjahre der Fondsmanager, die Informationspolitik, die internen Kontrollen und andere.

Am Ende des Gesamt-Ratings aus Performance-, Risiko- und Managementindikator mit ihren entsprechenden Gewichtungen steht eine Empfehlung für den Privatanleger, die seine Kaufentscheidung erleichtern soll. In diesem Fall besteht die Notenskala nur aus fünf Buchstaben:

A = sehr gut, B = gut, C = durchschnittlich, D = unterdurchschnittlich, E = schwach

Das Rating von FERI Trust unterscheidet sich gravierend von den Ratings anderer Agenturen. Während die Konkurrenz die Ratings nur auf Auftragsbasis erteilt, veröffentlicht FERI Trust seine Ratings auszugsweise in den Finanzteilen von Tageszeitungen wie dem „Handelsblatt“ und der „F.A.Z.“ und umfassend im „Fondsguide Deutschland“ der Gesellschaft für Fondsanalyse (GFA), einem Tochterunternehmen von FERI Trust und der Wirtschaftsagentur vwd. Unter der Internetadresse www.feri-trust.de oder www.gfa-fonds.de sind weitere Informationen über die Gesellschaft abzurufen.

WISO rät: Mit Noten, Medaillen, Sternen oder Buchstaben zum Erfolg – so könnte die künftige Fondsbranche überschrieben werden. Ohne gute Noten keine Anleger! Das wäre die Folge. Dass künftig die Fondsgesellschaften gute Bewertungen auch zu Werbezwecken verwenden und dabei die weniger schmeichelhaften Urteile unter den Teppich kehren, sollte der Fondssparer nicht überbewerten. Entscheidend ist, dass die Rating-Agenturen Standards vorgeben, an denen sich die Fondsmanager zunehmend messen lassen müssen. Das Vertrauen der Anleger ist zwar gut, Kontrolle aber nun einmal besser.

Die Beurteilung von Investmentfonds durch Gütesiegel wie oben beschrieben markiert nach dem Anleihe-Rating von Banken, Unternehmen oder Staaten einen neuen Rating-Markt. Die künftige Konkurrenz unter den Rating-Agenturen kann dem Anleger nur recht sein. Der Check der Fonds und der Fondsmanager durch unabhängige Institute, Finanzdienstleister und Vermögensverwaltungen erleichtert letztlich die Auswahl des oder der passenden Fonds. Der Anleger erhält wichtige Hilfestellung für die Orientierung im Dickicht des Riesenangebots der Investmentindustrie, und die hat er bitter nötig.

Sie sollten Ihr persönliches Anlageziel bestimmen

Jedem Privatanleger stellt sich zu Beginn seiner Anlage die Frage: Welche Anlageinstrumente gibt es auf dem Markt? Die Alternativen liegen irgendwo zwischen der todsicheren Minirendite auf dem Sparbuch und der riskanten Direktanlage in Aktien. Dabei stößt der Anleger fast zwangsläufig auf das Investmentsparen mit Fonds. In Boomzeiten an der Börse wurde jeder Interessierte geradezu bombardiert mit Schlagzeilen wie „Traumrenditen mit Aktienfonds“, „Top-Fonds“ oder „Sieger-Fonds schlägt den DAX“. Doch das gehört der Vergangenheit an, wie die Fonds-Ranglisten zeigen. Für Investmentfonds-Anleger kann dies nur heißen:

Wer erfolgreich sparen will, muss sich vorab informieren. Die über alles informierende und allumfassende Fonds-Broschüre gibt es nicht, dafür aber ein Angebot an seriösen Magazinen, Zeitschriften, Zeitungen, Fernseh- und Radiosendungen, Online-Diensten usw. Sie geben Entscheidungshilfen bei der Auswahl. Wer sich dafür Zeit nimmt, spart sich viele unangenehme Erfahrungen.

Wer nicht alles allein entscheiden will, sollte sich beraten lassen: Vom Bankberater, vom Fonds-Shop, einem Strukturvertrieb (Vorsicht: Kosten), einem (wirklich) unabhängigen Finanzdienstleister. Wer darauf verzichten will oder kann, für den kommt eine Direktbank in Frage. Diese Liste von möglichen Adressen zeigt schon, wie wichtig der höchstmögliche Informationsstand ist, denn keine der Adressen ist optimal. So empfiehlt zum Beispiel die Bank in der Regel nur die eigenen Produkte, lässt also bessere Konkurrenz-Fonds schon von vornherein aus dem Spiel. Der „unabhängige Finanzdienstleister“ wiederum ist ein ungeschützter Beruf. Zu schnell gerät der Anleger an eine inkompetente Beratung bei gleichzeitig hohen Provisionen.

Wie viel vom Vermögen soll in Fonds angelegt werden? Jeder Anleger muss seine Vermögensstruktur auflisten. Eckdaten sind: Was ist bereits vorhanden an Aktien, Renten, Bundesschatzbriefen, Bargeld, Immobilien usw.? Wie hoch sind die laufenden Einnahmen und Ausgaben? Danach erst lässt sich erkennen, was man übrig hat zum Fondssparen. Dabei muss immer eine vernünftige Risikostreuung beachtet werden. Nie alles in einen Topf – auch nicht in den der Fonds!

Wie lange kann ich auf mein Geld verzichten? Niemand sollte seinen Anlagehorizont voreilig festlegen. Der Anleger muss genau einschätzen, wann er welchen Teil seines Vermögens zum Beispiel für private Entnahmen oder Steuerzahlungen benötigt. Dieses Geld sollte immer so angelegt sein (zum Beispiel in Geldmarktfonds), dass es jederzeit und ohne größere Kursverluste flüssig gemacht werden kann.

Wie hoch ist meine Risikobereitschaft? Häufig unterschätzt wird die eigene Typisierung als Anleger. Bin ich ein risikobereiter oder konservativer Anleger – das ist eine elementare Frage bei der Anlage in Fonds. Was akzeptiere ich als Risiko? 20 Prozent in Aktien oder 40 Prozent oder gar 60 Prozent? Nur mit Antworten auf solche Fragen erkenne ich mich selbst. Übrigens: Banken sind gesetzlich verpflichtet, den Anleger auf seine Selbsteinschätzung hin zu befragen.

Welche Renditeerwartung habe ich? „Gier und Angst beherrschen die Märkte und Anleger!“ Das ist eine alte Redewendung unter Kapitalmarktexperten. Renditeerwartungen von 20 oder 50 Prozent und mehr pro Jahr sind unrealistisch. Wer das verspricht, verdient keine Beachtung. Die gigantischen Verluste an den Aktienmärkten seit dem Frühjahr 2000 sollten eine Mahnung sein. Vertrauen Sie Ihr Geld nur Aktienfonds an, die realistische Renditen versprechen. Bleiben Sie in dem Risikobereich, in dem Sie noch gut schlafen können. Je höher Ihre Renditeerwartungen sind, umso höher ist in der Regel auch das Risiko.

Was ist mein persönlicher Anlagehorizont? Das hängt ganz entscheidend von dem jeweiligen Alter ab. Ein 50-Jähriger hat eine ganz andere Lebenserwartung als ein 25-Jähriger. Er ist auf eine kurzfristigere Gewinnentnahme angewiesen und kann keine so lange Ansparzeit kalkulieren. Deshalb müssen die Einzahlungen sofort viel höher sein.

Welche(n) Fonds soll ich schließlich auswählen? Die Auswahl des (oder der) „richtigen" Fonds ist die letzte und schwierigste Aufgabe. Nach der Entscheidung für das Segment der Aktienfonds, also Branchen-, Dach-, Garantie- oder Indexfonds, muss die für einen bestimmten Fonds aus der breiten Palette der jeweiligen Angebote folgen. Es müssen Vergleiche herangezogen werden. Fonds-Porträts helfen dabei. Sie listen die Fonds einzelner, vergleichbarer Kategorien auf und vergleichen ihre Performance über verschiedene Zeiträume, etwa drei Monate, ein Jahr oder drei Jahre usw. Rendite und Kosten werden dabei abgewogen. Bei der Kaufentscheidung helfen auch Fondsranglisten und Fondsanalysen, wie sie regelmäßig in Tageszeitungen und Fachmagazinen veröffentlicht werden. In den USA verkauft sich schon jetzt kaum noch ein Investmentfonds, der nicht „topgeratet" ist. Diese Rating-Listen sollte jeder Anleger studieren und dann erst entscheiden, welchen Fonds er kauft. Wenn die verfügbaren Summen ausreichen, ist es zu empfehlen, ähnlich wie bei Aktien nicht „alle Eier in einen Korb" zu legen.

WISO rät: Nur wer diese Fragen zunächst für sich beantwortet hat, sollte zur Bank, Sparkasse oder einem Fonds-Shop gehen. Sie haben dann schon eine Basis für das Gespräch mit dem Berater. Sie können seine Ratschläge besser bewerten, gute Ideen von Standardargumenten unterscheiden. Achten Sie vor allem darauf, dass Ihnen nicht einfach die jeweiligen „Hausprodukte" aufgedrängt werden. Wenn sie allerdings nachweislich mehr bringen als andere – warum nicht?

Die Frage des günstigen Zeitpunkts für den Einstieg für den Privatanleger, der regelmäßig einzahlen will, ist eher marginal. Das ist nur bei größeren Einmaleinzahlungen wichtig. Wenn dagegen feste oder planmäßig steigende Summen über viele Jahre hinweg angespart werden, gleichen sich Zeiten steigender und sinkender Kurse im Allgemeinen aus. Wichtig ist dann nur ein langfristig steigender Trend an den Börsen, und damit kann der Anleger nach aller Erfahrung rechnen. In den Sechzigerjahren wurden Wetten darauf abgeschlossen, wann der Dow Jones über tausend Punkte steigt. In den Neunzigerjahren wurde gewettet, wann er über acht- oder zehntausend steigt. Ähnlich war es – wie anfänglich geschildert – mit dem DAX. Und so wird es im Zeichen des

Euro auch mit dem STOXX sein: Es spricht alles dafür, dass ein langfristig denkender Anleger auch in Zukunft eine ähnliche Entwicklung erwarten kann.

Wer in Investmentfonds anlegt, bestimmt über seine Vermögensentwicklung und die Absicherung im Alter mit. Wer allein oder überwiegend auf die Rente setzt, ist den Launen der Politik ausgeliefert. Es gibt deshalb nirgendwo absolute Sicherheit. Aber es gibt höchst unterschiedliche Chancen. Sie sollten sie nutzen.

Wenn Sie zusätzlich oder statt des Fondssparens lieber selber die Aktien auswählen wollen, mit deren Hilfe Sie Erträge zu erwirtschaften hoffen, die Ihr Vermögen schneller mehren, geben wir Ihnen dazu in den folgenden Kapiteln die notwendigen Hinweise. Dabei sollten Sie einen Punkt auf keinen Fall übersehen: Neben allen technischen Kenntnissen ist es auch sehr wichtig, sich selber zu kennen. Das gilt nicht nur für die Gefahr, nach einigen erfolgreichen Manövern an der Börse das eigene Wissen, die eigenen Erfahrungen und das „glückliche Händchen" bei der Auswahl der Titel zu überschätzen und übermütig zu werden. Es gilt auch für die richtige Einschätzung der eigenen Psyche. Wie Sie sich als Sparer, Anleger und Spekulant selber ein wenig besser kennen lernen können, erfahren Sie auf den folgenden Seiten.

Selbsterkenntnis – der erste Schritt zum Anlageerfolg

„Cool“ bleiben und nicht von aktuellen Trends mitreißen lassen

Jeder fängt irgendwann einmal klein an – ob beim Radfahren oder bei der Geldanlage. Und der Spruch „Es ist noch kein Meister vom Himmel gefallen“, ist zwar alles andere als neu, aber immer noch richtig. Viele Anleger haben schon viel Geld verloren, weil sie mit einigen anfänglichen Investments Glück hatten und daraus den Schluss zogen, nun wüssten sie, wie das an der Börse läuft. Außerdem gibt es für Sparer und Anleger nicht nur manche „Psychofalle“, in die sie oft hineintappen können. Es gibt auch professionelle Fallensteller, die ihnen auflauern. Auf diese Risiken möchten wir Sie in diesem Kapitel aufmerksam machen und Sie für die damit verbundenen Gefahren sensibilisieren.

Nach dem tiefen Sturz 2001 war 2003 schon wieder „ein Jahr der Börse“. Doch von vielen blieb das unbemerkt. Seit seinem Tief im März hatte der DAX in der Spitze etwa 73 Prozent gewonnen, der MDAX rund 70 Prozent, der SDAX war mit 62 Prozent der schlechteste Performer seit den Jahrestiefs und der TecDAX mit fast 90 Prozent der stärkste Kursgewinner. Und das, obwohl das Jahr 2003 mit Problemen gespickt war, wie dem Krieg im Irak, Bilanzskandalen und vielleicht überschätzten Krisen, wie Terror und die Unsicherheit, ob und wann die Wirtschaft wieder an Fahrt gewinnen würde. Dennoch: Die Deutsche Börse hat überdurchschnittlich von den Kurszuwächsen profitiert. Aber deutsche Aktien hatten in den drei Flautejahren auch am meisten verloren.

Das wirkt nach. Auch die Kurse solider, zukunftsträchtiger Unternehmen wurden mit in den allgemeinen Strudel gezogen. Selbst zu Ausverkaufspreisen wollte sie danach kaum jemand haben. Für manchen kühlen Rechner war das aber genau der Zeitpunkt, um wieder einzusteigen – getreu der Regel: Kaufen, wenn die Masse der Anleger davonläuft; verkaufen, wenn alle anderen hinter den Kursen herlaufen. Denn wie bei jedem anderen Handel verdient man auch an der Börse letztlich nach dem schlichtesten aller Konzepte: billig kaufen, teuer verkaufen. Allerdings ist das nicht nur die grundlegende und zugleich simpelste Börsenregel. Sie ist auch eine, die nicht leicht zu befolgen ist, denn genau am Tiefpunkt zu kaufen und in der Spitze zu verkaufen, gelingt nur sehr selten.

So gab es schon Mitte 2003 Aktien von einst am Neuen Markt gelisteten Unternehmen, die nach dessen unrühmlichem Ende jetzt im TecDAX notiert werden, deren Kurse vom Tiefpunkt an gerechnet um 100 bis 700 Prozent zugelegt hatten. Ein mehr als ansehnlicher Gewinn, der in den meisten Fällen auch noch auf einer soliden wirtschaftlichen Basis ruhte. Denn zu diesen Kursen waren die Unternehmen, die zuvor ohne sachliche Gründe mit in den Kursstrudel geraten waren, aus fundamentaler Sicht zu diesem Zeitpunkt fair bewertet.

Zwischen Höhenrausch und Tiefenangst

Wer immer nur den Trends folgt, statt sich zu informieren, zu analysieren und sich dadurch die Chance zu verschaffen, dem allgemeinen Trend vorauszueilen, wird nur selten hohe Gewinne erzielen. Doch die Stimmung der meisten Anleger ist ebenso großen Schwankungen unterworfen wie die Kurse an den Börsen dieser Welt. Viele Aktiensparer machen die Fahrt auf der Achterbahn einfach mit. Mal wird ihnen schwindlig, wenn die Fahrt steil nach oben geht, mal verlieren sie den Überblick, wenn es nach unten geht. In beiden Fällen sind die Voraussetzungen für einen finanziellen Erfolg nicht gerade besonders hoch, denn wer vom Höhenrausch oder der Tiefenangst gepackt wird, kann kaum noch rational handeln. Zudem hat der starke Kursanstieg Ende der Neunzigerjahre und vor allem der Boom an den Neuen Märkten in den USA und Europa viele Sparer angelockt, die vorher noch nie Wertpapiere besessen hatten.

Nachher ist man immer klüger. Das gilt auch für Aktionäre. Wer – mit Glück oder Verstand – die richtigen Aktien kauft, kann manchmal innerhalb von Tagen oder Wochen seinen Einsatz verdoppeln. Wer sich für die falschen Papiere entscheidet, muss miterleben, wie sein investiertes Kapital von Tag zu Tag an Wert verliert. Besonders gut sind die Chancen, wenn ein Anleger zu Beginn eines Börsenbooms einsteigt. Riskant wird es immer dann, wenn am Ende einer langen Hausse auch wenig erfahrene Sparer noch auf den fahrenden Zug aufspringen wollen, während andere schon ihre Gewinne mitnehmen. Wenn es dann zu einem Rückschlag oder auch nur einer längeren Konsolidierung kommt, müssen die Späteinsteiger manchmal viel Geduld aufbringen oder sich mit schmerzlichen Verlusten aus dem Wertpapiergeschäft zurückziehen. Das war dann für viele der erste und zugleich auch der letzte Versuch, einen Teil des Ersparten in Aktien anzulegen – „gebranntes Kind scheut das Feuer." Dabei kann der erste Verlust durchaus ein Gewinn sein – wenn man daraus seine Lehren zieht und bereit ist, aus Fehlern zu lernen.

Wer sich vorher ausreichend informiert, hat die besten Aussichten, solche Erfahrungen von Anfang zu vermeiden. Wer seine Anlagen vernünftig streut, nicht alles auf einmal anlegt, sich nicht von einem plötzlich ausbrechenden Spekulationsfieber mitreißen oder von kurzfristigen Kursrückschlägen entmutigen lässt, hat gute Aussichten, an der Börse eine ordentliche Rendite zu erzielen. Wer Aktienkauf als Teil seiner persönlichen Alterssicherung betrachtet, wer am Wachstum der Wirtschaft teilnehmen möchte, einen vernünftigen Anlage-Mix für seine Ersparnisse sucht oder auch mal eine etwas gewagtere Spekulation riskieren möchte, muss sich zuvor zumindest ein Basiswissen aneignen.

Umgekehrt gilt: Wer sich nicht ausreichend informiert oder zumindest sachkundig beraten lässt, kann sein Geld auch gleich aus dem Fenster werfen. Vor allem aber sollte immer beherzigt werden, dass Gier der schlechteste aller Ratgeber ist. Sobald Sie merken, dass ein so genannter Anlageberater versucht, Sie mit überhöhten Gewinnversprechen zu einer bestimmten Form der Geldanlage zu überreden, sollten alle Alarmglocken läuten. Wir werden Sie deshalb in diesem Buch immer wieder auf derartige Gefahren und auf die Tricks der Verführer aus dem Grauen Kapitalmarkt aufmerksam machen.

Informierte Anleger sind gegen die Verführer in Nadelstreifen besser gefeit. Sie wissen zudem, dass man nicht nur an steigenden Kursen verdienen kann. Wer richtig disponiert, kann sogar von einem Crash profitieren.

Teilen Sie gern mit dem Fiskus?

Wer sein Geld an der Börse arbeiten lassen will, muss auch darauf achten, dass es nicht in erster Linie für das Finanzamt arbeitet. Deshalb ist es unter anderem wichtig, die Spekulationsfristen zu beachten, Gewinne und eventuelle Verluste zeitlich richtig zu disponieren oder über die optimale Aufteilung von Zinsen und Dividenden im Zusammenhang mit einem Freistellungsauftrag nachzudenken. Unabhängig davon, ob Sie neu ins Börsengeschäft einsteigen oder schon ein erfahrener Anleger sind: Wer die steuerlichen Aspekte nicht von vornherein beachtet, bringt sich möglicherweise um einen großen Teil seines Anlageerfolgs. Im Übrigen gilt leider, dass der Staat die steuerlichen Rahmenbedingungen immer wieder ändert. Deshalb müssen Sie auf dem Laufenden bleiben, wenn Sie verhindern wollen, dass Ihnen Ihr Geld davonläuft.

Sie finden steuerliche Hinweise nicht nur in den verschieden Kapiteln dieses Buches an der jeweils passenden Stelle, sondern in einem gesonderten Kapitel am Ende des Buches, zusammen mit Hinweisen zur „Steuer-Strategie“ für Anleger.

Geheimrezepte gibt es nicht

Auch wenn Börsen-Gurus, so genannte Anlageberater oder reißerisch aufgemachte Informationsbriefe dies immer wieder zu suggerieren versuchen: Ein Geheimrezept, wie man an der Börse reich werden kann, gibt es nicht. Versucht haben es aber schon viele, Gesetzmäßigkeiten oder zumindest Wahrscheinlichkeiten der Kursverläufe zu erkennen oder zu nutzen. Entsprechend groß ist die Zahl der dazu verwendeten Instru-

mente: Fundamentalanalysen, Lineal und Bleistift, komplizierte Rechenmethoden, Chartanalysen, historische Analogien. Sogar die Astrologie muss für das Börsengeschäft herhalten. Einige dieser Methoden sind durchaus seriös, andere sind reine Scharlatanerie. Und dass keine dieser Methoden eine Garantie für sichere Börsengewinne liefern kann, zeigt sich immer wieder. Zudem kommen Analysten selbst bei Anwendung gleichartiger Methoden oft zu höchst unterschiedlichen Ergebnissen.

Viele Börseninformationsdienste haben daraus die Konsequenz gezogen, dass sie bei bestimmten Aktien, deren Entwicklung von vielen Experten beobachtet wird, angeben, wie viele Analysten jeweils für „Kaufen", „Halten" oder „Verkaufen" plädieren. Aber selbst wenn eine große Mehrheit der Analysten zu einer bestimmten Empfehlung kommt, ist das noch lange keine Garantie, dass sich der Kurs tatsächlich in die angegebene Richtung bewegt. Denn schon am folgenden Tag kann eine Nachricht aus dem Unternehmen kommen, die alles wieder über den Haufen wirft – oder die allgemeine Stimmung an der Börse kippt, weil Steuererhöhungen oder Zinsanhebungen befürchtet werden, schlechte Nachrichten aus dem politischen Raum kommen oder ein neuer Terroranschlag verübt wurde. Selbst die Meldung von steigenden Umsätzen und Gewinnen eines Unternehmens verlockt dann kaum noch einen Anleger zum Kauf der Aktie.

Genau das allerdings kann für Aktiensparer, die einen kühlen Kopf bewahren und nicht jedem Trend hinterherlaufen oder sich von jeder Stimmung mitreißen lassen, der richtige Zeitpunkt sein, „einzusteigen". Deshalb sollte der Anleger sich aus den unterschiedlichen Analysen und Ratschlägen selber immer wieder diejenigen heraussuchen, die ihm zum jeweiligen Zeitpunkt am überzeugendsten erscheinen.

Die Börse ist kein Spielkasino

Damit aber hier kein Irrtum aufkommt: Mit Glücksspiel oder Lotterie hat die Börse nichts zu tun. Denn zum einen stehen die mathematischen Chancen, beim Lotto sechs Richtige zu ergattern, 1 zu 14 Millionen. Da bietet die Börse weit bessere Aussichten auf Erfolg. Voraussetzung ist aber, dass Sie mit einem klaren Kopf an Börsengeschäfte herangehen. Wer an der Börse nämlich Geld verdienen und nicht verlieren will, sollte Emotionen und Spieltrieb ebenso unterdrücken wie den Wunsch, bei einem günstigen Kursverlauf immer noch mehr haben zu wollen. Zu viele sind damit schon hereingefallen. Zum anderen spiegelt die Entwicklung an den Börsen trotz gelegentlicher Übertreibungen nach oben oder unten die Entwicklung der dort notierten Unternehmen, ihrer Branche und der gesamten Volkswirtschaft wider. So kann es zwar sein, dass die Aktie eines bestimmten Unternehmens trotz einer hervorragenden Ertragslage, voller Auftragsbücher und viel versprechender Produktinnovationen eine schlechte Performance zeigt. Aber der Grund für die Zurückhaltung in- und ausländischer Anleger muss in solchen Fällen oft an ganz anderer Stelle gesucht werden – zum Beispiel in der

Steuerpolitik der Regierung, in einer forschungsfeindlichen Haltung bestimmter Parteien, in drohenden Schadensersatzklagen. Es können aber auch gewerkschaftliche Forderungen sein, die die Anleger fürchten lassen, dass es mit der positiven Entwicklung bald vorbei ist.

WISO rät: Sie sollten immer daran denken: An der Börse wird „Zukunft gekauft". Es ist nicht entscheidend, was gestern war oder heute ist. Die Erwartungen der Aktionäre hinsichtlich der wirtschaftlichen Entwicklung und des künftigen Kursverlaufs geben den Ausschlag. Wer das immer im Hinterkopf behält, wird manche Kursbewegung verstehen, die auf den ersten Blick widersprüchlich zu sein scheint. Und wer früher erkennt, was andere bald erwarten werden, macht die besseren Geschäfte.

Entzauberte Analysten

Sowohl in der Hausse wie in der Baisse hat sich gezeigt, dass Analysten auch nur mit Wasser kochen. Die meisten liefen ebenso wie viele Kleinanleger mehr oder weniger dem Trend hinterher. Der Bedarf an „Börsenpropheten" nahm um die Jahrhundertwende angesichts der rasanten Marktentwicklung sprunghaft zu. Banken, Fondsgesellschaften, Versicherungen oder Börsendienste stellten fast jeden ein, der es verstand, den Experten herauszukehren. Daher war ein großer Teil von ihnen nur unzureichend für die Aufgabe qualifiziert. Anleger sollten auch nicht vergessen, dass die meisten Analysten keine unabhängigen Experten sind, die allein im Interesse der Aktionäre ihre Prognosen abgeben. Die meisten stehen in den Diensten von Finanzdienstleistern. Sie werden deshalb nur selten zur Abstinenz von Börsengeschäften raten. Schließlich leben ihre Arbeitgeber davon, Wertpapiere zu kaufen oder zu verkaufen. Fragen Sie sich daher immer, ob Sie die Einschätzung eines unabhängigen Wertpapierexperten oder eines Interessenvertreters hören oder lesen. Denken Sie daran, dass auch Analysten oft Opfer von „Moden" werden: Plötzlich lieben alle bestimmte Branchen oder Börsensegmente. Oder sie raten im Chor von bestimmten Anlagen ab.

WISO rät: Eine weitere Regel kann nicht oft genug genannt werden: Je höher die erhofften oder gar versprochenen Renditen sind, umso riskanter ist eine Geldanlage. Für nichts gibt es nichts. Das gilt auch bei der Geldanlage. Wer sich von den goldenen Versprechungen windiger Anlageberater zu bestimmten Investments verlocken lässt, kann sein Geld in der Regel gleich ganz abschreiben. Milliarden Euro an Spargeldern gehen Jahr für Jahr im Grauen Kapitalmarkt verloren, weil Anleger sich von überhöhten Gewinnversprechen zu dubiosen Geldanlagen verlocken lassen. In den Sendungen von WISO wird deshalb ebenso wie in diesem Buch regelmäßig auf die Tricks der Abzocker hingewiesen. Denn wer sie kennt, fällt nicht so leicht darauf herein.

Vorsicht am Telefon

Hüten Sie sich insbesondere vor „Finanzdienstleistern“, die ihre Kunden per Telefonmarketing, Info-Brief oder gar Haustürgeschäften zu gewinnen versuchen. Unerbetene Anrufe von Anlageberatern sind nicht nur ein Zeichen von Unseriosität, sondern auch ungesetzlich. Trotz aller bösen Erfahrungen nimmt aber offenbar die Zahl der potenziellen Opfer nicht ab. Es gibt nach wie vor eine große Zahl privater Anlagegesellschaften, die in Konkurrenz zu Banken, seriösen Fondsanbietern und Versicherungen einen bunten Strauß von Kapitalanlagen für kleine und große Sparer anbieten. Einige davon sind hochriskant oder führen dazu, dass Sie später nur mit Mühe an Ihr Geld kommen – wenn überhaupt. Zu den Anlageformen, die Sie immer besonders sorgfältig prüfen sollten, gehören vor allem Beteiligungssparpläne, Timesharing, Erwerbermodelle oder so genannte Bankgarantien. Höchst gefährlich sind auch Options- und Termingeschäfte an den Waren- und Devisenbörsen, wenn Sie sich dabei auf Anbieter aus dem Grauen Kapitalmarkt verlassen. Denn selbst im Fall eines Gewinnes sind deren Gebühren so extrem hoch, dass für Sie nichts übrig bleibt (siehe auch weiter unten).

Achtung: Die Anbieter nehmen meist über so genannte „Vermögensberater“, selbst ernannte „Finanzvermittler“ oder „Anlagespezialisten“ Kontakt zu potenziellen Kunden auf. Oft werden auch nebenberufliche Vertreter aus dem Kreis der Verwandten und Bekannten auf mögliche Kunden angesetzt. Diese „Berater“ ahnen oft selber nicht, für welche Zwecke sie angeworben und letztlich missbraucht werden.

Während Versicherungen und Kreditinstitute durch staatliche Kontrollorgane wie die Bundesanstalt für Finanzdienstleistungsaufsicht (BaFin) überwacht werden, können die Anbieter am Grauen Kapitalmarkt in Deutschland weitgehend frei agieren. Erst wenn es zu größeren Betrugsfällen kommt, greift die Staatsanwaltschaft ein. Doch dann ist es für die Geschädigten fast immer schon zu spät. Experten schätzen, dass bis zu 80 Prozent der Angebote auf dem Grauen Kapitalmarkt unseriös sind und mit hohen Verlusten für die Anleger enden. Besonders beliebt am Grauen Kapitalmarkt sind Beteiligungssparpläne sowie der Handel mit Bankgarantien. Das sind Geschäfte, die ausschließlich von Betrügern angeboten werden, denn es gibt weder die angeblich zugrunde liegenden Bankgarantien noch die versprochenen hohen Renditen.

Ein Beispiel: Seit ein paar Jahren sind Gesellschaften auf dem Markt, die mit so genannten Inhaberteilschuldverschreibungen werben. Häufig liegen der Tageszeitung hochwertige Faltblätter bei, die höchst seriös aussehen. Teilschuldverschreibungen sind Anleihen, also grundsätzlich erst einmal nichts Anrüchiges. Sie können von Unternehmen und vom Staat herausgegeben werden. Leihen sich Firmen Geld vom Anleger, nennt man das Unternehmensbeteiligung. Die Großen lassen sich von Wirtschaftsprü-

Vorsicht: Psycho-Falle!

Viele Anleger bringen sich selbst um einen möglichen Erfolg oder handeln sich unnötige Verluste ein, weil ihnen die eigene Psyche im Weg steht. Emotionen bestimmen das Entscheidungsverhalten vieler Sparer weitaus stärker, als ihnen selber bewusst ist. Diese Zusammenhänge werden im Rahmen der „Behavioral Finance“ untersucht, einer Wissenschaft, die sich mit dem Einfluss psychologischer Faktoren auf die Entwicklung der Finanzmärkte beschäftigt. Zu ihren Vertretern gehört in Deutschland Rüdiger von Nitzsch, der an der Technischen Hochschule Aachen arbeitet. Auf Grund seiner Untersuchungen unterscheidet er verschiedene Anlegertypen mit entsprechend typischen Fehlern.

Einer dieser Typen ist zum Beispiel der vorschnell Handelnde. Er verfügt nur über wenige Informationen, entscheidet hastig und ist leicht durch allgemeine Ausführungen über den zu erwartenden Börsentrend zu beeinflussen. Das Ergebnis ist, dass er oft einen viel zu hohen Einstandspreis zahlt. Später verkauft er dann ebenso hastig und oft zum falschen Zeitpunkt und macht damit wieder die gleichen Fehler wie beim Einstieg.

Ein weiterer Typus kann als „einstandsorientiert“ bezeichnet werden. Er hat von allen seinen Aktien den Einstiegspreis im Kopf und will in jedem Einzelfall mit Gewinn abschließen. Er steigt deshalb oft auch dann nicht rechtzeitig aus einem Engagement aus, wenn Verluste oder weitere Einbußen drohen.

Ein dritter Anlagetyp gehört zur Gruppe der Rechthaber. Er will nicht zugeben, dass er Fehler gemacht hat. Er ignoriert alle Nachrichten, die nicht in seine Vorstellungswelt passen. Damit verbaut er sich den rechtzeitigen Ausstieg. Die Regel „Der erste Verlust ist immer der kleinste Verlust“ wird von ihm systematisch missachtet.

Wer nicht in seine eigene Psycho-Falle laufen will, sollte sein Verhalten immer wieder kritisch überprüfen. Das gilt für Anfänger ebenso wie für Anleger mit Erfahrung.

Wichtige Hinweise auf das eigene (Fehl-)Verhalten können spezielle Tests geben, wie sie zum Beispiel von R. Nitzsch entwickelt wurden. Das von ihm gegründete Aixigo-Institut entwickelt Tests für Anleger und Berater, mit deren Hilfe nicht nur die Struktur der jeweiligen Vermögensanlage, sondern auch der Anleger selbst getestet und geprüft wird, ob Vermögensanlage, Sparziele und Anlegertyp optimal zusammenpassen. Wer die Fragen (ehrlich!) beantwortet, erhält eine persönliche Analyse mit Hinweisen auf bestehende Verbesserungsmöglichkeiten. Sie können sich auch selber kostenlos testen, wenn Sie dazu zum Beispiel das Angebot der diba-Bank nutzen (www.diba.de): Wertpapiere + Brokerage, Investmentcheck. Sie können aber auch den weiter hinten befindlichen Fragebogen nutzen, um eine erste Selbsteinschätzung vorzunehmen.

fungsgesellschaften bewerten und legen ein Rating, also eine Art Schulnote vor, wie wahrscheinlich die Rückzahlung Ihrer Einlage ist. Doch Vorsicht: Auch die Unternehmen auf dem Grauen Kapitalmarkt sind nicht dumm. Sie belegen Ihnen alles mit Buch und Siegel, meist geschrieben von dubiosen Partnern, die mit ihnen unter einer Decke stecken. Wenn Sie eine solche Unternehmensanleihe kaufen, verleihen Sie Ihr Geld für eine bestimmte Laufzeit und erhalten dafür verlockend hohe Zinsen. Das sollten Sie nicht tun!

Bei näherer Betrachtung der Verkaufsprospekte kommt häufig heraus, dass sich um das Unternehmen eine Reihe kleinerer Gesellschaften gruppiert, mit denen es so genannte Gewinnabführungsverträge gibt. Das heißt, das ganze eingesammelte Geld wird auf mehrere kleinere Firmen weiterverschoben. Die Chance der Betrüger: Durch das Geflecht der Verbindungen blickt keiner mehr durch und die große Zahl der Beteiligungen sieht auf den ersten Blick sogar gut und nach reger Geschäftstätigkeit aus. Doch am Ende profitiert meist nur einer: der „Böse Bube“, der hinter dem Ganzen steckt. Macht die Firma, der Sie Ihr Geld geliehen haben, Pleite, dann gehen Sie leer aus, denn das gesamte Geld floss in die Beteiligungsgesellschaften, die dann merkwürdigerweise auch kein Geld mehr haben. Meistens merken die Kunden von Zahlungsschwierigkeiten oder Ungereimtheiten nichts, bis es zu spät ist. Erst am Ende fließen keine Zinsen mehr, weil keine Neukunden mehr nachrücken, und die Einlage, die sie geleistet haben, ist dann selbstverständlich auch weg. Ein klassisches Schneeballsystem, allerdings gut getarnt.

WISO rät: Lassen Sie sich nicht von Hochglanzbroschüren und wohlklingenden Anlageformen blenden. Fragen Sie immer genau, was dahinter steht. Pochen Sie darauf, dass Ihnen der Risikohinweis im Kleingedruckten gezeigt wird. Meist steht im Prospekt nämlich alles drin, es ist nur schwer zu finden. Deshalb haben geprellte Anleger vor Gericht häufig schlechte Karten, denn sie hätten ja lesen können, worauf sie sich einließen.

Lockvögel des Grauen Kapitalmarktes

Zu den „Rennern“ auf dem Grauen Kapitalmarkt gehören weiterhin Options- und Termingeschäfte an Waren- oder Devisenbörsen, die auch unter normalen Umständen schon mit einem sehr hohen Risiko behaftet sind. Betrügereien auf dem Grauen Kapitalmarkt funktionieren oft nach dem Schneeballprinzip: Mit dem Geld neuer Anleger werden anfangs die „Renditen“ der Altanleger bezahlt, um sie zu immer höheren Investitionen zu verleiten.

Dennoch finden die auf dem Grauen Kapitalmarkt tätigen Anbieter immer wieder ihre Opfer. Denn entweder lassen sich diese von „Traumrenditen“ verlocken oder sie suchen eine (angeblich) profitable Anlagemöglichkeit für Schwarzgeld. Bei der Anlage von Einkommen, das nicht beim Finanzamt deklariert wurde, sind die Opfer von Anlagebetrügern in einer besonders schwachen Position, da sie oft keine Anzeige erstatten können, ohne sich selber zu belasten. Das wissen die Anbieter im Grauen Kapitalmarkt und suchen daher gezielt nach Angehörigen von Berufsgruppen, bei denen sie Schwarzgeld vermuten. Selbst wenn bei derartigen Spekulationsgeschäften Gewinne gemacht werden, gehen die Anleger meist leer aus. Die im Grauen Kapitalmarkt agierenden Firmen verlangen in der Regel so horrende Gebühren, dass die Erträge der Geldanlage und meist auch das zur Verfügung gestellte Kapital dadurch aufgezehrt werden.

Um sich bei einem Prozess herausreden zu können, steht dies seit einiger Zeit oft sogar recht deutlich im „Kleingedruckten" der Verträge. So heißt es bei einem Anbieter ganz unverfroren: „Unsere Kosten sind oben aufgeführt. Sie erreichen eine Größenordnung, die bewirkt, dass die Gewinnchance reduziert und das Chancen-Risiko-Verhältnis außer Verhältnis gebracht wurde." Noch schneller läuft die Kapitalvernichtung ab, wenn Verluste entstehen. Denn dann muss der Anleger nicht nur diese hinnehmen, sondern obendrein noch die Abkassier-Gebühren zahlen. Doch da viele Anleger die Vertragsklauseln offenbar nicht lesen oder nicht ernst nehmen, fallen jedes Jahr Tausende auf das Geschwätz der psychologisch gut geschulten Verkäufer herein.

Erkenne dich selbst:

Welcher Anlegertyp sind Sie?
Wenn Sie diese Fragen ehrlich beantworten, bekommen Sie eine erste Antwort darauf, welcher „Risikotyp" Sie sind und welche Formen der Geldanlage zu Ihnen passen.
Notieren Sie sich dazu die Punktzahlen, die zu den Antworten gehören, die am ehesten Ihrer Meinung, Ihrem bisherigen Verhalten oder den bisher bevorzugten Anlageformen entsprechen. Aus der Gesamtzahl der Punkte ergibt sich dann, welcher Risikotyp Sie sind (siehe Auflösung unten).

Welche Kapitalanlagen haben Sie in der Vergangenheit bevorzugt? Maximal zwei Nennungen:	Punkte
Keine	0
Spar- und/oder Festgeldanlagen	0
Festverzinsliche Wertpapiere/Rentenfonds	5
Aktien/Aktienfonds	11
Geschlossene Immobilienfonds/Immobilien als Kapitalanlage	11
Zwischensumme	

Was waren die wichtigsten Motive für die oben genannten Kapitalanlagen? Maximal zwei Nennungen:

Keine Zeit, lange über meine Geldanlage nachzudenken	5
Keine Erfahrung mit anderen Formen der Geldanlage	0
Möglichst große Sicherheit, beständiger Wertzuwachs	0
Schnelle Verfügbarkeit des Geldes war mir wichtig	0
Hohe Renditechancen bei überschaubarem Risiko	5
Bin bereit, für höhere Gewinnchancen höhere Risiken zu akzeptieren	10
Zwischensumme	

Was ist in Zukunft bei Kapitalanlagen für Sie besonders wichtig? Nur eine Antwort möglich:

Konstanter Wertzuwachs, aber Sicherheit steht im Vordergrund	0
Hohe Erträge bei angemessenem Risiko	5
Bei höheren Gewinnchancen akzeptiere ich auch höhere Risiken	10
Zwischensumme	

Wie lange können oder möchten Sie Ihr Kapital anlegen? Nur eine Antwort möglich:

Kurzfristig (für ein bis drei Jahre)	0
Mittelfristig (für drei bis fünf Jahre	5
Langfristig (für mehr als zehn Jahre)	10
Zwischensumme	

Wie viel Prozent Ihres Vermögens stehen für die von Ihnen beabsichtigte Geldanlage zur Verfügung? Nur eine Antwort möglich:

Bis zu 30 Prozent	5
Bis zu 50 Prozent	5
Mehr als 50 Prozent	0
Zwischensumme	

Wie werden sich Ihre künftigen Einnahmen (Gehalt, Kapitaleinkünfte, Mieten usw.) entwickeln? Nur eine Antwort möglich:

Einnahmen werden eher wachsen	5
Einnahmen werden eher gleich bleiben	5
Einnahmen werden eher abnehmen	0
Zwischensumme	
Gesamtsumme	

Quelle: Commerzbank Journal/WISO

Auswertung

Addieren Sie nun die sechs Zwischensummen und prüfen Sie anhand des Ergebnisses, welchem Risikotyp Sie eher angehören beziehungsweise welche grundsätzliche Haltung in Vermögensfragen am besten zu Ihrer Lebenssituation passt:

Bis zu 30 Punkten: Sie sind ein „Ertragstyp“ oder leben in einer Situation, die es nicht sinnvoll erscheinen lässt, die Sicherheit oder Verfügbarkeit des Geldes in Frage zu stellen. Der Ertragstyp bevorzugt eine sicherheitsbetonte Geldanlage. Die Erträge sollen planbar sein, das Vermögen soll lieber langsam, dafür aber stetig wachsen und keinen Verlustrisiken ausgesetzt sein.

31 bis 50 Punkte: Sie gehören eher zu den „Wachstumstypen“. Sie wünschen sich ein Sowohl-als-auch, indem Sie ein ausgewogenes Verhältnis von Chancen und Erträgen anstreben. Sie sind aber bereit, kurzfristige Kursschwankungen zu akzeptieren.

51 Punkte und mehr: Sie sind ein „Chancentyp“ oder können es sich auf Grund Ihrer Einkommens- und Vermögensverhältnisse beziehungsweise Ihrer familiären Situation leisten, einen Teil Ihres Kapitals mit höherem Risiko zu investieren. Sie vertreten die Ansicht, dass man auch einmal etwas wagen muss, um zu gewinnen. Sie wollen Kursgewinne erzielen, nehmen größere Kursschwankungen dafür in Kauf und wissen, dass eine Spekulation auch mal schief gehen kann.

Keine haltlosen Versprechungen

Welcher Risikotyp auch immer Sie sind: Ohne die notwendigen Kenntnisse oder fachkundige Beratung werden Sie Ihr Ziel nicht erreichen. Die wichtigsten Grundlagen des Börsengeschäfts, ein Verständnis der Zusammenhänge und den Gebrauch nützlicher Instrumente erläutern wir Ihnen in diesem Ratgeberbuch.

WISO verspricht Ihnen aber keine „todsicheren“ Tricks und Kniffe, keine Geheimrezepte oder einen sicheren Weg zum schnellen Reichtum. Wir bieten Ihnen solide Information, die Ihnen den Einstieg in das Wertpapiergeschäft erleichtern soll. Richtig verstanden ist die Börse einerseits ein für moderne Volkswirtschaften unverzichtbarer Markt für den Produktionsfaktor Kapital. Andererseits bietet sie Anlegern, die durch die Bereitstellung von Spargeldern arbeitsplatzschaffende Investitionen finanzieren, die Möglichkeit, am Wachstum der Wirtschaft teilzuhaben und für ihr Alter und die Wechselfälle des Lebens vorzusorgen. Das ist der eigentliche Sinn und ökonomische Hintergrund der Börse. Je nach Risikobereitschaft, verfügbarer Zeit und Kenntnisstand kann sich der Anleger dabei auf den Anleihemarkt beschränken, sein Geld professionellen Finanzmanagern anvertrauen – also Anteile an Aktien- und Rentenfonds kaufen – oder selber ein Aktiendepot anlegen.

Sie können sich auch an die riskanteren Formen der Geldanlage heranwagen, sobald Sie sich die dafür notwendigen Kenntnisse angeeignet haben. Aber Sie sollten dann immer darauf achten, die „Proportionen zu wahren", also nie alles auf eine Karte zu setzen. Zur Kunst der Geldanlage gehört auch, auf eine vernünftige Anlage- und Vermögensstruktur zu achten. Dieses Buch soll Sie bei der Analyse Ihrer Anlageentscheidungen und der Verwaltung Ihres Depots unterstützen, egal, auf welcher Stufe der Risikoleiter Sie sich gerade befinden. Je höher Sie steigen, umso besser werden die Aussichten auf hohe Renditen – aber auch die Risiken.

Im folgenden Kapitel informieren wir Sie zunächst über die Grundlagen des Börsengeschäfts.

Der Einstieg ins Aktiengeschäft

Erst informieren – dann kaufen

Auf den ersten Blick erscheint alles ganz kompliziert und geheimnisvoll. Doch im Prinzip ist die Wertpapierbörse nichts anderes als ein gut organisierter Markt, der manches mit einem Wochenmarkt gemeinsam hat. Hier wird allerdings nicht mit Obst und Gemüse gehandelt, sondern mit Wertpapieren, Devisen und davon abgeleiteten „Derivaten“. An anderen Börsen werden tatsächlich Waren gehandelt – allerdings ohne dass die zugrunde liegenden Waren – wie Rohöl, Weizen oder Schweinebäuche – jemals auch nur in die Nähe dieser Märkte gelangen. Es geht ausschließlich um Warentermingeschäfte. Das ist reine Spekulation, die aber eine wichtige Funktion für die reale Wirtschaft hat.
In diesem Kapitel finden Sie zur Orientierung zunächst einen Überblick über die Funktionsweise und die grundlegenden Verhaltensregeln an der Aktienbörse. In späteren Abschnitten werden dann wichtige Bereiche des Aktiengeschäfts detailliert erläutert und die Wertpapiergeschäfte erklärt, die eine höhere Risikobereitschaft, aber auch eine ausreichende Information über den Umgang mit den ausgeklügelteren Instrumenten der Börsianer erfordern.

Ähnlich wie der kleine Wochenmarkt ist der große Marktplatz Börse in unterschiedliche Teilmärkte aufgeteilt: den Rentenmarkt, den Aktienmarkt, die Devisenbörse, die Terminbörse und die Warenterminbörse. Vereinfacht ausgedrückt besteht ein Unterschied zum Wochenmarkt nur darin, dass Sie die angebotenen Produkte nicht persönlich kaufen und auch nicht anfassen können. Der Preis ist jedoch verhandelbar und richtet sich nach Angebot und Nachfrage. Ist die Ware zu teuer, wird sich kein Käufer finden. Das trifft auch dann zu, wenn etwas faul ist (an der Tomate wie an bestimmten Aktien). Schlechte Unternehmensnachrichten drücken den Preis. Wie gut der Markt gelaufen ist, zeigt sich am Ende des Tages. Mittlerweile können Sie das ganze Geschehen am Fernsehen, per Videotext oder an Ihrem eigenen Computer verfolgen. Ohne dafür zu zahlen, können Sie das Börsengeschehen zwar immer nur mit ein paar Minuten Verzögerung verfolgen, aber für den privaten Anleger ist das in der Regel völlig ausreichend. In Real-Time bekommen Sie die Kurse, wenn Sie dafür ein paar Euro

ausgeben wollen. Sie haben so zumindest theoretisch die Möglichkeit, immer dann sofort zu agieren, wenn für Sie der richtige Zeitpunkt gekommen ist. Sie müssen nicht mehr wie früher warten, bis am nächsten Tag die Zeitung mit der Kurstabelle von gestern kommt, oder zur Bank gehen, um den Aushang mit den Börsenkursen vom Tag zu studieren.

Die Aktie – nur eine von vielen möglichen Geldanlagen

In diesem Buch geht es zwar in erster Linie um die Geldanlage in Aktien. Dennoch sollten Sie weder bei einzelnen Wertpapieren noch bei der Anlageform alles auf eine Karte setzen. Eine insgesamt gut gemischte Vermögensanlage ist ebenso wichtig wie eine sinnvolle Streuung der Aktienpositionen. Deshalb werden in diesem Kapitel ebenso wie in anderen Teilen des Buches nicht nur die Grundlagen des Aktiensparens erläutert. Es wird da, wo es sinnvoll ist, immer wieder der Blick auf andere Sparformen gelenkt. Das ist nicht nur wegen der Risikostreuung wichtig, sondern auch im Hinblick auf steuerliche Überlegungen. Da außerdem neben dem Kauf einzelner Aktien auch der Erwerb von Anteilen an „Körben" sinnvoll sein kann, ist dem Thema Aktienfonds ein eigenes Kapitel gewidmet (siehe weiter vorne).

Für alle, die entweder noch nicht genügend Erfahrung oder nicht genügend Zeit haben, sich intensiv mit einzelnen Aktien und deren Chancen zu beschäftigen, sind Fonds ohnehin eine gute Alternative zum direkten Aktienerwerb.

Nur wer größere Aktienpakete besitzt, kann durch Käufe und Verkäufe den Kurs beeinflussen, der sich immer aus Angebot und Nachfrage ergibt. Kleinaktionäre müssen den Kurs akzeptieren, der sich zum Zeitpunkt ihres Kaufs oder Verkaufs aus dem Verhältnis von Angebot und Nachfrage ergibt. Bei Aktien, die in großer Zahl gehandelt werden, findet eine fortlaufende Preisfeststellung statt. Hier kann sich der Preis oft von Minute zu Minute ändern. Bei kleineren Unternehmen oder bei Gesellschaften, von denen nur wenige Aktien umlaufen und an der Börse gehandelt werden, weil die Mehrheit „in festen Händen" ist, wird der Kurs nur in größeren Abständen festgestellt. Da kann es sogar vorkommen, dass man mehrere Tage warten muss, bis sich ein Käufer oder Verkäufer findet. Doch das sind Aktien, mit denen Sie als Kleinanleger in der Regel nichts zu tun haben. Anders als früher können Sie heute bei Ihrer Bank zu jeder Zeit während der Geschäftszeiten beziehungsweise der Handelszeiten an der Börse anrufen und den Auftrag geben, bestimmte Wertpapiere zu kaufen oder zu verkaufen. Das Ergebnis der Transaktion sehen Sie dann meist schon am folgenden Tag auf Ihrem Kontoauszug oder wenn Ihnen der Briefträger die Abrechnung bringt. Und natürlich finden Sie es später auch auf Ihrem Depotauszug.

Keine Frage, Geldanlage an der Börse birgt Risiken. Das ist sicher auch der gewichtigste Grund für die traditionelle Zurückhaltung bei Börsengeschäften. Es gibt keine Garantie, dass sich ein Wertpapier so entwickelt, wie es vorhergesagt wurde. Gradmesser ist und bleibt der Börsenkurs, also der Preis für ein Wertpapier, der auf Grund von Angebot und Nachfrage schwanken kann und täglich neu festgelegt wird. Ein Anleger weiß also nie ganz genau, wie viel er morgen besitzt. Selbst wenn die Kurse kräftig steigen, weiß niemand, welchen Preis er an einem späteren Verkaufstag wirklich dafür erhalten wird. Deshalb eignen sich Aktien auch nicht als Parkplatz für Geld, das zu einem bestimmten Termin gebraucht wird – beispielsweise um damit einen Kredit zu tilgen, ein Auto zu bezahlen oder die Urlaubsreise zu finanzieren. Denn genau dann könnte es gerade mal an der Börse abwärts gehen und ein Verkauf mit Verlust nötig werden.

Wer seine Immobilienfinanzierung an die Kursentwicklung eines Aktienfonds knüpft, muss damit rechnen, dass ihm am Ende weniger Geld zum Ablösen des Kredits ausbezahlt wird, als ihm vielleicht in Aussicht gestellt wurde. Die Renditeberechnungen vor dem Börsencrash stimmen alle nicht mehr. Die Verbraucherzentralen warnen vor der Kombination von Immobilienkredit und Aktienfonds. Am Ende ist beides nicht mehr zu halten und aus dem Traum vom Eigenheim wird ein Alptraum.

WISO rät: Wenn Sie Geld an der Börse investieren wollen, sollten Sie einen Betrag wählen, auf den Sie länger verzichten können. Denn grundsätzlich gilt: Je länger der Anlagezeitraum, desto unwahrscheinlicher wird es, dass Sie statt mit Gewinn mit Verlusten aussteigen werden. Das hat zumindest die Vergangenheit gezeigt. Aber eine Durststrecke kann sich, wie nicht nur das Beispiel der einstigen „Wunder-Börse“ Tokio zeigt, auch schon mal über ein Jahrzehnt hinziehen. Keinesfalls sollte daher der Notgroschen für Börsenspekulationen verwendet werden. Und noch gefährlicher ist es, auf Kredit zu spekulieren!

Auch das Finanzamt hat die Börse entdeckt

Bislang galt: Liegt zwischen Kauf und Verkauf eines Wertpapiers weniger als ein Jahr, müssen Kursgewinne versteuert werden. Allerdings gilt seit 2001 das so genannte Halbeinkünfteverfahren. (Siehe dazu auch das Kapitel „Der Fiskus liegt immer auf der Lauer“). Die Freigrenze liegt bei 512 Euro innerhalb von zwölf Monaten. Wer nur einen Cent mehr erzielt, muss den gesamten Gewinn versteuern.

Ein Beispiel: Ein Sparer hatte im Jahr 2002 Spekulationsgewinne von 900 Euro. Weil die Freigrenze damit überschritten wurde, muss er die Steuerpflicht prüfen. Doch hier greift das Halbeinkünfteverfahren. Es wird nur die Hälfte des Spekulationsgewinns angesetzt. Das heißt also, 450 Euro gelten als Besteuerungsgrundlage und sind damit steuerfrei einzustreichen. Für ein Ehepaar mit gemeinsamem Depot und Konto hat das zur Folge, dass fast 2.000 Euro Spekulationsgewinne anfallen können, ohne dass der Staat einen Pfennig mitverdient.

Die Finanzämter verlangen Angaben zu Spekulationsgewinnen nur in der Steuererklärung. Wer früher dort nichts angab, wurde in aller Regel auch nicht zur Rechenschaft gezogen. Betrüger hatten also leichtes Spiel. Das gab Anlass zur Klage. Denn der Steuerehrliche war letztlich der Dumme. Auch die höchsten Richter gaben den Klägern Recht. Das Bundesverfassungsgericht (AZ: 2 BvL 17/02) sieht in der Steuer einen Verstoß gegen den Grundsatz der Gleichbehandlung, da der Fiskus nicht kontrollieren kann, ob tatsächlich Spekulationsgewinne hinterzogen werden oder nicht. Anleger, die in den Jahren 1997 und 1998 Spekulationssteuer bezahlt haben, bekommen ihr Geld aber nur dann zurück, wenn sie zuvor Einspruch gegen die Steuerbescheide aus diesen Jahren erhoben haben oder noch erheben können. Für bestandskräftige Bescheide gibt es nichts mehr. Des Weiteren muss geklärt werden, ob diese Regelung auch auf Spekulationsgewinne, die seit 1999 erzielt und versteuert wurden, Anwendung findet. Damals wurde die Frist dahingehend geändert, dass sie von sechs auf zwölf Monate ausgedehnt wurde. Strukturell sei das neue Gesetz aber genauso wenig verfassungskonform wie das alte, bemängelt die Schutzgemeinschaft für Wertpapierbesitz. Zudem erlaube die neue Fassung des Paragraphen 23 des Einkommensteuergesetzes, Verluste steuerlich mit den Gewinnen zu verrechnen. Das Verfassungsgericht hat bislang über den Zeitraum ab 1999 nicht geurteilt, da der zugrunde liegende Fall sich nicht auf diesen Zeitraum bezog.

WISO rät: Waren Sie steuerehrlich und haben Sie in den vergangenen Jahren Spekulationssteuer bezahlt, sollten Sie Ihre Steuerbescheide überprüfen. Wenn die Bescheide noch nicht rechtskräftig sind, legen Sie bei Ihrem Finanzamt Einspruch ein.

Aktien kaufen, aber wo?

Privatpersonen können nicht direkt an der Börse kaufen oder verkaufen. Sie brauchen einen Vermittler. Aktien erwerben Sie über Ihre Bank. Entweder gehen Sie dazu an den Bankschalter oder Sie rufen – wenn Sie dort bereits bekannt sind – bei der Wertpapierabteilung der Bank an, bei der Sie auch Ihr Konto haben. Sie können aber Geld sparen, wenn Sie Ihre Wertpapiere bei einer Direktbank oder bei einem Discountbroker kaufen. Das geht auch per Telefon oder Internet. Dort gibt es in der Regel zwar keine Beratung, aber prompte Abwicklung zu niedrigeren Kosten als bei einem herkömmlichen Kreditinstitut. Beim Fondskauf fällt das teure Aufgeld – bis zu 5 Prozent – ganz oder teilweise weg. Auch bei Aktien oder Optionsscheinen liegen die Preise deutlich

tiefer. Einige Direktbanken werben damit, dass sie für ein Börsengeschäft nur etwa ein Viertel der Gebühren einer normalen Bank verlangen. Bei einem Auftragsvolumen von 10.000 Euro sind das 25 Euro statt der sonst fälligen 100 Euro. Auch die Depotkosten sind deutlich niedriger. Und es kann in Zukunft noch billiger für Sie werden, denn unter den Discountern herrscht scharfer Wettbewerb. Aber Neulinge an der Börse oder weniger erfahrene Anleger müssen sich auch überlegen, ob die Beratung bei der Bank für sie nicht wichtiger sein kann als diese Ersparnis.

Es ist übrigens ein Gerücht, dass Sie nur mit großen Summen an der Börse einsteigen können. Es gibt eine Reihe von soliden Standardwerten, die schon zu Kursen unter 50 Euro zu haben sind. Der so genannte Nennwert, der auf einer Aktie aufgedruckt ist, spielt dabei keine Rolle. Entscheidend ist ihr Preis (Kurs) an der Börse. Der kann unter oder über dem Nennwert liegen. Zudem haben die meisten Aktiengesellschaften nach der Einführung des Euro ihre Nennwertaktien auf Stückaktien beziehungsweise Quotenaktien umgestellt. Das bedeutet, dass auf der Aktie nicht der Nennwert (zum Beispiel 5 Euro) aufgedruckt ist. Sie bescheinigt (verbrieft) aber einen bestimmten Anteil am Wert des Gesamtkapitals. Dadurch ergeben sich für den Aktionär keine Nachteile, denn der garantierte Anteil am Grundkapital der Aktiengesellschaft bleibt weiterhin bestehen. Für die Umstellung auf Stückaktien wurde sogar ein Gesetz geschaffen. Dem Anleger ist es danach möglich, auch schon mit einem geringeren Kapitaleinsatz eine Stückzahl zu erwerben, die es erlaubt, am variablen Handel teilzunehmen. (Mehr dazu im jeweiligen Kapitel oder Abschnitt.)

Wertpapierkauf: in der Filiale „um die Ecke" oder bei der Direktbank?

Aktien und andere Wertpapiere können nur über einen „Vermittler" gekauft werden. Das ist in der Regel eine Bank oder Sparkasse. Wer noch nie Wertpapiere gekauft hat, sollte zunächst ein persönliches Gespräch mit dem Wertpapierberater seines Kreditinstituts führen. Wenn der „Papierkram" erledigt ist, können später Aufträge auch schriftlich oder telefonisch gegeben werden. Fortgeschrittene können außerdem über eine Direktbank ordern und dabei auch Online-Brokerage nutzen. Das spart Kosten, bedeutet meist aber auch Verzicht auf – die für einen Einsteiger besonders wichtige – fachkundige Beratung. In jedem Fall muss neben einem so genannten Verrechnungskonto (das kann zum Beispiel Ihr Girokonto oder auch ein neues Konto sein) auch ein Depot zur Verwahrung der Wertpapiere eröffnet werden. Denn es empfiehlt sich nicht, Wertpapiere selber zu verwahren und zu verwalten. Die meisten Papiere bestehen heute auch nicht mehr als gedruckte Urkunde (effektive Stücke), sondern nur noch virtuell, also als Datei.

WISO rät: Vor einem Wechsel der Bank zuerst nach den Kosten fragen! Nur diejenigen Direktbanken sind günstig, die sich auf das Wertpapiergeschäft spezialisiert haben. Außerdem sollten Sie trotz aller Gebührensenkungen auch die Kosten für Ferngespräche oder das Homebanking, also Telefon- und Internetkosten, nicht vergessen. Meist handelt es sich um Call-Center mit schlichter Beratung (wenn überhaupt) und zum Teil teuren Telefonnummern.

Keine Frage – Direktbanken bieten die meisten Bankdienstleistungen günstiger an. Das gilt auch für den Aktienkauf. Schon beim Ordern können Sie sparen. Bei fast allen Discountbrokern kostet die Order am Telefon mehr, als wenn Sie online Ihre Geschäfte abwickeln. Steht der Orderweg fest, richten sich die Kosten für den Wertpapierkauf meist nach der Anlagesumme. Festpreise sind Mangelware. Wer selten handelt, muss sich weniger um die Orderpreise kümmern, sondern vielmehr um die Kosten rund um das Depot. Sie können nicht nur für die Lagerung von Wertpapieren, sondern auch für die Steuerbescheinigung oder das Führen des Wertpapierabrechnungskontos anfallen. Über ein solches Abrechnungskonto werden alle Transaktionen abgewickelt. Wenn Sie die Bank wechseln wollen, drohen außerdem Entgelte für die Schließung des Kontos und die Übertragung der Wertpapiere auf ein Depot bei einer anderen Bank. Nach Schlichtersprüchen der Ombudsmänner von den Privatbanken sowie der Volks- und Raiffeisenbanken dürfen Kosten für einen Depotübertrag nicht in Rechnung gestellt werden. Erstmals fällte 2004 ein Oberlandesgericht in dieser Sache ein Urteil zugunsten des Kunden (OLG Köln, AZ 13 U 224/03 vom 23. 6. 2004)

WISO rät: Haben Sie beim Depotübertrag ein Entgelt bezahlt, sollten Sie sich diesen Betrag jetzt zurückholen.

Neueinsteiger sollten sich mindestens drei Angebote zukommen lassen. Analysieren Sie Ihr Orderverhalten und wählen Sie danach den passenden Anbieter aus. Es gibt unterschiedliche Abrechnungssysteme:

- **Festpreis:** Je Order gilt ein Einheitspreis, unabhängig vom Volumen.
- **Festpreisstaffel:** Für jede Orderkategorie gibt es einen Festpreis.
- **Provisionsstaffel:** Je größer die Order, desto stärker sinkt die Gebühr. Wer also viel kauft, zahlt weniger.
- **Prozentuale Provision:** Vom Anlagebetrag wird ein bestimmter prozentualer Betrag als Provision berechnet. Meist gibt es jedoch eine Mindestgebühr.
- **Grundpreis plus prozentuale Provision:** Auf einen festen Grundpreis wird noch eine Provision, die von der Ordergröße abhängt, addiert.

Bei welcher Direktbank sind Sie am besten aufgehoben? Das richtet sich ganz nach Ihren Bedürfnissen. Sind Sie ein Sparplan-Typ, dann sollten Sie darauf achten, dass von Ihrer

Sparrate möglichst viel in den Fonds fließt und möglichst wenig für Ausgabeaufschläge und Depotgebühren draufgeht. Prüfen Sie außerdem, ob Ihr Wunschfonds beim günstigsten Anbieter zu haben ist und wie viel Rabatt es auf den Ausgabeaufschlag gibt.

Wenig-Nutzer sollten keine Mindestumsätze im Monat tätigen müssen, um an billige Depotkosten heranzukommen. Dabei muss man abwägen: Null Euro für Depotkosten, dafür aber keine Rabatte bei den Ausgabeaufschlägen kann hier dennoch der richtige Weg sein.

Der **Viel-Nutzer** kann am meisten rausholen. Er ist überall ein gefragter Kunde. Die Bank mit den niedrigsten Transaktionskosten sollte den Zuschlag erhalten. Dabei sollte der Viel-Nutzer vorher festlegen, ob er überwiegend am Telefon oder online ordern will. Das kann im Preis eine Menge ausmachen.

Der **Online-Nutzer** muss wissen, dass alles nur noch elektronisch läuft: Auftragserteilung, Abwicklung und Depotauszüge. Da kommt nichts mehr mit der Post. Dafür sind die Angebote aber auch besonders preiswert. Auf seinem Wertpapierkonto mit Guthaben gibt es dafür zum Teil auch hohe Zinsen.

Schnäppchenjagd beim Fondskauf

Manche Fonds sind bei freien Fondsvermittlern ganz ohne den sonst fälligen Ausgabeaufschlag zu haben. Bei der Filialbank, bei Discountbrokern, Direktbanken und den Fondsgesellschaften ist ein bisschen weniger oder gar kein Rabatt drin. Dennoch können vor allem beim einmaligen Kauf von Fondsanteilen für einen kleineren Betrag Discountbroker oder Direktbanken wegen geringerer Kosten für das Depot die bessere Wahl sein.

Die Filialbanken sind am teuersten. Die meisten verkaufen zwar auch Fonds von anderen Banken, bieten aber am liebsten ihre eigenen Papiere an. Die Preise sind dort wenig verhandelbar. Es sei denn, Sie beweisen Geschick und Ausdauer, ermittelten die Kollegen der Zeitschrift „Finanztest“. Der in den meisten Fällen günstigste Weg zur Investition in Fonds führt über Fondsvermittler. Sie arbeiten mit speziellen Fondsbanken zusammen. Diese führen die Depots und sind für die Ausführung von Kauf- oder Verkaufsaufträgen zuständig. Bei Abwicklung der Geschäfte über Fondsbanken werden aber in der Regel mehr oder weniger hohe Gebühren für die Depotführung fällig. Bei kleineren Investitionen können daher Direktbanken oder Discountbroker der bessere Weg sein. Nachteil: Sparpläne mit Rabatt sind bei diesen Anbietern selten.

Die Geschäfte mit Fondsvermittlern, Direktbanken und Discountbrokern laufen in der Regel über das Internet. Dazu brauchen Sie nur zur Homepage des Anbieters surfen. Die für die Einrichtung eines Depots erforderlichen Daten können Sie bei manchen Anbietern online eingeben. Sie erhalten dann die für den Vertragsschluss vorbereiteten Unterlagen. Andere Anbieter schicken Blankoformulare. Sie müssen sie ausfüllen, die erforderlichen Unterschriften leisten, die Unterlagen an den Anbieter zurückschicken und Ihre Identifizierung ermöglichen. Bei manchen Anbietern reichen Kopien des Personalausweises aus, andere greifen auf das Post-Ident-Verfahren zurück. Sie erhalten dabei mit den Formularen einen Post-Ident-Coupon. Mit diesem, den unterschriebenen Unterlagen werden und Ihrem Personalausweis müssen Sie zu einer Postfiliale. Dort wird Ihre Identität bestätigt und die unterschriebenen Unterlagen werden auf den Weg zum Anbieter gebracht. Nach Prüfung der Unterlagen dort werden etwaige Kaufaufträge ausgeführt. Weitere Kauf- oder Verkaufsaufträge können Sie meist per Internet, Fax oder Telefon erteilen. Achtung: Bei manchem Anbieter gelten bei Ordererteilung per Telefon oder Fax besondere Bedingungen.

Wer sich für eine Direktbank oder einen Discountbroker entscheidet, muss jedoch wissen, dass er dort in der Regel keine individuelle Beratung findet. Man muss bei den billigen Börsenhändlern selber genau wissen, was man will. Sollten Sie bei Ihren Börsengeschäften zunächst noch unsicher sein oder nicht genügend Zeit haben, um sich gründlich über die hinter den Aktien stehenden Gesellschaften zu informieren, ist es besser, sich auf die Empfehlungen der Bank oder Sparkasse zu verlassen, der Sie auch bisher Ihr Vertrauen geschenkt haben. Obwohl die Beratungsqualität oft zu wünschen übrig lässt, wie Verbraucherschützer bemängeln und WISO bei Stichproben immer wieder feststellen musste, ist die Entscheidung, sein Geld einer Bank anzuvertrauen, in jedem Fall sinnvoller, als es einem der vielen windigen „Anlageberater" zu überlassen. Der Berufsstand ist ungeschützt und jeder darf sich so nennen. Daher gibt es viele schlecht informierte und eine große Zahl unseriöser Anlageberater, die mit Ihrem Geld vor allem in die eigene Tasche spekulieren. Wenn dann Ihr Vermögen schwindet, ist oft auch der Berater verschwunden. Ihre Hausbank kann Ihnen zwar auch keine Garantie für Kursgewinne geben, aber einfach verschwinden kann sie nicht. Außerdem muss sie für Fehler ihrer Mitarbeiter haften, selbst dann, wenn sie nur freiberuflich für die Bank tätig sind.

WISO rät: Wurden Sie bei der Anlageberatung über den Tisch gezogen, können Sie unter Umständen den Berater haftbar machen. Wenden Sie sich für Informationen an die Verbraucherzentralen, an Schutzgemeinschaften für Aktionäre oder einen Fachanwalt, den Sie bei den Rechtsanwaltskammern erfragen können (siehe dazu auch unter „Beraterhaftung" weiter hinten).

Anleihen: sicher ist sicher – aber meist weniger ergiebig

Auf den ersten Blick erscheinen Erträge von Anleihen und Bundeswertpapieren wenig verlockend. Doch der Eindruck täuscht. Vergleiche mit Geldmarkt- und Rentenfonds

haben unlängst gezeigt, dass Bundesobligationen über eine Laufzeit von fünf Jahren regelmäßig höhere Erträge gebracht haben als durchschnittliche Euro-Rentenfonds, ermittelten die Verbraucherzentralen. Selbst Finanzierungsschätze schneiden im Vergleich mit Geldmarktfonds oft besser ab. Der Grund: Bei Fonds fallen Verwaltungsgebühren, Ausgabeaufschläge und Depotgebühren an. Das drückt auf die Rendite. Bei den Bundespapieren kann man sich diese Kosten sparen.

Nach dem Aktienboom der Neunzigerjahre feierten die Rentenpapiere ihr Comeback. Sicherheit und kalkulierbare Renditen sprechen für ein Investment. Die lang anhaltende Niedrigzinsphase ist für Schuldner – und insbesondere für die Häuslebauer – zwar ein Segen, aber für den Sparer ein Graus. Dies gilt besonders dann, wenn Vater Staat von den Zinsen auch noch immer mehr haben will. Das lässt sich zwar im Rahmen der Zinsabschlagsteuer (siehe dort) bis zu einer bestimmten Höhe vermeiden, ändert aber nichts daran, dass das Geld bei dieser Anlageform unter dem Strich wenig einbringt. Denn Zinserträge sind steuerpflichtig.

Gut für die Rente!

Anleihen, auch Obligationen oder Renten genannt, sind festverzinsliche Wertpapiere und bei den Bundesbürgern sehr beliebt. Gründe dafür sind die hohe Sicherheit und Zinsen, die deutlich über denen von Spareinlagen liegen. Anleihen werden ebenso wie Aktien an der Börse gehandelt. Sie können also täglich gekauft und verkauft werden. Sie verbriefen dem Käufer am Ende der Laufzeit einen Anspruch auf Rückzahlung des vollen Nennbetrages und einen festen Zinssatz. In der Zwischenzeit können bei vorzeitigem Verkauf allerdings Verluste entstehen. Denn sobald am Markt die Zinsen steigen, sinken die Kurse von Anleihen, die mit einem geringeren Zins ausgestattet sind. Wer dann sein Geld braucht und vor dem Ende der Laufzeit verkaufen muss, kann dies nur mit Verlust tun. Der Grund: Man findet nur dann einen Abnehmer, wenn die Anleihe den zu diesem Zeitpunkt marktüblichen Zins bringt. Da die Zinsen einer Anleihe in der Regel feststehen, muss ihr Kurs (Preis) so lange sinken, bis sie die gleiche Rendite bringen wie neue Anleihen. Deshalb sollten Sparer ihre Anleihen möglichst bis zum Fälligkeitstermin halten, dann sind Zinsen und Renditen genau kalkulierbar. Umgekehrt gilt natürlich auch, dass die Kurse von Anleihen, die mit einem hohen Zinssatz ausgestattet sind, immer dann steigen, wenn der Marktzins sinkt. In solchen Fällen empfiehlt es sich nicht, die Papiere bis zum Tag der Rückzahlung zu behalten. Denn auch dann gibt es nur den Betrag zurück, zu dem die Anleihe ursprünglich ausgegeben wurde.

WISO rät: Achten Sie beim Anleihenkauf auf die Zinslage. Als Faustformel gilt: In Hochzinsphasen „Langläufer" und in Niedrigzinsphasen „Kurzläufer" kaufen. Lässt

sich bei den Zinsen keine genaue Richtung ausmachen und befindet sich der Markt in einer Art Niemandsland, ist guter Rat teuer. Auf Nummer sicher gehen Sie, wenn Sie sich nicht allzu lange festlegen und mittlere Laufzeiten zwischen drei und fünf Jahren wählen.

Nicht nur der Staat, sondern auch Unternehmen geben Anleihen heraus. Die Zinsen liegen höher als bei den Bundesanleihen. Der Grund: Die Anlage in einzelne Betriebe gilt als weniger sicher. Trotz aller Schulden genießt die Bundesrepublik nämlich immer noch einen guten Stand bei den Bonitätsprüfungen führender Wirtschaftsprüfungsgesellschaften. Sie ist eine zuverlässige Schuldnerin und zahlt Zinsen pünktlich. Wer also etwas mehr Risiko nicht scheut, kann auch mit kleineren Beträgen über neue Plattformen kostengünstig an Unternehmensanleihen herankommen. Sie heißen zum Beispiel Coins (Deutsche Bank), Eurodans (ABN Amro Bank) und Internotes (Incapital, US-Investmentbank). Darüber hinaus geben Konzerne aus der Finanzwirtschaft neue Bonds heraus, die nur von Privatanlegern gezeichnet werden können. Im Angebot sind fünf Banken und zwei Industriekonzerne. Die Kurse liegen normalerweise bei 100 Prozent und die Mindestanlage bei 1.000 Euro. Das größte Manko bei den so genannten Privatbonds ist die Information: Die aktuellen Konditionen laufen zurzeit nur über die DAB-Bank, www.dab-bank.de. Jeden Montag kommen neue Angebote heraus.

Beim Anleihekauf werden Anleger, die auf hohe Sicherheit Wert legen, Bundesanleihen bevorzugen. Die erste Wahl sind Staatsanleihen. Der Bund verschafft sich so auf den Kapitalmärkten Geld, um seine Ausgaben zu finanzieren. Damit möglichst viele Anleihen kaufen, hat sich der Staat ein besonders lukratives Angebot ausgedacht: die kostenfreie Verwahrung und Verwaltung von Bundespapieren, bei der Bundeswertpapierverwaltung. Dort können Sie auch Bundesanleihen verwahren lassen, die Sie bisher bei einer Bank im Depot hatten. Ein entsprechendes Antragsformular zur Umschichtung Ihrer Bundespapiere an die Bundeswertpapierverwaltung können Sie in 61342 Bad Homburg vor der Höhe, Postfach 1245, anfordern oder direkt von Ihrer Bank erhalten. Auch wenn die Banken und Sparkassen nicht gerne auf diesen Service hinweisen (da sie das Geschäft lieber selber machen), dürfen sie die Übertragung nicht verweigern. Auch ein Entgelt darf nach Meinung der Verbraucherzentralen dafür nicht berechnet werden. Am besten aber beantragen Sie gleich beim Kauf auch die Einrichtung des Depots in Bad Homburg.

Die aktuellen Konditionen für alle Wertpapiere des Bundes können Sie beim Informationsdienst für Bundeswertpapiere erfahren. Der automatische Ansagedienst steht Ihnen rund um die Uhr zum ortsüblichen Gebührentarif zur Verfügung: Tel.: 069/197 18 oder per Fax-Abruf: 069/257 020 019. Prospektmaterial können Sie unter der Telefonnummer 069/74 77 11 anfordern. Informationen gibt es auch im Internet: www.bwpv.de. Telefon-Computer: 06172/10 82 22. Auf Wunsch verbindet Sie der Computer während der Kern-Bürozeiten mit einem Sachbearbeiter.

WISO rät: Nutzen Sie das Depot zum Nulltarif! Lassen Sie sich nicht von Ihrem Banksacharbeiter abschrecken, wenn er behauptet, dass bei der Bundesschuldenverwaltung alles komplizierter sei. Der Service ist zwar etwas schlichter, aber genauso gut und vor allem kostenlos.

Achtung vor „falschen Anleihen"

Es gibt noch eine Reihe von Anlageprodukten, die den Begriff Anleihe in ihrem Produktnamen verwenden, zum Beispiel die Aktienanleihe. Hier handelt es sich im Prinzip um ein Termingeschäft auf Aktienkurse. Da es sich deshalb um ein riskantes Geschäft handelt, müssen die Banken vor dem Kauf die Termingeschäftsfähigkeit des Kunden prüfen. Außerdem gibt es Angebote, die überhaupt nicht vermuten lassen, dass man damit zum Aktionär wird. Das sind in der Regel Festgeldangebote oder Sparprodukte mit überdurchschnittlich hohen Zinssätzen. Die bekommt man aber nur dann, wenn die Hälfte des Anlagekapitals in einen bestimmten Aktienfonds eingezahlt wird. Dafür wird ein hoher Ausgabeaufschlag verlangt, der aber einen großen Teil der Zinsen wieder auffrisst. Bei einigen Angeboten wird wenigstens die Rückzahlung des eingezahlten Kapitals garantiert. Vor Verlusten ist man ansonsten auch bei dieser Form der Geldanlage nicht geschützt.

WISO rät: Kombiprodukte aus Aktie und Anleihe sind mit Vorsicht zu genießen. Sie blenden mit hohen Zinssätzen und versprechen mehr, als sie halten können. Lassen Sie sich in der Bank auf jeden Fall die anfängliche Rendite ausrechnen. Ansonsten gilt: Wer sparen will, wählt besser ein reines Sparprodukt, und wer an der Börse einsteigen will, entscheidet selbst, welche Aktien oder Fonds gekauft werden sollen.

Anleihen, Steuern und Formulare

Erträge, die aus Geschäften mit Anleihen entstehen, gehören zu den Kapitalerträgen und sind nur im Rahmen des Sparerfreibetrags steuerfrei. Wer den Freibetrag aber überschreitet, muss die Anlage KAP ausfüllen. WISO zeigt Ihnen, worauf Sie dabei achten müssen.

Zinserträge: Erträge zum Beispiel von Tagesgeldern, Anleihen, Investmentfonds und anderen Kapitalanlagen sind steuerpflichtig, sofern sie den Sparerfreibetrag (Ledige 1.421 Euro, Verheiratete 2.842 Euro einschließlich Werbungskostenpauschbetrag) überschreiten. Zinsen und Dividenden müssen Sie zunächst brutto, also inklusive abgezogener, anzurechnender oder vergüteter Steuern eintragen. Des Weiteren müssen Sie alle Zinserträge eintragen, die Sie im Rahmen Ihres Freistellungsauftrags erzielt haben, für die aber kein Steuerabzug vorgenommen wurde. Die Zinsen wurden also brutto ausgezahlt. Haben Sie auf Zinserträge bereits eine Kapitalertragssteuer (20 Prozent) oder eine Zinsabschlagsteuer (30 Prozent) bezahlt, geben Sie das ebenfalls an, damit eine Anrechnung auf Ihre Einkommensteuer vorgenommen werden kann.

Auslandserträge: Die ausländischen Kapitalerträge (entscheidend dafür ist der Sitz der Gesellschaft) müssen separat ermittelt werden. Es werden auch hier wieder die Bruttobeträge mit Steuern, die freigestellten Einnahmen und die anrechenbaren Zinsabschlagsteuern eingetragen. Achtung: Die Quellensteuer ist zwar anrechenbar, wird aber nicht eingetragen. Dafür ist die Anlage AUS auszufüllen. Das Halbeinkünfteverfahren gilt nur, wenn Sie die Auslandsaktie selbst halten oder wenn inländische Fonds ausländische Dividenden ausschütten. Bei ausländischen Fonds gilt das Halbeinkünfteverfahren 2002 dagegen nicht.

Soli-Zuschlag: Auf Kapitalertrags- oder Zinsabschlagsteuer gezahlte Solidaritätszuschläge werden Ihnen auf die Einkommensteuer angerechnet. Die Beträge können Sie den Steuerbescheinigungen der Banken und Fonds entnehmen. Sie müssen nur die Gesamtsumme selbst ermitteln und in das Formular eintragen.

Werbungskosten: Das Halbeinkünfteverfahren macht die Sache kompliziert. Aber: Ein Eintrag lohnt sich ohnehin nur, wenn die Ausgaben die Pauschale (Ledige 51 Euro, Verheiratete 102 Euro) übersteigen. Die Werbungskosten der Kapitalerträge können Sie übrigens, sofern keine eindeutige Zuordnung möglich ist, den Erträgen entsprechend prozentual aufteilen. Achtung: Trotzdem immer die vollen Beträge eintragen. Das Finanzamt nimmt die Halbierung selbst vor. Wenn Sie selber vorher schon halbieren, gibt es Probleme.

Aktien bieten beides: Dividende und Kurspotenzial

Nach dem „Salami-Crash“ ab 2000, wie die Börsianer den Kursrückgang in Scheiben über drei Jahre bezeichnen, sind die Anleger skeptisch geworden. Zu viel ist vorgefallen: überhöhte Aktienbewertungen, falsche Analystenaussagen, von Managern veruntreute Gelder oder Bilanzmanipulationen. Kein Zweifel, die Aktie ist im Vergleich zur Anleihe ein Risikopapier. Sie hat aber auch mehr zu bieten. Zum Beispiel verbrieft die Aktie dem Inhaber, also dem Aktionär, einen Anteil am Grundkapital des Unternehmens. Der Aktionär profitiert also von Kursgewinnen, Dividendenzahlungen und Unternehmenswachstum. An der Entwicklung des Unternehmens nimmt er aber nicht nur in guten, sondern auch in schlechten Zeiten teil. Im Extremfall heißt das, seine Aktie kann auch völlig wertlos werden, etwa wenn das Unternehmen in Konkurs gerät. Normalerweise werden Aktien jedoch zu einem Vielfachen des aufgedruckten (Nenn)-Werts gehandelt.

Allerdings werden Dividenden nicht ebenso zuverlässig und regelmäßig gezahlt wie die Zinsen einer Anleihe. Nicht einmal alle im wichtigsten deutschen Börsensegment DAX gelisteten Unternehmen schütten regelmäßig Gewinnanteile in Form von Dividenden aus. Ob sie etwas ausschütten und wie hoch die Dividende ist, hängt nämlich in erster Linie von ihrer Ertragslage ab. Eine schlechte Auftragslage, eine allgemein schwache Konjunktur und entsprechend sinkende Gewinne oder auch Managementfehler können dazu führen, dass die jährliche Dividende gekürzt oder ganz gestrichen wird. In anderen Fällen kann es aber auch zu hohen Sonderausschüttungen kommen.

Deshalb lohnt es sich, die Dividende einmal genauer unter die Lupe zu nehmen. Der Begriff Dividende kommt aus dem Lateinischen. Übersetzt bedeutet dieses Wort „das zu Verteilende". Die Frage ist dabei, was zu verteilen ist. In der Regel ist die Dividende der Anteil eines Aktionärs am Gewinn des Unternehmens, an dem er über seine Aktien beteiligt ist. Gelegentlich zahlt ein Unternehmen auch dann eine Dividende, wenn es keine entsprechenden Gewinne gemacht hat – zum Beispiel, um die Aktionäre trotz schlechter Ertragslage bei Laune zu halten. Es greift dann seine Reserven an und schwächt so tendenziell seine Finanzkraft. Ob und in welcher Höhe eine Dividende gezahlt wird, schlägt der Aufsichtsrat den Aktionären bei der jährlichen Hauptversammlung vor. Diese entscheiden dann mit Mehrheit darüber. So steht es zumindest im Gesetz. In der Praxis weicht die Hauptversammlung so gut wie nie vom Vorschlag der Geschäftsleitung und des Aufsichtsrats ab.

Im Verhältnis zum Börsenkurs, also dem Preis, den der Aktionär pro Aktie gezahlt hat, bringt die Dividende in der Regel nur eine sehr schmale Rendite, die weit unter dem Zins für festverzinsliche Anleihen liegt. Das gilt insbesondere für Aktien, die einen starken Kursanstieg erlebt haben. Sinken dagegen die Kurse, steigt die Dividendenrendite relativ wieder an. Es kann für manche Anleger durchaus interessant sein, nur Aktien mit einer hohen Dividendenrendite zu kaufen. Das rechnet sich zum Beispiel dann, wenn die Rendite höher ist als bei einer Spareinlage. Oft lassen sich sogar deutlich höhere Renditen als bei Anleihen erzielen. Bei Kursrückschlägen erhalten diese Anleger dann wenigstens eine angemessene Verzinsung für ihr investiertes Kapital. Unter diesem Gesichtspunkt spielt die Kennziffer „Dividendenrendite" eine wichtige Rolle. Lassen Sie sich bei der Bewertung aber nicht allein davon blenden! Denn es gibt keine Garantie dafür, dass auch im nächsten Jahr wieder eine so hohe Ausschüttung vorgenommen wird. Prüfen Sie, ob das Unternehmen zumindest in der Vergangenheit immer eine gute Dividende gezahlt hat.

Ob es sich unter dem Gesichtspunkt der Dividendenrendite lohnt, eine Aktie zu erwerben, hängt vom Verhältnis zwischen Kurs und Dividende ab, nicht allein von der absoluten Höhe der Ausschüttung. Erst mit Hilfe der Prozentrechnung werden die Ausschüttungen verschiedener Unternehmen vergleichbar.

Beispiel: Eine Automobilaktie kostet am Kauftag 180 Euro. Das Unternehmen zahlte in den vergangenen Jahren immer eine Dividende von 4 Euro pro Aktie. Mit Hilfe einer einfachen Rechenformel (Dividende multipliziert mit 100, dividiert durch Erwerbspreis) ergibt sich eine Dividendenrendite von 2,2 Prozent. Ein Automobilzulieferer zahlt nur 25 Cent als Dividende, aber bei einem Kurs von 5 Euro bringt das eine Rendite von 5 Prozent. Wer nicht in erster Linie auf Kursgewinne spekuliert, sondern einen möglichst hohen, jährlichen Ertrag wünscht, sollte die Aktie des Zulieferers kaufen.

Fazit: „Nur Bares ist Wahres" – an diese Volksweisheit haben sich viele Anleger im Zuge fallender Kurse an den Aktienbörsen erinnert. Die dahinter stehende Überlegung: Wenn schon mit den Anteilsscheinen keine Kursgewinne zu erzielen sind, sondern im Gegenteil enorme Werte verloren gehen, muss sich die Investition auf andere Weise lohnen. So ist als Folge des Kurseinbruchs in den Jahren 2000 bis 2002 die Dividende wieder stärker in den Blickpunkt geraten.

Wer sich orientieren möchte, ob der Kurs für eine Aktie angemessen ist, sollte sich das Kurs-Gewinn-Verhältnis ausrechnen. Eine Aktie ist nämlich nicht deswegen teuer, weil sie statt 50 Euro 100 Euro kostet. Profis messen die Bewertung am Gewinn. Dazu teilt man den Kurs einer Aktie durch den erwarteten Gewinn je Aktie und erhält so das Kurs-Gewinn-Verhältnis (KGV). Diese Zahl gibt an, wie oft der Unternehmensgewinn je Aktie im aktuellen Kurs der Aktie enthalten ist. Je höher das KGV, desto teurer sind die Aktien. Das Unternehmen wird dann an der Börse zum Beispiel mit dem 40-fachen statt dem 20-fachen Jahresgewinn gehandelt. Unternehmen mit einem hohen Gewinnwachstum weisen in der Regel ein höheres KGV auf als Gesellschaften mit nahezu konstanten Erträgen. Umgekehrt kann ein niedriges KGV (zum Beispiel unter zehn) auch ein Kaufsignal sein. Aber auch hier gilt es, das Unternehmen und den Kursverlauf genauer zu betrachten.

Technische Indikatoren leiten sich aus dem Chartverlauf eines Aktienkurses ab und geben den Profis exakte Kauf- oder Verkaufssignale, wenn bestimmte Marken erreicht werden. Problem: Die Chartanalyse ist mehr eine Kunst als eine Wissenschaft. Chartmuster sind interpretationsbedürftig und hängen von der Erfahrung und Intuition des Betrachters ab. Chartanalysen basieren auf folgendem Ansatz: Jede Aktie hat, ebenso wie das zugrunde liegende Unternehmen, einen eigenen Charakter und liefert eigene Muster. So bewegen sich Technologie-Aktien sehr schnell und häufig in Trends. Daraus ergibt sich oft eine Branchenrotation. Jede Branche wird mal Börsenliebling. Wann und wie lange das der Fall sein wird, will der Chartanalyst aus seinen Kurven ablesen können.

Aktien und Steuern

Seit Beginn der Steuerreform und ihrer stufenweisen Einführung im Jahre 2001 schlagen Aktien mit einer hohen Dividendenrendite oft sogar festverzinsliche Wertpapiere hinsichtlich des Teils der Rendite, die auch tatsächlich auf dem eigenen Konto landet. Denn es wird nur noch die halbe Dividende versteuert, Zinserträge dagegen nach wie vor voll. Mit der richtigen Aktienauswahl können Sparer also sowohl von der niedrigeren Dividendenbesteuerung als auch von Kursgewinnen profitieren. Außerdem können Gewinne und Verluste gegeneinander aufgerechnet werden. Und schließlich bleiben durch das Halbeinkünfteverfahren jetzt Kursgewinne bis 512 Euro bzw. für Verheiratete bis zu 1.024 Euro steuerfrei. Aber Achtung: Wer innerhalb eines Jahres nur einen Cent mehr an Gewinn einstreicht, muss nach gültigem Recht Spekulationssteuer zahlen. Da es hier aber zu einer neuen Regelung kommen könnte, weil das Bundesverfassungsgericht die Erfassungspraxis in den Jahren 1997 und 1998 als verfassungswidrig beurteilte, sollten Sie die aktuelle Rechtslage verfolgen.

Aktionäre, die nicht zur Einkommensteuer veranlagt werden, können vom Finanzamt eine „Nicht-Veranlagungsbescheinigung“ erhalten. Bei Vorlage dieser so genannten NV-Bescheinigung oder bei Erteilung eines Freistellungsauftrags zahlen die Kreditinstitute die volle Dividende aus – also ohne Anrechnung nach dem „Halbeinkünfteverfahren“.

Wer Aktiengeschäfte macht, muss bei seiner Steuererklärung bestimmte Angaben machen. Dafür gibt es ein gesondertes Formular: die Anlage SO, die sich den Spekulationsgeschäften widmet. Hier einige Tipps, wie Sie am besten vorgehen:

Wertpapiere: Kursgewinne aus privaten Veräußerungsgeschäften, insbesondere mit Wertpapieren wie Aktien, Fonds und Anleihen, werden nach der derzeitigen Rechtslage nur dann steuerpflichtig, wenn die Freigrenze von 512 € (Ledige, Ehepaare insgesamt 1.024 €, pro Jahr) überschritten wird. Zudem sind Gewinne und Verluste nur steuerrelevant, wenn weniger als ein Jahr zwischen Kauf und Verkauf liegt (Spekulationsfrist). Sie müssen sowohl die Verkaufs- als auch die Kaufsumme eintragen, einzelne Geschäfte gesondert auflisten und als Anlage dem Steuerformular beifügen. Im Formular ist nur die Gesamtsumme anzugeben. Courtage, Spesen und Auslagen laut Wertpapierabrechnung zählen übrigens als Anschaffungsnebenkosten und werden nicht als Werbungskosten herausgerechnet.

Halbeinkünfte: Das Halbeinkünfteverfahren gilt nur für Aktiengeschäfte. Sie sind deshalb in das Steuerformular „dem Halbeinkünfteverfahren unterliegend“ einzutragen. Dabei müssen Sie jedoch die vollen Beträge angeben. Die Halbierung nimmt das Finanzamt selbst vor. Für Kursgewinne bei Fonds oder Anleihen gilt es dagegen nicht und Sie müssen diese Erträge deshalb in der Spalte „nicht Halbeinkünfteverfahren“

eintragen. Für Aktien erhöht sich die Freigrenze zur Spekulation dadurch faktisch auf 1.024 Euro für Verheiratete. Allerdings gilt das Halbeinkünfteverfahren auch für Verluste aus Aktiengeschäften: Sie zählen steuerlich nur noch zur Hälfte.

Verlustausgleich: Bei Spekulationsgeschäften ist seit 1999 der Verlustausgleich erlaubt, allerdings nur im Zusammenhang mit anderen „privaten Veräußerungsgeschäften". Die Regeln: Verluste dürfen ein Jahr zurück und unbegrenzt vorgetragen werden. Festgestellte Verluste trägt das Finanzamt automatisch ins Vorjahr zurück. Das führt zur Änderung des alten Steuerbescheids. Sie können den Verlustrücktrag aber auch begrenzen und in der Anlage VA dann genauer definieren. Verluste, die Sie nicht zurücktragen lassen, werden vom Finanzamt in einem Extrasteuerbescheid festgestellt. Später können Sie vorgetragen und in einem anderen Jahr genutzt werden.

Immobilien: Für vermietete Immobilien liegt die Spekulationsfrist seit 1999 bei zehn Jahren. Innerhalb dieser Frist sind Gewinne aus Immobilienverkäufen steuerpflichtig. Als Gewinn gelten bei nach dem 31. Juni 1995 gekauften Immobilien aber nicht nur die Differenz zwischen Kauf- und Verkaufspreis, sondern auch die vorgenommenen Abschreibungen. Werbungskosten (Notar, Grundbuch, Makler usw.) können jedoch abgesetzt werden.

Verfassungswidrige Frist

Seit 1999 gilt für die Versteuerung von Gewinnen aus Immobilienveräußerungen eine Spekulationsfrist von zehn Jahren, gerechnet ab dem Tag des Kaufvertrags. Das gilt auch dann, wenn Sie zunächst selbst die Immobilie einige Jahre nutzten und später vermieteten. Die Gesetzesänderung trat ohne Übergangsregelung in Kraft. Darum gibt es Streit bis zum Bundesverfassungsgericht.

Und das kam so: Im März 1999 hatte der Gesetzgeber rückwirkend die Spekulationsfrist für alle Verkäufe von nicht selbst genutzten Immobilien ab 1. Januar 1999 von zwei auf zehn Jahre verlängert. Das heißt, alle Immobilienbesitzer, die nach dem Stichtag 31. Dezember 1998 verkauften, mussten ihre Gewinne versteuern – auch wenn die alte Spekulationsfrist von zwei Jahren bereits abgelaufen war. Dagegen hat ein Eigentümer bis zum Bundesfinanzhof, BFH (AZ: IX R 46/02), geklagt. Jetzt muss das Bundesverfassungsgericht entscheiden, ob die Regelung verfassungsgemäß ist.

Der Fall: Ein Eigentümer hat 1990 sein Einfamilienhaus gekauft und 1997 einen Makler mit dem Verkauf beauftragt. Im April 1999 verkaufte er das vermietete Grundstück mit rund 25.000 Euro Gewinn. Darauf sollte er Einkommensteuer zahlen. Für den BFH verstößt dies jedoch gegen den Vertrauensschutz. Es hätte zumindest eine Übergangsregelung für Fälle geben müssen, bei denen die zweijährige Spekulationsfrist bereits verstrichen war.

WISO rät: Falls Sie nach dem 31.12.1998 eine Immobilie außerhalb der zweijährigen Spekulationsfrist, aber innerhalb von zehn Jahren verkauft haben und das Finanzamt den Veräußerungsgewinn besteuert hat beziehungsweise besteuern will, sollten Sie Einspruch gegen den Steuerbescheid einlegen und mit Hinweis auf die anhängige Verfassungsbeschwerde ein Ruhenlassen sowie die Aussetzung der Vollziehung beantragen. Im Übrigen ist wegen der verlängerten Spekulationsfrist bereits eine Verfassungsbeschwerde anhängig (AZ: 2 BvL 14/02).

Werbungskosten: Depotgebühren, Fachliteratur, Börsensoftware und andere Aufwendungen, die bei Ihren Wertpapiergeschäften anfallen, sind abzugsfähige Werbungskosten. Bei Aktiengeschäften sind sie genau wie die Gewinne und die Verluste durch das „Halbeinkünfteverfahren“ aber nur noch zur Hälfte steuerwirksam. Achtung: Trotzdem immer die vollen Beträge absetzen, die Halbierung nimmt das Finanzamt vor. Bei Fonds und Anleihen zählen sie ohnehin voll.

Erlaubter Trick: Die Werbungskosten sollten Sie möglichst den Zinserträgen zuordnen. Hier zählen sie voll, weil das Halbeinkünfteverfahren nicht greift.

Ehrlich währt am längsten

Seit dem 1. Januar 2004 können reuige Steuersünder nicht versteuerte Einnahmen oder zu hoch erklärte Ausgaben aus den Jahren 1993 bis 2002 nachträglich straffrei angeben. Sie müssen dafür 25 Prozent Pauschalsteuer zahlen, ab 1. Januar bis 31. März 2005 35 Prozent.

Das müssen Steuersünder bei der Amnestie beachten:

- Amtliches Formular zur Nachbesteuerung beantragen und unterschreiben.
- Von den Einnahmen dürfen Sie keine Ausgaben oder Freibeträge abziehen. Im Gegenzug zählen – beispielsweise von den verschwiegenen Zinsen, Dividenden oder Spekulationsgewinnen – nur 60 Prozent als steuerpflichtiger Betrag.
- Sie müssen selbst errechnete Steuerschulden unaufgefordert überweisen, sodass sie spätestens am 10. Tag nach Absenden der Erklärung auf dem Konto des Finanzamtes gutgeschrieben sind.

WISO rät: Sie können selbst wählen, ob Sie eine strafbefreiende Erklärung abgeben oder eine Selbstanzeige machen. Was günstiger ist, klären Sie mit Ihrem Steuerberater. Ein 28-seitiges Merkblatt dazu finden Sie im Internet unter www.bundesfinanzministerium.de.

Was bewegt die Kurse – und wohin?

Bei einem Investment in Aktien kommt es den meisten Anlegern weniger auf die Dividendenrendite als vielmehr auf das Kurspotenzial an. Bei der Kursentwicklung spielen viele Faktoren eine Rolle, die nicht immer rational nachvollziehbar sind. Die Börse und damit die Kurse der Aktien folgen ihren eigenen Gesetzmäßigkeiten, die auch bei Insidern häufig Überraschung auslösen. Allzu oft wurden auch Börsenprofis schon auf dem falschen Fuß erwischt und mussten Verluste hinnehmen. Das heißt, zuverlässige Prognosen über die Kursentwicklung gibt es nicht. Oft finden Sie im Anlageteil von Tageszeitungen sogar am gleichen Tag auf verschiedenen Seiten einander widersprechende Einschätzungen verschiedener Anlageexperten über die Entwicklung der Märkte, bestimmter Branchen oder auch einzelner Aktien. (Mehr zu den verschiedenen Analysemethoden und ihren Möglichkeiten finden Sie in einem gesonderten Kapitel.)

Nicht zu unterschätzen ist auch die Politik. So kann zum Beispiel die Diskussion über die Abschaffung der Eigenheimzulage die Baubranche verunsichern oder die Veröffentlichung von Konjunkturindizes den Börsenverlauf stimulieren oder bremsen. Fällt zum Beispiel der Ifo-Geschäftsklimaindex für die Stimmung in Deutschland dreimal hintereinander, kann daraus ein Abschwung abgeleitet werden. Steigt er dagegen in Folge, sind die Unternehmer wieder optimistischer. Rückschlüsse auf die gesamtwirtschaftliche Entwicklung lassen sich auch aus der Finanzpolitik der Zentralbank herleiten. So drehen die Notenbanker in wirtschaftlichen Durststrecken den Geldhahn auf, um Investitionen anzukurbeln. Zinssenkungen machen Geld billig und damit Investitionen und Neuanschaffungen günstig. Allgemein ausgedrückt, sind steigende Zinsen für die Aktienkurse Gift und fallende Zinsen ein anregendes Elixier.

Wer ein wenig technische Aktienanalyse betreiben will, findet in den Fachblättern Informationen über wichtige Kennziffern wie Marktkapitalisierung, Publikumsstreuung, Volatilität und vieles mehr. Dadurch kann man sich etwas näher an das mögliche Kurspotenzial einer Aktie herantasten. Befindet sich zum Beispiel der größte Teil aller Aktien in nur einer Hand, können selbst kleinere Käufe oder Verkäufe den Kurs an der Börse heftig in Bewegung bringen, da nur wenige Papiere für einen Handel zur Verfügung stehen – wenn der Großaktionär das nicht dadurch verhindert, dass er durch Abgabe von Aktien seinen Bestand oder durch gezielte Zukäufe den Kurs „pflegt". Wenn dagegen bei einem marktbreiten Papier viele Aktionäre für eine ständige Bewegung bei Angebot und Nachfrage sorgen, kann keiner von ihnen den Kurs in seinem Sinn beeinflussen. Bei kleinen Unternehmen, von denen relativ wenige Aktien im Handel sind, können durch Kaufempfehlungen von Börsendiensten oder Gerüchte starke Kursschwankungen ausgelöst werden. Wenn eine Aktie starke Kursausschläge nach oben und nach unten aufweist, spricht man von einer hohen Volatilität. Aus der Schwankungsbreite der Kurse ergeben sich Chancen für schnelle Kursgewinne, aber auch ein hohes Risiko für Anleger, die zum falschen Zeitpunkt kaufen oder verkaufen.

So genannte Chartisten leiten ihre Kursprognosen für eine Aktie nicht aus den fundamentalen Daten eines Unternehmens (wie Gewinn, Umsätze, Stellung im Markt, Innovationen) ab, sondern verlassen sich allein auf den Kurvenverlauf. Sie erstellen mit Lineal und Bleistift wahre grafische Kunstwerke. Zum Beispiel liefern Kopf-Schulter-Formationen, Nackenlinien oder das Durchbrechen von wichtigen Markierungen nach ihrer Meinung Anzeichen für die künftige Kursentwicklung. Mit ihrer Technik wollen sie belegen, dass sich das Gros der Börsianer in ähnlichen Situationen immer wieder gleich verhält, also etwa in Euphoriephasen kauft beziehungsweise in Panik verkauft. Diese Verhaltensmuster kommen im Kursverlauf der Aktie zum Ausdruck. Wer die typischen Formationen richtig deutet, kann Trendprognosen daraus ableiten. Verlässlich sind sie allerdings nicht.

Ein Aktionär, der sich durch seine Tageszeitung oder die Wirtschaftsmeldungen von Radio und TV über sein Unternehmen informiert, kann eigene Kursprognosen treffen. Da wird zum Beispiel berichtet, dass der Vorstand wechselt, dass sich die Auftragslage verbessert hat, dass eine Fusion erwartet wird. Das gibt einen vollständigeren Eindruck als nur die Kurvenbetrachtung. Wie der Markt auf Meldungen tatsächlich reagiert, zeigen Angebot und Nachfrage an der Börse. Bieten auf Grund einer schlechten Nachricht viele Verkäufer ihre Aktien an und gibt es wenig Käufer, fällt der Kurs. Das geht so lange, bis sich zu einem niedrigeren Kurs genügend Interessenten für die angebotene Menge an Aktien finden. Das Gleiche gilt auch umgekehrt.

Der Blick auf den Kurs allein sagt aber noch nicht alles darüber aus, wie es um Angebot und Nachfrage bestellt ist. Deshalb sind den Schlusskursen des Tages oft noch Kürzel angehängt, die Hinweise auf den Handelsverlauf geben. Sie erläutern das Verhältnis von Angebot und Nachfrage bei der Kursbildung. Hier die wichtigsten Kurszusätze und ihre Bedeutung:

- **B = Brief:** Zum aufgeführten Kurs wurden Papiere zum Verkauf angeboten, es lagen aber keine Kaufaufträge vor.
- **G = Geld:** Zu dem entsprechenden Kurs wollen zwar einige Anleger kaufen, aber niemand will verkaufen.
- **BB:** Nur ein Teil der Verkaufsaufträge wurde ausgeführt: Das Angebot überstieg die Nachfrage.
- **BG:** Nicht alle Kaufaufträge konnten erfüllt werden: Es gab zu viele Kaufinteressenten.
- **T = Taxe:** Der Kurs wurde lediglich geschätzt, da keine Umsätze zustande kamen.

Wurde der Kurs nur taxiert, also geschätzt, kann es bedeuten, dass bei dieser Aktie kein Handel zustande kam, weil ein Angebot oder eine Nachfrage fehlte. Das kommt aber nur bei Aktien kleiner Gesellschaften vor oder wenn von einem Unternehmen nur sehr wenige Aktien am Markt sind, weil die Mehrzahl fest bei einem oder mehreren Großaktionären liegt. Manchmal wird die Kursnotierung auch für ein paar Tage ganz ausgesetzt.

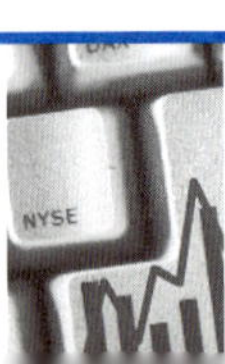

Damit will das Unternehmen verhindern, dass es vor der Bekanntgabe wichtiger Entscheidungen, zum Beispiel einer Fusion, zu unkalkulierbaren Kursturbulenzen kommt.

Aktuelle Kursinformationen

Natürlich kann man dem Rat des mittlerweile verstorbenen, aber immer noch gern zitierten, alterfahrenen Spekulanten André Kostolany folgen: Aktien kaufen, vergessen und dann nach ein paar Jahren schauen, was daraus geworden ist – nämlich nach seinen Erfahrungen in der Mehrzahl der Fälle ein Gewinn. Aber es spricht manches dafür, die Kurse etwas regelmäßiger im Auge zu behalten, um gegebenenfalls rasch handeln zu können.

Die Kurse lassen sich heute auf vielfältige Weise beobachten. Neben den Tageszeitungen mit ihren oft sehr ausführlichen Übersichten gibt es sehr viel schnellere Medien. Dazu gehört die aktuelle Berichterstattung im Fernsehen, der Videotext der TV-Anstalten, Kursabfrage per Mobiltelefon oder die vielfältigen Möglichkeiten per Internet. Sehr hilfreich kann es auch sein, mit Hilfe der WISO-Software BÖRSE oder im Internet sein eigenes Depot einzurichten, um jederzeit den aktuellen Kursstand beobachten zu können. Je nach Ausgestaltung dieser oft kostenlos angebotenen Dienste kann neben den aktuellen Kursen gleich auch der jeweilige Gewinn oder Verlust bei einzelnen Aktien oder die Wertentwicklung des gesamten Depots berechnet werden. Diese Möglichkeit bieten wir Ihnen auch auf den Börsenseiten des ZDF.

Nützliche Software

WISO hilft beim Verwalten: Das Softwareprogramm WISO-Börse von der Buhl-Data GmbH bietet Ihnen nicht nur die Möglichkeit, ein Probe-Depot zu führen oder die Entwicklung der Aktien genauestens zu verfolgen, die sie tatsächlich erworben haben. Es bietet darüber hinaus auch ein umfangreiches Analyseinstrumentarium – und die Gewissheit, dass Ihr Depot vor den Einblicken Unbefugter geschützt ist. Bei der Nutzung von Online-Depots kann das dagegen nie ganz ausgeschlossen werden.

Indizes – Fieberthermometer der Börsen

Für die Beobachtung der Börsenkurse spielen Indizes eine wichtige Rolle. An der Wall Street ist der Dow Jones nach wie vor der populärste Indikator für das Klima am Aktienmarkt. In der Bundesrepublik hat sich der Deutsche Aktienindex (DAX) als das führende Stimmungsbarometer in Deutschland etabliert. Er wurde 1987 erstmals offiziell berechnet und hat mittlerweile einige Töchter bekommen, wie MDAX, TecDAX, SDAX und

VDAX. Darin sind aber nicht alle Gesellschaften enthalten, die in einem bestimmten Markt (Börsensegment) gehandelt werden. Es werden vielmehr nur solche Unternehmen ausgewählt, die bestimmte Anforderungen erfüllen. Dazu gehören die Zahl der handelbaren Aktien, Umsätze und Publizität. Überdies gibt es europäische Indizes, wie den Euro-STOXX-50-Index und zahlreiche andere Indizes, mit denen sich die Kursentwicklungen einzelner Branchen, von Anleihen oder Optionsscheinen verfolgen lassen.

Der DAX zeigt in einer einzigen Indexzahl die Kursbewegungen der 30 größten deutschen Aktiengesellschaften am jeweiligen Tag. Seine Verlaufskurve spiegelt während des Handelstages die Entwicklung von Angebot und Nachfrage am Aktienmarkt im Computerhandel Xetra wider. Eine Anzeigetafel befindet sich in der Frankfurter Börse. Die Berechnung erfolgt im Sekundentakt. Die Kurse der Aktien und die Entwicklung der Indizes werden von der Frankfurter Börse AG als Datenstrom an Nachrichtenagenturen, Banken und Sparkassen geliefert und auch über das Internet verbreitet. Wer entsprechend ausgerüstet ist, kann also die Kursentwicklung im Büro oder am heimischen PC jederzeit verfolgen. Auch über Videotext werden aktuelle Börsendaten verbreitet. In der Zeitung lassen sich die Kurse allerdings erst am nächsten Tag nachlesen.

Wie viel in Risikopapiere investieren, welche Aktien kaufen?

Wer die Wahl hat, hat die Qual. Die vielen Börseninformationen, die jedermann zugänglich sind, bieten eine große Informationsfülle, machen dadurch aber auch die Entscheidung nicht gerade leichter. Wenn Sie noch zögern, ob Sie Ihr sauer verdientes Geld an der Börse investieren sollen, können Sie vorher auch ein wenig testen und üben. Die moderne Elektronik bietet dazu viele Möglichkeiten. So können Sie sich erst einmal zum Beispiel mit Hilfe der erwähnten WISO-Software oder im Internet bei einem der vielen Anbieter (wie Banken, Informationsdiensten, heute-t-online, Internetprovidern) ein persönliches Anlagedepot zusammenstellen. Dort haben Sie die Möglichkeit, zunächst kostenlos und unverbindlich, aber wie unter reellen Bedingungen zu kaufen und zu verkaufen. Wie gut Ihr Händchen für die Auswahl war, sehen Sie nach einiger Zeit an der Performance, der Wertentwicklung des von Ihnen zusammengestellten Depots. Dabei empfiehlt es sich, mit den Beträgen zu arbeiten, die Sie auch tatsächlich zur Verfügung haben – zum Beispiel tausend oder zehntausend Euro. Schon beim Übungsdepot sollten Sie auf eine ausgewogene Zusammensetzung achten. Es sollten sowohl Risikopapiere als auch Renditetitel darin enthalten sein. Welche Risikoklasse Sie fahren, liegt letztlich an der Mischung. Legen Sie einen Teil Ihres Geldes immer auf Nummer Sicher an. Eine der vielen Faustregeln lautet: 100 minus Lebensalter ergibt den Teil Ihres Anlagekapitals, den Sie in börsennotierten Wertpapieren anlegen

können. Ein 30-Jähriger kann demnach mit 70 Prozent an der Börse investiert sein, ein 60-Jähriger sollte nicht mehr als 40 Prozent seines Depotwerts an der Börse angelegt haben. Das ist aber nur eine grobe Faustregel. Wer bald in Rente geht, sollte jedoch auf wenig Risiko setzen und sein Depot so umschichten, dass sein Erspartes überwiegend in einem sicheren Hafen landet. Das könnten zum Beispiel festverzinsliche Wertpapiere wie Bundesanleihen oder Pfandbriefe sein. Dabei sollten Sie wissen, dass die Anlagemöglichkeiten auch an der Börse sehr variantenreich sind: von wenig riskant bis hoch spekulativ. Ein guter Anlagemix besteht aber immer aus einer Mischung von verschiedenen Geldanlagen, die nicht allein an der Börse zu finden sind.

WISO rät: Setzen Sie sich Ihre eigenen Grenzen, ehe Sie zum Börsenexperten Ihrer Bank oder Sparkasse gehen. Wichtige Grundfragen, auf die Sie sich zunächst selber eine Antwort geben müssen, sind:

- Wie viel Geld wollen Sie investieren – und wie lange?
- Wie hoch darf das Risiko sein?
- Was ist Ihnen wichtiger: eine hohe Dividende oder die Aussicht auf Kursgewinne?
- Wollen Sie einen langfristigen Sparplan verfolgen oder eine günstige Börsensituation für rasche Spekulationsgewinne nutzen?
- Welchen Anteil Ihrer Ersparnisse wollen Sie an der Börse investieren – und wie soll er auf Anleihen, Aktien, Fondsanteile und eventuell hochspekulative Titel (wie Derivate und Termingeschäfte, siehe auch dort) aufgeteilt werden?

Beraterhaftung

Nachdem viele Anleger nach dem Crash mit ihren Haftungsansprüchen bei Banken und auch vor Gericht abgeblitzt sind, stellt sich für die Zukunft umso mehr die Frage: Woran kann ich einen guten Berater erkennen?

- Einiges sagt einem schon der gesunde Menschenverstand, zum Beispiel nimmt sich ein guter Berater Zeit für Sie und geht auf Ihre Fragen ein. Er kann sich verständlich ausdrücken, erklärt Ihnen Fachbegriffe und vermeidet Fremdwörter.
- Lassen Sie sich nicht von wohlklingenden Titeln auf Visitenkarten blenden. Jeder kann sich Finanzberater, Anlageberater oder Finanzmakler nennen.
- Fordern Sie deshalb eine Selbstauskunft. Darin sollte der Berater unter anderem angeben, für welche Unternehmen er arbeitet, ob er angestellt oder selbstständig tätig ist, welche Ausbildung er hat und auf welchen Informationen seine Anlageempfehlung basiert.
- Ein guter Berater dokumentiert das Anlagegespräch in einem Beratungsprotokoll.
- Wichtig ist, dass der Berater eine Haftpflichtversicherung vorweisen kann, die nach Falschberatung Vermögensschäden abdeckt.

Nehmen Sie den Berater, dem Sie Ihr Geld anvertrauen, besser genau unter die Lupe. Verlangen Sie von ihm zum Beispiel eine unterschriebene Selbstauskunft.

Selbstauskunft
(Berater, Vermittler, Makler)

Name, Vorname ______________________________

Anschrift dienstlich ______________________________

Anschrift privat ______________________________

Unternehmensadressen ______________________________
(für die der Berater tätig ist) ______________________________
____

Der Berater erklärt:
Ich arbeite
○ als Angestellter für ______________________________
(Kreditinstitut/Versicherungsgesellschaft/Bausparkasse/Kapitalanlagegesellschaft)
○ als Selbstständiger (haupt-/nebenberuflich)

Ich vermittle Finanzprodukte eines Vermittlungsunternehmens, und zwar als
○ Mehrfachvermittler
○ Versicherungsmakler
○ Finanzmakler
○ Strukturvertrieb
○ Vermittler auf Honorarbasis

Ich habe in dem Bereich, zu dem ich berate ...
○ allgemeine Kenntnisse
○ gute Kenntnisse
○ besondere Kenntnisse

Ich habe eine staatlich anerkannte Ausbildung in einem Finanzberuf mit folgendem Abschluss:
○ Bankkaufmann
○ Versicherungskaufmann
○ abgeschlossenes Studium
○ sonstige ______________________________

Ich habe an folgenden Weiterbildungsmaßnahmen teilgenommen:
○ Schulungen ______________________________

- ○ Kurse ____________________
- ○ Seminare ____________________
- ○ Sonstiges ____________________

Meine Anlageempfehlungen basieren auf ...

- ○ Angaben, die mir meine Geschäftspartner machen, mit denen ich Provisionsvereinbarungen habe,
- ○ Informationen von ____________________

Ich kann das jeweils günstigere und beste Angebot für den Kunden auswählen

○ ja ○ nein

Ich habe ...

- ○ keine Vermögensschadenshaftpflichtversicherung
- ○ eine Vermögensschadenshaftpflichtversicherung, die bei einer Falschberatung Ansprüche bis zu .... € je Schadensfall abdeckt.

Schlusserklärung:
Ich erkläre hiermit, dass ich alle Angaben wahrheitsgemäß vorgenommen habe. Mir ist bekannt, dass sich aus falschen Angaben Haftungsansprüche gegen mich ergeben können.

____
Ort, Datum, Unterschrift

Berater ist nicht gleich Berater. Seine Kompetenz, seine Unabhängigkeit und die Haftungsfrage hängen im Wesentlichen von seinem Beschäftigungsverhältnis ab. Ist der Berater zum Beispiel Angestellter einer Bank, steht das Unternehmen für die Fehler der Mitarbeiter gerade. Sie können Ihre Ansprüche auf Schadenersatz dann direkt an die Bank richten. Auch für Vertreter, die im Auftrag eines oder mehrerer Kreditinstitute Geschäfte vermitteln (selbst dann, wenn sie das nur nebenberuflich tun), müssen die jeweiligen Banken haften. Haben Sie dagegen einen selbstständigen Vermögensberater oder einen Finanzmakler mit Ihrer Geldanlage beauftragt, müssen Sie sich mit Schadensersatzansprüchen zuerst an ihn wenden.

Wie groß ist die Chance, Ihr Geld wiederzusehen, wenn etwas schief läuft? Das hängt davon ab, ob Sie die Falschberatung beweisen können. Dabei muss Ihnen klar sein, dass der Berater nicht alles bis ins kleinste Detail erläutern muss. Nach der Rechtsprechung haben auch Sie Pflichten. Zum Beispiel müssen Sie Ihren Beratungs-

bedarf offen legen und nachhaken, wenn Sie etwas nicht verstanden haben. Tun Sie das nicht, kann Ihnen eine Mitschuld zugesprochen werden. Die Richter stehen auf dem Standpunkt, dass Nachfragen zumutbar ist.

Das Beratungsgespräch wird auch für die Mitarbeiter in einer Bank immer wichtiger. Stichwort: Bankenhaftung bei falscher Anlageberatung. Wer nachweisen kann, dass er von seiner Bank in Sachen Geldanlage mangelhaft und nicht „typgerecht" beraten wurde und dadurch finanzielle Verluste erlitt, hat Chancen auf Schadenersatz. Wesentliches dazu wurde im Finanzmarktförderungsgesetz festgeschrieben. Geändert wurden im Zuge der Schuldrechtsreform darin auch die Verjährungsfristen: Bei fehlerhafter Anlageberatung kann der Berater nicht mehr 30 Jahre, sondern nur noch drei Jahre rückwirkend haftbar gemacht werden. Stichtag ist der 1. Januar 2002. Das heißt, die meisten Ansprüche verjähren zum Jahresende 2004. Wer bis dahin nicht zu seinem Recht gekommen ist, muss damit rechnen, dass seine Forderungen nicht mehr durchgesetzt werden können. Eile ist hier also angebracht!

Verjährungsvorschriften mit komplizierten Übergangsregelungen

Artikel 229 § 6 EGBGB

Für am 01.01.2002 noch nicht verjährte Ansprüche gilt das neue Verjährungsrecht. Auf Forderungen, die nach dem 01.01.2002 entstanden sind, ist nur das neue Recht anzuwenden. Beginn, Hemmung und Neubeginn der Verjährung für die Zeit vor dem 01.01.2002 bestimmen sich nach dem alten Recht.
Grundsatz: Es gilt immer die kürzere Verjährungsfrist.
Ist die Verjährungsfrist nach dem neuen BGB länger, so gelten die Verjährungsvorschriften des alten BGB (z. B. die kurzen kaufrechtlichen und werkvertraglichen Gewährleistungsvorschriften, deren Verjährung vor dem 01.01.2002 begann). Diese Ansprüche verjähren in sechs Monaten.
Ist die Frist nach neuem Recht kürzer, dann wird die kürzere Frist vom 01.01.2002 an berechnet. Diese beginnt also frühestens am 01.01.2002 zu laufen.

Beispiel: Herr Schmidt hat gegen Herrn Meier einen Anspruch in Höhe von 10.000 Euro, der am 01.05.1990 entstanden ist und für den nach altem Recht die 30-jährige Verjährungsfrist galt (Verjährungseintritt nach altem BGB also der 30.04.2020).
Lösung: Nach neuem Recht verjährt dieser Anspruch aus so genannter positiver Forderungsverletzung in drei Jahren, spätestens nach zehn Jahren (§§ 199, 195 BGB). Nach neuem BGB wäre also zum 01.01.2002 Verjährung längst eingetreten. Durch die Übergangsregelung wird aber die neue (kurze) Verjährungsfrist vom

01.01.2002 neu berechnet. Der Anspruch verjährt am 31.12.2004 (hat Herr Schmidt von seinem Anspruch erst nach dem 01.01.2002 erfahren – Kenntnis erlangt –, tritt Verjährung erst am 31.12.2011 ein).
Ausnahme: Die längere Frist nach dem alten BGB läuft vor der neuen kürzeren Frist ab (seltener Fall, nur denkbar, wenn eine alte 30-jährige Verjährung kurz davor steht, abzulaufen). Dann gelten nur die alten Verjährungsfristen.
Zusammenfassung:

- Forderungen, die am 01.01.2002 bereits verjährt waren, bleiben verjährt.
- Für Forderungen, die nach dem 01.01.2002 entstanden sind, gilt ausschließlich das neue Verjährungsrecht.
- Für Forderungen, die am 01.01.2002 bereits bestanden, aber noch nicht ver jährt sind, gilt:
  - Ist die neue Verjährungsfrist länger als die alte Verjährungsfrist, so gilt die alte Verjährungsfrist.
  - Ist die neue Verjährungsfrist kürzer als die alte, so beginnt die kürzere Frist neu zu laufen.
  - Sollte jedoch die alte Frist vor der neu begonnenen Verjährungsfrist rechnerisch früher ablaufen, bleibt die alte Verjährungsfrist gültig.

Wichtig: Die Verjährungsfristen nach altem und neuem BGB müssen immer vergleichend berechnet werden.

Wenn es um hohe Summen geht, die vielleicht der Altersvorsorge dienen sollen, wird es umso wichtiger, sich vor Vertragsabschluss unabhängig und umfassend beraten zu lassen. Da es im Streitfall auch immer um Zeugen und Beweise geht, sollten Sie bei wichtigen Gesprächen immer zu zweit sein, auch wenn es um Anlageberatung geht. Machen Sie sich während des Gesprächs Notizen. Nehmen Sie alles mit, was der Berater aufgeschrieben hat, auch wenn es zunächst nur nach einer Kritzelei aussieht. Im Ernstfall sind diese Vorsichtsmaßnahmen notwendig, um der Bank den Beratungsfehler vor Gericht nachzuweisen. Die Kreditinstitute können sich dann nicht mehr damit herausreden, sie hätten selbst nichts vom Risiko der Anlageempfehlung gewusst. Die Banken müssen sich sachkundig machen, die Risikowünsche des Kunden, seinen Wissensstand und bei langjährigen Geschäftsbeziehungen auch sein Anlageverhalten bei der Anlageempfehlung berücksichtigen. Natürlich gibt es keine Haftung für Kursverluste. Es sei denn, der Kunde wollte eine absolut sichere Geldanlage, und es wurden ihm dennoch Aktien oder gar Optionsscheine verkauft. In diesem Fall wäre die Beratung nicht anlegergerecht gewesen, und der Kunde hätte ein Recht auf Schadensersatz.

Haben Sie eine Rechtsschutzversicherung, fällt es finanziell leichter, sich auf einen Rechtsstreit einzulassen. Denn wer etwa 50.000 Euro einklagen will, muss nach drei verlorenen Instanzen mit Kosten von circa 30.000 Euro rechnen. Doch nicht jede Rechtsschutzversicherung zahlt, zumal viele nach dem letzten Crash alle Börsengeschäfte aus ihrem Leistungskatalog gestrichen haben. Achten Sie bei einer Rechtsschutzversicherung deshalb auf die Ausschlussklauseln! Bevor Sie einen Rechtsanwalt beauftragen, holen Sie bei Ihrer Versicherung immer erst die Deckungszusage ein.

Verträge, die nach dem 1. Juli 2004 abgeschlossen werden, müssen zudem mit einer neuen Gebührenordnung kalkulieren. Die alte Brago, die Bundesrechtsanwaltsgebührenordnung, wurde durch das RVG, das Rechtsanwaltsvergütungsgesetz, ersetzt. Es macht Streiten im Schnitt um 20 bis 30 Prozent teurer.

WISO rät: Etwa zwei Drittel aller Streitigkeiten um Beraterhaftung werden außergerichtlich verglichen. Je überzeugender und dichter Ihre Beweiskette ist, desto eher wird die Bank dazu bereit sein. Banken fürchten nichts mehr als lange, öffentlichkeitswirksame Prozesse mit kundenfreundlichen Urteilen zu ihren Ungunsten – das ist Ihre Chance.

Das Beratungsprotokoll

Im Schadensfall steht oft Aussage gegen Aussage. Gut, wenn Sie einen Zeugen dabei hatten. Die wichtigsten Inhalte sollten Sie aber auf jeden Fall in einem Beratungsprotokoll festhalten. Bei den meisten Banken gibt es dafür bereits ein Formular. Sie können aber auch unsere WISO-Vorlage verwenden, die Sie weiter unten finden. Achten Sie vor allem darauf, dass Ihre Angaben zur Risikobereitschaft richtig eingetragen werden. Die Stufen reichen von „1“ für eine sichere bis „5“ für eine hochspekulative Anlage.

- **Stufe 1:** Euro-Geldmarktfonds, kurz laufende Euro-Fonds, Euro-Anleihen sehr guter Bonität, offene Immobilienfonds.
- **Stufe 2:** Euro-Anleihen guter Bonität, Investmentfonds deutscher Renten, kurz laufende Fonds in Hartwährungen, Anleihen sehr guter Bonität in Hartwährungen, international gestreute Rentenfonds, überwiegend in Hartwährungen.
- **Stufe 3:** Wandel- und Optionsanleihen, deutsche Aktienfonds, deutsche Standardaktien, international gestreute Aktienfonds, Länderfonds in europäischen Hartwährungen.
- **Stufe 4:** deutsche Aktien-Nebenwerte, stark risikobehaftete Anleihen, Optionsscheine aller Art, Options & Futures.
- **Stufe 5:** ausländische Aktien-Nebenwerte, stark risikobehaftete Anleihen, Optionsscheine aller Art, Options & Futures.

Machen Sie Angaben zu Ihrem bisherigen Anlageverhalten und lassen Sie sich für die neue Anlageempfehlung die Kosten auflisten. Unterschreiben Sie das Beratungsproto-

koll aber nur, wenn Sie alles verstanden haben. Es dient dem Berater als Nachweis, dass er seine Aufklärungspflicht erfüllt hat. Wenn Sie den Empfang ausgehändigter Unterlagen bestätigen sollen, tun Sie das mit dem Vermerk „erhalten, aber noch nicht gelesen“. Dann kann im Nachhinein niemand behaupten, Sie hätten gleich reklamieren müssen. Heben Sie in jedem Fall alle Unterlagen auf, denn im Schadensfall zählen nur Beweise.

Ihre Checkliste für Beratungsgespräche zur Geldanlage:

- ○ Lassen Sie sich nicht gleich in eine Schublade stecken, geben Sie selbst den Ton an. Sie sind der Kunde.
- ○ Benennen Sie Ihr Anlageziel.
- ○ Erläutern Sie beim Anlagegespräch vorab Ihre Einkommens- und Familiensituation.
- ○ Notieren Sie sich auf einem Beratungsprotokoll den Namen des Beraters, Datum, Uhrzeit und Dauer des Gesprächs.
- ○ Lassen Sie sich alle Fachbegriffe erklären, die Sie nicht kennen, und fragen Sie nach, wenn Sie etwas nicht verstanden haben.
- ○ Wichtig sind bei Anlageempfehlungen nicht nur die Zinsen, sondern auch die Renditen. Wird Ihnen eine Rendite garantiert, sollten Sie stutzig werden. Die gibt es nur bei sehr wenigen Geldanlagemöglichkeiten.
- ○ Erkundigen Sie sich nach dem Risiko der Geldanlage.
- ○ Fragen Sie nach steuerlichen Vergünstigungen.
- ○ Lassen Sie sich Anlagekosten, Gebühren und beim Wertpapierkauf auch die Kosten für das Depot auflisten.
- ○ Verlangen Sie das Angebot schriftlich.
- ○ Nehmen Sie alles mit nach Hause, auch wenn der Berater scheinbar nur Kritzeleien aufgeschrieben hat.
- ○ Verträge unterschreiben Sie niemals sofort, sondern erst, wenn Sie zu Hause noch einmal alles genau durchgelesen haben.
- ○ Bei hoher Anlagesumme sollten Sie immer mehrere Angebote einholen.
- ○ Fragen Sie nach dem Kundenservice. Zum Beispiel, ob Sie bei starken Kursverlusten außerplanmäßig informiert werden oder ob Ihnen regelmäßig kostenfrei Anlageempfehlungen unterbreitet werden.

WISO rät: Legen Sie bei einem Beratungsgespräch Ihre Karten offen auf den Tisch. Lassen Sie über Ihr Anlageziel, die Anlagesumme und Ihre Risikobereitschaft keinen Zweifel aufkommen. Machen Sie deutlich, wo Ihre Prioritäten liegen und was Ihnen wichtig ist. Halten Sie die wesentlichen Punkte in einem Beratungsprotokoll schriftlich fest und verlangen Sie vom Berater eine Unterschrift.

Beratungsprotokoll

Dieses Muster dient der Orientierung und als Ausfüllhilfe. Sollte der Platzbedarf nicht ausreichen, kann ein Protokoll auch formlos erstellt werden. Es wurden bewusst nur einige der wichtigsten Positionen aufgelistet. Je nach Gegebenheiten ist es eventuell sinnvoll, das Beratungsprotokoll um weitere Positionen zu ergänzen.

Gesprächsteilnehmer Name/Funktion

1. ______________________________

2. ______________________________

3. ______________________________

Ort des Gesprächs ______________________________

Datum des Gesprächs und Dauer ______________________________

Grund des Gesprächs ______________________________

____

____

Persönliche und wirtschaftliche Situation des Kunden ______________________________

____

____

____

Bisheriges Anlageverhalten ______________________________

____

____

Wünsche des Kunden ______________________________

____

____

Risikobereitschaft des Kunden/Risikoklassen ______________________________

____

____

Empfehlung des Beraters ____________________

Risikoaufklärung des Beraters ____________________

Angaben zu Transaktionskosten/lfd. Kosten der Anlage ____________________

Ausgehändigte Unterlagen ____________________

Ort, Datum, Unterschrift

1. Gesprächsteilnehmer ____________________

2. Gesprächsteilnehmer ____________________

3. Gesprächsteilnehmer ____________________

© Vogelsang & Sachs Sachverständigen-Societät für Kapitalanlagen und private Finanzplanung, Hessenring 71, 61348 Bad Homburg v. d. H., Tel.: 06172/92 00 00, e-Mail: info@vogelsang-sachs.de

Vor dem Crash falsch beraten?

Viele Anleger kamen nach dem Crash auf die Idee, dass sie zuvor von ihrer Bank falsch beraten worden sein könnten. Sie hatten kurz vor dem Abschwung, als die Aktien noch Höchststände verzeichneten, eine Empfehlung zum Kauf erhalten und zugegriffen. Doch dann setzte die Talfahrt ein. Es kam unweigerlich zu Verlusten, wenn man nicht sofort wieder ausgestiegen war. Die Chancen auf einen Schadensausgleich stehen dennoch in der Regel schlecht. Niemand wusste, wie lange der Kursverfall dauern würde. Selbst die Profis hat es hart erwischt. Schadensersatzforderungen wurden – von Einzelfällen abgesehen – von den Gerichten nicht akzeptiert. Anders kann es aussehen, wenn Sie vor dem Boom noch nie Aktien besessen hatten und Ihnen zu Höchstständen Risikopapiere verkauft wurden, obwohl Sie das gar nicht wollten. Zum Beispiel wurde einer

86-jährigen WISO-Zuschauerin ein spekulatives Börsenpapier mit fünfjähriger Laufzeit verkauft. Sie hätte also 91 Jahre alt werden müssen, um Ihr eingezahltes Geld und eventuelle Zinsen wiederzusehen. Die streitenden Parteien einigten sich außergerichtlich. Die Bank machte den Kaufvertrag rückgängig. Das Geld wurde sicher angelegt.

Wenn Sie den Eindruck haben, dass ein Anlageberater seine Pflichten nicht ernst nimmt und nur von hohen Gewinnen schwärmt, sollten Sie das Gespräch abbrechen und sich nach einem wirklichen Experten umsehen. Wie schon an anderer Stelle betont: Das gilt insbesondere dann, wenn jemand versucht, Anlagegeschäfte per Telefon oder an der Haustür anzubahnen. Hohe Gewinnversprechen sind immer ein Anlass, besonders sorgfältig zu prüfen, mit wem Sie es zu tun haben. Dubiose Anlageberater, die sich auf dem so genannten Grauen Kapitalmarkt tummeln, sind skrupellos. Ein mieser Trick ist zum Beispiel, wenn zunächst die versprochenen Gewinne fließen, um den Anlegern noch mehr Geld abzuschwatzen. Lassen Sie sich darauf ein, kommt plötzlich nichts mehr. Nicht selten ist dann auch die gesamte Firma mitsamt dem eingezahlten Kapital weg.

Der richtige Zeitpunkt für den Einstieg – und wie man den Ausstieg nicht verpasst

Es ist garantiert der falsche Moment zum Einstieg ins Aktiengeschäft, wenn sich die Börse in einem Höhenflug befindet und den höchsten Kursstand des Jahres feiert. Vom Boom zum Crash ist der Weg meist kürzer, als man denkt. Die Börsianer empfinden das Auf und Ab der Kurse hingegen als einen ganz normalen Vorgang: Die Börse müsse auch mal kräftig „ein- und ausatmen", erst dann sei sie gesund und lebendig, heißt es auf dem Parkett.

Bei Ihren Börsengeschäften sollten Sie idealerweise für den Einstieg ein niedriges Kursniveau wählen und verkaufen, wenn die Kurse am höchsten sind. Das ist leicht gesagt, aber sehr schwer zu realisieren. Da auch erfahrene Aktionäre oft den richtigen Zeitpunkt für Kauf und Verkauf verpassen, sollten Sie sich als Einsteiger auf jeden Fall eine Preisgrenze, ein so genanntes Limit, setzen. Die Kreditinstitute führen Ihren Auftrag in diesem Fall nur dann aus, wenn die von Ihnen festgesetzten Grenzen nicht über- oder unterschritten werden. Diese Limits können Sie vor großen Verlusten schützen. Viele Großinvestoren arbeiten ebenfalls damit. Sie konzentrieren sich dabei auf die Charttechnik und setzen so genannte Stop-Loss-Order (Aufträge zur Verlustbegrenzung). Wenn der Börsenkurs eine bestimmte Unterstützungslinie nach unten durchbricht, greift das Preislimit und es kommt zu Massenverkäufen. Die Kurse fallen rasant. Es kann aber auch umgekehrt der Fall eintreten, dass Sie zu einem bestimmten Kurs verkaufen wollen, das Limit eingehalten wird und Ihre Aktien am Ende des Handelstages noch einen höheren Kurs aufweisen, als Sie mit Ihrem Verlaufslimit erzielt haben. Darüber sollten Sie sich aber nicht grämen, denn wie gesagt: Ganz genau erwischt man den richtigen Zeitpunkt beziehungsweise Kurs sowieso nicht – oder nur mit viel Glück.

Beispiel: Sie wollen eine Aktie zum Kurs von maximal 150 Euro kaufen und teilen Ihrer Bank diesen Preis als Limit mit. Ihr Kaufauftrag wird also nur dann ausgeführt, wenn der Kurs die Grenze von 150 Euro nicht überschreitet. Liegt der Kurs darunter, wird gekauft und Sie sind Aktionär. Außerdem wollen Sie, wenn der Kurs der Aktie um 10 Prozent gestiegen ist, wieder verkaufen. Nach Abzug von rund 3 Prozent für Provision, Spesen und Gebühren bleiben Ihnen dann noch 7 Prozent als Kursgewinn – vorausgesetzt, Sie erzielen am Verkaufstag die gewünschten 165 Euro. Um kein Risiko hinsichtlich Ihres Gewinns einzugehen, setzen Sie auch an dem von Ihnen gewählten Verkaufstag ein Limit. Ihr Auftrag wird von der Bank also nur dann ausgeführt, wenn die von Ihnen gesetzte Grenze von 165 Euro nicht unterschritten wird. Kann das Limit nicht ausgeführt werden und wollen Sie ein neues Limit setzen, müssen Sie dafür wieder ein Entgelt bezahlen. Bei den Preisgrenzen sollten Sie deshalb im realistischen Rahmen bleiben.

WISO rät: Setzen Sie sich für Verluste, aber auch bei der Gewinnrealisierung Grenzen. Entweder behalten Sie die Kurse selbst täglich im Auge oder Sie setzen Limits. Verlassen Sie sich dabei nicht auf das Gefühl, sondern auf Ihren Taschenrechner. Ist der Kurs zum Beispiel um 10 Prozent gestiegen, sind Gewinnmitnahmen nicht zu verachten.

Wenn Sie die Kurse für eine längere Zeit nicht selbst beobachten können, weil Sie vielleicht ins Krankenhaus müssen oder in den Urlaub fahren wollen, dann empfiehlt sich vorab ein umfassender Depot-Check. Neben Depotumschichtungen bieten Stop-Loss-Kurse eine besonders effektive Möglichkeit, sich vor großen Verlusten zu schützen. Wenn der angegebene Kurs in Ihrer Abwesenheit erreicht wird, verkauft die Bank für Sie das Papier. Sie können aber auch einem Menschen Ihres Vertrauens eine vorübergehende Vollmacht ausstellen, der dann für Sie die anstehenden Aufträge erledigt. Wenn Sie dagegen auch im Urlaub den permanenten Überblick behalten wollen, können Sie zum Beispiel ein kostenloses Musterdepot im Internet anlegen, das eine Kopie Ihres eigenen Depots darstellt. Zum Check reicht dann der Besuch eines Internetcafés oder ein Online-Anschluss im Hotel. Einige Banken und Onlinebroker schicken Börsennachrichten und Kurse auch kostenlos via e-Mail auf den Computer oder per SMS auf Ihr Handy. Vor kostenpflichtigen Informationsdiensten ist jedoch zu warnen. Das ist meist reine Geldschneiderei. Es könne nicht sichergestellt werden, dass die Anleger über den Kurs hinaus auch wirklich alle relevanten Informationen erhielten, warnt beispielsweise die Stiftung Warentest.

Mit Limits arbeiten und dafür extra bezahlen – ist das nicht nur wieder Geldmacherei der Banken? Es ist jedenfalls besser, als böse Überraschungen zu erleben! Denn Börsenexperten und Statistiker haben beobachtet, dass die Börsenkurse mit den Jahreszeiten schwanken. Danach gab es in den Monaten März, April und Mai überdurchschnittlich oft Höchstkurse. Tiefstkurse konzentrierten sich dagegen auf den September und Oktober, der bei den Börsianern den schlechtesten Ruf hat. Er gilt als der Crash-Monat schlechthin. Dennoch sollte man sich von solchen Beobachtungen nicht allzu sehr leiten lassen. Wichtig ist die konjunkturelle Phase, in der sich die Börsenkurse bewegen. Außerdem ist die Statistik ausschließlich rückwärts gerichtet. Vorsorglich im September alle Wertpapiere zu verkaufen, weil ein Kursrückgang drohen könnte, ist für die langfristige Geldanlage ohnehin nicht sinnvoll. Selbst professionelle Vermögensverwalter bestätigen, dass für das Einzelengagement nur selten der optimale Zeitpunkt gefunden werden kann. Deshalb sollte die private Geldanlage in Aktien immer langfristig orientiert sein. Das gilt auch für den Verkauf von Aktien: in der Hausse Gewinne mitnehmen und die Baisse aussitzen.

Unvermeidlich – aber nicht unveränderlich: Provision, Spesen und Gebühren

Für jedes Börsengeschäft muss ein Kreditinstitut beauftragt werden. Für die Abwicklungen werden Spesen, Gebühren und Provision verlangt. Zusätzlich sind für die Eröffnung und Verwaltung eines Bankdepots Gebühren zu zahlen, die je nach Inhalt und Wert Ihrer Papiere unterschiedlich hoch ausfallen können. Ein Mindestentgelt müssen Sie aber auf jeden Fall bezahlen. Schließlich verlangt auch noch der Kursmakler, der seinen Sitz an der Börse hat, sein Geld, die so genannte Maklercourtage. Es verdient an Ihren Börsengeschäften also immer jemand mit, egal, ob Sie Gewinne oder Verluste machen. Trotz aller elektronischen Hilfsmittel sind Börsengeschäfte insgesamt nicht billiger geworden. Nur ein einziger Belastungsposten, die Börsenumsatzsteuer, ist 1991 entfallen.

Bei Aktien liegt die Provision im klassischen Kreditgewerbe mit Filialbetrieb und Beratung üblicherweise bei 1 Prozent vom Kurswert. Wird eine Mindestgebühr verlangt, reicht die Spanne von 10 bis 25 Euro. Einige Institute stellen zusätzlich noch Spesen in Rechnung. Der Makler an der Börse erhält zwar nur etwa 0,08 Prozent vom Kurswert, er soll aber der Vollständigkeit halber nicht unerwähnt bleiben. Wer seine Aktiengeschäfte zu einem bestimmten Kurs abwickeln will, also bei Kauf oder Verkauf ein so genanntes Limit setzt, muss noch einmal zwischen 1 und 5 Euro je Transaktion bezahlen. Besonders teuer ist die Order von ausländischen Aktien, die nicht am deutschen Markt gehandelt werden. Drohen hohe Fremdspesen, lohnt es sich in jedem Fall, vorher nach den Kosten zu fragen. Bei Anleihegeschäften (Rentenpapieren) fällt für Kauf und Verkauf nur etwa die Hälfte der Gebühren an.

Auch wenn man bei den Gebühren zum Teil etwas einsparen kann, an den Depotkosten kommen Sie in der Regel nicht vorbei. Das gilt auch für die übliche Verwahrung von Wertpapieren in Sammeldepots. Für das Depot zahlen Sie entweder einen Grundpreis, eine Provision pro Posten oder eine Mischung aus beiden. Ein Preisvergleich fällt deshalb schwer. Bei Filialbanken kostet ein Depot im Jahr bis zu 1,5 Promille vom Kurswert. Wird nach Posten abgerechnet, fallen zwischen 1,50 und 6 Euro an. Die Grenze der Mindestgebühr reicht von 0 bis 50 Euro. Doch Achtung: Das zahlen Sie auch dann, wenn nur eine einzige Aktie im Depot liegt. Die Mindestgebühr kann also höher als der ganze Depotwert sein.

Die Banken bieten sehr unterschiedliche Konditionen. Direktbanken sind bei Wertpapiergeschäften billiger als die Filialbanken. Diese bieten aber meist keine Beratung an. Sie müssen also wissen, was Sie kaufen wollen. Am kostengünstigsten sind Aktienkäufe per Internet. Hier sollten Sie aber nicht nur auf die Preise achten, sondern auch auf die Sicherheit. Erkundigen Sie sich nach dem Verschlüsselungsstandard. Stellen Sie sicher, dass niemand Zugang zu Ihren Daten und Konten hat. Schützen Sie Ihren Rechner vor Viren, Würmern und Trojanischen Pferden. Erkundigen Sie sich auch danach, wer im Schadensfall haftet und wer die Beweislast zu führen hat. Im Internet werden Vergleichsrechner von Depotkosten angeboten, zum Beispiel von www.aspect-online.de.

WISO rät: Spesen und Gebühren fallen bei jedem Kauf und Verkauf von Wertpapieren an. Dabei sollten Sie bedenken, dass Sie bei kleinen Stückzahlen vergleichsweise stärker belastet werden als bei größeren Posten. In jedem Fall lohnt sich ein Vergleich der Konditionen bei verschiedenen Kreditinstituten und Direktbanken. Hier gibt es, wie auch WISO in Stichproben herausgefunden hat, ganz erhebliche Unterschiede.

Achtung Risiko!

Direktbanken, die sich auf Aktiengeschäfte spezialisiert haben, bieten auch Börsengeschäfte auf Kredit an. Zum Beispiel können Sie Ihren Depotwert bis zu 50 Prozent beleihen. Da lässt sich bei steigenden Aktienkursen und voller Ausschöpfung des Angebots ganz schnell ein beachtliches Depot aufbauen. Doch wenn die Kurse sinken, kehrt sich das Sümmchen rasch in ein dickes Minus um. Die Banken sind dann schnell dabei, den Kredit zurückzufordern, wenn der Depotwert zum Beleihungswert nicht mehr im richtigen Verhältnis steht. Schuldenberg programmiert!

Investmentfonds: Lassen Sie die Profis arbeiten

In Deutschland sind Tausende von verschiedenen Investmentfonds zugelassen und es werden fast täglich mehr. Der größte Teil wird von deutschen Kapitalanlagegesellschaften und ihren Luxemburger Töchtern auf den Markt gebracht, der Rest kommt aus dem Ausland. Für den einzelnen Anleger ist die Angebotsflut nicht mehr zu überblicken. In den Investmentfonds sind je nach Zielsetzung der Fondsgesellschaften entweder Aktien, Anleihen oder beide Wertpapierarten enthalten. Es gibt aber auch Fonds, die sich auf hochspekulative Anlageformen spezialisieren (mehr dazu im Kapitel „Aktienfonds“). Bei den Deutschen haben Rentenfonds den größten Marktanteil, gefolgt von offenen Immobilienfonds, dann erst kommen Aktienfonds und gemischte Fonds, die aus Anleihen und Aktien bestehen. Gerade in unsicheren Börsenzeiten erlebten die sicheren Fonds einen enormen Kapitalzufluss. Rentenfonds, Garantiefonds und offene Immobilienfonds gingen 2003 weg wie warme Semmeln. Außerdem standen Geldmarktfonds hoch im Kurs. Sie sind ein sicherer Parkplatz für Ihr Geld, bis sich die Börse wieder stabil nach oben bewegt. Zu den Spezialitätenfonds gehören jene Papiere, die sich nur auf eine Branche oder ein Land konzentrieren, wie zum Beispiel Ökofonds, Hightechfonds und Länderfonds. Nach der Einführung der gemeinsamen Währung in Euroland stieg das Interesse an europaweit ausgerichteten Fonds. Seit der letzten Erweiterung der Union im Mai 2004 nimmt auch die Bedeutung von osteuropäischen Fonds zu.

Die Grundidee des Investmentsparens ist bei allen Fondstypen gleich. Die Investmentgesellschaften stellen den Inhalt der Fonds zusammen und verwalten sie professionell. Das Fondsvermögen wird in Investmentzertifikate beziehungsweise Anteilsscheine aufgeteilt. Die Käufer erwerben damit das Recht auf Gewinnanteile aus dem Fondsvermögen. Die vereinbarten Zinsen werden entweder jährlich ausgeschüttet oder angesammelt und bis zum Rückgabezeitpunkt mitverzinst – also thesauriert. Der Kauf von Fondsanteilen empfiehlt sich insbesondere für Anleger, die

- selber nicht genügend Erfahrung mit Börsengeschäften haben,
- keine Zeit haben, sich persönlich intensiv um ihre Investments zu kümmern,
- regelmäßig einen bestimmten Anteil ihres Einkommens per Dauerauftrag investieren wollen (z. B. 100 Euro in einen Fondssparplan, der sich eventuell auch mit den vermögenswirksamen Leistungen kombinieren lässt),
- sich in interessanten Märkten engagieren wollen, deren Entwicklung aber von hier aus schwer zu beurteilen ist (zum Beispiel Griechenland, Osteuropa, Korea, Taiwan, Brasilien usw.).

Manche Menschen glauben, dass es sich sowieso nicht lohnt, die paar Euro, die am Ende des Monats übrig bleiben, anzulegen. Dies ist jedoch ein Trugschluss: Wer mo-

natlich 50 Euro anspart und dafür 6 Prozent Zinsen pro Jahr bekommt, hat nach 30 Jahren immerhin ein Vermögen von 4.977 Euro angespart. Neben der Chance auf hohe Erträge hat das Fondssparen aber noch viele andere Vorzüge:

- Anleger können den Kauf und Verkauf von Wertpapieren den professionellen Managern des Investmentfonds überlassen. Sie müssen nur einen Dauerauftrag einrichten und darin den von ihnen gewünschten Sparbetrag festlegen.
- Fondssparer bleiben flexibel. Sie können die Höhe der Sparraten je nach den jeweiligen Lebensumständen nach oben oder unten hin anpassen, ihr Vermögen in andere Fonds umschichten – oder auch ganz aussteigen.
- Es gibt keine Laufzeiten. Der Kunde kann jederzeit erworbene Fondsanteile ganz oder teilweise verkaufen.
- Da die Anteilspreise der Fonds mit den Aktienkursen an der Börse sinken oder steigen, handeln Fondssparer automatisch antizyklisch: Wer monatlich eine gleich bleibende Summe in einen Aktienfonds steckt, erwirbt in Zeiten anziehender Kurse weniger Fondsanteile und in Zeiten niedriger Kurse mehr Fondsanteile. Der so genannte Cost-Average-Effekt (Kostenschnitt) kann dazu beitragen, die Rendite der Anlage zu erhöhen.

Doch nicht alle Investmentfonds kommen für das monatliche Sparen in Frage. Die Anlage eines bestimmten Betrages setzt voraus, dass der Sparer auch Bruchteile von Fondsanteilen erwerben kann, was nicht bei allen Fonds möglich ist. In Verbrauchermagazinen sind deshalb Fonds, mit denen Fondssparen möglich ist, besonders gekennzeichnet.

WISO rät: Wenn Sie noch wenig Erfahrung oder wenig Zeit haben, wenn Sie bei Börsengeschäften möglichst wenig Eigenverantwortung tragen möchten und Ihr Vermögen breit gestreut sein soll, dann bieten Ihnen Investmentfonds viele Möglichkeiten. Dennoch gilt auch hier, wie immer bei der Geldanlage: Je riskanter die Anlagestrategie, desto höher ist das Verlustrisiko – und umgekehrt (mehr dazu im Kapitel „Aktien- und andere Fonds“).

Zertifikate: ein neues Anlageprodukte für alle Fälle

Keine andere Neuentwicklung hat in den vergangenen Jahren einen solchen Boom erlebt wie die Zertifikate. Sie sind die Gewinner der labilen Börsenzeiten. Denn können selbst die Profis nicht mehr einschätzen, ob es mit den Kursen bergauf oder bergab geht, müssen Innovationen her.

Um das Risiko der Aktienanlage zu begrenzen, haben kreative Banker das Anlagezertifikat entwickelt. Diese bieten vor allem in schwierigen Zeiten und bei unklarer Börsenlage ein besseres Chancen-Risiko-Verhältnis. Die relativ junge Anlageform – das erste Zertifikat wurde 1989 emittiert – hat in Deutschland eine Erfolgsgeschichte sondergleichen geschrieben. 155 Milliarden Euro wurden 2003 im Markt für strukturierte Produkte, zu dem auch die Zertifikate zählen, umgesetzt. Allein bei Anlagezertifikaten (ohne Hebel- und Knock-out-Produkte) stieg der Umsatz von 48,3 auf 58,9 Milliarden Euro. 10.553 verschiedene Produkte buhlten um die Gunst der Anleger, 2002 waren es gerade einmal 6.200.

Zertifikat – das klingt wie ein Gütesiegel, das schafft Vertrauen. Nüchtern betrachtet sind Zertifikate nichts anderes als Schuldverschreibungen der Banken, die Zertifikate herausgeben (emittieren) – und damit Geld verdienen. Als Finanzderivat sind die Zertifikate unmittelbar von der Performance eines oder mehrerer Basiswerte abhängig. Als Basiswerte können beispielsweise Aktien oder Indizes dienen. Für alle Zertifikate gilt dabei gleichermaßen, dass unterschiedliche Finanzinstrumente, wie etwa Optionen, eingesetzt werden, um Gewinnmöglichkeiten zu maximieren und Risiken zu begrenzen. Nach Ansicht der Banken, die Zertifikate ausgeben, gibt es für annähernd jede Marktlage das passende Zertifikat. Verschwiegen wird jedoch meist das Gefahrenpotenzial der Termingeschäfte. Wird eine höhere Sicherheit geboten, wie etwa von Garantiezertifikaten, muss auch ein höherer Preis bezahlt werden.

Wer kann Anlagezertifikate kaufen – und wo?

Bei Anlagezertifikaten handelt es sich um ein Geschäft auf Termin, das immer ein hohes Risiko birgt. Einige Banken verlangen dafür sogar die Termingeschäftsfähigkeit. Es gibt eine große Auswahl mit unterschiedlichen Sicherheitsmechanismen. Wobei auch hier gilt: je höher die in Aussicht gestellte Rendite, desto höher auch das Risiko.

Im Grund kann jeder Zertifikate kaufen. Allerdings gibt es gewisse Hürden, die nichts mit dem Produkt zu tun haben, sondern deren Ursprung in regulatorischen Besonderheiten des Handels mit Zertifikaten liegt. Das gravierendste Hindernis für den Einsatz von Discountzertifikaten ist die so genannte „Termingeschäftsfähigkeit", die von manchen Banken (nicht von allen!) als Voraussetzung für den Kauf von Zertifikaten verlangt wird. Hintergrund ist, dass die Struktur der Discountzertifikate eine Terminmarktkomponente enthält. Diese wird im Fall des Discountzertifikats allerdings zur Senkung des Anlagerisikos eingesetzt, weswegen die Erfordernis der Termingeschäftsfähigkeit sehr umstritten ist. Um die Termingeschäftsfähigkeit zu erlangen, muss der Bankkunde zum einen Angaben zu seinen bisherigen Erfahrungen mit Wertpapieren und seinem Anlagevermögen machen. Zum anderen muss er eine Erklärung abgeben, dass er sich der Risiken des Investments bewusst ist.

Wer Zertifikate erwerben will, kann dies über die Börse tun, wo alle verfügbaren Zertifikate gehandelt werden. Abweichend vom Aktienhandel spielen die Börsenumsätze und die Liquidität des Handels bei Discountzertifikaten aber keine Rolle. Denn im Gegensatz zu Aktien ergeben sich die Preise der Zertifikate nicht aus Angebot und Nachfrage, sondern folgen festgelegten mathematischen Berechnungen, die sich aus dem jeweiligen Kurs des Basiswertes ableiten lassen.

Auf Basis dieser Berechnungen verpflichten sich die Anbieter von Zertifikaten, jederzeit Verkaufs- und Rücknahmekurse zu stellen. Das heißt, ein Anleger, der sein Zertifikat wieder verkaufen will, muss nicht wie bei Aktien auf einen Abnehmer warten, der bereit wäre, das Papier zu kaufen. Vielmehr steht die Bank jederzeit als Abnehmer, der einen fairen Preis für das Zertifikat garantiert und bezahlt, parat. Zertifikate können aber auch direkt beim Anbieter gekauft werden. Denn alle großen Emissionsbanken ermöglichen den Kauf und Verkauf von Zertifikaten im Direkthandel, ohne den Umweg über die Börse. Hierbei werden dem Interessenten auf Anfrage verbindliche Kurse genannt, zu denen er seine Zertifikate erwerben oder wieder zurückgeben kann. Zugriff auf diesen Direkthandel bieten alle großen Discountbroker.

WISO rät: Achten Sie bei der Auswahl auf mögliche Fallstricke. Wählen Sie das für Sie geeignete Zertifikat unter Berücksichtigung Ihrer Risikobereitschaft und unter steuerlichen Aspekten aus. Erkundigen Sie sich nach der Bonität des Emittenten. Auch Banken werden von so genannten Rating-Agenturen bewertet; fragen Sie danach.

Zertifikate im Überblick

- **Anlagezertifikat:** Laut Definition ist ein Anlagezertifikat eine Inhaberschuldverschreibung, die die Kursentwicklung einer Aktie oder eines Index nachzeichnet. Es gibt für jede Börsenerwartung ein geeignetes Zertifikat.
- **Indexzertifikate:** Der Anleger nimmt 1:1 an der Wertentwicklung des zugrunde liegenden Index teil. Steigt der Index, zum Beispiel der DAX oder der Euro-STOXX, legt das Zertifikat ebenfalls an Wert zu, meist im Verhältnis 1:10 oder 1:100. Daraus errechnet sich auch der Tageswert des Zertifikats. Beispiel: Steht der DAX bei 4.000 Punkten, kostet das Zertifikat ein Hundertstel, also 40 Euro. Indexzertifikate rechnen sich bei steigenden Kursen.

Unter der Lupe: das Indexzertifikat

Indexzertifikate sind frei handelbar, in ihrer Laufzeit begrenzt oder unbegrenzt zu haben und werden von Banken und Investmenthäusern herausgegeben. Sie haben keine laufenden Erträge und einen variablen Wert beziehungsweise Rückzahlungsbetrag, der im Rahmen bestimmter Regeln an den Kurs eines Index gekoppelt ist.

Mit dem Kauf eines Indexzertifikats packen Anleger einen kompletten Index ins Depot. Ihr Wert ist jederzeit feststellbar, denn Zertifikate werden börsentäglich notiert. Die Emissionshäuser (Banken) stellen zudem fortlaufend Kurse, die sich am fairen Wert orientieren. Die Struktur des Produkts ermöglicht eine geringe Kostenbelastung, die im Vergleich zu Fonds günstiger ist. Zertifikate können meist schon für zweistellige Eurobeträge erworben werden. So sind schon Investments mit kleinen Beträgen möglich.

Die Auswahl: Bei der Auswahl eines Indexzertifikats sollten Sie auf die Qualität des Gläubigers achten. Sollte ein Institut in Zahlungsschwierigkeiten kommen, kann die Rückzahlung gefährdet sein. Anleger sollten daher Produkte bevorzugen, die von den bekannten deutschen Großbanken oder von renommierten ausländischen Adressen herausgegeben werden.

Unterschiede zwischen Indexfonds und Indexzertifikaten: Fonds stellen ein Sondervermögen dar, woran der Anleger Anteile erwerben kann. Löst sich die Fondsgesellschaft auf, gehören die Anteile nach wie vor Ihnen und Sie können an der Börse wieder zum Tageskurs umtauschen. Dagegen geht der Käufer von Zertifikaten ein Emittentenrisiko ein. Denn wenn der Emittent, der Herausgeber, Pleite macht, kann er das geschuldete Geld nicht mehr zurückzahlen. Deshalb muss das Rating des Emittenten bei der Auswahl eines Zertifikats besonders beachtet werden.

Volatilität: Die erwartete Schwankungsbreite der Kurse spielt eine wichtige Rolle bei Papieren mit Optionskomponenten. Anleger sollten nicht kaufen, ohne die Prognosen zur Volatilität zu kennen.

Kündigung: Ein Großteil der ausgegebenen Indexzertifikate hat keine feste Laufzeitbegrenzung. Wer aussteigen will, muss zum Teil lange Kündigungsfristen bei diesen Endloszertifikaten berücksichtigen. Häufig hat der Anleger einmal im Jahr zu einem festgelegten Termin die Möglichkeit, das Papier gegen Barausgleich (zum Beispiel in Höhe des Indexstandes) an den Emittenten zurückzugeben. Auch der Emittent kann unter Einhaltung einer Frist kündigen, indem er für das Zertifikat ein Laufzeitende festlegt.

Steuer: Mit Zertifikaten können Sie Ihre Steuerlast optimieren. Allerdings konnten die Anleger bisher nur bei Performance-Indizes (Beispiel DAX) die Dividenden steuerfrei vereinnahmen, da sie dem Index automatisch zugerechnet werden. Emissionshäuser gehen inzwischen jedoch auch dazu über, bei Kursindizes (Beispiel Euro-STOXX-50) die jeweiligen Dividendengutschriften – zumindest anteilig – dem Kurs des Zertifikats zuzurechnen. Nach der derzeitig gültigen Steuergesetzgebung müssen Kursgewinne bei Discountzertifikaten nicht versteuert werden, solange zwischen Erwerb und Verkauf mindestens zwölf Monate verstrichen sind. Bei einer kürzeren Haltedauer greift hingegen die Besteuerung für Spekula-

tionsgewinne. Das heißt, mögliche Erträge müssen in voller Höhe in der Einkommensteuererklärung (Formular: „Einkünfte aus Kapitalvermögen") angegeben und mit dem persönlichen Grenzsteuersatz veranlagt werden.
Kosten: Achten Sie auf eine geringe Geld-Brief-Spanne. Bei Indexzertifikaten ist der Direkthandel mit Emittenten, der so genannte außerbörsliche Handel, von großer Bedeutung. Die bekannten Direktbanken verfügen über die entsprechenden Plattformen. Die Geld-Brief-Spanne bei DAX-Zertifikaten sollte maximal 0,2 Prozent betragen und bei Euro-STOXX-50-Zertifikaten maximal 1,0 Prozent erreichen. In der Fachsprache wird der englische Begriff Spread verwendet. Er drückt die Differenz zwischen An- und Verkaufspreis aus und wird von der emittierenden Bank vereinnahmt.
Keine Managementgebühr: Bei Indexzertifikaten sollten Anleger generell keine Managementgebühr akzeptieren. Zertifikate sind auch eine kostengünstige Alternative zu Fonds. Ein Vergleich lohnt.
Vernünftiges Bezugsverhältnis: Der absolute Kurs eines Indexzertifikats sollte maximal 100 Euro erreichen. So ist eine gute Feinjustierung von Anlagebeträgen möglich.

- **Discountzertifikate:** Der Anleger erwirbt einen Basiswert (Aktie oder Index) mit einem Preisabschlag (Discount). Für den niedrigen Einstiegskurs verzichtet der Käufer auf einen Teil der Gewinne. Wenn der Basiswert die vorher festgelegte Gewinn-Obergrenze überschreitet, setzt der Cap ein. Das heißt, der Anleger profitiert nur bis zu diesem Höchstbetrag. Erst am Ende der Laufzeit zeigt sich, ob das Investment in ein Zertifikat besser war als die Direktanlage in eine Aktie oder einen Index. Das Papier wird dann nämlich in den jeweiligen Basiswert umgetauscht. Ähnlichkeiten sind hier auch bei der Aktienanleihe zu finden. Der Anleger erhält jedoch keinen Rabatt beim Kauf, sondern während der Laufzeit eine überdurchschnittliche Verzinsung. Disountzertifikate sind sinnvoll bei seitwärts tendierenden Märkten.

Wichtige Begriffe zur Bewertung von Discountzertifikaten

Cap: Er markiert die Obergrenze für die Wertentwicklung des Discountzertifikats. An Kursgewinnen des Basiswertes über die Cap-Marke hinaus partizipiert der Inhaber des Zertifikats nicht mehr. Außerdem gibt der Cap an, ob sich der Anleger auf die Einlieferung einer Aktie einstellen muss. Dies ist immer dann der Fall, wenn die Aktie am Ende der Laufzeit unterhalb der Cap-Marke notiert. Eine Ausnahme stellen Index-Discountzertifikate dar. Bei diesen erfolgt in der Regel in jedem Fall ein Barausgleich. Einige Emittenten sehen für diesen Fall aber auch die Lieferung von Indexzertifikaten vor.

Discount: Das Herzstück der Zertifikate zeigt an, um wie viel Prozent der Preis des Discountzertifikats unter dem der bezogenen Aktie oder des Index liegt. Daraus folgt gleichzeitig die Information, wie weit der jeweilige Aktienkurs fallen dürfte, bevor der Besitzer des Discountzertifikats in die Verlustzone rutscht. Der Verlust ist aber in jedem Fall geringer als bei der Direktanlage in die entsprechende Aktie oder den Index.

Maximaler Ertrag: Er zeigt an, welcher Gewinnzuwachs mit einem Discountzertifikat bestenfalls erzielt werden kann, bevor die Performance-Begrenzung durch den Cap greift. Dabei gilt jedoch, dass der ausgewiesene Betrag nur dann voll erzielt wird, wenn das Discountzertifikat bis zum Fälligkeitstag behalten wird.

Maximale Rendite p. a.: Bei der Renditeberechnung per annum (pro Jahr) wird so getan, als ob die Laufzeit des Discountzertifikats genau einem Kalenderjahr entspräche. Sinnvoll ist dies, um die Renditeerwartung mit anderen Investmentformen vergleichbar zu machen, deren Ertragserwartung ebenfalls auf Jahresbasis ermittelt wird. Sie ermöglicht aber auch den Vergleich verschiedener Discountzertifikate mit unterschiedlicher Laufzeit untereinander.

Hintergrund dafür sind mögliche Verzerrungen beim alleinigen Blick auf die absoluten Renditezahlen, die mit der Länge des Anlagezeitraums zwangsläufig zunehmen. Trotzdem kann eine „niedrige“ absolute Rendite von 4 Prozent attraktiver sein als eine scheinbar „hohe“ absolute Rendite von 9 Prozent. Zum Beispiel dann, wenn die 4 Prozent binnen sechs Monaten erzielt werden können, für die 9 Prozent aber eine Anlagedauer von zwei Jahren benötigt wird. (Viermal sechs Monate mit 4 Prozent = 16 Prozent, einmal 24 Monate mit neun Prozent = 9 Prozent.)

Seitwärtsertrag: Der Seitwärtsertrag gibt an, welchen Zugewinn der Anleger mit einem Discountzertifikat erzielt, wenn sich der Kurs des Basiswertes im Zeitverlauf nicht verändert oder wenn er nach mehrmaligem Auf und Ab am Ende wieder auf dem Ausgangsniveau notiert. Diese Kennzahl spiegelt den besonderen Charme von Discountzertifikaten wider, da diese zu den wenigen Anlageinstrumenten gehören, mit denen auch bei gleich bleibenden Börsenkursen positive Erträge zu erzielen sind.

Seitwärtsrendite p. a.: Die Seitwärtsrendite per annum (pro Jahr) bezieht sich auf die Renditeerwartung bei gleich bleibendem Börsenkurs des Basiswertes. Dabei wird mathematisch so getan, als ob die Laufzeit des Zertifikats genau einem Kalenderjahr entspräche.

Outperformance-Punkt: Gibt an, wie stark der Kurs des Basiswertes steigen müsste, bevor ein Direktinvestment in die Aktie oder den Index ein besseres Ergebnis einbringt als der Erwerb des entsprechenden Discountzertifikats. Unterhalb des Outperformance-Punktes fährt der Discountinvestor immer besser als der Direktaktionär.

Notwendige Performance: Zeigt an, wie stark der Kurs des Basiswertes während der Laufzeit steigen muss, damit beim Discountzertifikat die maximale Rendite erreicht wird. Bei manchen Papieren ist dieser Wert negativ. Das bedeutet, dass der Höchstbetrag selbst dann gezahlt wird, wenn der Basiswert um den entsprechenden Prozentsatz fällt! In diesem Fall spricht man vom „erlaubten Rückgang".
Erlaubter Rückgang: Zeigt an, wie stark der Kurs des Basiswertes während der Laufzeit fallen kann, ohne dass die Erreichung der maximalen Rendite beim Discountzertifikat gefährdet wird. Diese Betrachtung greift immer dann, wenn der Cap des Discountzertifikats unterhalb des aktuellen Börsenkurses des Basiswertes liegt.

- **Bonuszertifikate:** In ihrem Chance-Risiko-Profil sind Bonuszertifikate mit Discountzertifikaten vergleichbar. Anders als diese bieten sie aber eine Mindestrendite, solange der Kurs des Basiswerts während der Laufzeit nicht unter eine bestimmte Schwelle rutscht, meist sind es minus 30 oder 40 Prozent. Falls doch, wird das Papier zum normalen Indexzertifikat. Käufer tragen dann die Verluste des Basiswerts voll mit. Dafür müssen sie aber nicht auf Erträge verzichten, wenn die Kurse kräftig steigen, denn es gibt keine Höchstgrenze wie bei Discountern. Allerdings streicht die Bank bei Bonuszertifikaten die Dividende ein, und das ist zum Beispiel bei sechs Jahren Laufzeit und dividendenstarken Titeln nicht gerade wenig. Bonuszertifikate eignen sich ebenfalls für stagnierende Märkte.

- **Garantiezertifikate:** Der Anleger erhält hier für sein eingesetztes Kapital einen vollen oder teilweisen Schutz. Garantiezertifikate erwirtschaften im Vergleich zu ungesicherten Produkten eine vergleichsweise geringe Rendite.

- **Rollierende Zertifikate:** Der Anleger investiert regelmäßig in kurz laufende Discountzertifikate mit einem Monat Restlaufzeit. Dadurch wird der Cap an das aktuelle Marktniveau angepasst und das Produkt flexibler. Das Chancen-Risiko-Verhältnis steigt aber ebenfalls an.

WISO rät: Anlagezertifikate sind ein erklärungsbedürftiges Produkt. Holen Sie vor der Kaufentscheidung Expertenrat ein!

Mit Banken streiten – aber richtig!

Mit Ihren Börsengeschäften kommen Sie an den Banken nicht vorbei. Da kann es auch einmal zum Streit kommen, den man allein nicht lösen kann. Auch nehmen sich Ge-

richte immer wieder einzelne Problemstellungen vor. Die Rechtsprechung reicht bis zum Bundesgerichtshof. Bevor Sie jedoch einen Anwalt einschalten, haben Sie noch mehrere andere Möglichkeiten, sich außergerichtlich Rat und Hilfe zu holen. Es gibt Ämter, Institutionen und außerdem noch Ombudsleute, die sich für Ihre Interessen einsetzen.

Eine wichtige Institution in diesem Zusammenhang ist das BaFin. Die Bundesanstalt für Finanzdienstleistungsaufsicht ist aus der Zusammenlegung von mehreren Aufsichtsämtern für das Kredit-, Wertpapier- und Versicherungswesen entstanden. So wird zum Beispiel jedes Kreditinstitut vor der Aufnahme seiner Geschäfte geprüft und muss beim BaFin eine Genehmigung einholen. Auch Verbraucher können sich an das BaFin wenden, wenn sie Ärger mit ihrer Bank oder Versicherung haben, zum Beispiel, wenn sie eine Entscheidung des Unternehmens nicht akzeptieren können oder sie Ihnen unverständlich ist. In diesen Fällen kann man den kostenlosen Bürgerservice der BaFin in Anspruch nehmen. In den vergangenen Jahren wurden durchschnittlich mehr als 30.000 Beschwerden pro Jahr bearbeitet.

Das Prüfverfahren verläuft nach festen Regeln. Die Beschwerde wird vom BaFin an das betreffende Bank- oder Versicherungsunternehmen weitergeleitet. Der Vorstand des Unternehmens erstattet dem BaFin einen ausführlichen Bericht, in dem er auf die tatsächlichen und rechtlichen Aspekte des speziellen Falles aus seiner Sicht eingeht. Dieser Bericht wird mit Anmerkungen des BaFin an Sie weitergeleitet. Allerdings kann das BaFin kein Recht sprechen. Das ist ausschließlich Sache der Gerichte. Eine verbindliche Klärung kann also nicht geleistet werden.

Rat und Hilfe

Allgemeine Rechtsberatung ist gesetzlich den beratenden Berufen, insbesondere der Rechtsanwaltschaft (www.brak.de), vorbehalten. Auch diverse Verbraucherschutzorganisationen oder die Stiftung Warentest (www.stiftung-warentest.de) bieten Hilfestellung; ebenso die Bundesanstalt für Finanzdienstleistungsaufsicht, Dienstsitz Bonn, Bürgerservice, Graurheindorfer Straße 108, 53117 Bonn. Eine günstige Rechtsberatung gibt es auch bei einigen Verbraucherzentralen, zum Beispiel bei der Verbraucherzentrale in Düsseldorf, www.vz-nrw.de.

Hilft eine Beschwerde bei der BaFin?

Die Beschwerde ist dennoch nicht ohne Wert, denn Sie bekommen zweierlei: einerseits eine Entscheidung der Unternehmensleitung und nicht irgendeiner nachgeordneten Stelle. Das erweitert erfahrungsgemäß den Entscheidungsspielraum des Unternehmens und hat zur Folge, dass das Unternehmen nochmals intensiv in den Sachverhalt einsteigt und seine Rechtsauffassung überprüft. Andererseits eine kostenlose und un-

abhängige rechtliche Überprüfung durch die BaFin, auch wenn diese nicht die Verbindlichkeit einer Gerichtsentscheidung hat. In einer nicht unbeachtlichen Zahl der Fälle führt die Beschwerde zu einer Änderung der ursprünglichen Entscheidung.

WISO rät: Beachten Sie, dass Ihre Eingabe beim BaFin keinen Einfluss auf den Ablauf gesetzlicher oder vertraglicher Fristen (z. B. Zahlungs-, Melde- oder Verjährungsfristen) hat! Hierauf müssen Sie unabhängig von der Prüfung selbstständig achten, damit Ihnen keine Nachteile entstehen. In Zweifelsfällen wenden Sie sich an einen zugelassenen Rechtsberater.

Ombudsleute zunehmend gefragt

Die Verbände der Kreditwirtschaft haben auch eigene Beschwerdestellen eingerichtet. Die Ombudsleute sind meist ehemalige Richter, die im Streit mit Kunden als Schlichter fungieren. Bis zu einem Streitwert von 5.000 Euro binden sich die Banken in einer Selbstverpflichtung an den Schlichterspruch des Ombudsmannes. Das Verfahren ist für die Kunden kostenfrei. Der Rechtsweg steht ihnen auch nach einer Entscheidung noch offen. Hier die wichtigsten Adressen:

Kundenbeschwerdestelle beim Bundesverband der Deutschen Volksbanken und Raiffeisenbanken
Postfach 30 92 63
10760 Berlin
Tel.: 030/2021–0
Internet: http://www.bvr.de

Kundenbeschwerdestelle beim Verband deutscher Hypothekenbanken
Postfach 64 01 36
10047 Berlin
Tel.: 030/209 151 00
Internet: www.hypverband.de

Bundesverband Öffentlicher Banken (VÖB)
Kundenbeschwerdestelle
Lennéstraße 17
10785 Berlin
Internet: www.voeb.de

Kundenbeschwerdestelle des Bundesverbandes deutscher Banken
Postfach 040307
10062 Berlin
Tel.: 030/16 630
Internet: www.bdb.de

Wichtig: der Freistellungsauftrag

Damit nicht von Ihren gesamten Kapitaleinkünften ein Zinsabschlag vom Kreditinstitut einbehalten und an das Finanzamt überwiesen wird, sollten Sie unbedingt einen

Freistellungsauftrag stellen. Nur Bagatellzinsen (Erträge bis 10 Euro im Jahr) werden nicht besteuert. Mit einem Freistellungsauftrag sind Ihre Zinsen bis zur maximalen Höhe des Sparerfreibetrags vom Zinsabschlag befreit.

Ein einziger Freistellungsauftrag über die gesamte Freibetragshöhe reicht aber nur dann aus, wenn Sie Ihre gesamten Zinserträge von nur einem Institut erwarten. Haben Sie dagegen bei mehreren Banken und Sparkassen Ihr Geld angelegt, müssen Sie bei jedem Institut einen Freistellungsauftrag abgeben. Für Ledige gibt es seit 2004 einen Freibetrag von 1.421 Euro und für Verheiratete von 2.842 Euro, jeweils inklusive Werbungskostenpauschale von 51/100 Euro.

Achtung: Die Gesamtsumme aller Freistellungsaufträge darf die vom Gesetzgeber vorgeschriebene Sparerfreibetragsgrenze nicht überschreiten. Sie müssen also genau überlegen, wie Sie gegebenenfalls den Gesamtbetrag auf einzelne Institute oder Anlageformen aufteilen. Am Ende des Jahres teilt das Kreditinstitut dem Finanzamt mit, wie hoch die Zinserträge tatsächlich waren. Das ist im § 45d Einkommensteuergesetz (EStG) geregelt. Werden die Freibeträge dennoch überschritten, gilt dies außerdem als Versuch der Steuerhinterziehung und Sie machen sich strafbar. Die Finanzämter haben das Recht, beim Verdacht der Steuerhinterziehung die bei Ihren Kreditinstituten eingereichten Freistellungsaufträge mit den tatsächlich gemeldeten Zinserträgen abzugleichen. Außerdem erlauben die Datenschützer dem Bundesamt für Finanzen, Daten aus den Freistellungsaufträgen zu speichern, die Sie zum Beispiel Ihrem Kreditinstitut erteilt haben, um vom Zinsabschlag befreit zu werden. Weiter darf das Bundesamt für Finanzen den Sozialleistungsträgern die Daten übermitteln, um das bei der Sozialleistung zu berücksichtigende Einkommen oder Vermögen überprüfen zu können. Hierfür dürfen die Sozialleistungsträger auch Daten an das Bundesamt für Finanzen übermitteln, die dort automatisiert mit den Daten aus den Freistellungsaufträgen abgeglichen werden. Sie sehen, die Kontrollmöglichkeiten sind groß!

Freistellungsaufträge rechtzeitig ändern: Zurückholen ist mühsam

Angenommen, Sie haben alle Freistellungsaufträge ordnungsgemäß ausgefüllt und bei Ihren Kreditinstituten abgegeben. Jetzt erhalten Sie wider Erwarten eine größere Geldsumme. Diesen Betrag, zum Beispiel 20.000 Euro, legen Sie kurzfristig bei der Bank B an, Zinssatz 3 Prozent, Anlagezeitraum fünf Monate. Bei der Bank B haben Sie allerdings nur einen Freistellungsauftrag über 100 Euro abgegeben, der jetzt nicht mehr ausreicht, um alle Zinseinkünfte vom Abschlag zu befreien. Deshalb sollten Sie Ihren Freistellungsauftrag vor der Zinsgutschrift bei Bank B ändern. Ansonsten wird automatisch Zinsabschlagsteuer von der Bank an das Finanzamt abgeführt. Wurde der Freistellungsauftrag nicht oder zu spät geändert, ist ein Zurückholen der versehentlich abgeführten Gelder bei den meisten Banken nicht mehr möglich, selbst dann nicht, wenn die Bank einen Fehler gemacht hat. Das Geld ist aber nicht ganz verloren, denn Sie können am Ende des Jahres mit der Einkommensteuererklärung die zu viel gezahlten Beträge zurückholen. Bei der Rückerstattung ist Ihr persönlicher Steuersatz maßgeblich. Es kann also sein, dass Sie weniger als 30 Prozent zurückerhalten. Grundsätzlich sollten Sie mindestens einmal jährlich die Freistellungsaufträge daraufhin überprüfen, ob die Aufteilung noch richtig und auch unter steuerlichen Aspekten optimal ist. (Mehr zur steuerlichen Optimierung auf den folgenden Seiten.)

WISO rät: Achten Sie darauf, dass bei Änderung des Freistellungsauftrages keine Entgelte erhoben werden. Sogar der Bundesgerichtshof hat entschieden, dass die Einrichtung, Verwaltung und Änderung von Freistellungsaufträgen für die Kunden kostenfrei erledigt werden muss. Entsprechende Klauseln im Preisaushang oder in den Allgemeinen Geschäftsbedingungen (AGB) sind unzulässig.

Für welche Geldanlage Sie sich auch immer entscheiden, der Staat verdient bei der Überschreitung der jeweiligen Freibetragsgrenzen immer mit. Deshalb sollten Sie sich im Bedarfsfall überlegen, ob nicht Ihre Kinder und Enkelkinder an Ihrem Vermögen teilhaben können. Schließlich steht auch den „Kleinen" ein Freibetrag zu.

Steuerliche Überlegungen bei der Geldanlage

Wenn Ihr eigener Freibetrag ausgeschöpft ist, können Sie eine Vermögensübertragung an Ihre Kinder vornehmen. Dabei sollten Sie unbedingt beachten, dass Ihre Kinder rechtlich und wirtschaftlich Eigentümer des übertragenen Vermögens sind. Das müssen Sie nachweisen können. Im Zweifelsfall ziehen Sie einen Steuerberater oder einen Rechtsanwalt zu Rate. Außerdem kann durch die Vermögensübertragung Schenkungssteuer anfallen. Beachten Sie deshalb die für die steuerunschädliche Übertragung zulässigen Grenzen. Überprüfen Sie auch immer, ob dadurch bei Kindergeld, Bafög oder ähnlichen Leistungen keine negativen Folgen zu befürchten sind. Um vom Staat also nicht mehr als unbedingt nötig geschröpft zu werden, sollten Sie Ihre persönliche Kapitalanlage-Strategie entwickeln. Dazu einige Anregungen:

Hinweis: Tipps zur steuerlichen Optimierung Ihrer Börsengeschäfte und zur strategischen Nutzung von Gewinnen und Verlusten finden Sie im Kapitel „Der Fiskus liegt immer auf der Lauer".

Nutzen Sie die Freibeträge Ihrer Kinder: Es kann sich anbieten, Kapitalvermögen auf Kinder zu übertragen. Denn dort „schlummern“ oftmals unausgeschöpfte Sparerfreibeträge. Steuerrechtlich wirken sich Schenkungen aber nur auf die Zukunft aus. Rückwirkend werden sie nicht anerkannt. Bevor Sie „ans Werk gehen“, sollten Sie Folgendes bedenken: Die „echte“ Schenkung will gut überlegt sein. Denn dieses Geld ist ein für allemal weg. Gestaltungen, bei denen Erträge aus Kapitalanlagen Ihren Kindern zufließen, Sie aber weiterhin „die Hand auf dem Vermögen“ haben, erkennt das Finanzamt nicht an. So reicht es zum Beispiel nicht aus, wenn Sie

- Kindern nur den Nießbrauch an bestimmten Sparguthaben oder Wertpapieren einräumen,
- Zinsen aus Ihrem Sparguthaben oder Wertpapieren auf dem Konto des Kindes gutschreiben lassen,
- sich den jederzeitigen Widerruf einer Schenkung vorbehalten oder
- Ihrem Kind heute einen Geldbetrag schenken, ihn aber erst in einigen Jahren (zum Beispiel bei Heirat oder Volljährigkeit) auszahlen.

Das Finanzamt wird das Kapital und die Erträge (Zinsen) nur dann Ihren Kindern zurechnen, wenn Sie es ihnen wirksam übertragen haben. Die Kinder müssen also tatsächlich Inhaber des Kapitalvermögens geworden sein. Erforderlich ist demnach die Schenkung von Aktien oder festverzinslichen Wertpapieren oder die Einrichtung eines Sparbuchs auf den Namen der Kinder.

WISO rät: Die Schenkung muss nicht von einem Notar beurkundet werden. Bei Schenkungen an minderjährige Kinder brauchen Sie auch keinen so genannten Ergänzungspfleger. Sie können getrost auf der einen Seite als Schenker fungieren und auf der anderen Seite als gesetzlicher Vertreter Ihres Kindes die Schenkung annehmen. Eltern, die zugunsten ihrer Kinder ein Sparkonto einrichten, behalten häufig das Sparbuch, um die Verfügung der Kinder über das Sparguthaben zu kontrollieren. Diese „Kontrollmöglichkeit“ ist bei minderjährigen Kindern gestattet. Sie müssen nur dafür sorgen, dass alle Folgerungen gezogen werden, die sich aus einer endgültigen Vermögensübertragung ergeben.

Beachten Sie aber: Sie dürfen über das Guthaben nicht wie über eigenes Vermögen verfügen, sondern müssen es als fremdes Vermögen verwalten. Das heißt auch, dass Sie das Guthaben und/oder die Erträge nicht zum Unterhalt des beschenkten – minderjährigen – Kindes verwenden dürfen. Bei der Einrichtung des Sparkontos sollten Sie daher gegenüber der Bank klarstellen, dass Ihre Verfügungsbefugnis allein auf dem elterlichen Sorgerecht beruht. Bei volljährigen Kindern müssen Sie dafür sorgen, dass das Kind mit Volljährigkeit beziehungsweise bereits bei Kontoeröffnung in den Besitz des Sparbuchs gelangt. Ansonsten müssen Sie die Zinsen versteuern.

Kinder können natürlich auch eigenes Geld verdienen und Zinserträge erwirtschaften. Sie arbeiten in den Ferien oder haben einen Nebenjob. Wenn dadurch bestimmte Einkommensgrenzen überschritten werden, ist das Kindergeld weg, einschließlich so ziemlich aller Kinderfreibeträge und Kinderzulagen. Diese sind nämlich alle an den Kindergeldanspruch gekoppelt. Die Hinzuverdienstgrenze eines volljährigen Kindes liegt 2004 bei 7.680 Euro im Jahr. Verdient Ihre Tochter oder Ihr Sohn mehr, fordert die Kindergeldkasse das Kindergeld zurück. Das sind für das erste Kind 1.848 Euro (154 Euro/monatlich), für das zweite oder dritte Kind 2.148 Euro (179 Euro/monatlich). Wird das Kindergeld gestrichen, entfällt auch der Kinder- und Betreuungsfreibetrag, den Sie bei Ihrer Steuererklärung nutzen können. Ebenso die Kinderzulage bei der Riester-Rente, wie bei der Eigenheimzulage. Wer im öffentlichen Dienst beschäftigt ist, muss zudem auf den Kinderteil des Ortszuschlags verzichten. Erhält Ihr Kind Bafög, sollten Sie ebenfalls genau rechnen, ob sich eine Vermögensübertragung unter den genannten Umständen lohnt. Hier ein Überblick über die Freibeträge und Kostengrenzen, die für Ihre Entscheidung hilfreich sein können:

Kinder und Steuern

Kindergeld 1.–3. Kind	154 €
Kindergeld ab 4. Kind	179 €
Kinderfreibetrag	3.648 €
Erziehungsfreibetrag	2.160 €
Haushaltsfreibetrag	0 €
Entlastungsbetrag für Alleinerziehende	1.308 €
Einkommensgrenze Kindergeld	7.680 €
Kostenpauschale Bezüge	180 €
Ausbildungsfreibetrag:	
– unter 18 Jahren	924 €
– über 18 Jahren	1.236 €
– über 18 Jahren und auswärts untergebracht	2.148 €
unschädliches Vermögen behindertes Kind	15.500 €
Ausbildungsfreibetrag	924 €
Kinderbetreuungskosten, Selbstbehalt	1.548 €
Kinderbetreuungskosten, Höchstbetrag	1.500 €

WISO rät: Zu den Einkünften und Bezügen Ihres Kindes zählen auch Kapitalerträge, für die auf Grund des Sparerfreibetrags keine Steuern gezahlt werden müssen. Um der „Kindergeldfalle" zu entgehen, sollten Sie alle Ausbildungskosten des Nachwuchses zusammenstellen, wie Ausgaben für Büchergeld, Studiengebühren oder Fahrtkosten. Durch die anfallenden Werbungskosten können die Einnahmen wieder gedrückt werden. Belege und Quittungen sammeln lohnt sich also.

Änderungen 2004

Der Grenzbetrag für eigene Einkünfte (Kindergeld) volljähriger Kinder sowie die Einkommensgrenzen beim Unterhaltsfreibetrag (§ 33a EStG) steigen auf je 7.680 Euro. Der bisherige Haushaltsfreibetrag nach § 32 Abs. 7 EStG wird schon zum 1.1.2004 abgeschafft – und damit auch die Lohnsteuerklasse II. Als Ausgleich hierfür wurde ein Entlastungsbetrag für Alleinerziehende (neuer § 24b EStG) eingeführt. Danach können Alleinstehende einen Entlastungsbetrag in Höhe von 1.308 Euro im Kalenderjahr von der Summe der Einkünfte abziehen, wenn

- sie mit mindestens einem Kind im Sinne des § 32 Abs. 1 EStG eine Hausgemeinschaft in einer gemeinsamen Wohnung bilden,
- das Kind das 18. Lebensjahr noch nicht vollendet hat und
- der Steuerpflichtige und sein Kind in der gemeinsamen Wohnung mit Hauptwohnsitz gemeldet sind.

Als Alleinstehende gemäß § 24b Abs. 2 EStG gelten nur solche Personen, die nicht die Voraussetzungen für eine Ehegattenveranlagung nach § 26 Abs. 1 EStG erfüllen und keine Haushaltsgemeinschaft mit einer anderen Person bilden. Ausnahme: Für diese steht ihnen ein Freibetrag nach § 32 Abs. 6 EStG oder Kindergeld zu. Eine Haushaltsgemeinschaft mit einer anderen Person wird dann angenommen, wenn diese mit Haupt- oder Nebenwohnsitz in der Wohnung des Steuerpflichtigen gemeldet ist.

Maximieren Sie den Werbungskostenabzug

Geben Sie sich nicht mit der mageren Pauschale von 51 Euro beziehungsweise 102 Euro für Ledige und Ehegatten zufrieden. Als Werbungskosten bei den Einkünften aus Kapitalvermögen können Sie eine Menge geltend machen. Abzugsfähig sind zum Beispiel:

- Honorare für Anlageberatung,
- Fachliteratur (Bücher zur Kapitalanlage, Börsenzeitschriften),
- Abonnementgebühren, zum Beispiel für das „Handelsblatt" (Finanzgericht Niedersachsen, Urteil vom 9.12.1998, AZ: IX 606/97),
- Depot- und Kontoführungsgebühren,
- Fahrt-, Übernachtungskosten und Verpflegungsmehraufwand anlässlich der Hauptversammlung,
- Fahrtkosten zur Bank oder Buchhandlung,
- Schuldzinsen beim finanzierten Aktienkauf,
- Telefonkosten und Kopieaufwendungen.

Ohne Belege oder genaue Aufzeichnungen (bei den Fahrtkosten) läuft nichts. Bewahren Sie diese auf und reichen Sie die Unterlagen bei Ihrer Erklärung zur Einkommensteuer mit ein.

Seit 2000 dürfen Werbungskosten, die in wirtschaftlichem Zusammenhang mit Einnahmen stehen (die nach § 3 Nr. 40 EStG zur Hälfte von der Einkommensteuer befreit sind) bei der Ermittlung der Einkünfte unabhängig davon, in welchem Veranlagungszeitraum die Einnahmen anfallen, nur zur Hälfte abgezogen werden. Es gilt also auch hier das Prinzip des Halbeinkünfteverfahrens. Das hat allerdings dazu geführt, dass selbst Finanz- und Steuerexperten die aktuellen steuerrechtlichen Regelungen kaum noch verstehen. Es gibt nunmehr vom Grundsatz her vier Arten von Werbungskosten:

- Werbungskosten, die den Kapitalerträgen direkt zugeordnet werden können und zur Hälfte abziehbar sind.
- Werbungskosten, die direkt zugeordnet werden und in voller Höhe abzugsfähig sind.
- Werbungskosten, die nur anteilig zugeordnet werden und zur Hälfte abziehbar sind.
- Werbungskosten, die anteilig zugeordnet werden und in voller Höhe abziehbar sind.

Diese unterschiedliche Behandlung von Werbungskosten ist zum Beispiel bei den Depotgebühren zu beachten, wenn der Steuerpflichtige in seinem Wertpapierdepot sowohl festverzinsliche Wertpapiere als auch Aktien hat. Das Gleiche gilt unter anderem auch bei den Beratungskosten, den Kosten für Fachliteratur oder den Aufwendungen für den Besuch von Anlegerseminaren.

Für die Aufteilung von Werbungskosten bei Einkünften aus Kapitalvermögen, die teilweise dem Halbeinkünfteverfahren unterliegen (§ 3c Abs. 2 EStG), gibt es besondere Regeln.

- Entsprechend den bisherigen Rechtsgrundsätzen bei der Ermittlung der Einkünfte aus Kapitalvermögen ist unter Kapitalvermögen jede einzelne Kapitalanlage zu verstehen. Werbungskosten, die durch die einzelne Kapitalanlage veranlasst sind, sind der jeweiligen Kapitalanlage zuzuordnen. Die Grundsätze für die Prüfung der Überschusserzielungsabsicht bleiben hiervon unberührt.
- Werbungskosten, die sich nicht unmittelbar zuordnen lassen (zum Beispiel Depotgebühren, Kosten der Erträgnisaufstellung, Beratungsgebühren, Entgelte für Vermögensverwaltungsdienstleistungen), sind auf die Gruppe der Kapitalanlagen, deren Kapitalerträge dem Halbeinkünfteverfahren unterliegen, und auf die Gruppe der übrigen Kapitalanlagen aufzuteilen. Die Zuordnung zu diesen zwei Gruppen ist unabhängig davon vorzunehmen, ob außerdem nicht zu besteuernde Erträge erzielt werden.
- Bei der Abgrenzung der Kapitalanlagegruppe, die zu Halbeinkünften führt, ist für den Übergangszeitraum darauf abzustellen, ob zum Stichtag der Gebührenberechnung Erlöse aus der Veräußerung der jeweiligen Wertpapiere dem Halbeinkünfteverfahren unterliegen (§ 52 Abs. 4a Nr. 2 EStG).

Ist eine einwandfreie Zurechnung der Werbungskosten nicht möglich, kann eine sachgerechte Aufteilung auch durch Schätzung erfolgen; als Maßstab ist grundsätzlich der Kurswert zum Abrechnungsstichtag zugrunde zu legen. Bei der Zuordnung von Anteilen an Investmentfonds, zu deren Fondsvermögen Kapitalanlagen gehören, die dem Halbeinkünfteverfahren unterliegen, ist zum jeweiligen Stichtag eine Aufteilung der vom Steuerpflichtigen gehaltenen Anteile entsprechend der Zusammensetzung des jeweiligen Fondsvermögens in die zwei Gruppen von Kapitalanlagearten vorzunehmen. Ist dem Steuerpflichtigen die Zusammensetzung des Fondsvermögens nicht bekannt, erfolgt die Aufteilung auf die zwei Gruppen nach dem Verhältnis der voll zu besteuernden Erträge zu den Erträgen, die dem Halbeinkünfteverfahren unterliegen.

Beispiel: Zum Stichtag 31. Dezember werden insgesamt 120 Euro (0,8 v. H. im Jahr des Kurswertes des Depots von 15.000 Euro) für Kosten und Gebühren erhoben. Der Bestand des Depots setzt sich zusammen aus:

- festverzinslichen Anleihen (5.000 Euro),
- Hochzinsanleihen (3.000 Euro),
- Aktien (3.000 Euro),
- Anteilsscheinen an einem Wertpapierfonds (4.000 Euro).

In der Ausschüttung des Wertpapierfonds von 200 Euro im Veranlagungszeitraum sind steuerpflichtige Erträge in Höhe von 40 Euro enthalten (davon entfallen 15 Euro auf Erträge, die dem Halbeinkünfteverfahren unterliegen, und 25 Euro auf sonstige steuerpflichtige Erträge.

Gruppierung der Kapitalanlagen

	Gruppe (Halbeinkünfteverfahren)	Gruppe (übrige)
Festverzinsliche Anleihen		5.000 Euro
Hochzinsanleihen		3.000 Euro
Wertpapierfonds	1.500 Euro	2.500 Euro
Aktien	3.000 Euro	
Summe	**4.500 Euro**	**10.500 Euro**

Hinweis: Bei den Anteilsscheinen an dem Wertpapierfonds entfallen 15/40 auf Kapitalanlagen, deren Erträge dem Halbeinkünfteverfahren unterliegen, und 25/40 auf übrige Kapitalanlagen.

Aufteilung der Kosten und Gebühren:

4.500 Euro (Anteil, der auf Gruppe 1 entfällt) : 15.000 Euro (Gesamtwert des Depots) = 3/10 von 120 Euro = 36 Euro; diese entfallen auf Gruppe 1 und sind nur zur Hälf-

te, das heißt in Höhe von 18 Euro abziehbar. Also sind insgesamt 102 Euro (84 Euro voll und 36 Euro zur Hälfte) Werbungskosten abziehbar.

Hinweis: Lassen sich Werbungskosten nicht unmittelbar der einzelnen Kapitalanlage zuordnen und betragen sie im Kalenderjahr nicht mehr als 500 Euro, ist aus Vereinfachungsgründen einer nach dem vorgenannten Verfahren vorgenommenen Aufteilung des Steuerpflichtigen zu folgen. Der Betrag von 500 Euro erhöht sich bei Ehegatten, die nach § 26b EStG zusammen zur Einkommensteuer veranlagt werden, auf insgesamt 1.000 Euro.

Investieren in steuersparende Kapitalanlagen

Die Neuregelung der steuerlichen Abschreibungsmöglichkeiten wird den Trend hin zu Anlageformen verstärken, die ihre Rendite nicht vornehmlich durch Zinserträge realisieren, sondern durch Wertsteigerung, also durch die Kursgewinne der Anlage. In Frage kommen beispielsweise:

- Aktien und Aktienfonds,
- niedrig verzinsliche Anleihen mit steuerfreiem Tilgungsgewinn,
- Wandelanleihen,
- Indexzertifikate,
- „normale“ oder fondsgebundene Rentenversicherungen,
- Kapitallebensversicherungen. Die Erträge daraus müssen ab 2005 versteuert werden. Das betrifft aber nur die Hälfte, wenn mindestens fünf Jahre lang in den Vertrag eingezahlt wurde, die Laufzeit nicht weniger als zwölf Jahre beträgt und Sie das Geld nicht vor dem 60. Lebensjahr ausbezahlt bekommen.

Sie müssen sich als Anleger aber darüber im Klaren sein, dass es bei vielen dieser Anlagen mit garantierten (Zins-)Erträgen vorbei ist. Selbst die Kapitallebensversicherung musste Federn lassen. Der Garantiezins auf dem Sparanteil beträgt seit 2004 nur noch 2,75 Prozent. Das ist der niedrigste seit Kriegsende. Bei anderen Geldanlagen, zum Beispiel an der Börse, besteht das Risiko, das eingesetzte Kapital ganz zu verlieren, und Kursgewinne können Sie nicht immer in voller Höhe steuerfrei einstreichen.

Im Zusammenhang mit der Steuerreform kann es unter Anlagegesichtspunkten sinnvoller sein, sich an einer Aktiengesellschaft zu beteiligen, die ihre Dividende nicht ausschüttet und stattdessen ihre Gewinne thesauriert. Solch eine Regelung dürfte auch den Aktienkurs positiv beeinflussen. Anleger könnten Kursgewinne dann nach einem Jahr durch den Verkauf der Aktien steuerfrei realisieren.

WISO rät: Wenn es um eine steuerlich optimierte Geldanlage geht und Sie eine eigene Altersvorsorge aufbauen oder aus anderen Gründen versuchen möchten, Vermögen zu bilden, sollten Sie immer die steuerlichen Fragen im Auge behalten. Lassen Sie sich beraten, wenn Sie sich Ihrer Sache nicht ganz sicher sind. Angesichts der Unübersichtlichkeit unserer Steuergesetzgebung könnten Sie sonst leicht Fehler machen, die den Erfolg Ihrer Geldanlage in Frage stellen. Das Honorar für den Berater kann möglicherweise der Teil Ihrer Geldanlage sein, der sich am besten rentiert.

Wovon reden die eigentlich?

Die „Börsianer" haben ihre eigene Sprache und besonderen Spielregeln

Ähnlich wie alle anderen Berufsgruppen sprechen auch die Profis der Geldanlage ihre eigene Sprache und verwenden Fachbegriffe, die nicht jeder auf Anhieb versteht. Es ist gar nicht schwierig, diese Börsenvokabeln zu lernen. Aber es ist sehr wichtig, sie zu verstehen. Denn wenn Sie nicht genau wissen, wovon eigentlich die Rede ist, können Sie auch keine richtigen Entscheidungen treffen. Hier deshalb zunächst eine Erläuterung der wichtigsten Begriffe der Börsensprache und die Erklärung grundlegender Techniken zur Risikokontrolle.

Shareholder-Value, ein möglichst hoher Ertrag für die Aktionäre als Eigentümer des Unternehmens, das ist weltweit das erklärte Ziel vieler Aktiengesellschaften. Auch Vorstände deutscher Unternehmen bekennen sich dazu. Ob diese einseitige Ausrichtung auf die Interessen der Kapitalbesitzer langfristig die optimale Strategie ist, mag zweifelhaft sein. Sicher ist aber, dass davon vor allem Ausländer profitieren. Denn die Deutschen sind „Aktienmuffel". In keinem vergleichbaren Industrieland sind so wenige Bürger bereit, sich an der Finanzierung der Wirtschaft zu beteiligen, wie in der Bundesrepublik.

Sie müssen sich nicht so verhalten wie andere

Auf dem Höhepunkt des Aktienbooms war auch die Zahl der Aktionäre in Deutschland so hoch wie noch nie zuvor. Die Möglichkeit, scheinbar über Nacht reich zu werden– fast egal, welche Aktien man kaufte –, lockte auch Sparer an die Börse, die sich vorher noch nie mit Aktien beschäftigt, geschweige denn welche erworben hatten. Besaßen 1997 nur 5,6 Millionen Deutsche Aktien oder Anteile an Aktienfonds, so waren es 2001 über 13 Millionen. Doch mit den Kursen sank auch die Zahl der direkten oder indirekten Besitzer von Aktien. Mitte 2004 waren nach einer Untersuchung des Deutschen Aktieninstituts nur noch 10,6 Millionen Bundesbürger an Aktiengesellschaften beteiligt. Auch wenn dies immerhin noch fast doppelt so viele waren wie sieben Jahre zuvor, sind es weniger als in den meisten anderen hoch entwickelten Ländern. Die Risikoscheu der Deutschen, die sich auch auf anderen Gebieten immer wieder zeigt, hat

zur Folge, dass die großen deutschen Aktiengesellschaften mehrheitlich im Besitz von ausländischen Anlegern sind. Kein Wunder also, dass sich die Vorstände dieser Unternehmen immer stärker an deren Interessen orientieren (müssen).

Aber Ängstlichkeit, Skepsis und Unwissenheit der anderen müssen Sie nicht daran hindern, die Chancen zu nutzen, die die Beteiligung am Risikokapital von Unternehmen bietet. Ob Sie sich dabei für die direkte oder indirekte Beteiligung (über Fonds) entscheiden oder ob Sie sich bei deutschen oder ausländischen Kapitalgesellschaften engagieren, ist Ihre Entscheidung. Das hängt vor allem davon ab, wo Sie die höchste Rendite oder die größte Sicherheit für das eingesetzte Kapital erwarten.

Ein besonders wichtiger WISO-Tipp schon ganz am Anfang: Auch wenn Sie aus Zeit- oder anderen Gründen die Geldanlage weitgehend einem Berater überlassen, sollten Sie sich selber zumindest so viel Kenntnisse über Geldanlage und Börse aneignen, dass Sie zumindest beurteilen können, ob die Entscheidungen in die richtige Richtung gehen, ob Sie seriös beraten werden und ob der Berater nicht in erster Linie in die eigene Tasche wirtschaftet. Das gilt besonders dann, wenn Sie es mit Anlageberatern zu tun haben, die nicht in den Diensten von Banken und Sparkassen stehen, die neben Geld auch Vertrauen und ihren guten Ruf zu verlieren haben.

Anders ausgedrückt: Sie würden sicher keinem Ihr Auto anvertrauen, der die Verkehrsregeln nicht kennt, nicht weiß, wo Gas und Bremse sind und wie man den Schalthebel bedient. Wer ohne die notwendigen Kenntnisse und ohne Führerschein am Straßenverkehr teilnimmt, wird vom Staat bestraft. Wer ohne das notwendige Börsenwissen am Aktienverkehr teilnimmt, muss dafür oft auch ein hohes Bußgeld zahlen.

Deshalb sollte jeder Anleger erst einmal den Börsenführerschein machen, ehe er sein sauer verdientes Geld beim Kauf von Wertpapieren riskiert. Dabei ist es – wie Sie in diesem Kapitel selber leicht feststellen können – gar nicht so schwierig, sich diese Kenntnisse anzueignen. Sie haben bereits gesehen, wie Sie mit Hilfe von Aktien- und anderen Investmentfonds einen systematischen Vermögensaufbau starten, Risiken streuen und nach dem „besten Wirt“ für Ihr Geld suchen können. Im vorangehenden Kapitel erhielten Sie einen ersten Überblick über die Möglichkeiten, die Sie haben, Ihr Geld direkt an der Börse anzulegen. Hier folgt ein Blick auf die Instrumente, die Sie dabei nutzen können und sollten, um erfolgreich an der Börse zu agieren.

Vorsicht vor dem Finanzamt und der eigenen Psyche

Sie sollten dabei neben allen börsentechnischen Überlegungen immer auch die steuerlichen Aspekte beachten. Sonst könnte es sein, dass Sie alle Risiken der Geldanlage alleine tragen, das Finanzamt aber voll dabei ist, wenn Gewinne und Dividenden anfal-

len. Deshalb sollten Anfänger wie Fortgeschrittene immer versuchen, ihre Geldanlage auch unter steuerlichen Gesichtspunkten zu optimieren.

Aber nicht nur das Finanzamt kann Ihrem Erfolg an der Börse im Weg stehen. Auch die eigene Psyche kann ein arges Hindernis sein. Zudem kann Ihnen ein Engagement an der Börse den Schlaf rauben, wenn Sie Ihr persönliches Risikoprofil missachten. Wie bereits in einem vorangehenden Kapitel dargestellt, sind Anleger immer in Gefahr, in die eigene Psycho-Falle zu laufen. Sie geben sich selber keine Rechenschaft über ihre Verhaltensweise, nehmen Informationen oft nur selektiv auf oder verstoßen gegen grundlegende Börsenregeln. Wenn Sie versuchen, diese Fehler zu vermeiden, wird sich dies im wahrsten Sinne des Wortes für Sie auszahlen. Doch die psychologischen Faktoren an den Finanzmärkten sind zwar wichtig und wurden lange Zeit von der Forschung sträflich vernachlässigt. Aber sie allein reichen natürlich für einen erfolgreichen Umgang mit Geld nicht aus. Dazu gehört auch die Kenntnis der Regeln und der Instrumente, mit deren Hilfe Gewinnchancen gesucht und Risiken verringert werden können. Hier lernen Sie sie kennen.

Kaufen und verkaufen – aber richtig

Wenn Sie sich nach Definition Ihrer Anlageziele, gründlicher Information und sachkundiger Beratung zum Kauf oder Verkauf bestimmter Aktien entschließen, werden Ihre Aufträge über eine Bank oder Sparkasse, ein Brokerhaus abgewickelt – oder auf Grund von Orders, die Sie selber über eine Direktbank geben: mündlich, telefonisch oder schriftlich per Brief und Fax. Immer wichtiger und gebräuchlicher geworden ist auch die Auftragserteilung per Internet.

In vielen Fällen wird es wichtig sein, dass Ihre Aufträge möglichst schnell ausgeführt werden, weil sich die Verhältnisse und Stimmungen an der Börse oft nicht nur täglich, sondern stündlich oder sogar von Minute zu Minute ändern können. Deshalb sollten Sie für Ihre Aufträge ein möglichst schnelles Medium wählen. Heute gehört der Brief in der Regel nicht dazu. Er kann aber ausreichen, wenn Sie auf diesem Weg nur Aufträge geben, die ohnehin zu einem späteren Termin abgewickelt werden. Dazu gehören zum Beispiel das Ausüben von Bezugsrechten oder die Zeichnung von Aktien anlässlich eines IPO (Initial Public Offer), dem erstmaligen Börsengang eines Unternehmens. In diesen Fällen bieten schriftliche Order den Vorteil, dass Ihr Auftrag schriftlich dokumentiert ist. Das kann in Streitfällen hilfreich sein.

Mit oder ohne Beratung – und zu welchen Gebühren?

Hinsichtlich der Beratung und der Gebühren gibt es zwischen Banken oder Sparkassen einerseits und Brokern, Direktbanken oder Internet-Orders andererseits wichtige Unterschiede, nicht zuletzt hinsichtlich der Sicherheit. Deshalb sollten Sie prüfen, ob Sie nur mit Blick auf die Gebührenersparnis Ihre Börsengeschäfte über einen „Discounter“ betreiben. Wenn Sie die Anlageentscheidungen ohnehin selber treffen oder sich vor allem auf Empfehlungen von Börsenanalysten, auf Berichte in den Wirtschaftsteilen der Tageszeitungen oder auf Informationen seriöser Börseninformationsdienste stützen, müssen Sie auch nicht die oft recht hohen Gebühren der Kreditinstitute zahlen. Allerdings gibt es nicht nur bei den herkömmlichen Banken, sondern auch bei Brokern und Direktbanken beträchtliche Gebührenunterschiede.

Ehe Sie sich auf einen bestimmten Vermittler festlegen, sollten Sie daher die Konditionen vergleichen. Es muss ja nicht sein, dass ein großer Teil der Kursgewinne erst einmal für die Gebühren draufgeht. Wenn Sie allerdings das Glück haben, bei Ihrer Bank einen guten Berater zu haben, der mehr tut, als nur die Standardempfehlungen seines Instituts weiterzugeben, und der Sie auch mal vor solchen Empfehlungen warnt, wenn es nötig ist, kann die etwas höhere Gebühr durchaus auch gut angelegtes Geld sein. Das gilt insbesondere dann, wenn Sie selber noch keine ausreichenden Erfahrungen mit Börsengeschäften haben oder Ihnen die erforderliche Zeit fehlt, um alle Informationsquellen zu nutzen.

WISO rät: Achten Sie immer darauf, dass Ihre Aufträge ausreichend dokumentiert werden. Andernfalls kann es oft sehr schwierig sein, eine fehlerhafte Abwicklung der von Ihnen gewünschten Börsengeschäfte später zu beweisen. Heben Sie alle Abrechnungen sorgfältig auf. Es könnte sein, dass sie zum Beispiel auch als Nachweis für das Finanzamt gebraucht werden. Privatleute sind zwar nicht dazu verpflichtet. Aber wie wollen Sie sonst beweisen, dass Sie im Recht sind? Das gilt nicht nur für vereinnahmte Zinsen und Dividenden. Sie müssen dem Finanzamt vielleicht auch einmal beweisen, dass Gewinne außerhalb der Spekulationsfrist erzielt wurden und daher nicht als Einkommen versteuert werden müssen.

Die Notbremse nicht vergessen

Wenn Sie sich für den Kauf oder Verkauf einer bestimmten Aktie entschieden haben, müssen Sie Ihrer Bank noch verschiedene weitere Anweisungen geben, damit das Kreditinstitut Ihre Orders korrekt ausführen kann: Sie müssen gegebenenfalls sagen, ob Sie Stamm- oder Vorzugsaktien erwerben möchten. Sie müssen entscheiden, ob Sie einen limitierten oder unlimitierten Auftrag erteilen wollen. Sie können zudem – als eine Art eingebauter Notbremse – auch Stop-Loss-Orders geben. Sie müssen erklären, ob Sie Bezugsrechte nutzen oder verkaufen wollen. Sie müssen unter Umständen darauf achten, dass die Spekulationsfrist eingehalten wird, damit Sie nicht durch einen vorzeitigen Verkauf kurz vor Ablauf der Frist in die missliche Lage kommen, den Gewinn doch noch mit dem Finanzamt teilen zu müssen. Schon ein Tag kann dafür entscheidend sein. Deshalb sollen diese und andere wichtige Punkte in den folgenden Abschnitten ausführlicher als im Einsteiger-Kapitel erläutert werden.

Stammaktien: Sie gibt es in Form von Inhaberaktien und als Namensaktien. (Bei Inhaberaktien wird unterstellt, dass der Besitzer auch der Eigentümer ist; bei Namensaktien wird der Eigentümer in das Aktienbuch der Gesellschaft eingetragen.) Stammaktien sind die Grundform und zugleich die am weitesten verbreitete Form der Aktie in Deutschland. Im Gegensatz zur Vorzugsaktie gewährt die Stammaktie dem Aktionär alle „normalen", im Aktiengesetz vorgesehenen Rechte und Pflichten. Der Inhaber beziehungsweise Eigentümer einer Stammaktie ist Teilhaber an einer Aktiengesellschaft und damit auch am Gewinn anteilsmäßig beteiligt. Die Rechte und Pflichten eines Stammaktionärs werden im Aktiengesetz (AktG) geregelt. Zu den wichtigsten Rechten des Stammaktionärs gehören:

- Das Recht auf Teilnahme an der Hauptversammlung.
- Das Stimmrecht in der Hauptversammlung. Jeder Stammaktionär hat hierbei eine Stimme pro Aktie in seinem Eigentum. Eine Ausnahme hiervon bilden lediglich Mehrstimmrechtsaktien.
- Das Recht auf anteilige Dividende, wenn die Gesellschaft die Ausschüttung des Gewinns beschließt.
- Das Recht auf Information. Jeder Aktionär kann in der Hauptversammlung vom Vorstand Auskunft über Dinge oder Vorkommnisse verlangen, die zur Beurteilung des betreffenden Tagesordnungspunktes notwendig sind. Der Vorstand hat in bestimmten Fällen ein Auskunftsverweigerungsrecht.
- Bei Liquidation der Gesellschaft hat der Aktionär einen Anspruch auf den anteilsmäßigen Liquidationserlös.

Stammaktien können sowohl als Inhaberaktien als auch als Namensaktien ausgegeben werden. Die Inhaberaktie ist auf Grund ihrer einfachen Übertragbarkeit die populärere Form. Die Pflichten des Aktionärs erstrecken sich im Wesentlichen auf die Pflicht zur Leistung der vereinbarten Einlage, also des Nennwerts plus eines eventuellen Agios. Die meisten in Deutschland gehandelten Aktien sind Stammaktien. Nur wenige Unternehmen emittieren Vorzugsaktien, da diese den Anlegern auf Grund des meist fehlenden Stimmrechts weniger attraktiv als Stammaktien erscheinen.

Vorzugsaktien: Das sind Wertpapiere, bei denen dem Aktionär besondere Rechte eingeräumt werden. Dabei geht es meist um ein Vorrecht bei der Gewinnverteilung. Die Sonderrechte der Vorzugsaktien werden durch Einschränkungen bei anderen Rechten kompensiert. Sind die Aktien mit Vorrechten bei der Gewinnverteilung ausgestattet, so hat der Aktionär ein Recht auf eine Dividende, die um einen bestimmten Prozentsatz oder Betrag höher ist als der Gewinnanteil der Inhaber von Stammaktien. Ist die Aktie mit einem Vorrecht bei der Liquidierung der Aktiengesellschaft ausgestattet, so bedeutet dies, dass bei Auflösung der Gesellschaft zunächst die Vorzugsaktionäre aus dem Erlös bedient werden. Vorzugsaktien können auch mit einem nachzuzahlenden Vorzug ausgestattet sein. Solche Aktien beinhalten das Recht, dass bei Ausfall der Dividende in einem Jahr (zum Beispiel wegen schlechter Geschäftslage) dem Inhaber von Vorzugsaktien die entgangene Dividende im nächsten Jahr nachgezahlt wird, ehe auch die anderen Aktionäre etwas bekommen.

Das Stimmrecht kann als Ausgleich für solche Vorteile der Inhaber dieser Wertpapiere auf der Hauptversammlung ausgeschlossen werden. Der Vorzugsaktionär kann also an der Beschlussfassung nicht teilnehmen. Diese Aktien gewähren dem Aktionär aber mit Ausnahme des Stimmrechts alle anderen Aktionärsrechte. Kommt es in einem Jahr nicht zur Dividendenzahlung und wird dieser Rückstand im nächsten Jahr nicht aufgeholt, so erhält der Vorzugsaktionär das Stimmrecht, bis die ihm zustehenden Dividenden nachgezahlt wurden. Stimmrechtslose Vorzugsaktien dürfen nur bis zu einem Gesamtnennbetrag ausgegeben werden, der der Höhe des Gesamtnennbetrags der Stammaktien entspricht. Das bedeutet, dass höchstens die Hälfte des Grundkapitals einer Aktiengesellschaft in Form von Vorzugsaktien ausgegeben werden kann.

In manchen Ländern ist es auch möglich, neben der Ausstattung von Aktien mit einem Vorrecht bei der Gewinnverteilung oder der Liquidation der AG Vorzugsaktien mit einem Mehrstimmrecht auszustatten. In Deutschland sind Aktien, die mit einem Mehrstimmrecht ausgestattet sind, nach dem Aktiengesetz nicht erlaubt. Ausnahmen gibt es nur bei Sondergenehmigung der obersten Wirtschaftsbehörde des Bundeslandes, in dem die Gesellschaft ihren Sitz hat, und für Gesellschaften, die (wie zum Beispiel die Siemens AG) Mehrstimmrechtsaktien vor Inkrafttreten des Aktiengesetzes emittiert haben. Inhaber von Stammaktien oder Mehrstimmrechtsaktien sind oft stärker an der Möglichkeit interessiert, auf das Management der Gesellschaft Einfluss ausüben zu können, als Dividende zu kassieren. Das gilt auch für die Sonderrechte, die mit dem Aktienbesitz des Landes Niedersachsen bei VW verbunden sind. Allerdings will die EU-Kommission alle derartigen Sonderrechte abschaffen oder zumindest einschränken.

Stamm- oder Vorzugsaktien?

Für den Anleger bieten Vorzugsaktien trotz der eingeschränkten Rechte eine interessante Anlagealternative zur Stammaktie. So kann bei langfristiger Anlage die Rendite höher sein als bei einer Stammaktie, da meist eine höhere Dividende gezahlt wird. Der Verlust des Stimmrechts bedeutet für den Kleinaktionär meist keine allzu große Einschränkung, da er durch seinen geringen Anteil am gesamten Grundkapital der AG ohnehin keine Möglichkeit hat, auf der Hauptversammlung Einfluss zu nehmen. Wenn es sich aber um Unternehmen handelt, bei denen Übernahmen oder Fusionen mit anderen Gesellschaften möglich oder zu erwarten sind, haben Stammaktien größere Chancen auf Kurssteigerung beziehungsweise eine höhere Abfindung, da ihre Aktien gebraucht werden, um eine Kapitalmehrheit zu erreichen. Deshalb muss jeweils bei der Kaufentscheidung geprüft werden, was im konkreten Fall wichtiger ist. Da Vorzugsaktien international wenig Bedeutung haben, werden sie auch in Deutschland immer mehr aus dem Verkehr gezogen. Von einer bestimmten Frist an werden sie auch in den Indizes nicht mehr berücksichtigt. Deshalb haben Unternehmen wie SAP bereits 2001 alle Vorzugsaktien in Stammaktien umgewandelt.

Namensaktien: Während Inhaberaktien anonym und ihre Besitzer der Gesellschaft in der Regel nicht bekannt sind, werden die Eigentümer bei Namensaktien im Aktienbuch des Unternehmens vermerkt. Das bedeutet, dass nach jedem Besitzwechsel eine Korrektur vorgenommen werden muss. Daher waren im Gegensatz zu Ländern wie den USA oder Großbritannien Namensaktien in Deutschland lange Zeit eher selten. Grundsätzlich unterscheiden sich Inhaber- und Namensaktien hinsichtlich der Rechte und Pflichten der Aktionäre zwar nicht. Aber bei Namenspapieren kann nur der namentlich genannte Inhaber oder sein Rechtsnachfolger die verbrieften Rechte und Ansprüche geltend machen. Er hat außerdem das Recht, in die Aktienpositionen aller anderen Aktionäre Einblick zu nehmen. Namensaktien müssen in Deutschland mit Namen, Wohnort und Beruf in das Aktionärsbuch eingetragen werden.

Namensaktien können jedoch (im Gegensatz zu vinkulierten Namensaktien) ebenso wie Inhaberaktien jederzeit und ohne Einwilligung der Gesellschaft übertragen werden. Allerdings muss sich der neue Inhaber wieder mit seinem Namen registrieren lassen, da er nur dann gegenüber der Gesellschaft legitimiert ist und seine Ansprüche (wie Vertretung in der Hauptversammlung, Zahlung von Dividende) geltend machen kann. In der Regel übernimmt dies aber die Bank oder Sparkasse, bei der die Aktien im Depot verwahrt werden. Heute werden die Einträge in die Aktionärsbücher selbstverständlich als Datei in der Datenverarbeitung geführt.

Achtung: Aktionäre, die ihre Wertpapiere selber verwahren, müssen sich – vor allem beim Umtausch von Inhaber- in Namensaktien – auch persönlich um die Einreichung

der bisherigen Aktien und die Eintragung kümmern. Aktionäre, die anonym bleiben wollen, können ihre Erfassung im Aktienbuch verhindern, müssen dann allerdings auch auf eine Stimmabgabe auf der Hauptversammlung verzichten. Das lässt sich zwar umgehen, wenn eine Depotbank ins Buch eingetragen wird und diese wiederum dem Aktionär eine Vollmacht zur Ausübung des Stimmrechts gibt. Das ist aber für normale Anleger irrelevant. Nur wer dem Finanzamt etwas zu verbergen hat, größere Aktienpakete besitzt oder eine Gesellschaft ohne großes Aufsehen aufkaufen will, wird zu solchen Mitteln greifen.

Seit Ende der Neunzigerjahre haben auch in Deutschland eine wachsende Zahl von Aktiengesellschaften (darunter so große wie Siemens, Telekom, SAP oder die Deutsche Bank) von Inhaber- auf Namensaktien umgestellt. Als Gründe dafür werden genannt: schnellerer und direkterer Kontakt zu den Aktionären, leichtere Zulassung zum Handel in den USA, wo Namensaktien Standard seien, sowie generell Anpassung an den internationalen Standard, um mehr ausländische Anleger als Kapitalgeber zu gewinnen.

Eine Registrierung der Anteilseigner erleichtert es den Gesellschaften auch, einen Überblick über die Struktur ihrer Aktionäre zu bekommen (In- oder Ausländer, Männer oder Frauen, Berufsgruppen, Fonds, andere Unternehmen oder private Anleger) und zu erkennen, ob sich ein einzelner Investor oder eine Gruppe darum bemüht, maßgebliche Teile des Kapitals an sich zu bringen. Ob es sich um Namens- oder Inhaberaktien handelt, ob es um Stamm- oder Vorzugsaktien geht, sie alle können entweder einen bestimmten Nennwert haben oder – inzwischen fast die Regel – als nennwertlose Aktien in Umlauf kommen.

Nennwertlose Aktien (Quotenaktien): Auch hier hat die Europäische Währungsunion die Dinge in Bewegung gebracht. Nennwertlose Aktien waren eine in Deutschland bis Ende der Neunzigerjahre nicht zulässige Form der Aktie. Im Gegensatz zu Aktien mit einer aufgedruckten Wertangabe bezieht sich der Wert der nennwertlosen Aktie nicht auf eine feste Summe, sondern auf einen bestimmten Anteil am Gesellschaftsvermögen des Unternehmens (auf eine Quote). Mit Blick auf die Europäische Währungsunion wurden sie ab 1998 auch in Deutschland von vielen Gesellschaften eingeführt und werden in Zukunft wohl die herkömmliche Form immer mehr verdrängen, denn in den USA und in Kanada sind sie schon seit langem der Standard. Echte nennwertlose Aktien tragen nur die Bezeichnung „Stück" auf der Urkunde. Es wird also weder ein betragsmäßiger noch ein prozentualer Anteil am Grundkapital des Unternehmens auf der Aktie angegeben.

Die Höhe des Grundkapitals einer Aktiengesellschaft ist variabel und hängt davon ab, wie viel Kapital die Aktionäre eingezahlt haben. In diesem Fall kann also kein festes Grundkapital in das Handelsregister eingetragen werden, wie es in Deutschland sonst üblich ist. Der Anteil am tatsächlichen Grundkapital, den die einzelne Aktie ver-

brieft, ergibt sich somit durch Division des am betrachteten Tag vorhandenen Grundkapitals durch die Anzahl der ausgegebenen Aktien.

In der Bundesrepublik wurden nennwertlose Aktien erst kurz vor Beginn der Europäischen Währungsunion zugelassen. Dadurch sollte vor allem die Umwandlung der auf die jeweilige Landeswährung lautenden Nennwertaktien auf das neue, auf Euro lautende Grundkapital der Aktiengesellschaften erleichtert werden. Denn wenn der alte Nennwert bei der wertgleichen Umstellung in Euro ausgedrückt wurde, ergaben sich „krumme“ Nennwerte: Aus einer 50-DM-Aktie wurde eine über 25,5646 Euro. Das war nach deutschem Aktienrecht früher ebenfalls nicht zulässig und ist für die Aktienerwerber verwirrend sowie international nicht üblich. Daher mussten entweder komplizierte Anpassungsmaßnahmen vorgenommen oder eine Umstellung auf nennwertlose Anteilsscheine beschlossen werden. Überdies werden die insbesondere in den USA üblichen und für den dortigen Markt wichtigen Aktien- oder Stock-Splits (Aufteilung einer Aktie in mehrere, um den Preis zu senken) durch die Einführung von Stück- oder Quotenaktien wesentlich erleichtert. (Mehr dazu weiter unten.) Die Mehrzahl der großen deutschen Aktiengesellschaften hat daher bereits vor oder kurz nach Beginn der Währungsunion den zweiten Weg gewählt, auf nennwertlose Aktien umgestellt und sich dabei zugleich dem internationalen Standard angepasst. Für den Aktionär ändert sich dadurch weder beim Kurs und der Dividende noch in anderer Hinsicht etwas. Bei Anlageentscheidungen kann daher die Frage, ob es sich um Nennwertaktien oder Papiere ohne Nennwert handelt, vernachlässigt werden.

Genussscheine: Das sind „Zwitter“ aus Anleihen und Aktien. Viele Anleger lassen sie deshalb „links liegen“. Dabei können sie – nicht zuletzt in Zeiten schwächelnder Kurse – durchaus eine interessante Variante sein oder zu einer ausgewogenen Struktur des Wertpapierdepots beitragen. Mit Anleihen haben Genussscheine gemeinsam, dass sie meist eine feste Grundverzinsung haben und in der Regel zu einem festliegenden Termin zum Nennwert zurückgezahlt werden.

Von der Aktie stammt, dass der Zins nur gezahlt wird, wenn auch ein dafür ausreichend hoher Ertrag erwirtschaftet wurde. Der Inhaber kommt so vor den Aktionären „in den Genuss“ einer Ausschüttung. Stimmrechte sind mit Genussscheinen nicht verbunden. Ansonsten können sie höchst unterschiedlich ausgestattet sein. Statt einer festen Verzinsung (sofern das Unternehmen einen entsprechenden Gewinn erwirtschaftet hat) kann die Ausschüttung auch an die Höhe der Dividende gebunden sein. Auch hinsichtlich der Rückzahlung gibt es Gestaltungsspielräume. So haben die Bertelsmann-Genüsse eine unbegrenzte Laufzeit. Bei Pleiten gehen Inhaber von Genussscheinen möglicherweise leer aus, weil sie in der Rangfolge der Gläubiger recht weit hinten stehen.

Um dieses Risiko auszugleichen, erhalten sie in der Regel eine höhere Verzinsung als Besitzer von Bundesanleihen oder Unternehmensanleihen gleich hoher Bonität. Deshalb können Anleger wählen, ob sie Genussscheine als rentablere Beimischung zu ihrem Rentenbestand oder als sicherheitsorientierte Ergänzung ihres Aktiendepots betrachten. Je nach den Gewinnaussichten und ihrer Rentabilität im Vergleich zu Anleihen gibt es auch bei Genussscheinen Kursschwankungen.

Wertpapierkennnummer (WKN): Wenn Sie eine bestimmte Aktie, einen Optionsschein oder Zertifikate kaufen wollen, verwenden Sie sowohl beim Kauf im Internet als auch bei telefonischen Aufträgen am besten (auch) die Kennnummer. Im Gegensatz zu Firmennamen ist die WKN in jedem Falle eindeutig. Verwechslungen sind bei Benutzung der Wertpapierkennnummer auszuschließen. Auch die Suche nach bestimmten Wertpapieren auf den Börsenseiten im Internet wird dadurch sehr vereinfacht. Die Wertpapierkennnummer ist in Deutschland eine sechsstellige Identifikationsnummer, die ausschließlich für in Deutschland handelbare Wertpapiere verwendet wird. Die WKN für eine Aktie lässt sich auf zahlreichen Internetseiten einfach ermitteln. Meist reicht es, den Namen eines Unternehmens einzugeben, und schon ist die entsprechende WKN da.

ISIN: Für den internationalen Gebrauch und zunehmend auch in Deutschland wird die ISIN (International Securities Identification Number) verwendet. Sie dient als internationale Wertpapierkennnummer einer weltweit eindeutigen Kennzeichnung von Wertpapieren und löst die verschiedenen nationalen WKN zunehmend ab. In der Regel können die nationalen WKN in die ISIN überführt werden, da die ISIN sowohl Zahlen als auch Buchstaben in beliebiger Mischung enthalten darf. Hat die nationale WKN weniger als neun Stellen, werden vorne Nullen ergänzt. Den neun Ziffern wird das aus zwei Buchstaben bestehende Länderkürzel (nach ISO 3166) vorangestellt. Rechts wird eine Prüfziffer hinzugefügt. Es gibt kein einheitliches Umstellungsdatum oder eine Umstellungspflicht von den nationalen WKN auf ISIN. In Deutschland war der 22.04.2003 der offizielle Umstellungstermin von WKN auf ISIN. An der deutschen Börse können ISIN aber bereits seit Oktober 2002 verwendet werden.

Am gebräuchlichsten ist jedoch immer noch die Wertpapierkennnummer. Wenn Sie Informationen über eine bestimmte Aktie im Internet suchen, eine Aktie in ein echtes oder virtuelles Depot aufnehmen wollen, das Sie über das Internet beobachten, oder wenn Sie die Aktie eines bestimmten Unternehmens bei einem Internetbroker oder einer Direktbank kaufen wollen, geht das am einfachsten, wenn Sie die WKN eingeben. Denn wenn Sie bei der Suche nach einer Aktie oder einem anderen Wertpapier nur den Namen eingeben und nicht ganz präzise Angaben machen (können), bekommen Sie oft eine ganze Liste mit den Namen verschiedener Wertpapiere und müssen dann das von ihnen tatsächlich gemeinte auswählen. Dabei können Irrtümer vorkommen.

WISO rät: Sie sollten bei der Suche immer den Weg über die WKN oder ISIN wählen, wenn Sie diese kennen. Dadurch sind Irrtümer ausgeschlossen.

Limitierte oder unlimitierte Aufträge? Anleger können ihrer Sparkasse oder Bank die Kauf- und Verkaufsaufträge für bestimmte Aktien mit und ohne Preisgrenzen geben. Bei Kauf- oder Verkaufsaufträgen ohne Preisbegrenzung spricht man im Wertpapiergeschäft von „bestens" ausgeführten Aufträgen. Hierbei hat sich der Kommissionär oder Makler an keinerlei Preisgrenzen zu halten. Bei Kaufaufträgen wird er lediglich versuchen, die gewünschten Wertpapiere am Ausführungstag zum niedrigstmöglichen Kurs zu erwerben. Umgekehrt wird der beauftragte Händler bei unlimitierten Verkaufsaufträgen versuchen, die betreffenden Papiere zum höchstmöglichen Kurs zu verkaufen. Für den tatsächlich erzielten Kurs übernimmt der Kommissionär oder Makler keine Haftung, das heißt, er garantiert nicht, dass dies tatsächlich der niedrigste oder höchste Kurs des Tages ist. Das geht auch nicht, da im Laufe der Handelsstunden die Aktienkurse je nach Angebot und Nachfrage mehrfach steigen und wieder fallen können. Es kann auch sein, dass ein anfänglich niedrigerer Kurs gegen Ende der Börsensitzung auf Grund von Nachrichten oder auch nur Gerüchten über einen guten Geschäftsabschluss, eine Produktinnovation oder eine bevorstehende Übernahme usw. steil nach oben getrieben wird. Pech, wenn man dann schon zu Beginn des Handels verkauft hat. Glück, wenn im Laufe des Tages der Kurs abstürzt, weil zum Beispiel bekannt wird, dass dem Unternehmen eine Schadensersatzklage droht.

WISO rät: Wenn der Anleger ein Preislimit setzt, hat der Händler eine klare Anweisung, zu welchem Preis er die Wertpapiere höchstens kaufen oder verkaufen darf. Die Preislimitierung gilt aber lediglich als Ober- beziehungsweise Untergrenze. Bei einem Verkaufslimit muss also mindestens der vorgegebene Kurs erreicht werden, ein höherer Kurs ist natürlich nicht nur erlaubt, sondern aus der Sicht des Verkäufers höchst erwünscht. Umgekehrt legt ein Kauflimit lediglich die Preisobergrenze fest, niedrigere Kurse sind aber möglich – und natürlich für den Käufer von Vorteil.

Ein Limit – auch für die Gebühren

Bei Auftragserteilung muss der Anleger die Gültigkeitsdauer des vorgegebenen Limits festlegen. In der Regel werden Limitierungen entweder nur für einen Tag oder bis Monatsende vergeben. Abweichende Regelungen sind aber möglich. Für die Limitierung der Wertpapierorder berechnet die Bank meistens eine Gebühr, welche die Kosten abdeckt, die dadurch entstehen, dass über einen bestimmten Zeitraum wiederholt versucht werden muss, den Auftrag zum vorgegebenen Preis durchzuführen. Wird das Limit lediglich für den Tag der Auftragsvergabe vorgegeben oder wird das Limit schon am ersten Tag der Laufzeit erreicht, so werden oftmals keine Gebühren berechnet. Erkundigen Sie sich deshalb bei Ihrem Kreditinstitut immer nach den Konditionen für Limits und andere Anweisungen.

Limitierte Wertpapierorders können grundsätzlich bei allen Wertpapiergeschäften, die über die Börse getätigt werden, vergeben werden. So lassen sich Kauf- und Verkaufslimite bei Handel mit Aktien, Anleihen, Optionsscheinen, aber auch bei Derivaten, wie Optionen und Futures, einsetzen. Auch bei Emissionen von Wertpapieren, bei denen die Preisfindung mit Hilfe des Bookbuilding-Verfahrens (siehe unten) stattfindet, können Kauflimits vorgegeben werden. Kommt es während der Laufzeit der Limitierung eines Aktienkaufs oder -verkaufs zu einer Dividendenausschüttung und damit zu einem Kursabschlag bei dem betreffenden Papier, wird bei dem vorgegebenen Preislimit automatisch ein entsprechender Abschlag vorgenommen.

Der offensichtliche Vorteil von limitierten Aufträgen ist, dass der Anleger nicht riskiert, bei einem Kauf einen zu hohen Preis zu zahlen beziehungsweise bei einem Verkauf einen zu niedrigen Preis zu erzielen. Auf der anderen Seite geht der Anleger natürlich immer das Risiko ein, bei dem betreffenden Geschäft nicht zum Zuge zu kommen, wenn der Kurs des Papiers über (bei Kauf) oder unter (bei Verkauf) seinem Limit liegt. Speziell beim Verkauf von Wertpapieren kann dies ein großer Nachteil sein, wenn beispielsweise eine Aktie auf Grund schlechter Unternehmensnachrichten fällt. Wenn der Anleger dann einen limitierten Verkaufsauftrag gibt und der Kurs unter diesem Limit liegt, kommt der Verkauf nicht zustande. Fällt der Kurs am nächsten Handelstag weiter, so ist der Verlust des Anlegers größer als bei einem sofortigen unlimitierten Verkauf. Steigt der Kurs der Aktie hingegen wieder, dann war es von Vorteil, sie nicht zu dem niedrigeren Kurs abzugeben.

Der Anleger geht das gleiche Risiko ein, wenn er bei der Zeichnung von Aktien im Rahmen des Bookbuilding-Verfahrens ein Limit vorgibt. Liegt der von dem Bankenkonsortium festgestellte Emissionspreis über der vorgegebenen Preisobergrenze, kommt der Anleger bei der Zeichnung nicht zum Zuge und muss, wenn er die betreffenden Papiere trotzdem haben möchte, diese später über die Börse erwerben. Auf der anderen Seite kann er mit Hilfe der Preislimitierung vermeiden, die Aktien zu einem aus seiner Sicht nicht marktgerechten (also zu hohen) Kurs zu zeichnen.

Die so genannten „Stop-Buy-“ und „Stop-Loss-Orders“ stellen eine andere Form der Verlustbremse dar, die von ähnlicher Bedeutung für den Anleger ist wie die Limits. Auch dies ist eine Börsentechnik, die Sie kennen sollten, weil sich Sparer und Anleger damit ebenfalls gegen Kursrisiken absichern können.

Faustregeln für Limits

Limitierte Aufträge sind bei den Aktien großer Unternehmen, die in hoher Stückzahl an der Börse gehandelt werden, weniger notwendig als bei Aktien kleiner Unternehmen, bei denen es auf Grund der geringen Stückzahl der gehandelten Papiere zu großen und teilweise nicht gerechtfertigten Kursschwankungen kommen kann. Bei diesen „marktengen“ Papieren (Aktien mit geringem Handelsvolu-

men), deren Kurse von Spekulanten leichter manipuliert werden können, müssen sich Kleinanleger davor schützen, über den Tisch gezogen zu werden.
Das gilt auch dann, wenn kurz vor Börsenschluss noch ein Kauf oder Verkauf an einer der regionalen deutschen Börsen in Auftrag gegeben wird. Das kann dann selbst bei marktbreiteren Papieren (Aktien, bei denen ständig höhere Umsätze zu beobachten sind) zu kurzfristigen Kursausschlägen führen, die sich zu Ihren Ungunsten auswirken. Deshalb ist es auch hier empfehlenswert, mit Limits zu arbeiten. Aber: Je enger Sie dabei die Grenzen setzen, umso größer ist das Risiko, dass Sie mit Ihrem Auftrag nicht zum Zuge kommen. Am nächsten Tag kann der Kurs dann noch ungünstiger sein. Das muss immer abgewogen werden.

Stop-Loss-Order: Diese Aufträge, die bei Erreichen eines bestimmten Kurses greifen, sind eine einfache und relativ kostengünstige Möglichkeit, einzelne Aktienpositionen gegen größere Kursverluste abzusichern. In Deutschland können Stop-Loss-Aufträge seit 1989 erteilt werden. Dabei handelt es sich um einen Verkaufsauftrag, der automatisch ausgeführt wird, wenn das Wertpapier einen vom Kunden vorgegebenen Kurs erreicht. Stop-Loss-Aufträge (oder Stop-Loss-Orders) sind als Kurssicherungsinstrument auch für Kleinanleger geeignet. Für die Börse können Stop-Loss-Aufträge allerdings eine gewisse Gefahr darstellen, da sie unter Umständen verstärkend auf Kursrückgänge wirken, da sie bei bestimmten Kursen eine Verkaufswelle auslösen können. Denn wenn zum Beispiel der Kurs einer Aktie bei 11 Euro steht, liegt es nahe, dass sehr viele automatische Verkaufsaufträge auf 10 Euro gesetzt werden.

Wenn ein Anleger seiner Bank oder seinem Brokerhaus den Auftrag gibt, eine bestimmte Aktie bei Erreichen eines bestimmten Kurses automatisch zu verkaufen, wird das jeweilige Papier, sobald der Stop-Loss-Kurs erreicht oder unterschritten wird, automatisch zum nächsten aktuellen Börsenkurs verkauft. Eine gleichzeitige Limitierung ist nicht möglich. Dadurch kann es bei stark schwankenden Kursen passieren, dass der tatsächlich erzielte Verkaufspreis sowohl unter als auch über der Stop-Loss-Marke liegt. Gerade im Falle eines Crashs ist es möglich, dass der tatsächlich erzielte Kurs deutlich von dem Stop-Loss-Kurs abweicht. Auch für die Entgegennahme und tägliche Überwachung eines Stop-Loss-Auftrags vereinnahmt die jeweilige Bank oder der Broker eine Gebühr, die von Bank zu Bank unterschiedlich sein kann. Stop-Loss-Aufträge werden für eine bestimmte Dauer erteilt, meist bis zum Monatsultimo.

Achtung: Ein Stop-Loss-Auftrag ist für den Anleger grundsätzlich eine Entscheidung zwischen dem Sicherstellen eines bestimmten Kursgewinns beziehungsweise der Begrenzung des maximalen Verlusts und dem Verzicht auf die Chance, später möglicherweise höhere Gewinne zu erzielen. Kommt es nämlich nur kurzfristig zu einer Unterschreitung der Stop-Loss-Marke und danach gleich wieder zu einem Wiederanstieg des Kurses – zum Beispiel, weil eine negative Nachricht sich dann doch als falsch oder übertrieben herausstellt –, sind die Aktien bereits verkauft, und dem Anleger entgehen dadurch unter Umständen erhebliche Gewinne. Auch dies ist wieder ein Beispiel dafür, dass ein aktiver Aktionär, der seine Papiere nicht als Daueranlage betrachtet, sondern von dem Auf und Ab der Kurse an der Börse profitieren will, einen ständigen Balanceakt zwischen Sicherheit und Chancenmanagement vollziehen muss. Es zeigt auch, dass es zu empfehlen ist, die Entwicklung der Kurse ständig im Auge zu behalten.

Bei der Verwendung von Stop-Loss-Aufträgen ist also grundsätzlich sowohl das Börsenumfeld als auch der zugrunde liegende Wert zu beachten. Kommt es auf Grund von externen Einflüssen (wie beispielsweise hohen Verlusten an ausländischen Börsen) zu kurzfristigen Kurseinbrüchen an der deutschen Börse, obwohl die grundsätzliche (fundamentale) Situation in Deutschland oder bezogen auf die spezielle Aktie gut ist, kann es sinnvoll sein, auf einen automatischen Verkaufsauftrag zu verzichten. In einem solchen Fall sollte der Anleger das tägliche Geschehen an der Börse aber besonders aufmerksam verfolgen und einen eventuell notwendig werdenden Verkauf selbst auslösen.

Die heute vorhandene Möglichkeit, der Kursentwicklung online zu folgen, erleichtert diese Überwachung. Wird allerdings eine längere Schwächeperiode vermutet oder ist der Anleger zeitlich nicht in der Lage (wegen Beruf, Urlaub, Krankheit), den Kurs seiner Papiere immer zeitnah zu verfolgen, kann ein Stop-Loss-Auftrag vor größeren Kursverlusten schützen oder erreichte Gewinne nach unten absichern.

Keine zu engen Grenzen setzen und „nachziehen“

Ein Stop-Loss-Kurs sollte auf jeden Fall so gesetzt werden, dass keine Gefahr besteht, schon bei kurzfristigen Kursausschlägen, wie sie im Alltagsgeschäft ständig zu beobachten sind, die Aktien zu verlieren. So kann man beispielsweise den Stop-Loss-Kurs jeweils auf 10 bis 15 Prozent unter den aktuellen Kurs bei Auftragsvergabe setzen. Dann besteht keine allzu große Gefahr, dass der Auftrag auf Grund eher zufälliger, kleinerer Kursausschläge ausgelöst wird. Allerdings sollte auch in einem solchen Fall die Kursentwicklung beobachtet werden. Bei kräftig steigenden Kursen sollte auch der Stop-Loss-Kurs nachgezogen werden. Denn andernfalls kann sonst der ganze schöne Gewinn wieder verloren gehen, ehe der automatische Verkaufsauftrag greift. Eine Anpassung nach unten, also eine Herabsetzung des Stop-Loss-Kurses, kann sinnvoll sein, wenn sich der Kurs der jeweilige Aktie zwar der gesetzten Marke genähert hat, der Anleger aber kurzfristig eine deutliche Erholung erwartet.

Wichtig: Stop-Loss-Aufträge können nur für Auftragsgrößen von 50 Aktien oder einem Vielfachen davon gesetzt werden. Außerdem müssen die betreffenden Aktien im variablen Handel notiert werden. Nur so ist eine sofortige Reaktion auf das Erreichen eines bestimmten Kursniveaus möglich. Ein exakter Verkaufskurs kann nicht festgesetzt werden, die Bank ist lediglich verpflichtet, zum nächstmöglichen Kurs zu verkaufen. Die Überwachung der Stop-Loss-Aufträge ist Aufgabe der Bank des Anlegers beziehungsweise des beauftragten Kursmaklers. Stop-Loss-Aufträge sind also vor allem für solche Anleger sinnvoll, die nicht genug Zeit haben, um das Geschehen an der Börse selbst täglich zu verfolgen, die aber trotzdem sicher sein wollen, dass ein Verlustrisiko begrenzt bleibt.

Das Gegenstück zum Stop-Loss-Auftrag ist der so genannte Stop-Buy-Auftrag, bei dem der Kauf eines bestimmten Papiers automatisch bei Erreichen eines vorab vereinbarten Kursniveaus ausgelöst wird.

Stop-Buy-Order: Das Instrument der Stop-Buy-Order ist ebenso wie der Stop-Loss-Auftrag seit 1989 in Deutschland zugelassen. Bei Stop-Buy-Orders gibt der Anleger seiner Bank den Auftrag, von einer bestimmten Aktie eine vorher festgelegte Zahl zu erwerben, wenn ihr Kurs einen festgelegten Wert erreicht oder überschreitet. Der vereinbarte Kurs wird in der Regel als Stop-Buy-Kurs beziehungsweise Stop-Buy-Marke bezeichnet. Die Bank erwirbt dann die vereinbarte Anzahl an Aktien zum nächsten aktuellen Börsenkurs. Der Kurs, zu dem das Geschäft ausgeführt wird, kann dadurch sowohl über als auch unter dem vereinbarten Stop-Buy-Kurs liegen. Bei Stop-Buy-Aufträgen kann der Kurs, zu dem der Auftrag durchgeführt wird, ebenso wenig limitiert werden wie bei Stop-Loss-Aufträgen. Eine Kombination von limitiertem Kaufauftrag und Stop-Buy-Order ist nicht möglich.

Stop-Buy-Aufträge können jeder im Wertpapiergeschäft tätigen Bank oder jedem Brokerhaus erteilt werden. Voraussetzung ist allerdings, dass der Anleger dort ein Depotkonto führt, die betreffende Aktie im variablen Handel notiert wird und der Auftrag über 50 Aktien oder ein Vielfaches davon lautet, weil sonst eine Ausführung zum nächsten aktuellen Börsenkurs nicht möglich ist. Für die Dienstleistung vereinnahmt die jeweilige Bank eine Gebühr, die von Institut zu Institut unterschiedlich sein kann.

Ein Anleger kann mit Hilfe von Stop-Buy-Aufträgen an einer plötzlichen Kursrallye teilnehmen, ohne den betreffenden Wert schon lange vor Beginn dieses Kursanstiegs in seinem Depot halten zu müssen. Denn obwohl die Bezeichnung „Stop-Buy" den Eindruck erweckt, von dieser Grenze an dürfe nicht mehr gekauft werden, dient sie als Einstiegssignal. Erwartet ein Anleger beispielsweise, dass ein bestimmtes Unternehmen in nächster Zeit Ziel einer Übernahme durch ein anderes Unternehmen wird, so kann er einen Stop-Buy-Auftrag an seine Bank geben, dieses Papier ab einem bestimmten Kurs zu erwerben, den der Anleger als Zeichen für eine Übernahme wertet.

WISO rät: Stop-Buy-Aufträge eignen sich sowohl zur Absicherung in Optionsgeschäften (siehe dort) als auch als spekulatives Anlageinstrument. Stop-Buy-Orders lassen sich zur Absicherung von Stillhaltepositionen von Call-Optionen nutzen. So kann beispielsweise der Verkäufer einer Kaufoption einen Stop-Buy-Auftrag für die der Option zugrunde liegende Aktie erteilen, sodass sein Verlustrisiko bei einem steigenden Kurs beseitigt oder zumindest stark eingeschränkt werden kann.

Problematisch bei Stop-Buy- wie auch bei Stop-Loss-Aufträgen ist, dass sie in extremen Börsensituationen wie einem sich anbahnenden Crash verstärkend auf die ohnehin schon übertriebenen Kursbewegungen wirken können. Kommt es beispielsweise in einer Haussephase zu starken Kurssteigerungen, so werden diese durch eventuelle Stop-Buy-Aufträge noch verstärkt. Sie sorgen für eine weitere Erhöhung des Nachfragedrucks und damit für einen weiteren Anstieg der Kurse. Dadurch werden möglicherweise weitere Stop-Buy-Marken erreicht, was wiederum zu einer Verstärkung der Kursausschläge führt. Die Nutzung von Stop-Loss- beziehungsweise Stop-Buy-Aufträgen kann so zu einer zunehmenden Volatilität (starken Kursausschlägen) der Börse führen.

Achtung: Beachtet werden muss auch, dass derartige Verkaufsaufträge dazu führen können, dass die Spekulationsfrist (siehe unten) nicht eingehalten, also vor Ablauf eines Jahres verkauft wird. Die dann fälligen Steuerzahlungen können die Verluste aus kurzfristigen Kursrückgängen unter Umständen weit übertreffen.

Spekulationsfrist: Zwischen dem Datum des Kaufs und des Verkaufs von Wertpapieren muss seit Anfang 1999 mindestens ein Jahr (früher sechs Monate) liegen, damit erzielte Gewinne steuerfrei sind. Wird vorher verkauft, um einem befürchteten Rückschlag an der Börse zuvorzukommen oder weil das Geld benötigt wird, muss der Gewinn zusammen mit dem sonstigen Einkommen versteuert werden. Verluste, die innerhalb der Spekulationsfrist entstehen, dürfen dagegen nicht mit dem übrigen Einkommen bei der Feststellung der Steuerschuld verrechnet werden. Allerdings dürfen erzielte Gewinne steuerlich mit Verlusten verrechnet werden, die ebenfalls bei einem Verkauf von Wertpapieren innerhalb der Spekulationsfrist entstanden sind. Dabei müssen die Papiere nicht etwa gleichzeitig gekauft oder verkauft worden sein. Selbst Verluste, die im Vorjahr innerhalb der Spekulationsfrist entstanden sind, können geltend gemacht werden. Sie dürfen auch mit Gewinnen im folgenden Jahr verrechnet werden, ehe die Einkommensteuer greift.

Steuerlich wichtig

Spekulationsgewinne und Spekulationsverluste können nur untereinander verrechnet werden. Das Finanzamt erkennt es nicht an, wenn Börsenverluste gegen Gewinne aus Immobiliengeschäften, aus Börsentermingeschäften oder anderen spekulativen Aktivitäten oder gar mit dem Arbeitseinkommen verrechnet werden. Mehr zum Thema Steuern und Geldanlage im letzten Kapitel.

Bei der Frage, ob Wertzuwächse besteuert werden, muss zwischen realisierten und nicht realisierten Wertzuwächsen unterschieden werden. Nur bei einem realisierten Wertzuwachs – also wenn die betreffenden Wirtschaftsgüter (in diesem Fall Aktien, Anleihen, Fondsanteile oder Derivate) auch tatsächlich wieder verkauft wurden, der Gewinn also „realisiert" worden ist und nicht nur auf dem Papier steht –, kommt auch aus steuerlicher Sicht ein Spekulations- oder Veräußerungsgewinn zustande.

Berichtigungs- oder „Gratisaktien": Das sind Aktien, die Unternehmen im Rahmen der Umwandlung von Rücklagen in Grundkapital ausgeben. Diese Papiere werden oftmals als „Gratisaktien" bezeichnet, da sie unentgeltlich an die Aktionäre des betreffenden Unternehmens ausgegeben werden. Durch eine Kapitalerhöhung aus Gesellschaftsmitteln und der damit verbundenen Ausgabe von Berichtigungsaktien erhält das Unternehmen daher auch keine zusätzlichen Eigenmittel. Da sich das Aktienkapital ebenso wie das Aktienvermögen des Anteilseigners aber durch eine solche Kapitalerhöhung nicht verändert, sondern lediglich auf mehr Aktien verteilt wird, ist der Begriff „Gratisaktie" irreführend. Die Ausgabe von Berichtigungsaktien darf auch nicht mit einem „Stock-Split" verwechselt werden (siehe weiter unten).

Aktiengesellschaften haben die Möglichkeit, einen Teil ihrer Rücklagen in Grundkapital umzuwandeln. Man spricht in diesem Zusammenhang auch von einer Kapitalerhöhung aus Gesellschaftsmitteln. Bei dieser Art der Kapitalerhöhung werden der Aktiengesellschaft keine neuen Mittel zugeführt, sondern lediglich eine Position auf der Passivseite der Bilanz verringert (Rücklagen) und dafür eine andere Position um den gleichen Betrag erhöht (Grundkapital). Es kommt also lediglich zu einer Veränderung der Struktur des Eigenkapitals. Die Umwandlung von Rücklagen in Grundkapital ist unter folgenden Voraussetzungen möglich:

- Die zugrunde liegende Bilanz darf keinen Verlust aufweisen,
- im Fall einer Umwandlung von Gewinnrücklagen in Grundkapital darf es sich bei den betreffenden Rücklagen nicht um zweckgebundene Mittel handeln (wie beispielsweise bei Erneuerungsrücklagen),
- Kapitalrücklagen und gesetzliche Rücklagen können nur dann in Grundkapital umgewandelt werden, wenn ihre Höhe jeweils 10 Prozent des Grundkapitals übersteigt. In diesem Fall kann der übersteigende Teil für eine Kapitalerhöhung aus Gesellschaftsmitteln verwandt werden.

Außerdem ist die Kapitalerhöhung an einen Beschluss der Hauptversammlung gebunden. Der Beschluss muss von mindestens drei Viertel des anwesenden Grundkapitals getragen werden. Liegt ein solcher Beschluss vor, wird das Grundkapital um denselben Betrag erhöht, wie die Rücklagen vermindert werden. Für das so entstandene, zusätzliche Grundkapital müssen entsprechend viele Aktien ausgegeben werden. Ihr aufaddierter Nennwert muss also dem Betrag entsprechen, um den das Grundkapital erhöht wurde.

Für die Aktionäre des Unternehmens ergibt sich zunächst keine materielle Veränderung, da sie nun zwar mehr Aktien haben, diese aber jeweils einen geringeren Anteil am gesamten Vermögen des Unternehmens repräsentieren. Daher verändert sich der Wert des Beteiligungsvermögens des einzelnen Aktionärs in der Regel nicht. Veränderungen für den Aktionär treten nur insofern auf, als sich der Kurs der einzelnen Aktie im Verhältnis zur Kapitalerhöhung vermindert. Sie wird dadurch zumindest optisch billiger. Dies kann dazu führen, dass die betreffende Aktie leichter handelbar wird und so die Nachfrage nach der Aktie steigt.

Eine Kapitalerhöhung aus Gesellschaftsmitteln kann auch dann von Vorteil für die Aktionäre sein, wenn das Unternehmen die Dividende pro Aktie unverändert lässt, also nicht im Verhältnis zur Kapitalerhöhung reduziert. In diesem Fall erhält der Aktionär nach erfolgter Zuteilung der Berichtigungsaktien eine höhere Gesamtdividende als vor der Kapitalerhöhung (Anzahl der Aktien multipliziert mit der Dividende pro Aktie). Kapitalerhöhungen aus Gesellschaftsmitteln werden meistens dann vorgenommen, wenn die Rücklagen im Verhältnis zum Grundkapital übermäßig hoch sind oder wenn das Grundkapital im Verhältnis zur Gesamtbilanz zu niedrig wirkt. Die Ausgabe von Berichtigungsaktien unterscheidet sich daher vom so genannten Aktien-Split, bei dem das vorhandene Grundkapital nur neu aufgeteilt wird – allerdings ebenfalls mit dem Effekt, dass die Aktie optisch billiger wird.

Aktien- oder Stock-Split: Beim Stock-Split werden die umlaufenden Aktien einer Aktiengesellschaft eingezogen, entwertet und durch eine höhere Anzahl neuer Aktien ersetzt. Das Verhältnis, in dem alte in neue Aktien umgetauscht werden, wird als Splitting-Verhältnis bezeichnet. Der Anteil, den der einzelne Aktionär an dem Unternehmen hält, ist vor und nach dem Stock-Split unverändert. Das Vermögen der Gesellschaft verteilt sich nur zahlenmäßig auf mehr Aktien als vorher. Der Stock-Split dient vor allem dazu, die Aktie an der Börse leichter handelbar zu machen, da der Preis pro Stück deutlich sinkt. Die Initiative zu einer solchen Maßnahme geht grundsätzlich von der Aktiengesellschaft selbst aus. Das Verhältnis, in dem alte gegen neue Aktien getauscht werden, wird als Splitting-Verhältnis bezeichnet. So bedeutet beispielsweise ein Splitting-Verhältnis von 1 zu 3, dass der einzelne Aktionär für eine alte Aktie drei neue Aktien erhält.

Ein Stock-Split erfolgt für die Aktionäre grundsätzlich kostenfrei. Auch ändert sich an seiner Vermögenssituation durch einen Stock-Split unmittelbar nichts. Sein Anteil an der Aktiengesellschaft verteilt sich nach dem Stock-Split lediglich auf mehr Aktien, die einen geringeren Nennwert (oder eine geringere Quote am Gesamtkapital) als die alten Aktien und damit einen in Abhängigkeit zum Splitting-Verhältnis zunächst geringeren Kurswert haben. Das kann sich allerdings rasch ändern, wenn neue Käufer für die scheinbar billigere Aktie auftreten und der Kurs wegen der verstärkten Nachfrage steigt.

Ein Stock-Split ist damit eher psychologischer Natur. Wenn man feststellt, dass viele Kleinanleger davor zurückschrecken, Aktien zu erwerben, die einen hohen Einzelpreis haben, kann die Teilung des Papiers eine Lösung sein. Manche sind auch gar nicht in der Lage, einen so hohen Betrag aufzubringen, und können sich daher nicht einmal mit einer Aktie an dem Unternehmen beteiligen. Immerhin gibt es Papiere, die pro Stück mehrere tausend Euro oder Dollar kosten. So teure Aktien sind zwar selten, aber es handelt sich dabei oft um Gesellschaften, deren Anteile manchmal besonders großes Kurspotenzial haben. Durch einen Aktien-Split gelingt es meist, die Handelbarkeit der Aktien zu verbessern.

Das kommt auch den Aktionären zugute, da mit der verbesserten Handelbarkeit oft entsprechende Kurssteigerungen verbunden sind. Allein die Ankündigung eines Split führt daher oft schon zu Kurssteigerungen. Für Anleger kann es sich unter spekulativen Gesichtspunkten daher lohnen, in solche Papiere zu investieren, bei denen ein Aktien-Split erwartet wird.

In Euroland wurden wegen der Umstellung auf die Euro-Notierung der Aktien oftmals Stock-Splits mit der Umstellung auf Stück- oder Quotenaktien (siehe dort) verbunden. Auch hier handelte es sich um eine wertneutrale Umstellung der Aktien. Sie war aber für die Gesellschaft einfacher und kostengünstiger als eine Umstellung der alten Nennwerte der Aktien auf neue Euro-Nennwerte mit „krummen" Beträgen oder die Ausgabe neuer Aktien mit glatten Euro-Beträgen. In allen diesen Fällen werden die neuen Aktien den alten Anteilseignern automatisch gutgeschrieben beziehungsweise von der Depotbank für sie umgetauscht. Er muss also nicht prüfen, ob er sein Bezugsrecht ausüben oder verkaufen will. Das ist nur dann erforderlich, wenn das Kapital der Gesellschaft durch die Ausgabe neuer Aktien tatsächlich erhöht wird, ihr also wirklich „frisches Kapital" zugeführt werden soll.

Bezugsrechte: Die den Alt-Aktionären bei der Ausgabe „junger Aktien" in der Regel zustehenden Bezugsrechte stellen ein Kaufrecht dar. Die neuen Aktien werden den Anteilseignern angeboten, wenn die Aktiengesellschaft ihr Grundkapital erhöhen und zu diesem Zweck zusätzliche Aktien an der Börse platzieren will. Denn wenn eine Aktiengesellschaft ihr Grundkapital erhöht, ist sie gesetzlich verpflichtet, den Inhabern der früher ausgegebenen Aktien Bezugsrechte für die jungen Aktien einzuräumen. Die Hauptversammlung der Aktionäre kann allerdings mehrheitlich beschließen, auf das

gesetzliche Bezugsrecht zu verzichten. Das geschieht vor allem dann, wenn einem anderen Unternehmen oder einem Großinvestor die Möglichkeit gegeben werden soll, sich an der Gesellschaft zu beteiligen, oder mit einer anderen Gesellschaft eine gegenseitige Verflechtung geplant ist, die mit einem Austausch von Aktienpaketen verbunden ist. Den Bezugspreis für die jungen Aktien legt das Management des Unternehmens fest. Er ist niedriger als der Kurs der alten Aktien, da es sich für die Anteilseigner sonst nicht lohnen würde, junge Aktien zu erwerben. Alt-Aktionäre sind durch dieses Disagio also im Vorteil. Der Wert des Bezugsrechts ist vom Bezugsverhältnis abhängig.

Um diesen Wert zu ermitteln, wird der Kurs der alten Aktie in Beziehung zum Preis der jungen Aktie gesetzt. Die Alt-Aktionäre müssen sich meist innerhalb von zwei bis drei Wochen entscheiden, ob sie ihr Bezugsrecht ausüben wollen oder nicht. Während dieser Bezugsfrist wird das Bezugsrecht an der Börse wie ein selbstständiges Wertpapier gehandelt. Man kann es also kaufen oder verkaufen. Das heißt, dass der börsennotierte Kurs von dem rechnerischen Wert des Bezugsrechts abweichen kann. Denn ebenso wie beim Aktienhandel bestimmen auch beim Bezugsrecht allein Angebot und Nachfrage den Preis. Der Bezugsrechtshandel wirkt sich auch auf den Kurs der alten Aktien aus. Mit Beginn der Bezugsfrist, also am ersten Handelstag, wird der rechnerische Wert des Bezugsrechts vom Kurs der alten Aktie abgezogen.

Beispiel: Wenn die Alt-Aktie mit 600 Euro notierte und das Bezugsrecht 50 Euro wert ist, sieht die Rechnung so aus: 600 Euro minus 50 Euro ergibt einen Kurs abzüglich Bezugsrecht von 550 Euro. Das heißt, der Kurs der alten Aktie wurde um den Wert des Bezugsrechts bereinigt. Auch das eigentliche Bezugsrecht lässt sich leicht errechnen: Die Aktiengesellschaft besitzt im Beispielfall ein Grundkapital in Höhe von 300.000 Euro. Die Kapitalerhöhung soll 60.000 Euro betragen. Daraus ergibt sich ein Bezugsverhältnis von 5 zu 1. Das heißt, wer fünf alte Aktien besitzt, kann eine junge Aktie beziehen. Wird der Börsenkurs der alten Aktie mit 600 Euro notiert und eine neue Aktie wird für 300 Euro zum Bezug angeboten, ergibt sich rechnerisch der Wert des Bezugsrechts nach der folgenden Formel: Wert des Bezugsrechts = Börsenkurs der alten Aktie minus Bezugspreis der neuen Aktie dividiert durch Bezugsverhältnis plus eins. Bezogen auf das Beispiel: 600 Euro minus 300 Euro geteilt durch $(5 + 1) = 50$ Euro. Der rechnerische Wert des Bezugsrechts beträgt pro junge Aktie also 50 Euro.

Das Bezugsrecht kann an der Börse verkauft werden, falls der Alt-Aktionär aus Geldmangel oder anderen Gründen kein Interesse am Bezug junger Aktien hat. Welcher Preis (Kurs) sich an der Börse erzielen lässt, hängt davon ab, ob das Interesse am Bezug junger Aktien bei den bisherigen Anteilseignern oder neuen Käufern groß oder klein ist. Die Entscheidung darüber, ob ein Aktionär sein Bezugsrecht ausübt oder es verkauft, hängt nicht nur davon ab, wie er das Unternehmen und damit das Potenzial seiner Aktien einschätzt. Es hängt auch davon ab, ob er zum gegebenen Zeitpunkt überhaupt über die notwendigen Mittel zum Kauf der jungen Aktien verfügt. Daneben ist aber auch die Überlegung wichtig, ob ein Kauf im Hinblick auf die aktuelle Zusammensetzung des eigenen Depots sinnvoll erscheint. Denn der Spruch, dass man „nicht alle Eier in einen Korb legen soll", gilt auch für die Struktur der persönlichen Geldanlage. Um zu einem ausgewogenen Verhältnis von Risiko und Chance zu kommen, um nicht zu abhängig von der Entwicklung einer bestimmten Branche zu werden oder um gegebenenfalls ohne Probleme und Verluste wieder an liquide Mittel kommen zu können, ist es wichtig, immer wieder einmal über die Struktur der eigenen Geldanlage nachzudenken.

Auf die Mischung kommt es an: die richtige Depotstruktur

Für jeden Sparer sollten die Erfahrungen der Jahre 2002 bis 2003 eine Lehre sein: Beim Aufbau eines Wertpapierdepots sollte immer darauf geachtet werden, eine ausgewogene Zusammensetzung der darin enthaltenen Risikopapiere und Renditetitel zu erreichen. Neben Aktien sollten deshalb auch andere Formen der Geldanlage nicht vergessen werden. Andernfalls kann eine Branchenkrise oder eine allgemeine und vielleicht für längere Zeit anhaltende Schwächephase an der Börse zu argen finanziellen Problemen führen.

Wenn nicht schon Vermögen vorhanden ist oder eine Erbschaft den Start erleichtert, wird es beim Einstieg in das Wertpapiersparen meist schwer sein, auf eine ausgewogene Zusammensetzung der im Depot enthaltenen Wertpapiere und anderer Vermögenswerte zu achten. Das ist dann allenfalls durch den Kauf von Fondsanteilen zu erreichen, deren Anlagepolitik sowohl auf Sicherheit als auch auf die Nutzung von Renditechancen setzt. Mittel- und langfristig sollte aber auch für die eigene Vermögensanlage eine ausgewogene Mischung angestrebt werden.

Das gilt insbesondere dann, wenn die Vermögensbildung der Altersvorsorge, dem Ansparen für einen späteren Hauskauf, der Sicherung von Familienangehörigen oder dem Aufbau einer Rücklage für die Wechselfälle des Lebens dienen soll. Dann kommt es nämlich darauf an, dass neben den Vermögenswerten, die im Hinblick auf eine deutliche Wertsteigerung (also chancenorientiert) oder aus spekulativen Gründen erworben wurden, auch solche Anlageformen vertreten sind, die geringen Wertschwankungen unterliegen, eine sichere Rendite bringen und jederzeit auch wieder „versilbert" werden können, wenn Bargeld gebraucht wird. Denn es kann immer sein, dass ein Teil des spekulativ angelegten Geldes verloren geht oder dass gerade dann, wenn Liquidität benötigt wird, bestimmte Wertpapiere – oder nach einem Crash sogar alle – nur mit hohem Verlust verkauft werden können. Deshalb gilt bei der Geldanlage mehr noch als in anderen Lebensbereichen: Nie alles auf eine Karte setzen!

Achtung: Die ideale Depot- und Vermögensstruktur gibt es nicht. Denn was im Einzelfall „ideal" ist, hängt unter anderem vom jeweiligen Einkommen und Alter, vom Gesundheitszustand, der familiären Situation und den Erwartungen ab, die im Ruhestand an den Lebensstandard gerichtet werden. Wichtig ist auch, ob später mit einer Rente plus einer Betriebsrente, mit einer berufsständischen Versorgung, mit einer Lebensversicherung oder eventuell auch mit einer Erbschaft zu rechnen ist oder ob Sie den Vermögensaufbau ganz aus eigener Kraft schaffen müssen.

Schon diese wenigen Beispiele zeigen, dass es kein Patentrezept für eine optimale Anlagestruktur geben kann. Hinzu kommt, dass auch das individuelle Risikoprofil höchst unterschiedlich ist. Wer nachts keinen Schlaf mehr findet, sobald an der Börse die Kurse nach unten gehen, sollte Risikopapiere jeder Art von vornherein meiden. Die für Sie passende Risikostruktur gehört deshalb neben der Diskussion Ihrer Anlageziele zu den wichtigsten Punkten, die jeder seriöse Berater im Gespräch mit Ihnen klären muss, ehe er mit einzelnen Empfehlungen kommt.

Wer berät gewissenhaft?
Ein seriöser Anlageberater wird immer erst versuchen, sich ein Bild von seinen Kunden zu machen: Um wie viel Geld geht es? Welche Vermögensteile oder Ansprüche sind sonst noch vorhanden (wie Immobilien, Pension, Lebensversicherung)? Wird ein Teil des Geldes zu einem bestimmten Zeitpunkt benötigt? Welche Erfahrungen hat der Kunde bereits mit Börsengeschäften? Zu welchem „Risikotyp" gehört er? Wie soll eine darauf abgestimmte Depotstruktur aussehen? Kreditinstitute sind gesetzlich verpflichtet, dies zunächst zu erkunden und neue Kunden auch sorgfältig über die Risiken bestimmter Anlageformen aufzuklären.

WISO rät: Wenn Sie das Gefühl haben, dass ein Anlageberater diese Pflichten nicht ernst nimmt und nur von hohen Gewinnen schwärmt, sollten Sie das Gespräch abbrechen und sich nach einem wirklichen Experten umsehen. Das gilt insbesondere dann, wenn jemand versucht, Anlagegeschäfte per Telefon oder an der Haustür anzubahnen. Siehe auch: Checkliste Anlageberatung im vorigen Kapitel.

Auch wenn es keine Patentrezepte gibt, so gibt es doch einige Anhaltspunkte, die bei der individuellen Planung als „Prüfsteine" dienen und den eigenen Überlegungen zugrunde gelegt werden können. Hilfreich ist zunächst eine grobe Unterteilung in vier Kategorien:

- Kasse,
- Reserve,
- Vermögen,
- „Spielgeld".

- **Kasse:** Auf dem Konto sollte so viel sein, dass kleinere – auch unvorhergesehene – Ausgaben jederzeit bewältigt werden können, ohne gleich teure Kredite (dazu zählt auch schon der „Dispo“ und erst recht der Überziehungskredit) in Anspruch genommen werden müssen. Oft lässt sich aber auch dieses Geld so anlegen, dass es bei kurzfristiger Verfügbarkeit wenigstens einen bescheidenen Zinsertrag bringt. Das gute alte Sparbuch oder besser ein Geldmarktfonds sind dafür geeignet.

- **Reserve:** Dazu sollten Geldanlagen dienen, die nicht jederzeit, aber doch relativ kurzfristig verfügbar gemacht werden können. Auch wenn größere Anschaffungen oder Ausgaben (Auto, der Urlaub im nächsten Jahr) vorhersehbar sind, sollten sie aus einer solchen Reserve finanziert werden können. Hier bieten sich neben Geldmarktfonds oder Termingeld vor allem Anleihen mit mittlerer Laufzeit und Bundesschatzanweisungen („Bundesschätzchen“) an. Warum soll das Geld nicht so lange Zinsen bringen, bis es gebraucht wird?

- **Vermögen:** Hier können Aktien den Schwerpunkt bilden, weil damit bei langfristiger Anlagestrategie immer noch die höchsten Erträge zu erwarten sind. Aber auch in diesem Fall heißt es: Nicht alles auf eine Karte setzen, sondern eine sinnvolle Depotstruktur anstreben. Das bedeutet nicht nur, verschiedene Aktien, sondern auch Fondsanteile und Anleihen angemessen berücksichtigen. Denn niemand weiß, wann wieder einmal ein Börsencrash kommt und wie lange er dauert. Sehr sinnvoll ist es auch, neben dem Geld- und Wertpapiervermögen gleichzeitig Immobilien in die Strukturplanung aufzunehmen. Dazu muss man nicht gleich ein ganzes Haus kaufen. Es kann auch mit kleineren Beträgen durch Anteile an Immobilienfonds geschehen (Vorsicht bei „geschlossenen Fonds“: Die Anteile sind meist nur sehr schwer wieder zu verkaufen) oder durch Immobilienaktien. Das ist eine interessante Variante, da sie Elemente der Aktienanlage mit denen von Grundbesitz kombiniert. Der eigene Grunderwerb (Eigentumswohnung, Grundstück, Einfamilienhaus) kommt meist erst später in Frage. Aber wenn er bereits vorhanden ist, sollte er bei der Gesamtbetrachtung des Vermögens eine wichtige Rolle spielen. Wer schon über Grundbesitz verfügt, kann den Aktienanteil am Gesamtvermögen etwas höher ansetzen.

- **„Spielgeld“:** Wenn diese Punkte berücksichtigt sind, kann ein Teil der verfügbaren Mittel für etwas gewagtere Spekulationen eingesetzt werden. Bei entsprechender Risikobereitschaft bieten sich Anlageformen mit großem Kurssteigerungspotenzial (aber auch entsprechenden Verlustrisiken) an. Dazu zählen Aktien junger innovativer Firmen, wie sie früher am Neuen Markt und heute im TecDAX oder an der Nasdaq in New York gehandelt werden, sowie Anteile an Unternehmen, denen Sie zutrauen, aus einer Krise wieder herauszukommen (Turn-around-Werte). Natürlich gehören auch die so genannten Derivate dazu, denen in diesem Buch ein eigenes Kapitel gewidmet ist.

Für die Struktur des eigentlichen **Wertpapierdepots** gelten ganz ähnliche Überlegungen wie bei der Verteilung der insgesamt vorhandenen Mittel. Neben Blue Chips, wie die Aktien renommierter, wirtschaftlich gesunder, großer Unternehmen genannt werden (dazu zählen die meisten der im DAX oder STOXX gelisteten Gesellschaften), kann das Depot auch Wachstumswerte enthalten. Darunter versteht man vor allem Aktien von Unternehmen, die mit innovativen Produkten und Dienstleistungen zu rasch steigenden Umsätzen und Erträgen kommen könnten. Auch auf eine ausgewogene Branchenstruktur muss dabei geachtet werden. Wer nur Banktitel besitzt, weil dort gerade die Kurse besonders kräftig steigen, wird voll erwischt, wenn zum Beispiel durch eine der häufigen Schuldenkrisen in Südamerika weltweit die Finanztitel unter Druck geraten.

Außer **Aktien** aus dem Euro-Raum oder den USA können unter dem Gesichtspunkt „Chancenmanagement" auch Papiere im Depot sein, die aus den „Emerging Markets" kommen. Neben soliden Anleihen (AAA-Rating) können auch Hochzinsanleihen liegen – bis hin zu den Junk-Bonds. Das sind Anleihen, von denen nicht völlig sicher ist, ob der Schuldner sie auch wirklich zurückzahlen kann. Für diese Ungewissheit muss er die Anleger mit hohen Zinsen entschädigen. In diesem Fall ist es übrigens besser, Anteile an Fonds zu kaufen, die in Hochprozenter investieren. Denn da sie ihre Mittel viel breiter streuen können, als dies einem einzelnen Anleger möglich ist, und weil die darauf spezialisierten Manager die Sicherheit der Schuldner besser bewerten können, wirkt sich der Totalverlust bei einer Anleihe weniger gravierend aus, als wenn man selber dort (zu) groß eingestiegen ist.

Bei **Gold**, das früher – und oft auch heute noch – immer als Bestandteil eines ausgewogenen Depots genannt wurde, ist zu besonderer Vorsicht zu raten. Sein Preis ist über viele Jahre fast kontinuierlich gefallen. Es bringt keine Zinsen, verursacht aber Lagerkosten. Ob es – was für manche Anleger auch heute noch eine Rolle spielt – in Krisenzeiten im Fluchtgepäck mitgenommen werden kann, ist höchst zweifelhaft. Außerdem erhöht die Mitnahme von Gold im Fluchtgepäck die Gefahr, überfallen zu werden. Selbst in normalen Zeiten besteht eine hohe Verlustgefahr, wenn Gold oder andere „ewige Werte" aus solchen Überlegungen heraus als „Zahlungsmittel für alle Fälle" im Haus aufbewahrt werden – und nur das garantiert, dass man im Krisenfall auch schnell an seine Schätze herankommt. Ähnliche Überlegungen gelten für Diamanten, die zudem oft noch von Betrügern aus dem Grauen Kapitalmarkt angeboten werden und sich später als kaum verkäuflich oder ganz wertlos erweisen.

Gold – ein „Wert an sich“?

Das gelbe Edelmetall wird in Form von Münzen und Barren gehandelt. Barren sind die reinste Form, da sie einen Goldgehalt von 999 Promille haben. Es gibt sie in Gewichtsklassen von fünf Gramm bis zwölf Kilogramm. Je kleiner der Barren, umso größer ist der Aufschlag, den die Anbieter für die Herstellung verlangen (zwischen 1 bis 8 Prozent). Wichtig ist der Prägestempel einer seriösen Schmelze und der Erwerb über eine Bank, um das Risiko von Fälschungen zu vermeiden.

Richtig ist: Gold war über Jahrhunderte der Inbegriff von Wert und Wertbeständigkeit und wurde in zahlreichen Staaten zunächst physisch als Geld und später als Deckungsgarantie für die umlaufenden Zahlungsmittel verwendet (Gold- und Goldkernwährung). Auch private Sparer horteten Gold und Silber, weil dies die einfachste und meist auch beste Möglichkeit war, liquides Vermögen zu bilden. Es war als Medium der Wertaufbewahrung besonders gut geeignet, weil es nicht beliebig vermehrbar war (wie es Papiergeld ist, wenn seine Produktion durch die Notenbank nicht strikt limitiert wird) und weil es in Notzeiten entweder auf der Flucht vor Feinden mitgenommen oder – ohne Schaden zu nehmen – für lange Zeit vergraben oder in anderer Form versteckt werden konnte.

Falsch ist: Daraus entstand der „Mythos des Goldes“, der auch heute noch dazu führt, dass Gold von vielen Sparern als eine besonders wertvolle und wertbeständige Form der Geldanlage betrachtet wird. Sofern dies nicht als Liebhaberei (insbesondere in Form von Münzen, Schmuck und Medaillen) geschieht oder in Krisenregionen als die einzige Möglichkeit gesehen wird, Vermögenswerte bei der Flucht zu retten oder das Horten des gelben Metalls aus irrationalen Gründen geschieht, muss Gold als Anlagemedium aber sehr kritisch betrachtet werden:

- Gold bringt keine Zinsen oder sonstigen Erträge.
- Gold verursacht Lager- und Versicherungskosten oder ist bei persönlicher Verwahrung in höchstem Maße diebstahlgefährdet.
- Beim Erwerb in Deutschland muss, anders als bei Wertpapieren, Mehrwertsteuer gezahlt werden. Das mindert den möglicherweise bei einem Steigen des Goldpreises zu erwartenden Ertrag.
- Goldmünzen (immer noch in einigen Ländern offiziell ein gesetzliches Zahlungsmittel) haben An- und Verkaufspreise, die in den Tageszeitungen veröffentlicht werden. Der jeweilige Preis hängt an der Goldpreisentwicklung plus einem kleinen Aufschlag. Als gesetzliche Zahlungsmittel unterliegen sie nicht der Mehrwertsteuer, bringen aber ebenfalls keinen Zinsertrag. Ihr Preis fällt, wenn auch der Goldpreis sinkt.
- Goldmedaillen sind „Liebhaberstücke“, die ebenso wie Goldschmuck zu Preisen verkauft werden, die weit über dem Metallwert liegen. Als Geldanlage sind sie daher auf keinen Fall zu empfehlen. Ein Wiederverkauf ist – wie bei allen Medaillen – nur selten (oder nur zum geringen Materialwert) möglich.

Diese Nachteile wurden in den Achtziger- und Neunzigerjahren des vorigen Jahrhunderts nicht durch entsprechende Preissteigerungen aufgewogen. Im Gegenteil: Jahrzehntelang hatte die US-Notenbank durch entsprechende An- und Verkäufe dafür gesorgt, dass der Goldpreis exakt 35 Dollar je Feinunze (31,1035 Gramm) betrug. Seit dem Höchststand von rund 850 Dollar je Feinunze, der kurz nach der Freigabe des Goldpreises im Jahr 1980 erreicht wurde, ist er bis zum Ende der Neunzigerjahre auf rund 250 Dollar gefallen. Mitte 2001 lag er bei rund 270 Dollar und trotz des Irak-Krieges und anderer Krisen lag der Preis für die Feinunze Gold Mitte 2003 nur bei 345 Dollar.

Im Jahr 2004 schaffte der Goldpreis es bis auf 425 Dollar je Feinunze, um dann erst einmal wieder abzuschlaffen. Das war trotz eines lang anhaltenden Aufwärtstrends seit Mitte 2002 erst der halbe Weg bis zum „All-time High" von 850 Dollar ein Vierteljahrhundert zuvor. Hohe Zinsverluste und die in dieser Zeit eingetretenen, starken Kaufkraftverluste des Dollars dürfen dabei auch nicht vergessen werden. Für einen gewissen Ausgleich sorgte zumindest aus Sicht der Anleger, die außerhalb des Dollarraumes leben, für einige Zeit der hohe Kurs der US-Währung. Doch auch dieser Trost besteht nicht mehr, wenn der Euro bei 1,20 Dollar steht.

Das gilt natürlich nur für Anleger, die seit Jahrzehnten auf ihren einst teuer eingekauften Goldhorten sitzen. Wer erst 2002 eingestiegen ist, konnte sich 2004 darüber freuen, fast eine Verdopplung seines Einsatzes erreicht zu haben – immer abzüglich Zinsverlusten und eventuellen Lagerkosten sowie der Währungsverluste durch den Verfall des Dollars gegenüber dem Euro.

Wer nach der Freigabe der Preisbildung Gold für Notzeiten gehortet oder aus spekulativen Gründen erworben hat (was einige wie Gurus auftretende Anlageberater in den Achtzigerjahren empfohlen haben), musste also schwere Vermögenseinbußen hinnehmen. Das wird noch deutlicher, wenn die enttäuschende Goldpreisentwicklung mit dem starken Anstieg der Aktienkurse im gleichen Zeitraum verglichen wird. Selbst nach dem Salami-Crash der Jahre 2000 bis 2003 standen Anleger, die in den Achtzigerjahren auf Aktien gesetzt hatten, deutlich besser da als die Gold-Horter. Da der Goldpreis international in Dollar festgestellt wird, kommt bei einer Geldanlage in Gold übrigens für Sparer aus dem Euro-Raum auch noch das Währungsrisiko hinzu.

Gold in Papierform: Statt Gold können auch Goldminenaktien, Goldoptionen und Goldzertifikate erworben werden. Das spart Mehrwertsteuer, Lagerkosten und vermindert die Diebstahlsrisiken. Letztlich hängt aber auch hier die Wertentwicklung vom Goldpreis ab. Die spezifischen Risiken der jeweiligen Wertpapiere beziehungsweise der Unternehmen, an denen man mit dem Aktienkauf einen Anteil erwirbt, müssen zusätzlich beachtet werden.

Mit wem wollen Sie in einem Boot sitzen?

Wer sein Geld in Aktien anlegt, muss nicht nur wissen, was sich hinter den wichtigsten Begriffen aus der Sprache der Börsianer verbirgt, und er muss nicht nur die Instrumente der Risikoabsicherung kennen und sich Gedanken über die Struktur seiner Geldanlage machen. Das sind zwar sehr wichtige Voraussetzungen. Entscheidend für den Erfolg, für die Rendite der Geldanlage ist aber letztlich, welche Wertpapiere erworben werden. Welche aus dem riesigen Angebot versprechen den gewünschten Gewinn? Welche sollte man besser meiden – oder nur in Betracht ziehen, wenn man auf sinkende Kurse spekuliert? Wie erkennt man die Gewinner, wie die Verlierer? Wie die „Schieflagen" mancher Banken, Fonds, Versicherungen oder großer Vermögensverwalter zeigen, gibt es an der Börse ebenso wenig wie beim Roulette ein „todsicheres" Rezept. Aber anders als ein Casino ist die Börse kein Glücksspielbetrieb. Trotz gelegentlicher Übertreibungen hat die Kursentwicklung meist einen sehr realen wirtschaftlichen Hintergrund. Ihn richtig einzuschätzen und vor allem die ökonomische Entwicklung so weit wie möglich vorherzusehen, entscheidet über den Erfolg des Aktiensparens. Wer Aktien kauft, wird dadurch zu einem gewissen Grad Mit-Unternehmer. Aber bei wem? Wer sind die künftigen Gewinner, wer die wahrscheinlichen Verlierer? Den Möglichkeiten, die der Anleger hat, „Winner" und „Looser" möglichst schon zu identifizieren, ehe die Entscheidung für ein Investment, für Kauf oder Verkauf fällt, werden wir im folgenden Kapitel nachgehen.

Neue Märkte, neue Chancen, neue Risiken?

Die Globalisierung und größere Währungsräume erweitern das Spielfeld der Anleger

„Bleib zu Haus und nähr dich redlich." Dieser Spruch aus der Welt der Kleinstaaterei und der abgeschotteten Märkte gilt für Aktiensparer schon lange nicht mehr. Es gibt nicht mehr „die Börse". Weltweit gibt es zahlreiche Märkte für Wertpapiere oder standardisierte Waren wie Gold, Silber, Schweinehälften, Weizen oder Rohöl. Auch in Deutschland werden Wertpapiere an verschiedenen Börsen gehandelt. Neben der dominierenden Wertpapierbörse in Frankfurt gibt es regionale Börsen in Düsseldorf, Stuttgart, München, Berlin und anderen Orten. Auch diese Börsen sind wieder in Teilmärkte (Segmente) untergliedert oder haben sich auf bestimmte Finanzprodukte (wie Optionsscheine und andere Derivate) spezialisiert.

Neben den traditionellen Segmenten wie dem amtlichen Markt, dem geregelten Markt oder den Märkten für solide, mittelgroße Unternehmen (die auch als „Small Caps" bezeichnet werden) und dem Freiverkehr sind sowohl in Deutschland als auch in vielen anderen Ländern Ende der Neunzigerjahre die so genannten „Neuen Märkte" für die Aktien junger Unternehmen aus dem Technologiesektor entstanden. Der Neue Markt in Frankfurt hat dabei traurige Berühmtheit erlangt: Nach einem rasanten Aufstieg Ende der Neunzigerjahre, in der er als erfolgreichste Technologiebörse Europas gefeiert wurde, geriet er in den Strudel der weltweiten Börsenkrise, die nach dem Platzen der Spekulationsblase viele Vermögen noch schneller vernichtete, als sie zuvor auf dem Papier entstanden waren. Er geriet aber auch deshalb in Verruf, weil immer mehr betrügerische Aktiengeschäfte, fragwürdige erste Börsengänge (IPOs) junger Unternehmen, Kursmanipulationen und Bilanztricksereien bekannt wurden. Nicht nur die Anleger, sondern auch die seriösen unter den jungen Unternehmen kehrten diesem in Verruf geratenen Markt den Rücken. Der Deutschen Börse AG, die sich vorher im trügerischen Glanz ihrer jungen Börse gesonnt hatte, blieb schließlich nichts anderes übrig, als den Neuen Markt Mitte 2003 in aller Stille zu beerdigen. An seine Stelle trat – nachdem die Spreu vom Weizen getrennt worden war – ein neuer Technologiemarkt und an die Stelle des NEMAX trat der TecDAX.

Himmelhoch jauchzend ...

Besonders in Deutschland müssen neben dem dominierenden Frankfurter Aktienmarkt auch die Regionalbörsen beachtet werden, die oft günstigere Konditionen für den Handel sowie spezielle Angebote, zum Beispiel für Geschäfte mit Optionen oder Warrants, bieten. Für spekulativ eingestellte Anleger sind oft auch die Papiere ausländischer Unternehmen interessant, die sich aus Kostengründen nur in Berlin, München oder Stuttgart registrieren lassen.

Wie nahe Chancen und Risiken an der Börse beieinander liegen, hat die Entwicklung am so genannten Neuen Markt in den Jahren zwischen 1998 und 2002 deutlich gemacht. Nach einer Himmelfahrt der Kurse und einer spekulativ überhitzten Kursentwicklung gab es einen ebenso steilen Absturz und dann 2003 ein jähes Ende. Obwohl dies erst für den Herbst vorgesehen war, wurde der so schnell gealterte Neue Markt bereits Mitte 2003 geschlossen, weil Anleger und Unternehmen das sinkende Schiff bereits verlassen hatten. Die Entwicklung des NEMAX zwischen Mitte 1999 und Mitte 2001 zeigt, wie rasch Gewinne an den Börsen durch Verluste abgelöst werden können. Der NEMAX, der 1999 bei rund 4.000 Punkten lag, schoss im März/April 2000 auf über 9.000 Punkte, brach bis Mitte 2001 auf knapp 1.100 Punkte ein und dümpelte schließlich 2003 zwischen 400 und 500 Punkten. Das bedeutet, dass ein Anleger, der über Zertifikate direkt in diesen Index investiert hatte, sein Kapital zwischen 1999 und Mitte 2000 verdoppeln konnte. Hingegen musste ein Anleger, der seine Ersparnisse Mitte 2000, also auf dem Höchststand des NEMAX, investiert hat, im Durchschnitt mehr als 80 Prozent Kursverluste hinnehmen.

Der „Neue Markt“ war der Teil der Börse Frankfurt, der in seinen Glanzzeiten dem schwunghaften Handel mit Aktien junger Technologieunternehmen aus den Bereichen Umwelttechnik, Biotechnologie, Telekommunikation und Multimedia diente. Ziel der Deutschen Börse AG war es, risikofreudige Investoren mit kapitalbedürftigen jungen Unternehmen zusammenzubringen, die auf wachstums- und zukunftsträchtigen Märkten tätig waren. Zuvor war es kleinen Unternehmen in Deutschland kaum möglich, in Deutschland Kapital über die Börse aufzunehmen. Entweder waren die zu erfüllenden Kriterien oder die mit der Emission verbundenen Kosten für solche Gesellschaften zu hoch. Aus diesem Grund waren viele innovative Technologieunternehmen gezwungen, in die USA auszuweichen. Dort ist eine Börseneinführung sowohl kostengünstiger als auch einfacher.

... zu Tode betrübt

Der Neue Markt sollte diese Lücke auf dem deutschen Kapitalmarkt schließen und dem wachsenden Bedarf an Risikokapital in Deutschland gerecht werden. Vor allem

auf die Transparenz des Neuen Marktes sollte bei der Auswahl geeigneter Unternehmen besonderer Wert gelegt werden. Allerdings wurde dieses selbst gesteckte Ziel in der Euphorie der Jahre 1998 bis 2000 nicht immer genügend beachtet. Zwar waren die betreffenden Unternehmen an sich dazu verpflichtet, eine aktive Informationspolitik (Investor Relations) zu betrieben. Dazu gehörten beispielsweise regelmäßige Analysten- und Investorenveranstaltungen, in denen ausführlich über die Entwicklung des Unternehmens berichtet werden sollte. Daneben wurde von den Unternehmen verlangt, dass sie ihre Jahresabschlüsse nach den Regeln der (in Deutschland bisher noch nicht weit verbreiteten) US-GAAP oder den internationalen IAS sowohl in deutscher als auch in englischer Sprache veröffentlichten. Hierbei hat die Veröffentlichung – wie auch in den USA üblich – sowohl jährlich als auch zum Quartal zu erfolgen. Dass die amerikanischen Bilanzierungsregeln ebenso wenig wie die deutschen schützen, wenn kriminelle Energie am Werk ist, hat sich allerdings nicht nur am Neuen Markt, sondern mehr noch in den USA selber gezeigt, wo 2001 und vor allem 2002 Bilanzmanipulationen in Milliardenhöhe aufgedeckt wurden.

Vorsicht bei „Internetbörsen"

An verschiedenen Stellen im Internet werden auch Aktien im Direktbezug oder Internetbörsen angeboten, die dem Anleger angeblich die Chance bieten, sich an zukunftsträchtigen Unternehmen zu beteiligen, ehe deren Aktien an der Börse angeboten werden. Dabei handelt es sich aber oft um fragwürdige oder sogar betrügerische Angebote und Scheinbörsen. Sie werden gelegentlich von bereits einschlägig verurteilten Anlagebetrügern organisiert. Deshalb ist bei derartigen Angeboten immer eine besonders sorgfältige Prüfung erforderlich. Lassen Sie beim geringsten Zweifel lieber die Finger davon – mag das Angebot auch noch so attraktiv sein. Und denken Sie immer an die Faustregel: Je höher die versprochene Rendite, umso größer ist auch das Risiko.

Heute bieten die im TecDAX notierten Werte Anlegern die Möglichkeit, in zukunftsträchtige Unternehmen und deren Produkte zu investieren. Die Kontrollen sind schärfer, die Publizität größer und außerdem hat die Krise die Spreu vom Weizen getrennt. Doch neue Engagements sollten trotzdem mit Vorsicht eingegangen werden. Die Aktien im TecDAX gehören zu Unternehmen, die ihrer Natur nach nicht so krisenfest sind wie die DAX-Unternehmen. Die innovativen Firmen haben meist nur eine verhältnismäßig geringe Marktkapitalisierung. Wenn diese Wertpapiere von Brokerhäusern oder Aktieninformationsdiensten empfohlen oder auch wieder zurückgestuft werden, kann es daher zu starken Kursschwankungen kommen. Es ist deshalb nicht auszuschließen, dass Empfehlungen von „Börsen-Gurus" gezielt gegeben werden, um die Kurse zu bewegen. Unerfahrene Anleger, die sich von rasant steigenden Kursen blenden lassen, können erneut Opfer derartiger Manöver werden. Sie sollten deshalb im Sinne der Risikostreuung immer nur einen begrenzten Teil Ihres Anlagekapitals für Investments in Technologieunternehmen einsetzen und Empfehlungen von Anlageberatern oder Börsendiensten besonders sorgfältig auf ihre Seriosität hin prüfen.

Bei den Aktien, die neu ausgegeben (emittiert) werden, ist die Nachfrage in den meisten Fällen weit höher als das Angebot. Deswegen kommt bei der Erstausgabe häufig nur ein kleiner Teil der Interessenten zum Zuge. Für die Zuteilung wird deshalb häufig das so genannte Bookbuilding-Verfahren angewendet.

Bookbuilding-Verfahren

Dabei handelt es sich um ein bei der Emission von Aktien verwendetes Verfahren zur erstmaligen Preisfeststellung. Normalerweise wird der Preis einer Aktie täglich an der Börse auf Grund von Angebot und Nachfrage ermittelt. Da aber vor Emission von Aktien noch kein Handel mit diesem Papier an der Börse stattgefunden hat, muss der erste Kurs außerhalb der Börse festgelegt werden. Diesen Kurs bezeichnet man als den Emissionskurs einer Aktie. Zur Feststellung des Emissionskurses gibt es unterschiedliche Verfahren und Möglichkeiten. In der Vergangenheit wurde beim Angebot zur öffentlichen Zeichnung der Emissionskurs der Aktien von vornherein von dem Emissionskonsortium fest vorgegeben. Die interessierten Anleger konnten dann nur noch angeben, wie viele Aktien sie zeichnen wollten.

Der Nachteil dieses Verfahrens liegt in der Gefahr, dass es bei Festlegung des Emissionskurses zu einer Fehleinschätzung des Marktes durch die Banken kommt und dadurch ein zu hoher oder zu niedriger Kurs gewählt wird. Liegt der Kurs nach Meinung der Anleger zu hoch, haben sie kein Interesse an einer Zeichnung. Dadurch kann es sein, dass die Banken und damit das Unternehmen, das an die Börse gehen möchte, Schwierigkeiten haben, die Aktien am Markt unterzubringen. Liegt der Emissionspreis dagegen zu niedrig, so werden zwar alle Aktien problemlos bei den Anlegern untergebracht, das Unternehmen erhält aber weniger Eigenkapital durch die Emission, als es eigentlich hätte bekommen können.

Beim Bookbuilding-Verfahren dagegen gibt das Emissionskonsortium keinen festen Preis, sondern lediglich eine Preisspanne für die betreffenden Aktien an. Die Anleger können dann innerhalb einer bestimmten Frist, beispielsweise einer Woche, ihre Gebote abgeben. Die Gebote müssen sich innerhalb der vorgegebenen Spanne bewegen, um bei der Preisfindung und Zuteilung berücksichtigt zu werden. Die Anleger können innerhalb dieser Spanne selbst bestimmen, wie viele Aktien sie zeichnen wollen und welchen Preis sie dafür zu zahlen bereit sind.

Das Bankenkonsortium ermittelt dann am Ende der Frist auf Grund der abgegebenen Gebote den endgültigen Preis für die Aktien. Der Preis wird in der Regel so gewählt, dass der maximale Umsatz zustande kommt. Die Gefahr, den Markt falsch einzuschätzen, reduziert sich bei diesem Verfahren darauf, dass die Preisspanne falsch gewählt wird. Sie ist damit deutlich geringer als bei Festlegung eines bestimmten Preises, der keinen Freiraum nach oben oder unten bietet. Innerhalb der vorgegebenen Kursspanne entscheiden dann Angebot und Nachfrage über den tatsächlichen Verkaufspreis der Aktie.

Die Zuteilung der Aktien auf die interessierten Anleger erfolgt im Anschluss an die Kursfeststellung so, dass die Banken alle Anleger bedienen, deren Gebot mindestens dem Preis entspricht, der endgültig festgelegt worden ist. Alle Anleger, die einen Preis geboten haben, der unterhalb des Emissionskurses lag, werden nicht berücksichtigt. Wer darüber lag, erhält die Wertpapiere zu einem geringeren Preis als von ihm angeboten. Liegt zu dem bestimmten Kurs die Nachfrage nach den Aktien über dem Angebot, müssen die Banken die Aktien nach einem bestimmten Schlüssel zuteilen. Der Emissionskurs von Aktien wie Adidas oder der Deutschen Telekom (T-Aktie) wurde mit Hilfe des Bookbuilding-Verfahrens festgestellt.

Nebenwerte nicht übersehen

Viele Anleger haben nur die Aktien der großen, international bekannten Unternehmen im Blickfeld, die „Blue Chips", die im DAX oder STOXX vertreten sind, oder lassen sich von den Kurssprüngen junger Aktien blenden. Dabei bieten auch die so genannten Nebenwerte oft große Chancen. Das gilt insbesondere dann, wenn Anleger an einer ordentlichen Dividendenrendite interessiert sind oder mehr zur Daueranlage als zum Trading (dem relativ kurzfristigen Wechsel zwischen den jeweiligen Favoriten) neigen. Bei den Nebenwerten oder Small Caps geht es um die Aktien mittelgroßer, oft schon seit Jahrzehnten existierenden Unternehmen, die auch von professionellen Analysten häufig vernachlässigt werden.

Solide Daueranlage

Anleger, die den Nervenkitzel ständiger Kursänderungen weniger schätzen, dafür aber an regelmäßigen und angemessenen Dividenden interessiert sind, sollten sich bei den „Nebenwerten" umsehen. Unter Berücksichtigung des Halbeinkünfteverfahrens (siehe Steuerkapitel) kann das rentierlicher sein als Anleihen und gleichzeitig auf mittlere oder lange Sicht auch noch Kursgewinne bescheren, die steuerfrei kassiert werden können.

Viele Nebenwerte fristen daher an den Börsen ein Schattendasein. Großanleger meiden sie wegen ihrer geringen Markt- oder Börsenkapitalisierung und private Anleger kennen die Gesellschaften oft nicht. Informationen über sie sind nur schwer zu bekommen. Dabei finden sich unter den mittelgroßen Unternehmen sehr ertragsstarke Gesellschaften. Oft wendet sich das Interesse der Analysten und Kleinaktionäre ihnen erst dann zu, wenn nach einem längeren Kursanstieg die „Blue Chips" ausgereizt erscheinen und bei den trendigen Aktien die Kurse solche Höhen erreicht haben, dass ein Rückschlag befürchtet wird. Da ist dann derjenige in einer guten Position, der rechtzeitig in die Märkte der Small und Mid Caps investiert hat. Für langfristig orientierte Anleger bieten sie auch deshalb oft interessante Perspektiven, weil das Kurs-Dividenden-Verhältnis bei vielen so günstig ist, dass ihre Rendite sich durchaus mit festverzinslichen Wertpapieren messen lassen kann. Während bei DAX-Werten das Kurs-Gewinn-Verhältnis bei 20 und mehr liegen kann, ist es bei den Small Caps oft nicht höher als 10 oder 12. In Zeiten sehr niedriger Zinsen wie 2003 sind die Dividendenrenditen solcher Titel deshalb oft deutlich höher als die von Geldmarktfonds oder Bundesanleihen. Außerdem muss wegen des Halbeinkünfteverfahrens nur die Hälfte der Dividende versteuert werden.

WISO rät: Lassen Sie die Profis suchen. Die interessanten Nebenwerte auf dem deutschen und erst recht dem europäischen Aktienmarkt sind für private Anleger nicht immer leicht ausfindig zu machen. Deshalb bietet sich hier der Kauf spezieller Fonds an, die dem Wertpapiersparer die Qual der Wahl abnehmen.

Der SDAX hilft: Eine Hilfe für den Anleger ist die 1999 geschaffene Handelsplattform SDAX. Dieses elektronische System war nicht für die am Neuen Markt gehandelten jungen Unternehmen gedacht, sondern für erfolgreiche, etablierte mittelständische Gesellschaften. Firmen, die sich für den SDAX-Handel registrieren lassen wollen, müssen die von der Deutschen Börse AG gesetzten Bedingungen erfüllen und ihre Einhaltung gewährleisten. Es werden zum Handel in diesem Bereich der Börse deshalb nur Aktien zugelassen, die folgende Bedingungen erfüllen:

- Sie müssen für den Handel im Premium Standard zugelassen sein.
- Mindestens 20 Prozent (und möglichst 25 Prozent) der Aktien müssen für den freien Handel zur Verfügung stehen, dürfen also nicht in „festen Händen" sein.
- Die Unternehmen müssen regelmäßig und zeitnah Quartalsberichte (auch in englischer Sprache) vorlegen.
- Ein Kreditinstitut oder Finanzdienstleister muss als Betreuer fungieren und auf Anfrage Kurse nennen sowie Informationsmaterial bereitstellen.
- Die Gesellschaft muss sich dazu verpflichten, dass den Kleinaktionären bei einer Übernahme ein Abfindungsangebot gemacht wird.
- Der Aktienbesitz von Vorstand und Aufsichtsrat muss im Jahresbericht genannt werden.
- Die Aktiengesellschaft muss mindestens einmal im Jahr eine Informationsveranstaltung für Analysten anbieten.

Diese Nebenwerte bieten damit dem Anleger eine Gewähr für Qualität. Die Entwicklung der Spitzenvertreter unter den im SDAX vertretenen Aktiengesellschaften wiederum zeichnet der SDAX-Index nach, der hundert Werte umfasst und ebenfalls 1999 das Licht der Börsenwelt erblickte. Dieser Index soll die Entwicklung der wichtigsten Nebenwerte abbilden und damit einen Maßstab setzen, an dem alle in diesem Bereich notierten Aktien gemessen werden können. Er bildet auch die Grundlage für neue Derivate, die an der Entwicklung der Nebenwerte anknüpfen.

Ausländische Aktien, ausländische Börsen

Im Hinblick auf die Europäische Währungsunion ist es bei ausländischen Aktien nicht anders als bei deutschen Wertpapieren: Es gibt beim Kauf dieser Auslandswerte kein Währungsrisiko. Aktien von Unternehmen in Frankreich, Italien, den Niederlanden oder Finnland sind für den deutschen Anleger keine „ausländischen“ Aktien mehr. Sie werden mit dem gleichen Geld gekauft wie deutsche Aktien – mit dem Euro.

Grundsätzlich gelten hinsichtlich der Risiken und Gewinnaussichten beim Aktienkauf im Ausland die gleichen Überlegungen wie beim Kauf deutscher Aktien. Wenn es sich aber um Aktien von Unternehmen handelt, die außerhalb des neuen europäischen Währungsgebietes angesiedelt sind, besteht zusätzlich zum Kursrisiko ein Wechselkursrisiko. Beides kann natürlich auch als Chance gesehen werden. Wenn der Wechselkurs der Währung steigt, in der die Aktien notiert werden, kann dies zu einem zusätzlichen Gewinn führen. Wenn diese Währung (zum Beispiel Schweizer Franken, Yen, US- oder australischer Dollar) an den Devisenbörsen im Kurs fällt, schmälert dies den möglichen Gewinn beziehungsweise erhöht den Verlust aus dem Aktiengeschäft.

Beispiel: Sie kaufen US-Aktien im Wert von 1.000 Dollar. Dafür müssen bei einem Wechselkurs von beispielsweise 0,90 Euro je Dollar 900 Euro aufgebracht werden. Wenn jetzt der Kurs der Aktien um 10 Prozent steigt, können Sie beim Verkauf 1.100 Dollar kassieren. Das entspricht einem Gewinn von 10 Prozent. Sollte aber inzwischen der Dollarkurs auf 0,80 Euro gefallen sein, erhalten Sie beim Umtausch nur noch 880 Euro gutgeschrieben. Der erhoffte Gewinn verwandelt sich wegen des gefallenen Dollarkurses daher in einen Verlust von 20 Euro oder 2,2 Prozent des eingesetzten Kapitals. Der Währungsverlust hat den Börsengewinn aufgezehrt. Umgekehrt wäre es, wenn in der Zwischenzeit der Dollarkurs auf 95 Euro-Cent gestiegen wäre. Dann würde der Umtausch 1.045 Euro einbringen. Der Gesamtgewinn für den Spekulanten würde bei 16 Prozent des eingesetzten Geldes liegen.

Wechselkursgewinne oder -verluste wirken also entweder wie Verstärker oder Dämpfer auf die an der Börse erzielten Resultate. Innerhalb der EWU dagegen herrschen die gleichen Verhältnisse wie innerhalb Deutschlands: Ein Euro bleibt immer ein Euro – unabhängig davon, ob er bei einem Verkauf an der Börse in Paris oder in Frankfurt erzielt wurde.

Bei der Geldanlage in Aktien muss stets folgende Überlegung im Vordergrund stehen: Wird sich das Unternehmen, dessen Aktien man erwirbt, auf Grund seiner Geschäftspolitik oder der allgemeinen Konjunktur positiv oder negativ entwickeln?

Die eigene Anlagestrategie

Der seit Beginn des Jahres 1999 in weit größere Dimensionen hineingewachsene „Heimatmarkt“ für europäische Anleger gibt nicht nur den großen Kapitalsammelstellen (Fonds, Banken, Versicherungen) neue Möglichkeiten. Auch für die private Geldanlage bieten sich seither interessante neue Perspektiven. Sie sollten konsequent genutzt werden, um einen möglichst hohen Anlageerfolg zu erzielen. Allerdings: Eine für alle Sparer und Anleger gleichermaßen optimale Anlagestrategie gibt es nicht. Die Frage, wie und wo Geld am günstigsten angelegt wird, ist immer auch abhängig vom:

- persönlichen Risikoprofil,
- den verfügbaren Beträgen,
- den jeweiligen Anlagezielen,
- dem Alter des Sparers,
- seiner steuerlichen Situation.

Weiterhin ist zu bedenken: Aktienkäufer werden sich immer weniger am herkömmlichen nationalen Markt orientieren. Wichtiger ist die Entwicklung bestimmter Branchen in der EWU. Wer beispielsweise große Hoffnungen auf Bankwerte setzt, wird wiederum diejenigen herauszupicken versuchen, die das größte Potenzial haben. Und da kann eine spanische Bank interessanter erscheinen als ein deutsches oder belgisches Institut.

Die STOXX-Familie

Die führenden Börsen in Euroland haben sich bereits 1998 auf gemeinsame Indizes geeinigt, die die Kursentwicklung innerhalb der Länder der Währungsunion und in Europa insgesamt abbilden: den „EuroSTOXX 50“ als EWU-Index und den „STOXX 50“ für die gesamte Europäische Union plus Schweiz. Er handelt sich um die 50 Top-Werte aus den jeweiligen Gebieten. Solche europaweiten Börsenbarometer sind für Aktiensparer von wachsender Bedeutung, da die im Index enthaltenen Unternehmen das Börsengeschehen insgesamt stark beeinflussen und die Kursbewegungen bei den im Index enthaltenen Werten meist ausgeprägter sind als bei den Nebenwerten.

Ähnlich wie beim deutschen Aktienindex DAX, dem französischen CAC oder dem österreichischen ATX stehen die im EWU-Index und Europa-Index enthaltenen 50 Werte im Blickpunkt der Börse, der Fonds und anderer Großanleger. Daher sind sie auch für Anlageentscheidungen von Aktiensparern innerhalb der Währungsunion von wachsender Bedeutung. STOXX Ltd., ein Gemeinschaftsunternehmen der Börsen in Frankfurt, Paris, Zürich und des amerikanischen Unternehmens Dow Jones, hat die Indizes entwickelt, um das Börsengeschehen innerhalb des gemeinsamen Europäischen Währungsraumes sowie der damit eng verbundenen Märkte abbilden zu können.

Der EWU-Index „Dow Jones EuroSTOXX 50“ enthält die Spitzenwerte der Mitgliedsländer der Währungsunion. Der Europa-Index „Dow Jones STOXX 50“ enthält 50 europäische „Börsenschwergewichte“ aus der gesamten EU unter Einschluss der Schweiz. Ausgewählt wurden die Index-Unternehmen unter den Kriterien Marktkapitalisierung, Liquidität und Branchenzugehörigkeit. Da sich hier immer wieder Änderungen vollziehen (zum Beispiel durch Fusionen wie jene von Hoechst/Rhone-Poulenc, aus der Aventis wurde, oder durch neue Namen auf der Aktientafel, wie jenem der Deutschen Telekom nach dem Börsengang), werden auch die verschiedenen Indizes der STOXX-Familie immer wieder an die Entwicklung angepasst. Die erste Änderung des EuroSTOXX 50 erfolgte bereits im zweiten Halbjahr 1999.

Sie können den ganzen Markt kaufen

Wenn Sie unsicher sind, welche Werte aus dem Euro-Raum die besten Chancen bieten oder wenn Sie die dahinter stehenden Unternehmen nicht sicher einschätzen können, haben Sie auch die Möglichkeit, an der Entwicklung des Gesamtmarktes teilzunehmen, indem Sie STOXX-Zertifikate kaufen. Diese bilden die Entwicklung der darin enthaltenen Werte exakt ab. Wenn die Kurse in Europa auf breiter Front steigen, steigt der Wert des Zertifikats mit – und natürlich auch umgekehrt bei fallenden Kursen. Indexzertifikate ähneln in vieler Hinsicht Aktienfonds. Sie zahlen aber keine Gebühren wie bei einem Fonds und bekommen auch keine Dividende. Die Rendite hängt allein von der Wertentwicklung des Zertifikats ab.

Neben den beiden Indizes, die nur „Blue Chips“ enthalten, wurden auch noch der „Dow Jones STOXX“ geschaffen, der 666 börsennotierte Unternehmen aus 16 europäischen Ländern umfasst, sowie der „Dow Jones EuroSTOXX“ mit 326 Unternehmen aus dem EWU-Gebiet (beide etwa vergleichbar mit dem deutschen MDAX). Auch diese Indizes werden regelmäßig überprüft. Anleger sollten diese Veränderungen immer im Auge behalten, da die Neuaufnahme einer Gesellschaft häufig dazu führt, dass der Kurs bereits im Vorfeld steigt. Einer der Gründe dafür ist, dass Fonds, welche die Indizes nachbilden, diese Aktien verstärkt in ihr Portefeuille aufnehmen müssen. Die Struktur der Fonds wird sich dabei im Laufe der Zeit immer weniger am DAX, dem französischen CAC, dem österreichischen ATX oder anderen nationalen Indizes ausrichten (oder ihren Erfolg daran messen). Vielmehr werden die in den europäischen STOXX-Indizes vertretenen Werte berücksichtigt und zum Maßstab genommen.

Mit Aktienfonds auf fremde Märkte

Wenn es schon im Heimatland schwierig ist, sich die zum eigenen Depot passenden Small Caps herauszusuchen, dann gilt das erst recht für den EU-Markt. Im einheitlichen europäischen Kapitalmarkt bietet es sich erst recht an, die Auswahl den darauf spezialisierten Fondsmanagern zu überlassen. Sie haben eher die Chance, Unternehmen aufzuspüren, denen eine überdurchschnittliche Wachstums- und Gewinnentwicklung zuzutrauen ist. Denn bei einer europaweiten Anlagestrategie ist es für private Investoren noch schwieriger als im nationalen Rahmen, sich die notwendigen Informationen zu beschaffen. Überdies ist es meist nicht möglich, mit den verfügbaren Mitteln eine unter dem Gesichtspunkt des Risiko- und Chancenmanagements erstrebenswerte, breite Streuung zu realisieren. Beim Erwerb von Fondsanteilen ist das inklusive. (Mehr dazu im Kapitel „Aktien- und andere Fonds".)

Dem interessierten Anleger stand schon bisher eine breite Palette an Fonds zur Verfügung, die in verschiedene Wirtschaftsbereiche investieren. Durch die Schaffung der Währungsunion hat sich das Angebot vervielfacht. Das gilt auch für Branchen, bei denen die nationale Basis allein eigentlich zu schmal ist. In den Neunzigerjahren waren so genannte Technologiefonds sowie Telekommunikationsfonds sehr beliebt. Technologiefonds investieren in Unternehmen, die sich mit der Entwicklung neuer Anwendungen in zukunftsträchtigen Bereichen wie der Biochemie, Computersoftware und Hardware oder der Medizin betätigen. Die Anlage in solche meist sehr kleine und junge Unternehmen bietet hohe Gewinnchancen, aber – wie sich gezeigt hat – auch ein entsprechendes Risiko. Da in den einzelnen Mitgliedsländern immer nur eine kleine Zahl solcher Unternehmen tätig ist, bieten sich für diesen und ähnliche Bereiche europaweit investierende Fonds besonders an.

Große Chancen können sich für risikofreudige Anleger auf den Emerging Markets, in Russland und vor allem an den Börsen der Länder aus Mittel- und Osteuropa bieten, die Vollmitglieder der Europäischen Union geworden sind. Denn einige der dort ansässigen Unternehmen werden in hohem Maße vom Beitritt und den offenen Grenzen für ihre Produkte profitieren. Doch auch in diesem Fall ist es für den normalen Anleger außerordentlich schwierig, die Perlen zu entdecken. Das mag in einigen Jahren

anders sein, wenn sich die erfolgreichen Unternehmen, die die Chancen des Beitritts am besten zu nutzen verstehen, leichter identifizieren lassen, wenn sie auch in der hiesigen Berichterstattung in ähnlicher Form wahrgenommen werden wie britische, französische oder spanische Gesellschaften. Doch ehe es so weit ist, bietet es sich auch hier wieder an, sich über Fondsanteile oder Zertifikate auf diesen Wertpapiermärkten zu engagieren.

Immer auf der Suche nach den Perlen

Welche Aktien bieten dem Anleger die besten Chancen?

An der Börse wird „Zukunft gekauft". Es ist nicht wichtig, welche Aktie gestern gestiegen ist, wie viel ein Unternehmen im vergangenen Jahr an Dividende gezahlt hat, ob der Vorstand früher die richtigen Entscheidungen getroffen hat, ob damals wichtige Innovationen auf den Markt gebracht wurden. Das alles ist längst in den Kursen enthalten oder „eingepreist". Entscheidend ist, was für die Zukunft zu erwarten ist: Werden Umsätze und Gewinne steigen, sind neue Produkte „in der Pipeline", sind Belastungen durch starke Lohn- oder Steuererhöhungen zu befürchten? Oft sind Gerüchte stärker als Fakten. Denn: Allein die Erwartungen der Anleger bestimmen den Preis, zu dem die Aktien gehandelt werden.

Welche Aktien bieten die besten Chancen auf Kurssteigerungen? Welche Papiere soll man kaufen, welche wieder abstoßen? Welche Unternehmen zahlen gute Dividenden, die dem Anleger auch in Zeiten geringer Kursbewegungen einen angemessenen Ertrag bringen? Wo besteht das Risiko, dass durch Wechselkursänderungen alles wieder über den Haufen geworfen wird?

Beim Aufbau eines eigenen Aktiendepots kommt es nicht nur darauf an, auf eine ausgewogene, dem eigenen Risikoprofil entsprechende Struktur zu achten. Wichtig ist natürlich auch, innerhalb der einzelnen Länder und Branchen möglichst die vielversprechendsten Kandidaten auszuwählen. Da die Mittel des einzelnen Anlegers begrenzt sind und die Zahl der angebotenen Wertpapiere in Deutschland groß, innerhalb der Europäischen Union riesig und unter Einschluss der amerikanischen und asiatischen Börsen fast unübersehbar ist, muss immer eine Auswahl getroffen werden. Dies gilt erst recht, wenn auch noch die jungen Börsen in den mittel- und osteuropäischen Ländern in die Überlegungen mit einbezogen werden. Je weiter entfernt diese Unternehmen von uns aus gesehen sind, umso schwieriger ist es für den normalen Anleger, die Spreu vom Weizen zu trennen.

Jeder Aktiensparer möchte den größtmöglichen Erfolg mit seiner Anlage erzielen, die Renner unter den Aktien entdecken und um die Fußkranken einen großen Bogen machen. Doch schon hier scheiden sich die Geister. Denn es geht nicht nur darum, ob

eher kurz- oder überwiegend langfristige Anlageziele verfolgt werden, sondern auch um die Frage, ob in der Hoffnung auf einen höheren Ertrag auch ein höheres Risiko akzeptiert werden soll oder ob Sicherheit im Zweifel vor Ertrag geht.

Wichtige Beurteilungskriterien bei Wertpapieren

An Börseninformationen besteht kein Mangel. Zeitungen und Fachpublikationen, spezielle Informationsdienste, aber immer häufiger auch Publikumszeitschriften sind voller Hinweise für Aktienkäufer. Sie analysieren, geben Tipps und lassen Fachleute zu Wort kommen. Dazu kommt die fast täglich wachsende Flut von Informationen im Internet. Dadurch steht heute auch dem privaten Kleinanleger eine Datenfülle zur Verfügung, wie sie bis vor wenigen Jahren selbst Profis nicht zugänglich war. Aber auch hier ist nicht alles Gold, was glänzt. Außerdem besteht die Gefahr, in der Informationsflut zu ertrinken. Selbst wenn Sie bei Ihrer Bank oder Sparkasse einen Berater haben, dem Sie vertrauen und der Ihnen auf Ihre Bedürfnisse und Ihr Risikoprofil zugeschnittene Empfehlungen gibt, ist es für Sie wichtig, sich ein eigenes Urteil zu bilden. Sonst ist die Gefahr groß, auch mal auf weniger seriöse Tipps hereinzufallen. Denn letzten Endes müssen Sie entscheiden. Es ist schließlich Ihr Geld.

Deshalb heißt es prüfen und auswählen. Dabei muss nicht nur die Qualität der einzelnen zur Auswahl stehenden Aktien und der davon abgeleiteten Derivate (siehe dazu auch das folgende Kapitel) beachtet werden. Es muss zugleich – wie oben schon gezeigt – auf eine vernünftige Mischung der gesamten Vermögensanlagen und dann speziell wieder des Aktiendepots geachtet werden. Wer alles auf eine Karte setzt, kann zwar darauf hoffen, damit den ganz großen Treffer zu landen. Aber er muss auch damit rechnen, eine fürchterliche Bauchlandung zu machen. Deshalb sollen nach dem grundlegenden Überblick über das Börsengeschehen in den vorangehenden Kapiteln hier die wichtigsten Informationsquellen und Analyseinstrumente für den fortgeschritteneren Aktienanleger vorgestellt werden. In einem weiteren Kapitel können Sie dann noch tiefer in die Aktienanalyse und vor allem die Deutung der für viele fortgeschrittene Börsianer so wichtigen Charts eindringen. Hier zunächst ein Überblick über die Organisation des Marktes und die unterschiedlichen Qualitätsstandards in seinen verschiedenen Bereichen. Danach Informationen zu den grundlegenden Instrumenten, mit deren Hilfe die gehandelten Aktien bewertet und für die eigene Anlage „herausgepickt" werden können.

Die Struktur des Aktienmarktes

Der deutsche Kapitalmarkt hat sich in den vergangenen Jahren weitgehend von einigen deutschen Besonderheiten befreit und den internationalen Standards angepasst. Denn die großen und kleinen Anleger orientieren sich weltweit mehr denn je an Kriterien wie Transparenz, Liquidität, Rechtssicherheit und Integrität. Die Deutsche Börse AG hat darauf mit einer Neustrukturierung des Aktienmarktes reagiert. An den deutschen Börsen wird aber weiterhin zwischen dem Prime und General Standard einerseits (früher „Amtlicher Markt" und „Geregelter Markt") und dem „Freiverkehr" andererseits unterschieden. Allerdings werden nur Aktien aus dem Prime Standard (siehe weiter unten) zur Berechnung von Indizes (wie DAX, TecDAX usw.) herangezogen.

Amtlicher Markt: Ein organisierter Markt im Sinne von § 2 Abs. 5 des Wertpapierhandelsgesetzes. An der Frankfurter Wertpapierbörse waren 2004 rund 4.300 Anleihen und 555 Aktientitel in diesem Marktsegment notiert. Vor der Aufnahme des Handels muss ein Unternehmen oder der Emittent einer Anleihe ein öffentlich-rechtliches Zulassungsverfahren durchlaufen. Zusammen mit mindestens einem Kreditinstitut, einem Finanzdienstleistungsinstitut oder einem Unternehmen, das nach dem Gesetz über das Kreditwesen zugelassen ist, muss der Emittent einen Antrag bei der Zulassungsstelle der Börse einreichen.

Geregelter Markt: Nach dem Wertpapierhandelsgesetz ebenfalls ein organisierter Markt. An der Frankfurter Wertpapierbörse werden fast 200 Aktientitel und rund 1.200 Anleihen in diesem Marktsegment gehandelt. Vor der Aufnahme des Handels muss ein Emittent ein öffentlich-rechtliches Zulassungsverfahren durchlaufen. Zusammen mit mindestens einem Kreditinstitut, einem Finanzdienstleistungsinstitut oder einem Unternehmen, das im Rahmen des Gesetzes über das Kreditwesen tätig ist, muss der Emittent einen Antrag bei der Zulassungsstelle der FWB einreichen. Die rechtlichen Grundlagen für die Zulassung sind im Einzelnen im Börsengesetz, in der Börsenordnung und in der Verkaufsprospekt-Verordnung geregelt. Die Zulassungsvoraussetzungen und Folgepflichten sind im geregelten Markt weniger streng als im amtlichen Markt.

Freiverkehr: In diesem Marktsegment werden neben deutschen Aktien überwiegend ausländische Aktien, Renten deutscher und ausländischer Emittenten, Zertifikate und Optionsscheine gehandelt. Er ist am 1. Mai 1987 durch den Zusammenschluss von „Geregeltem Freiverkehr" und „Ungeregeltem Freiverkehr" entstanden. Der Freiverkehr ist kein organisierter Markt im Sinne des Wertpapierhandelsgesetzes. Es gibt nur wenige formale Voraussetzungen für die Zulassung zum Freiverkehr und keine Folgepflichten für den Emittenten. Bei Wertpapieren, die vorher an keinem organisierten Markt gehandelt wurden, muss der Antragsteller nähere Angaben über den Emittenten in Form eines Exposés vorlegen, das eine zutreffende Beurteilung ermöglicht. Der Antragsteller muss die Deutsche Börse AG über wesentliche Umstände bezüglich der einbezogenen Wertpapiere informieren. Die Publikationen für Anleger müssen in Deutsch oder Englisch veröffentlicht werden.

Anleger sollten sich darüber informieren, welche Unternehmen hinter den Wertpapieren stehen, die im Freiverkehr gehandelt werden. Die Bedingungen für den Handel im Freiverkehr sind wesentlich weicher als im amtlichen und im geregelten Markt. Allerdings muss eine Notierung in diesem Marktsegment nicht unbedingt bedeuten, dass diese Gesellschaften weniger vertrauenswürdig sind. Oft handelt es sich um bekannte, international tätige Unternehmen wie Adobe, Cathay Pacific oder 3M, die zwar wollen, dass ihre Aktien in Deutschland gehandelt werden, für die der deutsche Kapitalmarkt aber nicht so wichtig ist, dass sie die mit der Zulassung am amtlichen Markt oder am geregelten Markt verbundenen Kosten und Publizitätspflichten übernehmen wollen. Für Aktien und Zertifikate, die auf der Basis von Aktien geschaffen werden, gibt es auf Grund der Börsenordnung, die am 1. Januar 2003 in Kraft trat, zwei neue Segmente mit unterschiedlich hohen Transparenzanforderungen: Im General Standard gelten die nationalen gesetzlichen Mindestanforderungen des amtlichen Marktes oder geregelten Marktes. Im Prime Standard müssen Unternehmen über das Maß des General Standard hinaus internationale Transparenzanforderungen erfüllen.

XTF Exchange Traded Funds ist das Marktsegment der Deutschen Börse für börsengehandelte Fondsanteile. Anleger haben die Wahl zwischen passiv gemanagten Fonds, die einem Index folgen, oder aktiv gemanagten Fonds, die einen Index über- oder untertreffen können. Der Handel ist fortlaufend und so einfach wie bei Aktien. Ein Ausgabeaufschlag fällt nicht an. Mit Xetra Stars können auch die attraktivsten internationalen Aktien in einem besonderen Qualitätssegment gehandelt werden. Das Segment Xetra US Stars enthält rund 200 US-Werte. Das Segment Xetra European Stars ermöglicht den Handel in allen niederländischen, französischen, belgischen und finnischen Werten, die im Dow-Jones-STOXX-50-Index enthalten sind.

Auch wer noch nie eine Aktie besessen hat, hört im Rundfunk oder Fernsehen täglich den Stand der wichtigsten Börsenbarometer. Indizes sind das bekannteste Instrument zur Beobachtung der Entwicklung an den Wertpapiermärkten, und hier wiederum stehen in Deutschland der DAX und – nicht nur in den USA, sondern weltweit – der Dow Jones im Rampenlicht, denn in den täglichen Nachrichten haben sie ihre festen Plätze.

Wertpapierindizes

Wertpapierindex ist ein Sammelbegriff für die Vielzahl von Aktien-, Renten- und sonstigen Indizes, die an jedem Börsentag berechnet werden. DAX, STOXX & Co werden berechnet, um die Gesamtverfassung eines Marktes für bestimmte Arten von Wertpa-

pieren in einer einzigen Kennzahl darstellen zu können. Daneben dienen Wertpapierindizes auch als Erfolgsmaßstab für Investmentfonds. Wenn sie besser sind als der Index, der Wert eines Aktienfonds also schneller steigt als der DAX, der die Durchschnittsentwicklung der 30 wichtigsten deutschen Aktien widerspiegelt, dann kann das Management auf diesen Erfolg zu Recht stolz und der Anleger mit der Wahl des Fonds zufrieden sein. Vielfach erfolgen auch Kurssicherungsmaßnahmen auf Basis von Wertpapierindizes. Die Berechnung der einzelnen Wertpapierindizes wird mit Hilfe von mathematischen Formeln sowie statistischen Methoden vorgenommen.

In Deutschland ist der DAX zum wichtigsten Maßstab für die Entwicklung des Aktienmarktes geworden. Innerhalb der Europäischen Währungsunion hat der STOXX große Bedeutung gewonnen.

Grundsätzlich ist jeder Index eine Kennzahl, die eine Vielzahl von Daten – hier also Finanzinformationen – zu einer einzigen Kennziffer verdichtet. Als Wertpapierindex bezeichnet man eine Kennzahl, die den Durchschnittskurs einer bestimmten Gruppe von Wertpapieren darstellt und so dem Anleger Informationen über die Gesamtverfassung des jeweiligen Marktes liefert. Grundsätzlich muss dabei zwischen Aktien- und Rentenindizes sowie zwischen Kurs- und Performance-Indizes unterschieden werden.

Die **Aktienindizes** zeigen dem Anleger den Durchschnittskurs einer ausgewählten Gruppe von Aktien zu einem bestimmten Zeitpunkt. Dieser Durchschnittskurs soll die Marktverfassung für alle gehandelten Wertpapiere an der jeweiligen Börse repräsentativ darstellen. Steigt der Durchschnittskurs, so kann der Betrachter davon ausgehen, dass die Gesamtverfassung des betrachteten Marktes zu diesem Zeitpunkt positiv ist. Ein steigender Aktienindex bedeutet also, dass die Kurse der an dem jeweiligen Markt gehandelten Aktien im Durchschnitt steigen. Das Ansteigen bedeutet aber nicht unbedingt, dass alle Aktienkurse an diesem Tag gestiegen sind, zumal in die Berechnung des Index in der Regel nicht alle an der jeweiligen Börse gehandelten Aktien einbezogen werden.

Es kann also durchaus sein, dass einige Aktien Kursverluste zu verzeichnen hatten, obwohl der Index insgesamt gestiegen ist. Es hängt immer davon ab, ob die Tops oder die Flops überwiegen. Das Verhalten der verschiedenen Aktienindizes wird maßgeblich durch die Gewichtung der zur Berechnung des Index verwendeten Aktien beeinflusst. Hinsichtlich der Berechnung der einzelnen Aktienindizes und der dafür vorgenommenen Gewichtung kann man unterscheiden zwischen:

- kapitalisierungsgewichteten,
- gleichgewichteten und
- preisgewichteten Aktienindizes.

Kapitalisierungsgewichtete Aktienindizes berücksichtigen die Größe der Gesellschaften, deren Aktien in die Berechnung einbezogen werden. Die Gewichtung erfolgt dabei meist anhand des Grundkapitals der Aktiengesellschaft oder ihrer Börsenkapitalisierung beziehungsweise „Marktkapitalisierung“ (der Kurs, multipliziert mit der Zahl der für den Handel verfügbaren Aktien, also ohne Pakete, die von Großaktionären gehalten werden). Je höher das Grundkapital oder die Marktkapitalisierung, desto stärker wird die betreffende Aktie im Index gewichtet.

Mit steigender Gewichtung der jeweiligen Aktien steigt auch der Einfluss des Kurses dieser Aktie auf die Entwicklung des Gesamtindex. So werden beispielsweise die für den DAX verwendeten Kurse der 30 wichtigsten Aktien, die an der Frankfurter Wertpapierbörse gehandelt werden, sehr unterschiedlich gewichtet. In diesem Fall erfolgt die Gewichtung nach der Marktkapitalisierung der einzelnen Aktien. Daher beeinflusst die Kursveränderung der Aktie der Allianz AG, die mit rund 10 Prozent gewichtet wird, den DAX wesentlich stärker als eine Kursveränderung der Henkel KGaA, die mit unter 1 Prozent im Gesamtindex berücksichtigt wird. Dies unterscheidet den DAX von **gleichgewichteten Aktienindizes.** Bei diesen werden alle verwendeten Aktienkurse gleich gewichtet. Zu den gleichgewichteten Indizes zählt beispielsweise der holländische EOE Dutch Stock Index. Zur Ermittlung solcher Indizes wird so getan, als ob für jede der einbezogenen Aktien der gleiche Betrag investiert würde.

Das bedeutet, dass von einer relativ teureren Aktie weniger Stück in die Berechnung des Index einbezogen werden als von einer billigeren Aktie. Kostet beispielsweise die A-Aktie 400 Euro und die B-Aktie 200 Euro, dann werden entsprechend doppelt so viele B-Aktien in die Berechnung einbezogen wie A-Aktien. Durch diese Vorgehensweise reagiert der Index auf prozentual gleich hohe Kursschwankungen der einzelnen Aktien mit derselben Veränderung. Steigt beispielsweise der Kurs der A-Aktie um 5 Prozent, während der Kurs der B-Aktie um 5 Prozent fällt, bleibt der Index unverändert. Wenn sehr viele Anleger B-Aktien und sehr wenige A-Aktien besitzen, spiegelt der Index deshalb die tatsächliche Bedeutung der Kursverluste von B nicht richtig wider.

Eine dritte Variante der Gewichtung der zur Berechnung der im Index vertretenen Aktienkurse ist die preisgewichtete Berechnung. Bei **preisgewichteten Aktienindizes** wird von jeder Aktie die gleiche Stückzahl zur Berechnung herangezogen, also beispielsweise drei A-Aktien und drei B-Aktien. Bei dieser Vorgehensweise hat eine Kursveränderung einer relativ teureren Aktie einen wesentlich größeren Einfluss auf den Index als eine prozentual gleich hohe Kursveränderung einer relativ billigeren Aktie. Steigt also beispielsweise der Kurs der A-Aktie um 5 Prozent, während der Preis der B-Aktie um 5 Prozent fällt, klettert der Index um etwa 1,6 Prozent. Dieses Berechnungsverfahren wird beispielsweise bei der Ermittlung des Dow Jones Industrial Average Index verwendet, des weltweit populärsten Maßstabs für die Börsenentwicklung.

Für das tägliche Börsengeschehen spielen Aktienindizes eine sehr wichtige Rolle. Sie dienen zum einen als Maßstab für die Verfassung des betrachteten Marktes, zum anderen als Meßlatte für den Vergleich zwischen der Kursentwicklung einzelner Aktien und des Gesamtmarktes. So wird häufig bei der Analyse einzelner deutscher Aktien ein

Vergleich des Einzelkurses in einem bestimmten Zeitraum (meist zwölf Monate) mit der Entwicklung des DAX in der gleichen Zeitspanne vorgenommen. Auch der Erfolg von Aktienfonds wird gern daran gemessen, wie er sich im Vergleich mit einem passenden Index entwickelt hat.

Das Instrument der Aktienindizes wird auch zur Kursabsicherung verwendet. So kann Hedging (siehe auch Kapitel „Spekulation mit Turboeffekt") beispielsweise mit Hilfe von DAX-Optionen oder DAX-Futures vorgenommen werden. Indizes werden in Deutschland nur für die Aktien berechnet, die im Prime Standard gehandelt werden, deren Kursbildung also einer besonderen Kontrolle unterliegt.

General und Prime Standard – eine „Zwei-Klassen-Gesellschaft"

Die Deutsche Börse AG hat nach dem Debakel am Neuen Markt am 24. März 2003 die Konsequenzen gezogen und neue Marktsegmente und teilweise auch neue Indizes eingeführt. NEMAX und SMAX verschwanden von der Bildfläche oder sollen nur noch für eine Übergangszeit berechnet werden. Durch die Neugestaltung soll sich die Transparenz der Märkte erhöhen. Nach der grundsätzlichen Zulassung einer Aktie zum Handel an der Börse kann der Emittent entscheiden, ob seine Aktien im „General Standard" oder im „Prime Standard" gehandelt werden sollen. Die beiden neuen Marktbereiche unterscheiden sich vor allem durch unterschiedlich hohe Anforderungen an die Publizität der dort jeweils notierten Aktien – und durch die Kosten der Zulassung.

Im General Standard sind nur die gesetzlichen Mindestanforderungen zu erfüllen. Dazu gehören vor allem: Jahresbericht- und Halbjahresberichterstattung, Ad-hoc-Mitteilungen in deutscher Sprache. Zielgruppe dieses Marktsegments sind national ausgerichtete Unternehmen, denen ein kostengünstiges Listing an der Börse ermöglicht werden soll.

Im Prime Standard kommen folgende international übliche Transparenzanforderungen hinzu:

- Quartalsberichterstattung,
- Anwendung internationaler Rechnungslegungsstandards (IAS oder US-GAAP),
- Veröffentlichung eines Unternehmenskalenders mit den wichtigsten Terminen,
- mindestens eine Analystenkonferenz im Jahr,
- Ad-hoc-Mitteilungen und laufende Berichterstattung in deutscher und zusätzlich in englischer Sprache.

Die Struktur der deutschen Aktienbörse und ihrer Indizes

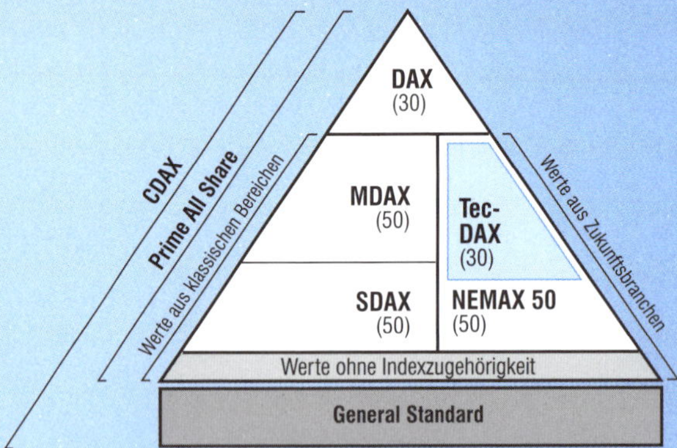

Im deutschen Aktienmarkt gibt es zwei große Marktsegmente: den General Standard, in dem die große Mehrzahl der deutschen sowie die ausländischen Unternehmen gelistet sind, die in der Bundesrepublik zum Handel zugelassen sind, und den Prime Standard. Wer in diesem oberen Segment vertreten sein will, muss höhere Anforderungen erfüllen. Nur aus dem Kreis der im Prime Standard notierten Aktien werden die Werte ausgewählt, die zur Berechnung der verschiedenen Indizes herangezogen werden, die den Anlegern eine Orientierung über die Kursentwicklung geben. Sie sind zugleich Basis für die Entwicklung derivativer Finanzprodukte (wie Indexaktien oder Zertifikate) und dienen als Vergleichsmaßstab zur Beurteilung der Wertentwicklung von Aktienfonds: Schlagen sie den DAX – oder hinken sie hinter der allgemeinen Wertentwicklung hinterher?

Indizes werden nur noch im Prime Standard berechnet. Die Voraussetzung für die Aufnahme in einen der neuen Auswahlindizes ist deshalb zunächst die Zulassung zum Prime Standard. In diesem Rahmen werden die folgenden Indizes börsentäglich berechnet:

- DAX: Er stellt den durchschnittlichen Kursverlauf für die 30 größten und umsatzstärksten deutschen Aktienwerte (Blue Chips) dar, von denen außerdem eine ausreichend große Zahl von Aktien für den freien Handel verfügbar sein muss. (Mehr dazu unten.)
- MDAX: Die 50 wichtigsten Werte mittelgroßer deutscher Aktiengesellschaften (Mid Caps).
- TecDAX: Der Index der 30 größten Technologiewerte (darunter viele „Überlebende" des ehemaligen NEMAX).
- SDAX: Ein Index für 50 kleinere Unternehmen (Small Caps).

DAX – der deutsche Aktienindex

Der deutsche Aktienindex spiegelt den durchschnittlichen Börsenkurs von 30 repräsentativen Aktien wider. Mit diesem laufend aktualisierten Performance-Index werden Zeitreihen aufgestellt, die die Kursentwicklung deutscher Aktien über einen längeren Zeitraum hinweg vergleichbar machen. Der 1987 an allen deutschen Börsen eingeführte DAX fasst während der Handelszeit fortlaufend die Veränderungen der Börsenkurse in einer einzigen Größe zusammen. Das Ergebnis der DAX-Berechnung wird in Punkten ausgedrückt, beginnend mit dem Jahresende 1987 (gleich 1.000 Punkte). Bei den 30 Standardwerten, aus deren Kurs der Index errechnet wird, handelt es sich um die Aktien großer deutscher Kapitalgesellschaften, die mit ihrer Marktstellung ein repräsentatives Bild der deutschen Wirtschaft abgeben. Um in den DAX aufgenommen zu werden – und um drinzubleiben –, müssen bestimmte Kriterien erfüllt sein:

- Hoher Umsatz der jeweiligen Aktie an der Börse,
- hohe Börsenkapitalisierung,
- frühe Eröffnungskurse.

Kann eine Aktiengesellschaft diese Kriterien nicht mehr erfüllen, wird der Titel aus dem Index herausgenommen und durch einen anderen ersetzt. Das geschah bereits mehrfach. Im September 1995 wurde zum Beispiel die Deutsche Babcock aus dem „Korb" herausgenommen und durch die Stammaktie des Softwareherstellers SAP ersetzt, der sich nach einem rasanten Kursanstieg 1997/98 damals zu der deutschen Aktie mit der höchsten Börsenkapitalisierung entwickelt hatte. Im September 1996 wurden die Namensaktien der Münchner Rück AG (Versicherung) neu in den DAX aufgenommen und dafür die Anteilsscheine der Continental AG herausgenommen. Dass es keine Stammplätze gibt, zeigt sich auch daran, dass Mitte 2003 bereits wieder darüber spekuliert wurde, wie lange die Münchner Rückversicherung sich noch als Mitglied dieses exklusiven Clubs halten werde. Am 19. November 1996 haben die Aktien der Deutschen Telekom (die so genannte T-Aktie) die Aktien der Metallgesellschaft im DAX-Korb ersetzt. Die Zusammensetzung wird auch weiterhin immer wieder überprüft und gegebenenfalls aktualisiert.

Wie in der Bundesliga ...

Im Jahr 2000 mussten die Aktien der Hoechst AG aus dem DAX genommen werden, da diese durch Fusion mit der französischen Rhone-Poulenc zu Aventis wurde sowie durch Verlegung des Firmensitzes nach Straßburg seither an der französischen Börse notiert wird. Am 23.07.2001 wurde die Aktie der Dresdner Bank, eine der traditionsreichsten deutschen Aktiengesellschaften, aus dem DAX genommen, weil die Bank von

der Allianz AG übernommen wurde, und durch den Finanzdienstleister MLP ersetzt, der aber 2004 schon nicht mehr darin vertreten, sondern in den MDAX „abgerutscht“ war. Insofern ähneln die DAX-Indizes ein wenig der Fußball-Liga. Wer nicht genügend Leistung bringt, steigt ab.

Seit 2001 ist ein ausreichender Streubesitz zu einem ausschlaggebenden Kriterium für die Aufnahme in den DAX und auch den Euro-STOXX geworden. Denn nur ein ausreichender Streubesitz (Anteil von Aktien, die frei handelbar sind, weil sie sich im Besitz von Kleinanlegern, Fonds und ähnlichen Aktienbesitzern und nicht als Paket bei Großaktionären befinden) sorgt dafür, dass der Markt für die jeweilige Aktie ausreichend liquide ist und es bei den Kursen nicht zu Zufallsschwankungen kommt, weil schon relativ geringe Käufe oder Verkäufe den Kurs beeinflussen können.

Sobald sich während der Börsenzeit der Kurs eines Standardwerts verändert, verändert sich auch der DAX: Er wird per Computer im Minutentakt neu berechnet. Das Ergebnis geht an alle Banken und Broker, kann im Internet abgerufen werden und steht den Anlegern weltweit über die Tickerdienste aktuell zur Verfügung. Es kann im Frankfurter Börsensaal an der elektronischen Kursanzeigetafel oder im Internet auch optisch in Form einer Verlaufskurve betrachtet werden. Dadurch ist die im Laufe des Tages oft wechselnde Tendenz am Wertpapiermarkt mit einem Blick festzustellen.

Der DAX zeichnet sich durch einige Besonderheiten aus, die ihn von vielen anderen Indizes auf Aktien qualitativ unterscheiden. Beim DAX handelt es sich um einen „gewichteten und bereinigten“ Index. Das heißt, bei seiner Berechnung werden die Tageskurse der Aktiengesellschaften mit dem jeweiligen Grundkapital gewichtet. Um Kapitalveränderungen zu berücksichtigen, wie sie zum Beispiel durch Bezugsrechte und Dividenden (Bardividende ohne Körperschaftssteuer) entstehen, wird der Index um diese Faktoren bereinigt. Das soll Verzerrungen verhindern. Demgegenüber stellt der populäre Dow-Jones-Index für die an der Wall Street in New York gehandelten Aktien nur einen ungewichteten Kursdurchschnitt dar.

TecDAX und andere

Neben dem DAX spielt der TecDAX für die meisten Börsenbeobachter in Deutschland eine besonders wichtige Rolle. Hier finden Anleger Wachstumsaktien. Der TecDAX trat an die Stelle des NEMAX, der nach dem kläglichen Ende des Neuen Marktes Mitte 2003 nur noch für eine begrenzte Zeit weiter berechnet wurde. Der TecDAX ist ein „Korb“, der die 30 größten Aktien aus Technologiebranchen enthält. Seine Mitglieder dürfen – anders als früher – nun auch bei zunehmender Bedeutung und Größe in die erste Börsenliga aufsteigen, in den Club der 30 wichtigsten deutschen Aktien (DAX).

Der TecDAX soll das Schaufenster für die mittleren und kleinen Technologiewerte sein, die nicht im DAX enthalten sind. Daneben gibt es seit 2003 einen von 70 auf 50

Aktien verkleinerten MDAX sowie Indizes für spezielle 18 Branchen und noch einige unbedeutendere Aktienkörbe. Diese Indizes können auch ausländische Werte aufnehmen. Dadurch wurde der europäische Luft- und Raumfahrtkonzern EADS zum größten MDAX-Titel.

Neben dem DAX, dem SDAX und dem TecDAX gibt es noch zahlreiche andere Indizes, die einzelne Bereiche des Marktes, seine Volatilität oder Branchenentwicklungen widerspiegeln. Daneben gibt es noch Indizes, wie sie von der Frankfurter Allgemeinen Zeitung (FAZ) und anderen für spezielle Zwecke berechnet werden. Auf die Aktienkurse wirkt sich die neue Index-Welt grundsätzlich nicht aus. Aber Aktien, die bei dieser oder späteren Neuordnungen völlig aus einem der wichtigen Indizes herausfallen, können unter Druck geraten. Analysten, die Öffentlichkeit und große Investoren interessieren sich dann weniger für solche Titel. Das kann den Kurs negativ beeinflussen und dazu führen, dass die Kursbewegungen wesentlich träger verlaufen. Dies und andere Entwicklungen möglichst genau vorherzusagen, ist Aufgabe der Aktienanalyse.

Kein einfaches Geschäft: die Aktienanalyse

Es gibt zahlreiche bewährte Kriterien zur Beurteilung von Aktien. Sie alle geben wertvolle Hinweise. Sie sollten aber nie alleine zum Maßstab genommen werden. Erst in ihrer Kombination geben sie dem Anleger eine brauchbare Hilfestellung. Zu einer umfassenden Aktienanalyse gehören aber noch weitere Instrumente und nicht zuletzt ein Blick auf die Gesamtwirtschaft. Denn auch wenn das einzelne Unternehmen sich noch so gut entwickelt, hängt die Kursentwicklung der jeweiligen Aktie auch von der aktuellen und künftigen Verfassung des gesamten Aktienmarktes, von der erwarteten Zinsentwicklung, der Arbeitslosenquote, der Lohnentwicklung und anderen wichtigen volkswirtschaftlichen Kennziffern ab. Dazu gehört auch der Preisindex für die Lebenshaltung, die staatliche Verschuldungsquote oder die Entwicklung der Devisenkurse.

Großen Einfluss haben auch die jeweiligen „Vorgaben“ der großen Weltbörsen und insbesondere die Kursentwicklung an der Wall Street in New York. Selbst wenn die gesamtwirtschaftlichen Daten in Deutschland, innerhalb der Europäischen Währungsunion und im Gemeinsamen Markt stimmen, kann ein Kursrutsch an der Wall Street, der dort durch plötzlich aufkommende Zinsängste ausgelöst wird, die europäischen Börsenplätze in Mitleidenschaft ziehen. Auch ein Börsencrash in Asien – wie im Oktober 1997 in Hongkong – kann einen Kursrutsch auslösen, dem sich weltweit kein Wertpapiermarkt ganz entziehen kann. Insbesondere die Börsenentwicklung in Deutschland ist in starkem Maße von den Stimmungsschwankungen an der Wall Street abhängig. Schon oft ist ein Kursaufschwung in Frankfurt zu einem jähen Ende gekommen, weil aus New York eine Verkaufswelle gemeldet wurde. Umgekehrt kann ein kräftiger Kurssprung an der Wall Street die deutschen Börsen aus einer tagelangen Lethargie reißen.

Emotionen statt Fakten?

Solche emotionalen Schwankungen überlagern oft die von den so genannten fundamentalen Faktoren bestimmte, grundlegende Tendenz, die letztlich dann doch auf etwas längere Sicht die Kursentwicklung bestimmt. Deswegen ist es wichtig, sich zumindest mit den Grundlagen der Aktienanalyse zu beschäftigen. Aktienanalyse ist die systematische Untersuchung kursrelevanter Informationen mit dem Ziel einer Prognose des künftigen Verlaufs des Aktienkurses. Banken, Fonds, Versicherungsgesellschaften und andere Kapitalsammelstellen versuchen, mit Hilfe geeigneter Verfahren zu analysieren, welche Aktien in Zukunft die besten Renditen erwarten lassen. Sie agieren selber auf den Aktienmärkten und verwalten Milliardenbeträge im Auftrag ihrer Kunden. Von Banken und Sparkassen wird zudem erwartet, dass ihre Berater sachkundige Auskünfte und Erfolg versprechende Anlagetipps geben können. Auch viele Privatanleger versuchen sich auf Grund der vorliegenden gesamtwirtschaftlichen Daten und der Unternehmensnachrichten ein eigenes Urteil zu erarbeiten.

Vermögensverwalter, große Banken oder Investmentfonds beschäftigen in der Regel ganze Abteilungen mit Spezialisten, die sich mit der Analyse von Aktien und anderen Wertpapieren beschäftigen, um so Erkenntnisse für den Eigenhandel, aber auch die Beratung ihrer Kunden zu gewinnen. Es gibt dabei zwei Formen der Aktienanalyse: die **Fundamentalanalyse** und die **technische Analyse**, die oftmals mit dem Begriff Chartanalyse (siehe dazu das spezielle Kapitel) gleichgesetzt wird, obwohl die Chartanalyse zwar einen wesentlichen, nicht aber den einzigen Teilbereich der technischen Aktienanalyse ausmacht.

Fundamental- und technische Analyse unterscheiden sich stark voneinander. Während sich die Fundamentalanalyse vor allem mit der betreffenden Aktiengesellschaft und ihrem wirtschaftlichen Umfeld beschäftigt, setzt die technische Analyse ganz auf die Untersuchung von börsenbezogenen Daten, wie beispielsweise die Kursentwicklung der Vergangenheit, das Angebots- und Nachfrageverhalten nach dem betreffenden Papier sowie gehandelten Volumina (Umsatz). Obwohl beide Teilgebiete ihre eingeschworenen Anhänger haben, kann man nicht von „der" richtigen Methode sprechen. Beides sind keine streng wissenschaftlichen Verfahren und unterliegen Unsicherheiten. Ein sicheres Instrument zur Vorhersage von Kursentwicklungen gibt es nicht. Wäre es anders, würde es nur noch „todsichere Tipps" geben. Trotzdem können Analyseinstrumente die Gewinnchancen erhöhen und das Verlustrisiko zumindest reduzieren.

1. Die Fundamentalanalyse

Sehr allgemein lässt sich die Fundamentalanalyse als eine Untersuchung des Einflusses wirtschaftlicher und konjunktureller Ereignisse auf den Börsenkurs einer speziellen Aktie, einer Branche oder des gesamten Aktienmarktes definieren. Hierbei lassen sich drei Gebiete der Fundamentalanalyse unterscheiden – wobei alle drei Teilgebiete bei der Kursprognose in das Ergebnis einfließen:

- die Konjunkturanalyse,
- die Monetäranalyse und
- die Unternehmensanalyse.

Konjunkturanalyse: Hier geht es um die Untersuchung der voraussichtlichen gesamtwirtschaftlichen Entwicklung einer Volkswirtschaft, einer bestimmten Region (wie etwa der EU) oder auch der gesamten Weltwirtschaft. Dabei wird davon ausgegangen, dass der Gewinn eines Unternehmens nicht nur von seiner Stellung im Markt, der Qualität seiner Produkte und den Fähigkeiten der Mitarbeiter und des Managements abhängt, sondern auch von seinem wirtschaftlichen Umfeld. So wird ein Unternehmen, das Konsumgüter herstellt, umso geringere Umsätze und damit in der Regel auch geringere Gewinne machen, je mehr Leute arbeitslos sind beziehungsweise je geringer das verfügbare Einkommen ist.

Neben so offensichtlichen Zusammenhängen werden aber auch komplexere Wechselwirkungen analysiert. So hat man beispielsweise festgestellt, dass es bei einem rückläufigen Bruttosozialprodukt häufig zu einer expansiven Geldpolitik der Zentralbank (früher der Bundesbank, heute der Europäischen Zentralbank, EZB) kommt. Eine expansive Geldpolitik, also der Anstieg der Geldmenge, führt aber im Allgemeinen zu einem Rückgang der Zinsen. Das ist in der Regel wieder gut für den Aktienmarkt. Denn bei sinkenden Zinsen für Anleihen und andere festverzinsliche Werte steigen viele Anleger auf Aktien um. Deshalb sollten Sie als Anleger immer verfolgen, ob von der EZB Signale für Zinserhöhungen oder Zinssenkungen ausgehen. Weil steigende Preise über kurz oder lang dazu führen, dass die EZB den Leitzins erhöht, sind starke Preissteigerungsraten für Aktionäre immer ein erstes Alarmsignal: Zinserhöhungen drohen – und damit in der Regel auch ein bremsender Effekt für die Kurse.

Monetäre Analyse: Während die Konjunkturanalyse bevorzugt zur Bestimmung langfristiger Anlagestrategien verwendet wird, da sich die prognostizierten Entwicklungen meist nicht kurzfristig, sondern eher mittel- bis langfristig ergeben, untersucht die monetäre Analyse die Einwirkungen, die Faktoren wie die Geldmengen- und die Zinsentwicklung auf die Kursentwicklung am Aktienmarkt haben. Damit wird versucht, dem Nachteil der teilweise sehr langfristigen Wirkungsverzögerung von Konjunkturindikatoren entgegenzuwirken und dem Umstand Rechnung zu tragen, dass die Börse oftmals konjunkturelle Entwicklungen vorwegnimmt. Die monetäre Analyse, die auf die Untersuchungen der so genannten Monetaristen zurückgeht, baut auf den folgenden Grundüberlegungen auf: Wenn viel und billiges Geld im Markt ist (niedrige Zinsen!), entsteht Anlagedruck. Das Geld muss investiert werden. Dies kommt auch dem Aktienmarkt zugute. Knappes und teures Geld (hohe Zinsen) macht es den

Unternehmen schwer, Investitionen zu finanzieren. Da haben es nicht nur die Hersteller von Maschinen und Anlagen schwer, ihre Produkte zu verkaufen. Viele Sparer verkaufen auch Aktien, um ihr Geld in den nun höher verzinsten Anleihen zu investieren. Ergebnis: Aktienkurse fallen, Anleihekurse steigen.

Aufgabe der monetären Analyse ist es somit, Indikatoren zu finden und zu interpretieren, die frühzeitig Aufschluss über die Entwicklung der Geldmenge geben. Zu den Einflussfaktoren für die Entwicklung der Geldmenge zählen vor allem die Instrumente der Zentralbank zur Geldmengensteuerung, wie beispielsweise der Mindestreservesatz, der Diskontsatz sowie die Offenmarktpolitik.

Unternehmensanalyse: Dies ist aus Sicht der Anleger der wichtigste Teilbereich der Fundamentalanalyse, denn hier geht es um die Prognose der Kursentwicklung einzelner Aktien. Untersucht wird dabei die vergangene sowie gegenwärtige wirtschaftliche Situation und die Prognose der zukünftigen Entwicklung der betreffenden Aktiengesellschaft. Letztlich soll dadurch der heutige sowie der mögliche zukünftige Wert der Gesellschaft ermittelt werden. Der so ermittelte Wert des Unternehmens, dividiert durch die Anzahl der ausgegebenen Aktien, ergibt den „fairen" Wert der Anteile. Liegt der gegenwärtige Wert der Aktien unter dem errechneten fairen Wert, kann dies auf entsprechendes Kurspotenzial hindeuten. Ebenso ist es, wenn der heutige Aktienkurs unterhalb des Kurses liegt, den der Analyst für die Zukunft errechnet hat. Es kann aber auch sein, dass der aktuelle Kurs weder dem aktuellen noch dem erwarteten, künftigen „fairen Wert" entspricht. Das bedeutet, dass die Aktie spekulativ überbewertet ist. Hier sollten Sie als Aktionär hellhörig werden und sich überlegen, ob es nicht an der Zeit ist, zu verkaufen – ehe auch alle anderen merken, dass das Papier zu teuer ist. Aber vielleicht halten die daran fest, weil sie zum Beispiel die Übernahme durch einen Konkurrenten erwarten, der bereit sein könnte, die Anteile zu einem Preis zu erwerben, der über dem von den Analysten ermittelten fairen Wert liegt?

Der Unternehmenswert wird anhand einer großen Menge von Faktoren bestimmt, die sich beispielsweise aus der Gewinn- und Verlustrechnung, der Bilanz, dem Geschäftsbericht, aber auch den Aussagen des Managements über die künftige Strategie ergeben. Auch innovative Produkte, die noch „in der Pipeline sind", können bei der Bewertung eine Rolle spielen. Besonders bei Pharmaunternehmen spielt das oft eine Rolle.

2. Die technische Analyse

Die technische Analyse versucht, das Kurspotenzial eines Wertpapiers einzig und allein aus Angebot und Nachfrage nach dem Papier in der Vergangenheit zu erklären. Im Gegensatz zur Fundamentalanalyse abstrahiert sie also vollständig von dem Unternehmen und der konjunkturellen Lage der Volkswirtschaft und konzentriert sich ausschließlich auf Börsenfaktoren. Dazu gehören insbesondere Angebot und Nachfrage nach der betreffenden Aktie, die gehandelten Volumina und ähnliche Faktoren.

Ein wichtiges Instrument der technischen Analyse ist die so genannte Chartanalyse. (Hier nur ein Überblick. Mehr dazu im Kapitel „Chartanalyse.) Hierbei wird versucht, Angebots- und Nachfrageverhalten in verschiedensten Varianten grafisch darzustellen und dann aus dem Verlauf der Kurven oder Balken auf die künftige Kursentwicklung zu schließen. Die Darstellung erfolgt grundsätzlich in Form von Grafiken. Dabei werden auf der horizontalen Achse die Zeit und auf der vertikalen Achse die Kurswerte abgebildet. Es gibt dabei drei Hauptformen der Darstellung:

Liniencharts: Hier werden die Schlusskurse des beobachteten Papiers auf der vertikalen Achse eingetragen. Es entsteht eine Kurve oder Linie, die den Kursverlauf während des analysierten Zeitraums darstellt.

Balkencharts: Bei einem Balkenchart werden pro Zeiteinheit (Tag, Woche oder Monat) der Höchst- und Niedrigstkurs sowie Eröffnungs- und Schlusskurs eingetragen. Balkencharts geben mehr Auskunft über die täglichen Schwankungen und damit über Verhalten von Angebot und Nachfrage als Liniencharts.

Point & Figure Charts: Diese Form des Charts dient dazu, das Wechselspiel von Angebot und Nachfrage grafisch darzustellen. Hierzu werden Kursbewegungen, solange sie in eine Richtung gehen, über- oder untereinander mit jeweils demselben Symbol (meist eine 0 für Kursrückgänge und ein x für Kurssteigerungen) eingetragen. Sobald es zu einem Richtungswechsel kommt, fängt man eine neue Reihe an, bis es erneut einen Richtungswechsel gibt.

Typisch für die technische Analyse ist, dass bestimmte Formationen, also grafische Bilder, die in der Vergangenheit zu bestimmten Kursverläufen geführt haben, zur Prognose zukünftiger Kurse verwandt werden. Chartanalytiker gehen davon aus, dass bestimmte grafische Bilder auf ganz bestimmte Kursverläufe in der Zukunft hindeuten. Ziel der Analyse ist es, Trendwechsel zu erkennen: den Wechsel von steigenden zu fallenden Kursen und von fallenden zu steigenden Kursen.

Aktienkurse verlaufen selten kontinuierlich auf- oder abwärts. Sie weisen vielmehr Wellenbewegungen auf, die jedoch einem Trend folgen. Das können Sie beispielsweise sehr deutlich sehen, wenn Sie sich per Computer nicht nur den tatsächlichen Kursverlauf darstellen lassen, der oft ein hektisches Auf und Ab zeigt, sondern zum Beispiel eine 30-Tage-Linie legen, die an jedem Punkt den Durchschnittskurs der jeweils letzten 30 Tage zeigt. Im Gegensatz zu der Darstellung der Tageswerte ergibt sich hier eine Kurve, an der sich ein deutlicher Trend ablesen lässt. So erkennt auch ein noch wenig geübter Anleger sofort, welchem Trend die Kursentwicklung folgt: ob sie ansteigt, fällt oder offenkundig ein Richtungswechsel stattfindet. Das sagt weit mehr aus als der Blick auf den jeweiligen Tageskurs und seine Zufälligkeiten.

Aber Vorsicht: Eine noch so kontinuierlich steigende Linie hilft wenig, wenn am nächsten Tag bekannt wird, dass das Unternehmen bei Bilanzmanipulationen erwischt wurde. Das zeigt, dass neben der Kurvenbetrachtung die reale Welt und ihre Nachrichten nie aus dem Auge gelassen werden sollten.

Ziel der Chartanalyse ist es, den Trends frühzeitig auf die Spur zu kommen, also zu analysieren, ob der Kurs der beobachteten Aktie in Wellenbewegungen steigt oder fällt. Chartanalysten werden die betreffende Aktie kaufen, wenn sie einen Aufwärtstrend entdeckt haben. Sie lassen sich dann auch nicht von kurzfristigen Wellenbewegungen nach unten irritieren. Sie werden sich erst wieder von dem Papier trennen, wenn sie erkannt zu haben glauben, dass es zu einer Trendumkehr gekommen ist, der Kurs des Papiers nun also längerfristig einem Abwärtstrend folgt. Kurzfristig orientierte Chartanalysten werden unter Umständen auch versuchen, innerhalb der einzelnen „Wellen“ zu spekulieren, das heißt, auf dem unteren Wendepunkt einer „Welle“ („Bottom“) zu kaufen und am oberen Wendepunkt („Top“) wieder zu verkaufen.

Die Analyse der Aktienkursbewegungen erfolgt durch Erkennen von so genannten Chartformationen, also bestimmten Kursbildern, die auf bestimmte Aktienkursbewegungen schließen lassen. Bekannte Chartformationen sind beispielsweise Kopf-Schulter-Formationen, Rechteck-Formation, verschiedene Dreieck-Formationen, Flagge-und-Wimpel-Formation sowie die Wimpel-Formation. Zu jeder dieser Formationen empfehlen die „Chartisten“ bestimmte Strategien. Die Problematik liegt allerdings darin, dass die jeweilige Formation rechtzeitig erkannt und dann auch zum richtigen Zeitpunkt gehandelt werden muss. (Mehr dazu im Kapitel über Chartanalyse.)

Technische Indikatoren: Neben der Chartanalyse spielt im Rahmen der technischen Aktienanalyse auch die Interpretation von technischen Indikatoren eine wichtige Rolle. Hierbei handelt es sich um mathematische Kennzahlen, deren Wert auf bestimmte Kursbewegungen hindeuten soll. Zu den technischen Indikatoren gehören beispielsweise:

- der gleitende Durchschnitt,
- das Momentum,
- die relative Stärke und
- der Beta-Faktor.

Die Ergebnisse der mathematischen Berechnungen werden erneut in Charts eingetragen und zu interpretieren versucht.

Eines der bekanntesten technischen Analyseinstrumente ist der **Wertpapierindex** (siehe unten). Hier wird aus den Kursen einer großen Zahl von Wertpapieren, wie beispielsweise Aktien, Anleihen oder Pfandbriefen, täglich ein Wert errechnet. Vergleicht man dann die Kursentwicklung einzelner Aktien mit der Entwicklung des Wertpapierindex, lässt sich daraus unter Umständen auf die zukünftige Entwicklung der Papiere schließen.

Die Berechnung, Erstellung und Interpretation von Charts und technischen Indikatoren bringt nur dann etwas, wenn sie mit großer Sorgfalt vorgenommen wird. Deshalb müssen sich Anleger, die diese Analyseinstrumente nutzen wollen, intensiv damit auseinandersetzen. Denn sie bringen nur dann wirklich Erfolg, wenn der Investor damit genug Erfahrungen gesammelt hat, um Fehlinterpretationen so weit wie möglich auszuschließen. Grundsätzlich steigt die Verlässlichkeit der Interpretation mit der zunehmenden Zahl von Indikatoren und Analyseinstrumenten, die der Anleger einsetzt und die dasselbe Kauf- oder Verkaufssignal geben. Sie sollten sich nie nur auf die Aussage eines Instruments verlassen, sondern möglichst viele einsetzen, um so die Fehlerwahrscheinlichkeit zu reduzieren. Gerade bei der Chartanalyse, die oftmals einen gewissen wissenschaftlichen Eindruck vermittelt, aber dennoch eher eine „Kunst" ist, muss davor gewarnt werden, sich blind darauf zu verlassen – selbst wenn ein ausgewiesener Kenner die Kurvenbilder auswertet. Sichere Aussagen können auch dann nicht getroffen werden. Das Risiko, auf das falsche Pferd zu setzen, lässt sich nie ganz ausschließen.

3. Nützliche und „handliche" Analyseinstrumente

Neben der recht anspruchsvollen Fundamentalanalyse und der technischen Analyse, die man getrost Fachleuten überlassen kann, auf deren Aussagen Sie sich dann bei Ihren eigenen Überlegungen stützen können, gibt es eine Reihe von Einzelinstrumenten, die bei der Bewertung von Aktien eine wichtige Rolle spielen und die auch ein normaler Anleger kennen und nutzen sollte – und auch nutzen kann, weil der Umgang mit ihnen keine umfangreichen Vorkenntnisse verlangt.

Dividendenrendite: Dies ist eine der am häufigsten verwendeten Kennzahlen zur Bewertung und zum Vergleich von Aktien. Neben dem Kurs-Gewinn-Verhältnis (KGV) gehört die Dividendenrendite zu den wichtigsten Kennzahlen der Aktienanalyse. Sie dient zur Bewertung und zum Vergleich verschiedener Aktien. Die Dividendenrendite setzt die vom Unternehmen gezahlte Dividende mit dem Kurs der Aktien in ein Verhältnis. Die Dividendenrendite drückt das Verhältnis zwischen der vom Unternehmen zuletzt ausgeschütteten Dividende und dem Kurswert einer Aktie aus. Diese Kennzahl kann sowohl auf Basis der momentan gezahlten Dividende als auch auf Basis von erwarteten künftigen Dividenden berechnet werden. Die Berechnung erfolgt durch Division der Dividende pro Aktie durch den Kurs der Aktie. Die Höhe der Dividendenrendite steigt mit steigender Dividende und/oder fallendem Aktienkurs. Umgekehrt sinkt die Dividendenrendite bei fallender Dividende und/oder steigendem Aktienkurs.

Da die Dividendenrendite lediglich von den zwei genannten Faktoren abhängt, ist ihr Aussagewert begrenzt und muss mit viel Vorsicht interpretiert werden. Bei der Betrachtung der Dividendenrendite muss immer analysiert werden, warum es zu einer bestimmten Höhe dieser Kennzahl gekommen ist. Grundsätzlich kann eine hohe Dividendenrendite auf ein relativ niedriges Kursniveau der betrachteten Aktie im Vergleich zur ausgeschütteten Dividende hinweisen. In diesem Fall kann auf eine Unterbewertung der Aktie geschlossen werden, was wiederum auf ein attraktives Kurspotenzial deuten kann. Der Grund für die hohe Dividendenrendite kann aber auch darin liegen, dass das Unternehmen in wirtschaftliche Schwierigkeiten geraten ist, was weitere Dividendenzahlungen möglicherweise verhindert. Das wiederum kann der Auslöser für einen starken Kursverfall der Aktie gewesen sein.

Umgekehrt kann eine niedrige Dividendenrendite auf eine Überbewertung der betreffenden Aktie schließen lassen. Eine niedrige Dividendenrendite kann aber auch darauf hindeuten, dass die Anleger sehr gute Geschäftsergebnisse erwarten, die dann wiederum zu einer Erhöhung der Dividende führen könnten. Aus den genannten Gründen findet man heute auch häufig Berechnungen der Dividendenrendite auf Basis von geschätzten zukünftigen Gewinnausschüttungen. Hierbei berechnen Wertpapieranalysten die wahrscheinlichen Gewinne des Unternehmens und die daraus resultierenden Dividendenzahlungen für die nächsten Jahre. Auf Basis dieser Zahlen wird dann die Dividendenrendite ermittelt. So kann sich der Anleger überlegen, ob der derzeitige Kurs der betreffenden Aktie unter Berücksichtigung der wahrscheinlichen wirtschaftlichen Entwicklung des Unternehmens gerechtfertigt ist oder nicht.

Die Dividendenrendite – ein Sicherheitspolster

Während des „Börsenhype" interessierte sich kaum jemand für die Dividende, die ein Unternehmen zahlte – oder auch nicht. Vor allem in den USA behielten viele Unternehmen ihre Gewinne lieber ein, statt sie an die Aktionäre auszuschütten. Angesichts scheinbar immer höherer Kursgewinne interessierten sie sich für diese „Peanuts" kaum. Dass vor allem die Gewinnerwartungen die Basis für Kurssteigerungen sind, geriet weitgehend in Vergessenheit. Das hat sich inzwischen zwar wieder geändert. Dennoch vernachlässigen immer noch viele Aktionäre den Aspekt der Dividendenzahlung.

Bei der Auswahl von Aktien kann die Beobachtung der Dividendenrendite für den Anleger von Nutzen sein. So kann sich ein Anleger bewusst solide Aktien mit hoher Dividendenrendite als Alternative zur Geldanlage in Anleihen oder Schuldverschreibungen auswählen. Durch die Einführung des steuerlichen Halbeinkünfteverfahrens (siehe das Steuer-Kapitel) ist das besonders interessant geworden. In Zeiten einer allgemein schwachen Börse kann es sein, dass die Anlage in bestimmte Aktien mit hoher Dividendenrendite auch ohne Kursgewinne einen besseren Ertrag bringt als die Anlage in festverzinslichen Papieren. Außerdem bietet eine hohe Dividendenrendite eine Art Sicherheitspolster gegen stagnierende oder gar fallende Kurse. Denn die Geldanlage bringt auch dann noch einen akzeptablen Ertrag, wenn die Aktie beim aktuellen Niveau nur mit Verlust zu verkaufen wäre.

Auch wenn eine solche, auf die Zukunft gerichtete Betrachtung für eine Anlageentscheidung und die damit verbundene Bewertung von Aktien sinnvoller erscheint, sollte bei dieser Kennzahl natürlich nicht vergessen werden, dass der jeweilige Wert auf Prognosen beruht, die mit einer mehr oder weniger großen Ungenauigkeit verbunden sind, je weiter sie in die Zukunft reichen. So ist es oftmals noch relativ gut möglich, den wahrscheinlichen Gewinn eines Unternehmens für das nächste Jahr zu prognostizieren, da meist schon eine Reihe von verbindlichen Aufträgen vorliegen und auch die mit der Auftragsbearbeitung (zum Beispiel Produktion, Vertrieb) verbundenen Kosten hinreichend genau geschätzt werden können. Je weiter die Gewinnprognose in die Zukunft gerichtet ist, desto größer ist die Gefahr, dass die tatsächlich realisierten Aufwendungen und Erträge von den geschätzten Werten abweichen.

WISO rät: Eine Bewertung von Aktien allein auf Grund der aktuellen sowie der geschätzten künftigen Dividendenrendite ist nicht sinnvoll. Es sollten weitere Kennzahlen, wie beispielsweise das Kurs-Gewinn-Verhältnis, zur Bewertung hinzugezogen werden. Daneben sollte der Anleger immer versuchen, sich mit Hilfe von Wirtschaftszeitungen sowie den jedermann zugänglichen Geschäftsberichten ein Bild von der wirtschaftlichen Lage des Unternehmens zu machen. Erst in diesem Umfeld kann die Aussagekraft der errechneten Dividendenrendite realistisch beurteilt werden. Denn eine hohe Dividende in diesem Jahr ist allein noch lange keine Gewähr für eine dauerhaft hohe Ertragskraft des Unternehmens.

Fachzeitschriften und andere Quellen bieten heute zusätzlich einige weitere, meist anspruchsvollere Kennzahlen an, die bei der Auswahl der geeigneten Anlageobjekte helfen können. Hierzu gehört die Standardabweichung oder Volatilität der Aktie. Sie drückt die Schwankungsbreite einer Aktie aus. Der so genannte Beta-Faktor wird verwendet, um die Kursbewegung einer Aktie im Vergleich zum Gesamtmarkt auszudrücken, also beispielsweise im Vergleich zu allen DAX-Werten (siehe auch weiter unten).

Wenn die Dividendenrendite einer Aktie in Verbindung mit deren Volatilität betrachtet wird, kann sich ein eher konservativer und vorsichtiger Anleger Papiere aussuchen, die eine geringe Schwankungsbreite und damit ein verhältnismäßig geringes Risiko extremer Kursverluste, bei gleichzeitig hoher Dividendenrendite haben. Eine solche Anlage bringt relativ stetige Erträge bei überschaubarem Risiko. In Deutschland zählten die Unternehmen im Stromversorgungssektor klassischerweise zu den Unternehmen, die keine allzu großen Kursschwankungen aufwiesen und gleichzeitig eine

attraktive Dividende ausschütteten. Das hat sich durch die Liberalisierung des Strommarktes innerhalb der Europäischen Union geändert. Außerdem haben einige dieser Unternehmen ihre Struktur grundlegend verändert. Ein Beispiel dafür ist RWE, der größte deutsche Stromversorger, der sich zu einem umfassenden Dienstleistungsunternehmen entwickelt. Ein Wert, der nach wie vor eine hohe Dividendenrendite bei geringer Volatilität aufweist, ist aber zum Beispiel die Industriekreditbank (IKB).

Preis-Dividenden-Ratio: Der Kehrwert der Dividendenrendite, das so genannte Price-Dividend-Ratio, drückt aus, wie viel der Anleger heute für einen Euro an Dividende, die in der Zukunft ausgeschüttet wird, zahlen muss. Ein Price-Dividend-Ratio von 15 zeigt also, dass der Anleger für einen Euro, den er künftig als Gewinnanteil erhält, heute 15 Euro als Kaufkurs zu zahlen hat. Damit ist das Price-Dividend-Ratio dem Kurs-Gewinn-Verhältnis sehr ähnlich. Man sollte aber auch hier beachten, dass das Price-Dividend-Ratio entweder auf der zuletzt gezahlten Dividende beruht und keine Gewissheit besteht, dass auch in Zukunft wieder eine so hohe Gewinnausschüttung gezahlt wird. Oder die Angabe beruht auf Schätzungen, die ebenfalls unsicher sind.

Kurs-Gewinn-Verhältnis (KGV): Neben der Dividendenrendite zählt das Kurs-Gewinn-Verhältnis (KGV) zu den am meisten verwendeten Kennzahlen zur Bewertung und zum Vergleich von Aktien. Es gibt das Verhältnis zwischen dem erwirtschafteten Gewinn pro Aktie und dem Kurs dieser Aktie wieder. Anders ausgedrückt: Das Kurs-Gewinn-Verhältnis gibt an, wie viel der Käufer einer Aktie für den künftigen Gewinn dieser Aktiengesellschaft bezahlen muss. Der KGV wird einfach als Quotient aus dem Kurswert einer Aktie und dem Gewinn pro Aktie berechnet. Der Gewinn pro Aktie ergibt sich also aus dem Jahresüberschuss, geteilt durch die Anzahl der ausgegebenen Aktien. Der Jahresüberschuss eines Unternehmens lässt sich wiederum aus seiner Gewinn- und Verlustrechnung, die Teil des Jahresabschlusses ist, entnehmen. Aber beachten Sie: Im Unterschied zur Dividendenrendite handelt es sich hier nicht um den Gewinn, der an die Aktionäre ausgeschüttet wird, sondern um den gesamten Überschuss des Unternehmens, der zum Teil für andere Zwecke (wie Investitionen oder Rücklagen) verwendet wird.

Beispiel: Hat eine deutsche Aktie beispielsweise ein KGV von 20, muss der Käufer dieser Aktien für einen Euro zukünftigen Gewinns heute 20 Euro bezahlen. In Zahlen ausgedrückt: Bei einem Gewinn von 30 Euro je Aktie kostet sie an der Börse 600 Euro.

Neben dem KGV, das auf Basis des im vergangenen Jahr erwirtschafteten Gewinns beruht, wird auch häufig ein KGV auf Basis zukünftiger, von Analysten geschätzter Gewinne errechnet, denn beim Kauf einer Aktie interessiert es den Anleger in der Regel vor allem, wie viel ein Unternehmen in der Zukunft verdienen wird und welchen Betrag er dafür beim Aktienerwerb zu zahlen hat. Die Gewinne der Vergangenheit, von denen er nur noch einen begrenzten Nutzen hat, sind weniger wichtig. Das KGV kann dem Anleger eigentlich nur dann bei der Auswahl einer Aktie helfen, wenn er es mit dem KGV anderer Unternehmen vergleicht. So kann ein Anleger, der sich überlegt, ob er Aktien der BASF, von Bayer oder Henkel kaufen soll, das jeweilige KGV betrachten. Wenn der Anleger die zukünftige Ertragskraft der drei Unternehmen etwa gleich einschätzt, sollte er die Aktie kaufen, deren Kurs-Gewinn-Verhältnis am niedrigsten ist.

WISO rät: Wie bei allen anderen Kennzahlen sollten Sie sich bei einer Kaufentscheidung aber auch hier nicht auf die Aussagekraft einer einzelnen Kennzahl verlassen – zumal das KGV sehr stark von Sondereinflüssen abhängig ist. Zudem muss beachtet werden, dass der Aktienkurs nicht nur die Höhe der aktuell erwirtschafteten oder der zukünftigen Gewinne widerspiegelt, sondern auch andere Faktoren. Dazu gehören beispielsweise die im Unternehmensbesitz befindlichen Vermögenswerte, stille Reserven sowie die Anfälligkeit des Kurswerts für konjunkturelle Schwankungen.

Oft haben auch gewisse irrationale Faktoren einen erheblichen Einfluss auf die Kursentwicklung bestimmter Aktien und damit auf das KGV. So ist der Kurs der Bayer-Aktie von 1999 bis 2001 im Vergleich zu vielen anderen Werten kaum gestiegen, obwohl die Gesellschaft ihre Erträge sowie ihre Wettbewerbsposition stetig verbessert hat. Als Grund hierfür wurde von Analysten der so genannte Konglomeratsabschlag genannt. Das ist ein Abschlag vom Unternehmenswert, der damit begründet wird, dass ein Unternehmen nicht nur auf einem Kerngebiet tätig ist, sondern mehrere, sich deutlich voneinander unterscheidende wirtschaftliche Aktivitäten gleichzeitig verfolgt. Das lässt sich so interpretieren, dass unter einem Firmennamen mehrere, voneinander weitgehend unabhängige „Unternehmen" existieren. Solche Bewertungsideologien sind modeabhängig und ihr Sinn kann zumindest angezweifelt werden. Denn in gewissen Zeiten steht die Konzentration auf „Kernaktivitäten" ganz im Vordergrund, zu anderen Zeiten wird Wert auf unterschiedliche, voneinander möglichst unabhängige „Standbeine" gelegt. Solche Schwankungen in der Beurteilung zeigen, dass einzelne Kennzahlen wie das KGV allein zur Beurteilung der Vorteilhaftigkeit eines Investments nicht ausreichen.

KGV-Informationen

Während deutsche Anleger das Kurs-Gewinn-Verhältnis einzelner Aktien entweder selbst berechnen müssen oder aber auf die von Wertpapieranalysten in Fachzeitschriften oder Börsensendungen veröffentlichten Werte zurückgreifen müssen, ist die Berechnung des KGV und die Veröffentlichung in den Geschäftsberichten für börsennotierte Unternehmen in den USA Pflicht.

Neben dem KGV für einzelne Aktien werden teilweise auch Kurs-Gewinn-Verhältniszahlen für ganze Börsen berechnet. Hierbei wird der jeweilige Aktienindex durch die Gewinne aller Aktien geteilt. Ein solches KGV kann bei der Beurteilung der Gesamtverfassung eines Marktes helfen. So kann ein besonders niedriges KGV darauf hindeuten, dass die Anleger die Gewinnchancen der an der Börse gehandelten Aktien besonders pessimistisch eingeschätzt haben, die wirkliche Lage aber deutlich besser ist. Hier kann sich also unter Umständen eine interessante Einstiegschance für den Anleger bieten. Aber auch hier ist zu sagen, dass man sich zur Einschätzung der Risiken eines Aktienmarkts nicht auf die Betrachtung einer Kennzahl verlassen sollte. Ein niedriges KGV kann auch auf eine bevorstehende Wirtschaftskrise hindeuten.

Risikomaße von Aktien

Die Dividendenrendite oder das KGV geben Anhaltspunkte für die Abschätzung künftiger Erträge bei einem langfristigen Engagement in einer bestimmten Aktienanlage. Sie sagen aber nichts darüber aus, welchen Kursrisiken diese Aktie ausgesetzt ist. Um zu einer ausgewogenen Anlageentscheidung zu kommen, benötigen Investoren daher weitere Entscheidungshilfen, die ihnen Informationen über das Verhältnis von Chancen und Risiken bestimmter Anlageformen geben. Zur Beurteilung von Aktien wurden verschiedene Kennzahlen entwickelt, die zusammengefasst als Risikomaße bezeichnet werden. Volatilität und der Betafaktor sind die wichtigsten Risikomaße zur Beurteilung von Aktien.

Volatilität: Die Volatilität drückt das Ausmaß der Renditeschwankungen eines bestimmten Papiers über einen bestimmten Zeitraum aus. Der Begriff der Volatilität kommt ursprünglich aus dem Italienischen und bedeutet so viel wie „Flatterhaftigkeit“. In der Regel wird die Volatilität einer Aktie über einen Zeitraum von einem Jahr ausgedrückt. Die Berechnung der Volatilität beruht auf der Berechnung der so genannten Standardabweichung. Die Renditeschwankung, also die Volatilität einer Aktie, wird in der Regel in Prozenten ausgedrückt. Eine Darstellung in absoluten Zahlen ist aber auch möglich. Diese Kennziffer wird von der Deutschen Börse AG börsentäglich berechnet.

Die täglich berechnete Volatilität bezieht sich immer auf den Kurs an diesem Tag. Wird also beispielsweise an einem bestimmten Tag für die Aktie der Siemens AG eine Volatilität von 15 Prozent, bezogen auf ein Jahr, errechnet, so bedeutet dies, dass die Rendite, die ein Investor mit der Aktie im Jahresverlauf erzielen konnte, im Durchschnitt 15 Prozent um den Kurs an diesem Tag schwankte. Die Volatilität gibt allerdings keinen Hinweis darauf, ob die Renditen positiv oder negativ waren, sodass allein aus der Volatilität noch kein Rückschluss darauf gezogen werden kann, ob die Aktie im Jahresverlauf nur gestiegen, nur gefallen oder gar ständig um 15 Prozent gestiegen und dann wieder bis auf 15 Prozent unter den aktuellen Kurs gefallen ist. Die Volatilität gibt nur an, wie groß die Schwankungen waren. Sie sagt nicht, in welche Richtung sie gingen. Allgemein kann man sagen, dass das Risiko – aber auch die Ertragschancen – einer Anlage mit zunehmender Volatilität steigen. Daher ist die Ermittlung dieses Faktors wichtig für die Berechnung der Risikomaße von Aktien.

Beispiel: An einem bestimmten Tag wird für die Aktie der Deutschen Bank AG ein Kurs von 52 Euro festgestellt. Gleichzeitig wird auf Basis der Kurse des lctzten Jahres eine Volatilität von 20 Prozent errechnet. Für den Anleger bedeutet dies, dass der Kurs der Aktie der Deutschen Bank im Durchschnitt 20 Prozent um den an diesem Tag erreichten Kurs schwankte, er lag also im Durchschnitt etwa 20 Prozent niedriger oder höher. Es wird mit dieser errechneten Volatilität keine Aussage darüber getroffen, ob die Renditen positiv oder negativ waren, der Kurs der Aktie also gestiegen oder gefallen ist. Die Volatilität gibt lediglich Auskunft über die absolute Höhe der Ausschläge.

Die Volatilität einer Aktie ist in der Regel umso höher, je enger der Markt ist – je mehr Umsatz also im Verhältnis zur Zahl und zum Wert der vorhandenen Aktien gemacht wird. Wenn nur wenige Aktien für den Handel zur Verfügung stehen, können selbst kleinere Kauf- oder Verkaufsorder zu starken Kursausschlägen führen. Umgekehrt ist es bei „marktbreiten" Werten, also bei Aktien von Unternehmen mit hoher Markt- oder Börsenkapitalisierung. Um hier die Kurse kräftig zu bewegen, müssen massive Kauf- oder Verkaufsaufträge vorliegen. Manipulationen sind daher bei diesen Papieren nur schwer möglich.

Die Höhe der Börsenkapitalisierung ergibt sich aus der Zahl der umlaufenden Aktien, multipliziert mit ihrem Kurs. Beispiel: Wenn von einer Gesellschaft 10.000 Aktien umlaufen und ihr Kurs an einem bestimmten Tag bei 345 Euro liegt, dann beträgt die gesamte Börsenkapitalisierung 3.450.000 Euro. Das ist der Börsenwert der Gesellschaft an diesem Tag. Anders ausgedrückt: Diese Summe müsste aufgebracht werden, um das gesamte Unternehmen über die Börse aufzukaufen. Steigt oder sinkt der Kurs am nächsten Tag, verändert sich auch die Börsenkapitalisierung beziehungsweise der Marktwert des Unternehmens.

Achtung: Bei engen Märkten beziehungsweise geringer Börsenkapitalisierung können Empfehlungen „vertraulicher Börsenbriefe" und ähnlicher Quellen leicht zu einer „self-fulfilling prophecy" führen: Wenn sie zu Kauf oder Verkauf raten, steigen oder fallen die Kurse angesichts der dadurch ausgelösten hohen Orders. Das bestätigt die Empfehlung und veranlasst beim nächsten Mal noch mehr Anleger, diese Ratschläge zu befolgen. Auf diese Art erwerben sich einige dieser Börsen-Gurus den Ruf großer Weitsicht beziehungsweise den Anschein der Unfehlbarkeit. Anfänger können dabei aber böse hereinfallen. Denn ebenso schnell, wie die Kurse manchmal hochgejubelt werden, können sie auch wieder fallen. Besonders oft geschah dies bei den am ehemaligen Neuen Markt gehandelten Aktien. Auch bei Optionsscheinen ist daher in vielen Fällen Vorsicht angebracht. Wer rechtzeitig Wind von den Tipps – oder auch von negativen Berichten und Verkaufsempfehlungen – bekommt, kann rechtzeitig und mit Gewinn ein- oder aussteigen. Das Nachsehen haben diejenigen, die den Ratschlägen vertrauensvoll gefolgt sind. Deshalb untersucht die Börsenaufsicht derartige Fälle. Aber dann ist der Schaden schon entstanden.

Vorsicht Falle!
Wenn Sie den Empfehlungen von Informationsbriefen zum Kauf marktenger Werte folgen, können Sie unter Umständen beträchtliche Gewinne erzielen. Aber Sie könnten auch Opfer geschickter Spekulanten werden, die erst die Kurse hochreden und dann verkaufen, sobald gutgläubige Anleger zu hohen Kursen einsteigen. Sie sollten deshalb immer nur einen Betrag einsetzen, dessen Verlust Sie notfalls verschmerzen können. Und besonders wichtig: Niemals auf Kredit spekulieren – selbst wenn der Tipp noch so gut erscheinen mag. Denn wenn Sie Verluste machen, müssen Sie obendrein noch die Schulden begleichen – mit Zins und Zinseszins.

Betafaktor: Neben der Volatilität wird häufig auch der Betafaktor einer Aktie angegeben. Der Betafaktor drückt aus, wie sich die Rendite der betreffenden Aktie verhält, wenn sich die Rendite des Gesamtmarkts um ein Prozent verändert. Hierbei werden in der Regel Wertpapierindizes als Maß für die Veränderung des Gesamtmarktes verwendet. In Deutschland zieht man meist den DAX als Maß für den Gesamtmarkt der deutschen Aktien heran. Wird also beispielsweise für eine Aktie ein Betafaktor von 1,7 errechnet, so bedeutet dies, dass sich der Wert der Aktie um 1,7 Prozent positiv oder negativ verändert, wenn sich der Wert aller Aktien des Gesamtmarktes um 1 Prozent verändert. Steigt der Wert aller Aktien am Markt um durchschnittlich ein Prozent, so steigt der Wert der betrachteten Aktie um 1,7 Prozent. Für spekulative Anleger ist das ein wichtiger Hinweis.

Meist wird der Betafaktor einer Aktie ebenso wie die Volatilität als Durchschnittswert über ein Jahr errechnet. Wenn eine Aktie also einen Betafaktor von 1,7 hat, so bedeutet dies, dass sich die Aktie im Durchschnitt 1,7-mal so stark wie der Gesamtmarkt verändert hat. Die tatsächlichen Einzelwerte an den 250 Börsentagen im Jahr können aber weit von diesem Wert abweichen, sodass der Aussagewert des Betafaktors alleine relativ gering ist. Aus diesem Grund wird der Betafaktor einer Aktie meist in Zusammenhang mit deren Korrelationskoeffizienten betrachtet.

Korrelationskoeffizient: Dies ist ein statistisches Maß, das angibt, wie stark der Zusammenhang zwischen der Renditeänderung einer Aktie und der Renditeänderung des Gesamtmarktes ist. Mit Hilfe des Korrelationskoeffizienten lässt sich also eine Aussage darüber treffen, ob ein vermeintlicher Zusammenhang zwischen der Renditeentwicklung einer Aktie und dem Gesamtmarkt tatsächlich besteht oder lediglich zufällig ist. Zusätzlich gibt der Korrelationskoeffizient an, ob dieser Zusammenhang positiv oder negativ ist. Der Wert des Korrelationskoeffizienten kann nur zwischen dem Wert +1 und –1 schwanken. Hat eine Aktie beispielsweise einen Betafaktor von 1,7 und einen Korrelationskoeffizienten von +1, so bedeutet dies, dass die Aktie in der Vergangenheit tatsächlich immer um 1,7 gestiegen ist, wenn der Gesamtmarkt (zum Beispiel DAX) um ein Prozent gestiegen ist.

Wichtig für den Anleger: Für die Zukunft lässt sich mit hoher Wahrscheinlichkeit ein ähnliches Verhalten des jeweiligen Aktienkurses vorhersagen.

Umgekehrt bedeutet ein Korrelationskoeffizient von –1, dass der Wert der Aktien um 1,7 Prozent fällt, wenn der durchschnittliche Wert aller Aktien im Markt um 1 Prozent steigt. Würde für die Aktie ein Korrelationskoeffizient von Null errechnet, so bedeutet dies, dass der Betafaktor von 1,7 ein rein zufälliger Durchschnittswert ist, der keine Aussage über die tatsächliche Entwicklung der Aktie bei einer Steigung des Gesamtmarktes um 1 Prozent erlaubt. Die Aktien können dann also um einen beliebigen Prozentsatz steigen, sinken oder sich auch gar nicht verändern. Je näher der Korrelationskoeffizient den Werten +1/–1 kommt, desto höher ist also der Aussagewert des Betafaktors; je weiter der Korrelationskoeffizient sich dem Wert Null nähert, desto geringer wird der Zusammenhang zwischen Marktrendite und Rendite der betrachteten Aktie, der Betafaktor verliert also zunehmend an Aussagekraft.

Theoretisch lassen sich mit Hilfe von Betafaktoren und Korrelationskoeffizienten völlig risikolose Aktienportefeuilles zusammenstellen. Dazu müssen Aktien mit positiven und negativen Korrelationskoeffizienten aber mit gleichen Betafaktoren in einem Portfolio kombiniert werden. Die Kursschwankungen solcher Papiere würden sich genau ausgleichen, sodass sich der Wert des Portfolios über die Laufzeit nicht verändern würde – völlig unabhängig davon, wie sich der gesamte Aktienmarkt entwickelt. In der Realität ist eine solche risikolose Kombination allerdings kaum vollständig möglich, da sich keine Aktien finden lassen, die einen Korrelationskoeffizienten von genau +1 oder –1 aufweisen. Zudem sind die Betafaktoren im Zeitablauf nicht konstant. Da sie aber immerhin Anhaltspunkte liefern, können diese Kennziffern sinnvoll genutzt werden. Insbesondere Manager von Fonds wenden sie an, um ihre verschiedenen Fondstypen an die Bedürfnisse unterschiedlicher Anlegerkreise anzupassen.

Aktien mit Rabatt und andere Sonderangebote

Die Auswahl an Finanzprodukten wird immer größer – aber nicht alle sind empfehlenswert

Not macht erfinderisch: Die jahrelange Baisse, die nach 2000 die Börse lähmte und die Kurse und Umsätze im Wertpapiergeschäft so dramatisch fallen ließ, dass viele Banken und Sparkassen wirtschaftlich in Bedrängnis gerieten und massiv Arbeitsplätze abbauen mussten, hat auch zu einer großen Kreativität bei der Entwicklung neuer Finanzprodukte geführt. Um die ängstlich gewordenen Anleger dazu zu bewegen, ihr auf Giro-, Spar- und Festgeldkonten oder in Geldmarktfonds geparktes Geld wieder an der Börse oder in Immobilien und anderen Werten anzulegen, wurden Angebote entwickelt, die vor allem das stark gestiegene Sicherheitsbedürfnis befriedigen sollen.

Mit den Kundenwünschen ändert sich auch das Angebot. Waren es in den Zeiten überbordender Spekulation vor allem Finanzprodukte, die einen noch schnelleren Profit versprachen als der simple Kauf von Aktien, so waren es in den Jahren der Baisse und danach vor allem Papiere mit Discount, Rabatt und Garantien aller Art. Dazu kamen angesichts extrem niedriger Zinsen diverse Angebote für Anleger, die verzweifelt nach alternativen Möglichkeiten suchten, ihr Geld mittel- bis kurzfristig einigermaßen rentabel unterzubringen. Manche waren angesichts von Zinsen, die Mitte 2003 nur knapp über 2 Prozent lagen, zu erstaunlichen Risiken bereit. Um ein oder zwei Prozentpunkte mehr zu ergattern, riskierten sie oft ihr Kapital – beispielsweise durch Anlage in „exotischen" Anleihen. Da kamen alternative Finanzprodukte, die vergleichsweise hohe Renditen versprachen, manchem gerade recht.

Dass die manchmal ziemlich phantasievoll ausgestatteten Produkte ebenso wie jedes andere Risikopapier vor einem Kauf genau geprüft werden sollten, zeigen die folgenden Beispiele. Sie machen deutlich, dass manche Angebote in bestimmten Situationen durchaus ihre Reize haben, aber auch Risiken bergen – die allerdings auf den ersten Blick meist nicht zu erkennen sind. Und im Übrigen gilt auch hier: Was für den einen Anleger in einer bestimmten Situation durchaus sinnvoll sein kann, ist für andere angesichts ihres Zeithorizonts, ihrer Vermögensstruktur oder Risikobereitschaft absolut ungeeignet.

Kombiprodukte: Zu den Papieren, die zeitweise „wie warme Semmeln“ weggingen, gehörten beispielsweise Kombiprodukte, die unter Namen wie Plusinvest, RenditePlus, Anlage-Kombi oder Spar+Chance vertrieben wurden. Sie lockten mit Traumrenditen von 5 oder 6 Prozent, was angesichts der Tatsache, dass die Banken und Sparkassen zur gleichen Zeit kaum mehr für die von ihnen vergebenen Kredite bekamen, wie ein Geschenk an die verehrte Kundschaft wirkte. Doch Banken machen im Allgemeinen keine Geschenke, sondern wollen und müssen verdienen. Deshalb sollte sich jeder Sparer, der sich von hohen Zinsen anlocken lässt, genau ansehen, was sonst noch im Kombi-Paket steckt. In diesem Fall ist es die Verpflichtung, neben „Sparen“, also der Festanlage zu 6 Prozent, gleichzeitig die „Chance“, nämlich Anteile an Aktienfonds, zu erwerben.

Da besteht tatsächlich die Aussicht, neben den hohen Zinsen auch noch von Kurssteigerungen bei den Fondsanteilen zu profitieren. Doch das Angebot hat neben solchen Möglichkeiten gleich mehrere Pferdefüße. Denn der Anleger geht natürlich auch das Risiko ein, dass der Wert der Fondsanteile sinkt, wenn es an der Börse während der Laufzeit des Kombiprodukts (meist drei bis sechs Monate) abwärts geht. Außerdem werden hier zwei Anlageformen in einen Topf geworfen, die nicht zusammenpassen. Denn es wird eine Langfristanlage (Aktienfonds) mit einer Kurzfristanlage (Festgeld) kombiniert. Und schließlich muss auch noch auf einen unschönen Trick der Verkäufer hingewiesen werden: Der hohe Zins wird durch den Ausgabeaufschlag bei den Fondsanteilen oft wieder aufgefressen. Die Ausgabeaufschläge bei den angebotenen Fonds liegen zwischen 1,5 und 5 Prozent und werden nur gelegentlich durch einen Rabatt für die Erwerber von Kombiprodukten gemildert. Der Kauf derartiger Papiere ist deshalb nur dann sinnvoll, wenn der Anleger innerhalb der drei bis sechs Monate, für die er sein Geld festlegen will, steigende Kurse für Aktien und damit auch für Anteile an Aktienfonds erwartet. Aber dann kann man auch gleich Fondsanteile kaufen und hat zudem den Vorteil, selber entscheiden zu können, welchen aus der großen Zahl der angebotenen Fonds man wählt und ob man sich dann für einen Fonds mit geringem oder gar keinem Ausgabeaufschlag entscheidet. Bei den Kombiprodukten dagegen gibt es immer nur eine beschränkte Auswahl an Fonds.

Discountzertifikate: Das bedeutet Aktienkauf mit Rabatt. Anleger haben hier die Möglichkeit, bestimmte Aktien auf dem Umweg über das Zertifikat zu einem deutlich unter dem jeweiligen Börsenkurs liegenden Preis zu kaufen. Dieser Rabatt kann 7, 15, aber auch 22 und mehr Prozent betragen. Möglich wird dies dadurch, dass hinter dem Kauf in Wirklichkeit zwei Geschäfte stecken: der Kauf einer Aktie in Kombination mit dem Verkauf einer Kaufoption (Short Call). Die dabei erzielte Prämie verbilligt den Kaufpreis für die Aktie. Das bedeutet aber gleichzeitig, dass sich der Anleger verpflichtet, dem Käufer des Calls die Aktie nach Ablauf einer festgelegten Frist (meist zwölf oder 18 Monate) zu einem vereinbarten Preis zu verkaufen. Das ist der Grund dafür, dass die Erwerber einer mit Rabatt erworbenen Aktie nur bis zu einer bestimmten

Obergrenze an Kurssteigerungen teilnehmen. Alles, was über dieser Grenze (dem Cap) liegt, kassiert der Käufer des Calls, der schließlich etwas für sein Geld haben will. Dadurch sind die Kursgewinne für den Käufer eines Discountzertifikats begrenzt – zum Beispiel auf maximal 15 Prozent während einer einjährigen Laufzeit. Bei stark steigenden Kursen muss der Käufer zusehen, wie ihm mögliche Gewinne oberhalb des Caps davonlaufen. Neben diesem Nachteil haben Discountzertifikate gegenüber dem direkten Kauf einer entsprechenden Aktie aber auch einige Vorteile zu bieten:

- Bei stagnierenden oder nur leicht steigenden Kursen entwickeln sie sich besser als die Aktie.
- Das Verlustrisiko ist geringer. Es setzt erst ein, wenn der Kursabschlag „verbraucht" ist.
- Dividendenzahlungen werden nicht besteuert, da sie im Kurs enthalten sind.
- Nach Ablauf der Laufzeit von zwölf oder 18 Monaten ist ein eventueller Kursgewinn steuerfrei.

Die Zertifikate können ebenso wie die Aktie täglich im Börsenhandel ge- und verkauft werden, wenn der Anleger vor Ablauf der Frist aussteigen will. Dabei baut sich der Discount immer weiter bis auf null ab, je näher die Fälligkeit rückt. Solange die Aktie unterhalb der maximal erreichbaren Gewinnschwelle liegt, nähern sich der Kurs des Zertifikats und der Aktie immer mehr an.

Beispiel: Herr Zitzewitz kauft das Discountzertifikat einer X-Aktie. Der Kurs der Aktie beträgt an dem Tag 100 Euro. Das Zertifikat kostet 85 Euro. Das ist ein Rabatt von 15 Prozent gegenüber dem Direktkauf. Der Cap liegt bei 110 Euro. Wenn nun der Kurs der X-Aktie am Ende der Laufzeit auf 180 Euro gestiegen ist, wird sich Herr Zitzewitz ärgern, denn er bekommt nur 110 Euro für sein Zertifikat. Der Gesamtgewinn einschließlich Rabatt beträgt somit nur 25 Euro. Beim Direktkauf der Aktie wäre es ein Gewinn von 80 Euro gewesen. Wenn der Kurs der X-Aktie dagegen an diesem Tag bei 115 Euro liegt, wird sich Herr Zitzewitz zu seiner Kaufentscheidung gratulieren. Statt magerer 5 Euro hat er einschließlich des Rabatts 20 Euro Gewinn. Sollte die X-Aktie bis zum Stichtag stark fallen, muss Herr Zitzewitz nur dann einen Verlust hinnehmen, wenn der Kurs unter 85 Euro fällt. Bis es so weit ist, verdient er auch bei fallenden Kursen noch etwas. Als Direktkäufer der Aktie hätte er dagegen bereits bei einem Kurs von unter 100 Euro einen Verlust.

Fazit: Discountzertifikate sind eine interessante Alternative zum Direktkauf, wenn Sie als Anleger damit rechnen, dass die Kurse nur mäßig steigen oder leicht fallen werden. Sie können übrigens eine sehr ähnliche Strategie anwenden, wenn Sie die Aktie kaufen und gleichzeitig eine Verkaufsoption für die gleiche Aktie verkaufen. Die dafür kassierte Prämie verbilligt die Aktie, begrenzt aber zugleich Ihren Gewinn, da Sie die

Aktie bei Fälligkeit zum vereinbarten Kurs an den Inhaber des Calls verkaufen müssen – wenn der sie haben will. Und er wird sie immer (aber auch nur dann) haben wollen, wenn zu diesem Zeitpunkt der Kurs über dem vereinbarten Optionspreis liegt.

WISO rät: Vor dem Kauf eines Discountzertifikats müssen Sie prüfen, ob der Discountabschlag auch fair ist. Oft ist der Abschlag zu gering, um die begrenzte Gewinnmöglichkeit zu kompensieren. Je geringer der Discount ist und je kürzer die Restlaufzeit, umso geringer ist Ihre Chance, mit dem Kauf eines Discountzertifikats besser zu fahren als mit dem Direktkauf. Ganz generell sind Discountzertifikate in schwachen Börsenzeiten interessanter als in einer Periode steigender Kurse.

Aktienanleihen: Diese Papiere beruhen auf einer ähnlichen Konstruktion wie Discountzertifikate. Auch hier stehen im Hintergrund Optionsgeschäfte. Bei Aktienanleihen (Anleihen mit Aktienandienungsrecht) handelt es sich um hoch verzinste Anleihen, bei denen die Bank das Recht hat, bei Fälligkeit entweder den nominalen Anleihebetrag zurückzuzahlen oder dem Anleger stattdessen eine bestimmte Zahl an Aktien zu vorher festgelegten Bedingungen zu übertragen. Die Aktie, die statt Geld zur Rückzahlung verwendet werden kann, wird in den Anleihebedingungen festgelegt. Die Bank, die die Anleihe ausgibt, geht kein Risiko ein. Der Kunde dagegen kann unter dem Strich trotz der „Traumzinsen" erhebliche Verluste erleiden.

Bei Aktienanleihen, die es erst seit 1998 auf dem deutschen Markt gibt, locken die emittierenden Banken mit Zinsen, die weit höher sind als der zurzeit übliche Marktzins. Zinssätze von 12 oder 16 Prozent sind keineswegs ungewöhnlich.

Auf den ersten Blick sind Aktienanleihen ganz normale Anleihen. Sie lauten auf einen bestimmten Nominalbetrag, werden an der Börse zum jeweiligen Tageskurs gehandelt, haben vorher festgelegte Zinszahlungstermine und werden zu einem in den Anleihebedingungen festgelegten Termin eingelöst. Ungewöhnlich ist nur der hohe Zinssatz und das Recht der ausgebenden Bank, die Rückzahlung wahlweise in bar oder durch Hergabe einer vorher festgelegten Zahl von Aktien zu leisten. Das gibt ihr die Möglichkeit, die für sie jeweils günstigere Variante zu wählen.

Der Zeichner der Anleihe erhält also maximal den Nominalbetrag der Anleihe plus der während der Laufzeit fälligen Zinsen. Bei einem ungünstigen Kursverlauf dagegen werden ihm die Aktien ins Depot gelegt. Bei einem Verkauf an der Börse zum Zeitpunkt der Rückzahlung kann dies bedeuten, dass dabei ein Verlust herauskommt, der die Zinsen übersteigt.

Beispiel: Die Y-Bank bietet eine mit 16 Prozent verzinste Anleihe an, deren Laufzeit 18 Monate beträgt. Ein Anleger investiert 1.000 Euro. Die Bank behält sich vor, am Ende der Laufzeit entweder 1.000 Euro zurückzuzahlen oder wahlweise 18 X-Aktien ins Depot des Anlegers zu legen. Dafür wird am Ausgabetag ein Basiswert von 55,56

Euro (= 1.000 : 18) zugrunde gelegt. Das entspricht dem Nominalwert der Anleihe. Da der tatsächliche Börsenkurs bei rund 45 Euro lag, muss die Bank lediglich 810 Euro investieren. Im günstigsten Fall erhält der Anleger nach 18 Monaten insgesamt 1.000 Euro plus 240 Euro an fälligen Zinsen. Wenn die zugrunde liegende Aktie in der Zwischenzeit im Kurs über diesen Betrag hinausgestiegen ist (also bei 68,88 Euro oder darüber liegt), wird die Bank sie an der Börse verkaufen und den 1.240 Euro übersteigenden Gewinn für sich behalten. Liegt der Kurs der Aktie unter 68,88 Euro, wird der Gläubiger der Anleihe mit 18 X-Aktien abgefunden. Er kann sie verkaufen und muss sich dann mit einer realen Verzinsung abfinden, die unter 16 Prozent liegt. Falls der Kurs auf weniger als 55,56 Euro gesunken ist, wird er sogar weniger als die ursprünglich eingezahlten 1.000 Euro erlösen. Er kann aber auch warten und auf spätere Kurssteigerungen hoffen. Bei jedem Kurs unter 55,55 Euro wäre es allerdings besser gewesen, im Juli 2000 statt der Anleihe für 1.000 Euro gleich 18 X-Aktien für 810 Euro zu kaufen.

Fazit: Mit Aktienanleihen lassen sich Anlageerfolge erzielen, wenn die Marktzinsen niedrig sind und die Aktienkurse sich nur wenig bewegen, also während der Laufzeit der Anleihe „seitwärts“ gehen. Ansonsten gilt: Fällt der Kurs der zugrunde liegenden Aktie, verliert der Anleger Geld. Steigt der Kurs der Aktie, entgeht ihm ein Teil des Gewinns.

Eine Variante der Aktienanleihen liegt darin, dass für die Rückzahlung (sofern sie nicht in bar erfolgt) zwischen zwei Möglichkeiten gewählt werden kann. Es kann zum Beispiel entweder eine VW- oder eine Lufthansa-Aktie sein. Die Wahl hat aber nicht der Anleger, sondern die Bank, und die wird immer die Möglichkeit wählen, die für sie am günstigsten ist.

Spezielle Gewinnmöglichkeiten bestehen für spekulative Anleger, die eine Aktienanleihe nicht bei der Ausgabe erwerben, sondern später an der Börse. Wenn sich nämlich der Kurs der zugrunde liegenden Aktie (oder bei Doppelanleihen der schwächsten Aktie) während der Laufzeit ungünstig entwickelt, kann sich der Kauf lohnen, wenn der Anleger mit einer Kurserholung rechnet. Denn dann winkt tatsächlich eine Super-Verzinsung.

Steuerliche Aspekte: Zinsen müssen versteuert werden. Kursgewinne, die beim direkten Erwerb der Aktien vom Anleger erzielt werden könnten, sind dagegen nach Ablauf der Spekulationsfrist von zwölf Monaten steuerfrei. Vereinnahmte Dividenden würden zudem nach dem Halbeinkünfteverfahren nur zur Hälfte besteuert. Umgekehrt können Verluste, die dadurch entstehen, dass die Bank zur Tilgung der Anleihe dem Kunden Aktien ins Depot legt, nicht steuerlich geltend gemacht werden. Abgesehen davon, dass die Spekulationsfrist in der Regel abgelaufen ist, hat dies das Bundesfinanzministerium bereits Anfang 2000 klargestellt. Bei Lieferung von Aktien am Ende der Anleihe-Laufzeit beginnt zudem die Spekulationsfrist von neuem.

Diese Beispiele aus dem breiten Angebot von Finanzprodukten auf Aktienbasis zeigen, dass derartige Angebote in bestimmten Situationen reizvoll sein können, dass aber auch bei weitem nicht alles Gold ist, was auf dem Markt der Finanzprodukte glänzt.

WISO rät: Als Anleger sollten Sie sich darüber im Klaren sein, dass die verschiedenen Finanzprodukte so konstruiert sind, dass der Anbieter (Banken, Sparkassen, Finanzdienstleister) immer daran verdienen. Ob Sie als Käufer einen Profit machen, hängt dagegen ebenso wie bei jeder anderen Spekulation davon ab, ob Ihre Erwartungen hinsichtlich der künftigen Marktentwicklung in Erfüllung gehen. Je komplizierter die Konstruktion eines Finanzprodukts ist, umso sorgfältiger sollten Sie prüfen, ob Sie eine reelle Chance haben, damit eine angemessene Rendite zu erzielen. Sie sollten deswegen immer darauf bestehen, ausführliche – und möglichst auch schriftliche – Informationen zu den angebotenen Produkten zu erhalten. Prüfen Sie, ob es in seriösen Zeitungen, im Internet oder bei der Stiftung Warentest bereits kritische Auseinandersetzungen mit diesem Finanzprodukt gegeben hat. Dadurch werden Sie objektiver über Stärken, Schwächen und verborgene Fallstricke informiert, als dies vom Anbieter selber zu erwarten ist. Und bedenken Sie: Je glanzvoller das Schaufenster dekoriert ist, umso sorgfältiger sollten Sie prüfen. Denn dass zum Beispiel bei einer angebotenen Verzinsung von 18 oder 25 Prozent irgendwo auch ein Haken sein muss, ist doch klar. Banken verschenken kein Geld.

Call: vielleicht verkaufen – mit Sicherheit verdienen

Eine Möglichkeit, die Profis gerne nutzen, um auch in flauen Börsenzeiten Gewinne zu machen, ist bei vielen privaten Anlegern kaum bekannt – oder manchen vielleicht auch nicht so recht geheuer: das Spekulieren mit Puts und Calls an der Terminbörse. Dabei ist es eigentlich ganz einfach, lukrativ und – bei vernünftiger Handhabung – sogar ohne großes Risiko.

Dabei geht es nicht wie bei Optionsscheinen (siehe im Kapitel „Spekulation mit Turboeffekt“) nach dem Prinzip „Alles oder nichts“. Während dabei möglicherweise sehr hohe Gewinne mit dem Risiko erkauft werden, bei einer Fehleinschätzung der Entwicklung den gesamten finanziellen Einsatz zu verlieren, kann dies bei der hier geschilderten Strategie nicht passieren. Denn hier verpflichten Sie sich, wenn auch gegen eine entsprechende Prämie, zu einem späteren Zeitpunkt eine bestimmte Aktie zu kaufen oder zu verkaufen. Aber diese Geschäfte finden in der Regel tatsächlich statt, wenn die vertraglich vereinbarten Bedingungen eintreten. Totalverluste sind nicht zu erwarten, dafür allerdings auch keine so hohen Gewinne. Aber „Kleinvieh macht auch Mist", und in diesem Fall kann daraus mit der Zeit sogar ein ansehnlicher Haufen werden. Wie das funktioniert, wird am einfachsten an Beispielen klar.

Beispiel: Angenommen, Sie besitzen 300 DaimlerChrysler-Aktien, die Sie zum Kurs von 55 Euro erworben haben. Sie erwarten in den kommenden Wochen stagnierende oder sogar sinkende Kurse und sehen daher keine großen Möglichkeiten, mit den Papieren in absehbarer Zeit einen größeren Gewinn zu machen. Sie können dann prüfen (beziehungsweise durch Ihren Bankberater prüfen lassen), welcher Preis (Prämie genannt) an der Terminbörse dafür geboten wird, wenn Sie sich verpflichten, Ihre Aktien zu einem späteren Termin zu einem festgelegten Preis (beispielsweise 60 Euro) zu verkaufen. Diese Prämie beträgt zurzeit der Anfrage vielleicht 2 Euro. Sie entschließen sich zu diesem Geschäft und verkaufen einen Call auf Ihre Aktien. Dieser gibt dem Erwerber das Recht, Ihre Aktien zum Preis von 60 Euro zu erwerben, sobald dieser Kurs an der Börse erreicht oder überschritten wird. Dafür zahlt er Ihnen eine Prämie von insgesamt 600 Euro (2 Euro je Aktie), weil er im Gegensatz zu Ihnen erwartet, dass der Kurs von DaimlerChrysler in absehbarer Zeit über 60 Euro steigt. Steigt er tatsächlich auf 65 Euro, dann hat der Käufer Ihres Aktienpaketes ein gutes Geschäft gemacht, weil er insgesamt nur 62 Euro je Aktie gezahlt hat. Aber auch Sie können zufrieden sein, weil Sie je Aktie einen Gewinn von 7 Euro gemacht haben (60 Euro + 2 Euro Prämie je Aktie bei einem Kaufkurs von 55 Euro). Bleibt der Kurs dagegen bis zum Verfallstermin der Option unter den vereinbarten 60 Euro, können Sie die Prämie von 600 Euro und Ihre Aktien behalten. Der Käufer will die Papiere nicht, weil er sie billiger an der Börse erwerben kann, und seine Prämie bekommt er nicht zurück. Seine Spekulation auf stärker steigende Kurse ist nicht aufgegangen.

Wenn Sie wollen, können Sie Ihre Aktien gleich anschließend wieder an der Terminbörse anbieten und erneut eine Prämie kassieren. Vielleicht ist sie diesmal – je nach den Erwartungen der anderen Marktteilnehmer – etwas höher oder niedriger. So können Sie unter Umständen durch mehrfachen Verkauf eines Calls auf Ihre Aktien im Laufe der Zeit eine ansehnliche Rendite erzielen. Der einzige Haken bei solchen Geschäften: Die auf Termin verkauften Aktien bleiben bis zum Verfallstermin des Kontrakts gesperrt. Sie können sie also in der Zwischenzeit nicht verkaufen. Und Sie können auch bei stark steigenden Kursen keinen höheren als den vereinbarten Preis erzielen.

Allerdings gibt es immer die Möglichkeit, den Call „zurückzukaufen", wenn sich in der Zwischenzeit die Stimmung an der Börse sehr stark ändert. Allerdings werden Sie dann mehr als den ursprünglich kassierten Betrag auf den Tisch legen müssen. Denn bei stark steigenden Kursen steigt auch der Wert einer Option kräftig. Aber wenn Sie erwarten, dass der Kurs zum Beispiel über 70 Euro steigt, kann sich das Gegengeschäft durchaus lohnen.

Statt eines Calls lieber einen Put?

Wenn Sie mit eher sinkenden Kursen rechnen, dann aber zugreifen wollen, können Sie versuchen, mit einem Put Geld zu verdienen. In diesem Fall kassieren Sie eine Prämie dafür, dass Sie sich verpflichten, eine Aktie zu einem bestimmten Kurs zu kaufen. Der Besitzer zahlt in diesem Falle dafür, dass Sie ihm das Risiko abnehmen, einen Verlust zu machen. Ihre Chance liegt darin, dass entweder der vereinbarte Kurs nicht erreicht wird – denn dann können Sie die vereinnahmte Prämie behalten. Oder Sie müssen die Aktie zwar erwerben, aber durch die Prämie ist sie für Sie billiger als am Markt.

Beispiel: Sie erwerben einen Put, der Sie verpflichtet, die zurzeit mit 85 Euro notierte Allianz-Aktie an einem späteren Termin für 80 Euro zu erwerben. Dafür erhalten Sie vom Besitzer eine Prämie von 85 Cent. Dieser sichert sich so dagegen ab, dass er für seine (vielleicht einmal für 75 Euro erworbenen) Aktien weniger als 80 Euro erlöst, behält aber die Chance, sie bei steigenden Kursen auch teurer zu verkaufen. Sie dagegen erlösen bei einem Paket von 200 Aktien zunächst einmal 170 Euro. Bleibt der Kurs über 80 Euro, können Sie die Prämie behalten. Erreicht er 80 Euro, müssen Sie zwar kaufen, haben unter Einrechnung der Prämie aber nur 79,15 Euro gezahlt. Wenn Sie damit rechnen, dass sich der Kurs bald wieder erholt, können Sie die Aktie behalten und später mit Gewinn verkaufen. Glauben Sie, dass die Allianz-Aktie weiter fallen wird, können Sie rasch wieder verkaufen und kommen „plus-minus-null“ oder mit einem kleinen Verlust davon.

Wenn die Aktie beim Verfallstermin über dem festgesetzten Kurs von 80 Euro notiert, können Sie das Spiel – ähnlich wie bei einem Call – auch mehrfach wiederholen.

WISO rät: Sie dürfen solche Geschäfte mit Puts und Calls nur dann machen, wenn Sie bei einem „Zwangsverkauf“ nicht in die Gefahr geraten, allzu schlecht abzuschneiden. Das bedeutet: Bei einem Call nicht das Risiko eingehen, teuer eingekaufte Aktien billig loszuwerden und anschließend zusehen zu müssen, wie der Kurs immer weiter klettert. Bei einem Put müssen Sie immer prüfen, ob Sie auch über genügend bare Reserven verfügen, um die Aktien gegebenenfalls tatsächlich erwerben zu können. Denn es wäre sehr gefährlich, in dieser Situation auf Kredit zu kaufen. Besser ist es, in einem solchen Fall die Notbremse zu ziehen. Das bedeutet, ein entsprechendes Gegengeschäft zu machen, um sich so von der Kauf- oder Verkaufsverpflichtung zu befreien. Faustregel: Besser rechtzeitig ein kleiner als später ein großer Verlust.

Puts und Calls werden an der Terminbörse gehandelt. Die Laufzeiten der Kontrakte liegen meist zwischen einem und mehreren Monaten. Die Höhe der Prämien hängt von der Börsenlage, der jeweiligen Aktie und der aktuellen Börsensituation ab. So kann ein Call auf SAP oder Siemens bei gleicher Laufzeit einmal 80 Cent und ein anderes Mal 2,50 Euro betragen. Sie können nicht einzelne Aktien veroptionieren, sondern müssen immer ganze Kontrakte (mit jeweils 50 oder 100 Stück) kaufen. Die Zahl der Aktien, mit denen solche Geschäfte gemacht werden können, ist begrenzt, da nur „marktbreite“ Papiere – wie die großen DAX-Werte – dafür in Frage kommen.

Spekulieren wie ein Insider

Wenn sich Führungskräfte eines Unternehmens entschließen, Aktien des eigenen Unternehmens in größerem Umfang zu kaufen und zu verkaufen, ist das für andere Anleger ein wichtiges Signal. Diese „Directors Dealings“ müssen der Bundesanstalt für Finanzdienstleistungen (Bafin) gemeldet werden. Davon können auch Kleinaktionäre profitieren. Denn wenn Manager Aktien des Unternehmens kaufen, in dem sie arbeiten, erzielen sie oft überdurchschnittliche Renditen, wie eine Studie zeigt, die Bernd Meyer, Europa-Stratege der Deutschen Bank, im Herbst 2004 vorgelegt hat. Bei Verkäufen ist das Ergebnis weniger eindeutig, da es dafür oft andere Motive gibt als eine pessimistische Einschätzung der zukünftigen Entwicklung. Oft wird schlicht Bares benötigt.

WISO rät: Über „Directors Dealings“ können Sie sich direkt auf den Internetseiten der jeweiligen Unternehmen informieren. Doch das ist mühsam und zeitaufwändig, wenn Sie sich dabei nicht auf spezielle Gesellschaften konzentrieren, die Sie besonders interessieren. Alle Aktiengeschäfte von Führungskräften werden auf den Internetseiten der Bundesanstalt für Finanzdienstleistungen veröffentlicht (www.bafin.de). Doch diese Seiten sind wenig übersichtlich gestaltet. Eine regelmäßige Beobachtung interessanter „Insidergeschäfte“ ist daher ebenfalls mühsam und oft schwierig.

Besser ist es, Sie nutzen den Service unter der Adresse www.insiderdaten.de. Hier finden Sie nicht nur alle aktuellen Aktiengeschäfte von Führungskräften, sondern auch eine Übersicht über länger zurückliegende „Directors Dealings“, dazu eine Liste der 5 Top-Käufe und der 5 Top-Verkäufe der letzten zwei Wochen, sortiert nach Volumen.

Ein weiterer interessanter Service sind Listen mit allen „Directors Dealings“ des jeweils letzten Monats, sortiert nach DAX, MDAX, TecDAX, SDAX und sonstigen Einträgen. Außerdem wird ein Newsletter angeboten, der regelmäßig über Käufe und Verkäufe von Führungskräften informiert.

Beobachten Sie vor allem größere Käufe. Prüfen Sie, ob sie nicht vor allem von Terminen (wie auslaufenden Optionen) ausgelöst wurden. Interessant sind bewusste Kaufentscheidungen, bei denen eigenes Geld in größerem Umfang investiert wird.

Internet und Börse

Umfangreiche Informationsmöglichkeiten für Anleger – aber auch viele Manipulationsmöglichkeiten

Es gibt viele Lebensbereiche, aus denen das Internet kaum noch wegzudenken ist. Auch für den Anleger hat es in zweierlei Hinsicht eine wesentliche Bedeutung erlangt. Zum einen sind Aktien von Unternehmen, die in der einen oder anderen Form im Internetbereich tätig sind, weiterhin eine interessante, wenn auch manchmal hochspekulative Anlagemöglichkeit. Zum anderen hat das Internet eine zunehmend größere Bedeutung für die Abwicklung von Börsengeschäften. Mindestens ebenso wichtig ist es als Informationsquelle.

Nie zuvor konnten Kleinanleger sich so aktuell und bequem über wirtschaftliche Entwicklungen und vor allem über das Geschehen an den Weltbörsen unterrichten. Zuvor waren dem Kleinanleger viele der Informationsquellen, über die professionelle Anlagegesellschaften verfügten, weitgehend verschlossen oder erst mit großer Zeitverzögerung (nämlich mit der Zeitung am folgenden Tag) zugänglich.

Heute hat sich das Informationsgefälle zwischen institutionellen Investoren und Kleinanlegern dank des Internet deutlich verringert. Nützliche Informationen bieten die unterschiedlichsten Quellen im Internet. So kann man Jahresabschlüsse heute oftmals von den jeweiligen Homepages vieler Unternehmen problemlos herunterladen. Diese Unternehmen stellen der Öffentlichkeit darüber hinaus oftmals noch zusätzliche aktuelle Berichte über ihre wirtschaftliche Lage sowie über geplante Maßnahmen (wie Investitionen, neue Produkte, Forschung) zur Verfügung. Immer mehr Unternehmen nutzen das Internet zur direkten Kommunikation mit ihren Aktionären. Sehr einfach lassen sich Basisinformationen über Unternehmen, in deren Aktien ein Anleger eventuell investieren möchte, auch bei der Deutschen Börse abrufen. Denn die Börse ist gesetzlich verpflichtet, so genannte Prospekte elektronisch zur Verfügung zu stellen. Die hierin enthaltenen Angaben und Mitteilungen sind zur Information der Anleger bestimmt. Die Deutsche Börse AG und die Frankfurter Wertpapierbörse haften zwar nicht dafür, dass diese Informationen vollständig oder richtig sind. Aber die Unternehmen sind selbstverständlich verpflichtet, nur wahrheitsgetreue Angaben zu machen, wenn sie sich um die Zulassung ihrer Aktien zum Handel an der Börse bewerben. Deshalb finden Anleger unter http://deutsche-boerse.com zu jeder an der Börse notierten Aktiengesellschaft Basisinformationen.

Weitere mehr oder auch manchmal weniger nützliche Informationen kann man über eine nahezu unbegrenzte Anzahl von speziellen Börsenseiten im Netz beziehen. Wenn Sie auf einer der Internetsuchmaschinen den Begriff „Börse“ oder „Aktien“ eingeben, werden Sie mit einem Blick feststellen können, wie vielseitig und umfangreich das Angebot ist. Das Resultat dürften einige hundert Internetadressen (so genannte Links) sein – oder die Suchmaschine ist nichts wert. Zu den in Deutschland bekanntesten Homepages rund um die Börse gehört beispielsweise www.wallstreet-online.de. Man findet hier eine Vielzahl von börsenrelevanten Nachrichten, Diskussionsforen, Kurse, aber auch viel Klatsch und Tratsch. So gut wie jeder Internetprovider bietet jedenfalls Börseninformationen, Kurstabellen, die Anlage von Musterdepots und mehr oder weniger realistische Börsenspiele an.

WISO rät: Vorsicht! Auf manchen dieser Seiten, die sich fast ausschließlich über Werbung finanzieren, kann jeder selbst ernannte Börsen-Guru seine Weisheiten und Empfehlungen abgeben. Nicht alle Ratschläge und Empfehlungen sind seriös. Trotzdem bietet sich dem Anleger hier die Möglichkeit, eine Menge nützliche Informationen zu sammeln und sich außerdem in einem der zahlreichen Chatrooms mit anderen börsenbegeisterten Internetnutzern auszutauschen. Und selbst wenn die eine oder andere Information aus diesem Kreis passionierter Anleger nicht wirklich nützlich ist, so sind sie doch häufig zumindest amüsant.

Gute Quellen für wirtschaftliche Daten und Analysen sind auch die Homepages nationaler und internationaler Institutionen. Dazu gehören beispielsweise die Seiten des Statistischen Bundesamts, der verschiedenen Bundesministerien sowie der Weltbank, der Vereinten Nationen usw. Auch die in- und ausländischen Börsen verfügen über eigene Homepages, auf denen sich Angaben zu den gehandelten Wertpapieren, zu Produktneuheiten sowie den Börsenregeln finden lassen. Nicht zu vergessen sind zudem die Internetseiten vieler Zeitungen und Zeitschriften oder des ZDF. Hier lassen sich die wichtigsten Wirtschaftsnachrichten des Tages nachlesen. Außerdem können die eigenen Aktien in ein Musterdepot eingegeben und so deren Kursverlauf verfolgt werden. Als Nutzer von WISO-BÖRSE stellt Ihnen diese Software zwar weit bessere Möglichkeiten zur Beobachtung Ihrer Aktien und zur Analyse Ihres Depots zur Verfügung. Dennoch kann die Einrichtung solcher kostenloser Depots für Sie nützlich sein, da Sie so auch von fremden PCs aus, auf Reisen oder im Urlaub jederzeit die Entwicklung der von Ihnen eingegebenen Werte (meist mit einer kleinen Zeitverzögerung) beobachten können.

Aktienschwindel im Internet

Im Internet werden an verschiedenen Stellen auch Aktien im Direktbezug oder über Internetbörsen angeboten, die dem Anleger angeblich die Chance bieten, sich an zukunftsträchtigen Unternehmen zu beteiligen, ehe deren Aktien an der offiziellen Börse angeboten werden. Dabei handelt es sich aber oft um fragwürdige oder sogar betrügerische Angebote und Scheinbörsen. Sie werden gelegentlich von bereits einschlägig verurteilten Anlagebetrügern organisiert. Deshalb ist bei derartigen Angeboten immer eine besonders sorgfältige Prüfung erforderlich. Lassen Sie beim geringsten Zweifel lieber die Finger davon – mag das Angebot auch noch so attraktiv sein. Und denken Sie an die Faustregel: Je höher die versprochene Rendite, umso größer ist auch das Risiko.

Weiterhin kann das Internet auch für reale Börsengeschäfte genutzt werden. So bieten eine Reihe von so genannten Onlinebrokern und verschiedene Banken an, Wertpapierkäufe und Verkäufe direkt über das Internet vorzunehmen. Notwendig hierfür ist lediglich die Eröffnung eines Wertpapierdepots sowie des dazugehörigen Geldkontos beim jeweiligen Anbieter. Dies kann in der Regel auch direkt über den PC erfolgen. Nun muss der Anleger nur noch Geld auf sein neues Konto überweisen und schon kann die Anlage über das Netz losgehen. Der Vorteil dabei ist, dass die Gebühren beim Kauf oder Verkauf über das Internet oft weit unter den sonst üblichen Sätzen liegen.

Immer daran denken: Safety first

Allerdings müssen hohe Sicherheitsstandards, Passwortschutz und andere Maßnahmen dafür sorgen, dass Unbefugte sich nicht bei Ihrem Konto beziehungsweise Depot bedienen oder vertrauliche Informationen über Sie abschöpfen können. Bei allen seriösen Anbietern von Internet-Broking ist maximale Sicherheit eine Selbstverständlichkeit. Ein Anbieter, der Ihnen dies nicht bietet, darf für Sie erst gar nicht in Frage kommen – selbst wenn er vielleicht mit ein paar Preisvorteilen lockt: Safety first. Außerdem muss in einem solchen Fall davon ausgegangen werden, dass das Angebot auch aus anderen Gründen nicht seriös ist. Sie sollten zudem immer genau prüfen, ob Sie der Weitergabe Ihrer Adresse an Dritte zustimmen – und dies im Zusammenhang mit der Konten- und Depotführung oder einer Kreditvergabe grundsätzlich nicht tun. Eine Weitergabe an die Schufa oder eine andere Einrichtung zur Prüfung der Kreditwürdigkeit lässt sich allerdings oft nicht verweigern, da sie oft Voraussetzung für eine Kontoeröffnung ist.

In puncto Sicherheit darf allerdings nicht vergessen werden, dass das Internet generell hinsichtlich dem Schutz vor dem Einblick unbefugter Dritter nicht hundertpro-

zentig sicher ist – und es vielleicht nie sein wird. Cleveren Hackern und Gaunern gelingt es immer wieder, sich Zugang zu Daten zu verschaffen, die sie nichts angehen. Wem das Restrisiko zu hoch ist, der kann aber trotzdem noch auf die vielen kostenlosen Serviceleistungen der Onlinebroker beziehungsweise Onlinebanken zurückgreifen, ohne tatsächlich Geldgeschäfte über das Internet abzuwickeln. So bieten viele dieser Dienstleister Musterdepots sowie die aktuellen Kurse und Charts zu allen wichtigen Wertpapieren an. Diese Informationen und Dienstleistungen sind in der Regel sowohl für Kunden als auch für Nichtkunden frei verfügbar. Kunden wird aber in der Regel ein noch etwas besserer Service geboten.

Man sieht, das Internet bietet dem Anleger nahezu unbeschränkte Möglichkeiten und Chancen. Trotzdem sollte man immer im Auge behalten, dass der Zugang zum Internet für jeden frei ist. Daher können sich zwischen den vielen seriösen Anbietern auch immer wieder Betrüger verstecken, die versuchen, sich auf Kosten anderer zu bereichern. Auch beim Internet gilt: Ein gesundes Maß an Misstrauen schadet nicht. Es ist immer noch besser, eine vermeintlich tolle Chance ungenutzt zu lassen oder zumindest erst dreimal nachzufragen, als teures Lehrgeld zu zahlen. Das gilt insbesondere bei Tipps und Angeboten aus nicht genau identifizierbarer Quelle. Es kommt auch immer wieder vor, dass bewusst Falschmeldungen über das Netz verbreitet werden, um die Kurse zu beeinflussen. Das ist zwar in den meisten Ländern strafbar, aber das Netz bietet Ganoven viele Möglichkeiten des Versteckspiels – wie nicht zuletzt auch der schwierige Kampf der nationalen und internationalen Strafverfolgungsbehörden gegen die Kinderpornografie zeigt. Vor allem bei marktengen Papieren kann das Streuen von Fehlinformationen verheerende Folgen haben.

Die Sterne lügen nicht, aber ...

Alle Informationen und die Analyseinstrumente, die heute jedem Anleger im weltweiten Netz zur Verfügung stehen, können Ihnen helfen, Chancen zu erkennen und irrationale Entscheidungen zu vermeiden. Sie müssen sich nicht mehr wie in grauer Netz-Vorzeit manchmal im wahrsten Sinne des Wortes „blind“ auf die Vorschläge mehr oder weniger qualifizierter Berater bei Banken oder Sparkassen verlassen oder auf Grund sehr lückenhafter Informationen beziehungsweise einfach auf gut Glück investieren. Doch alle diese Informations- und Analysemöglichkeiten bieten keine absolute Gewissheit. Schon mancher, der über seinen Kurven brütete, hat dabei vergessen, dass die Welt – auch die der Börsianer – von Emotionen, Hoffnungen und Befürchtungen beeinflusst wird, die oft weit stärkere Auswirkungen auf das Börsengeschehen haben als fundamentale Daten oder aus der Vergangenheit abgeleitete Verhaltensmuster. Sie brauchen deshalb auch im Zeitalter des Computers, des Handys und des Net beides: kühle Analyse und „Näschen“. Wer darauf nicht vertraut, für den gibt es aber auch noch eine Lösung:

- Regelmäßig und unbeirrt einen festen Betrag in Werte investieren, die man sich vorher sorgfältig angesehen hat.
- Dazu die vorhandenen Analyseinstrumente nutzen, ohne ihnen sklavisch zu verfallen oder blind zu vertrauen.
- Nicht alles auf eine Karte setzen, sondern seine Spargelder so geschickt wie möglich auf Immobilien, festverzinsliche Wertpapiere und Aktien verteilen.
- Auch bei Aktien einen Korb bilden (oder in Investmentfonds investieren), um eine gesunde Risikostreuung zu erreichen.
- Bei Anlageberatern, die große Versprechungen machen, sehr misstrauisch sein.
- Bei den üblichen Schwankungen an der Börse nicht gleich die Nerven verlieren und panikartig auch solide Werte verkaufen.
- Auf den langfristig aufwärts gerichteten Börsentrend vertrauen.
- Und: Trotz aller Vorsorge für das Alter, für Arbeitslosigkeit oder Krankheit auch das Leben genießen. Denn „das letzte Hemd hat bekanntlich keine Taschen“ und Vermögensbildung ist kein Selbstzweck.

Ungeachtet aller Informationen und Analysen: Die Börse lässt sich nicht zu hundert Prozent berechnen. Von dem Tag an, wo dies möglich würde, gäbe es die Börse nicht mehr. Ohne unterschiedliche Erwartungen über die Kursentwicklung von morgen wäre das Börsengeschäft tot.

Spekulation mit Turboeffekt

Puts und Calls, Futures und Schweinebäuche: Mit den Chancen wachsen auch die Risiken

Ähnlich wie in der Technik werden auch auf den Finanzmärkten immer neue Instrumente entwickelt, um alle Bedürfnisse der privaten Anleger ebenso wie der Banken, Versicherungen oder Fondsmanager zu befriedigen. Einerseits erlauben sie Spekulanten, ein „größeres Rad zu drehen", andererseits bieten sie zusätzliche Möglichkeiten der Risikoabsicherung. In vielen Fällen sind dies sogar zwei Seiten der gleichen Medaille. Denn die Spekulanten kaufen denjenigen, die auf „Nummer sicher" gehen wollen, das Risiko ab. Allerdings wollen sie zum Ausgleich dafür auch mehr verdienen.

Es ist fast ein allgemein gültiger Lehrsatz an der Börse: Je höher die Gewinnmöglichkeiten, umso höher auch das Risiko. Das gilt nicht nur für einzelne Wertpapiere, sondern auch für bestimmte Perioden: In bewegten Börsenzeiten lassen sich mit Aktien oft in kurzer Zeit hohe Kursgewinne erzielen. Dies gilt insbesondere dann, wenn – wie beispielsweise 1999/2000 an den Neuen Märkten in Europa und den USA – das Spekulationsfieber ausbricht und einzelne Aktien innerhalb von Tagen oder Wochen um 100 oder 400 Prozent steigen. Es kann auch in ruhigeren Börsenzeiten passieren, wenn Fusionsgerüchte oder etwa Nachrichten über sensationelle Forschungserfolge bei einem Pharmaunternehmen den Kurs bestimmter Aktien „explodieren" lassen.

Viel Geld konnte auch verdienen, wer die Nervenstärke hatte, auf dem Tiefpunkt der Baisse oder zumindest in seiner Nähe wieder einzusteigen und ein Investment in solche Aktien zu riskieren, die mit in den allgemeinen Strudel gerissen worden waren, obwohl sie aus fundamentaler Sicht durchaus gesund waren. Da gab es Papiere, deren Kurs von 80 Euro bis auf 1,40 Euro abgestürzt waren, aber schon im ersten Halbjahr 2003 wieder auf 12 Euro kletterte. Ein Anleger, der zu Höchstkursen eingestiegen war, konnte sich darüber nur mäßig freuen, denn er saß immer noch auf einem Verlust von 85 Prozent. Wer dagegen bei 1,40 Euro zugegriffen hatte, verbuchte den sagenhaften Gewinn von 757 Prozent.

Doch das sind Ausnahmen. Oft ist es reine Glückssache, wenn ein Anleger frühzeitig die Papiere einer solchen Gesellschaft erworben hat. Im Allgemeinen wachsen auch an der Börse die Bäume nicht in den Himmel und die erhofften Renditen stellen sich erst

nach einer gewissen Zeit ein. Deshalb suchen viele Anleger nach Möglichkeiten, auch in normalen Börsenzeiten überdurchschnittlich hohe Wertzuwächse zu erzielen. Möglichkeiten dazu gibt es viele, und die Zahl der Finanzprodukte, mit denen sich hohe Renditen erzielen lassen, ist in den vergangenen Jahren ständig gestiegen. Wie in jedem anderen Markt verlangen die Kunden auch hier ständig Innovationen, und die Banken und andere Anbieter von Finanzprodukten erfüllen diese Wünsche gerne – weil sie damit ihr Geschäft machen.

Allerdings gilt für alle diese Angebote, was generell für alle Börsengeschäfte gilt: Mit den Chancen wachsen auch die Risiken. Anleger, die nach hohen Renditen Ausschau halten, müssen deshalb nicht nur über ausreichende finanzielle Mittel, sondern auch über starke Nerven verfügen. Und sie sollten in jedem Fall eisern an dem Grundsatz festhalten, dass immer nur ein Teil des Vermögens als „Spielgeld" eingesetzt werden darf. Je spekulativer ein bestimmter Prozentsatz der Ersparnisse eingesetzt wird, umso wichtiger ist es, auf eine vernünftige Gesamtstruktur des Vermögens zu achten. Andernfalls verhält man sich nicht wie ein Investor, sondern wie der Besucher eines Casinos.

Derivate: Aktienspekulation hoch x

Bei der Aktienanlage ist es wie beim Sport. Während die einen sich mit Gymnastik oder Joggen zufrieden geben und fit halten, wollen andere Höchstleistungen erzielen und riskieren dafür auch Verletzungen. Wer sich nach Anlagemöglichkeiten umsieht, die eine höhere Rendite versprechen als Anleihen oder die Aktien, die im DAX, MDAX, SDAX oder europäischen Indizes wie dem STOXX vertreten sind, kann die Werte im TecDAX, an den Neuen Märkten in Paris, Amsterdam oder Brüssel oder der amerikanischen Technologiebörse Nasdaq ins Auge fassen, die im Gegensatz zum Frankfurter Neuen Markt die Krise überlebt haben. Noch größer aber ist im Allgemeinen die Chance, mit den so genannten Derivaten überdurchschnittliche Renditen zu erzielen. Doch für alle diese Anlageformen gilt: Mit den Gewinnmöglichkeiten steigen gleichzeitig die Risiken. Es lässt sich auch so ausdrücken: Bei den Derivaten handelt es sich um „Aktienspekulation hoch x".

Fast täglich wächst das Angebot an so genannten Derivaten. Neben die klassische Geldanlage in Aktien sind in den letzten Jahren immer mehr die „Finanzinnovationen" getreten. Als Derivate werden an der Börse Finanzinstrumente bezeichnet, deren eigener Wert vom Kurs anderer Finanztitel oder Waren abhängt. Es sind daher „abgeleitete Werte". Derivate – wie Optionen, Futures, Terminkontrakte oder Swaps – berechtigen zum Kauf oder Verkauf der zugrunde gelegten Werte. Bei derivaten Finanzprodukten handelt es sich fast immer um hochspekulative Werte. Deshalb unterliegt der Handel strengen Kontrollen innerhalb der Banken und durch die Aufsichtsbehörden. Wer als Kunde einer Bank an diesem Geschäft teilnehmen will, muss sich daraufhin überprüfen lassen, ob er zu solchen Geschäften fähig ist. Doch das ist kein Examen. Der Interessent muss lediglich durch seine Unterschrift bestätigen, dass er sich der Risiken bewusst ist oder von der Bank darüber aufgeklärt wurde. Die Bank muss Kunden, die an Börsentermingeschäften teilnehmen, zudem in regelmäßigen Abständen ein Informationsblatt über die damit verbundenen Risiken zustellen und sich per Unterschrift bescheinigen lassen, dass der Kunde davon Kenntnis genommen hat.

„Derivat“ ist ein ursprünglich aus der Chemie stammender Begriff. In der Finanzwirtschaft wird unter dem Oberbegriff „Derivate“ eine Gruppe von Finanzierungsinstrumenten zusammengefasst, deren Bedeutung in den letzten Jahren stark gewachsen ist und weiter zunimmt. Der Handel mit derivaten Finanzinstrumenten findet entweder an Terminbörsen oder zwischen Banken, anderen Finanzinstituten und sonstigen Unternehmen statt. Die zugrunde liegenden Titel – beispielsweise Aktien, Devisen, Anleihen oder Rohstoffe – werden an den Kassamärkten gehandelt. Derivate berechtigen den Erwerber zum Kauf oder Verkauf der zugrunde gelegten Werte zu einem festen, im voraus vereinbarten Preis zu einem späteren Zeitpunkt. Der Abschluss des Geschäfts und die Zahlung des vereinbarten Preises fallen also zeitlich auseinander. Aus diesem Grund bezeichnet man solche Geschäfte auch als Terminhandel.

Immer eine Wette auf die Zukunft

Der Terminhandel hat nichts mit Zockerei zu tun – obwohl mancher Spekulant sich wie ein Zocker verhält. Er hat vielmehr einen sehr konkreten wirtschaftlichen Sinn und erfüllt in den meisten Fällen eine wichtige ökonomische Funktion. Der Ursprung des Terminhandels liegt im Handel mit Rohstoffen. Produzenten, die sich gegen sinkende Preise absichern wollten, trafen im Voraus Vereinbarungen mit ihren Abnehmern, in denen Preise und Liefermengen für ihre Erzeugnisse (zum Beispiel Weizen, Öl oder Schweinebäuche) für einen bestimmten Termin in der Zukunft festgelegt wurden. Umgekehrt vereinbarten Abnehmer, die einen Preisanstieg befürchteten, zu ihrer eigenen Absicherung mit ihren Lieferanten im Voraus den Abnahmepreis. Daraus entstanden die Warenterminbörsen. Daran wird deutlich, dass für das Zustandekommen solcher Termingeschäfte bei den Geschäftspartnern gegensätzliche Erwartungen über die zukünftige Preisentwicklung vorliegen müssen. Ausgehend von dem Preis, zu dem das Geschäft zustande kommt, erwartet der Verkäufer bis zum Liefertag einen fallenden Preis. Der Käufer erwartet hingegen einen steigenden Preis.

Derivate ist der Sammelbegriff für die verschiedenen Finanztitel, die zum späteren Kauf oder Verkauf der ihnen zugrunde gelegten Werte berechtigen. Die wichtigsten Formen sind:

- Optionen,
- Futures,

- Terminkontrakte,
- Swaps und
- Forward Rate Agreements (FRA).

Diese Derivate unterscheiden sich hinsichtlich der jeweiligen Möglichkeiten, Rechte und Pflichten der Marktpartner. Der Handel mit Futures ist in Deutschland erst seit den Neunzigerjahren zugelassen, hat aber seitdem in seiner Bedeutung ständig zugenommen. Zunächst begann diese Form des Terminhandels an der deutschen Terminbörse mit Futures auf Bundesanleihen (so genannte Bund-Futures) und auf den deutschen Aktienindex DAX (so genannte DAX-Futures). Diese Geschäfte werden aus unterschiedlichen Gründen abgeschlossen. Sie dienen zum einen der Risikoabsicherung und zum anderen der Spekulation. Neben den bereits erwähnten derivativen Finanztiteln spielen auch Devisen-Futures sowie Devisenoptionen eine wichtige Rolle. Private Anleger können entweder direkt über die Börsen an diesem Geschäft teilnehmen oder sich an so genannten Hedgefonds beteiligen. Deren Aktivitäten sind oft nicht auf den Handel mit Terminkontrakten begrenzt. Deshalb sollte sich der Anleger vor einem Investment in einen solchen Fonds genau über dessen Anlagegrundsätze informieren (mehr dazu im Kapitel „Aktien- und andere Fonds“).

Termingeschäfte – streng kontrolliert

Weil Termingeschäfte und der Handel mit derivativen Finanztiteln zwar große Gewinnchancen bieten, gleichzeitig aber auch hohe Risiken mit sich bringen, unterliegen sie sowohl innerhalb der Banken als auch an den Börsen strengen Kontrollen. So müssen beispielsweise Preis und Zinsrisiken aus Termingeschäften dem Bundesaufsichtsamt für Finanzdienstleistungen (BaFin) gemeldet werden. Außerdem dürfen der Handel und die spätere Abwicklung der Geschäfte bei den Banken nicht von den gleichen Personen vorgenommen werden. Dadurch soll eine gegenseitige Kontrolle gesichert und zugleich verhindert werden, dass riskante Positionen ohne ausreichende Absicherung durch Gegengeschäfte aufgebaut werden. Eine zusätzliche Sicherung stellt das bankinterne Controlling dar. Dennoch kommt es immer wieder vor, dass Händler ihre Limits überschreiten oder die Kontrollen nicht ausreichend ausgeübt werden. Dies kann für die betroffenen Banken oder Finanzplätze schwer wiegende Folgen haben, da bei ungesicherten Termingeschäften innerhalb kürzester Zeit sehr hohe Verluste entstehen können.

WISO rät: Da diese Finanzinstrumente eine sehr hohe Rendite ermöglichen, tummeln sich auf diesem Gebiet auch zahlreiche dubiose Firmen und so genannte Anlageberater, die sich die Unwissenheit und Gutgläubigkeit ihrer Kunden – oder besser ih-

rer Opfer – zunutze machen. Sie verschweigen meist, dass diese Geschäfte für den Sparer auch große Risiken beinhalten, die Laien häufig nicht übersehen können. Deshalb ist immer größte Vorsicht angebracht, wenn per Zeitungsanzeige, mit Prospekten oder am Telefon für derartige Geldanlagen geworben wird.

Einige dieser Kapitalanlageformen sind durch Pleiten und spektakuläre Fehlspekulationen in Misskredit geraten. Spätestens seit der durch riskante Spekulationen eines bis dahin immer sehr erfolgreichen Mitarbeiters verursachten Milliardenpleite des renommierten englischen Bankhauses Baring betrachten viele Anleger diese Instrumente mit großem Misstrauen. Sieht man sich diese „Derivate" jedoch genauer an, erkennt man, dass sie – mit Sachkenntnis angewandt – eine sinnvolle Bereicherung der Börsenwelt sind. Für den fortgeschrittenen Anleger sind sie eine interessante Alternative zu den klassischen Anlageformen – wenn sie mit der notwendigen Vorsicht und Sachkenntnis gehandhabt werden. Wichtig ist deshalb, dass Sie sich als Anleger immer erst dann an solche Anlageformen heranwagen, wenn Sie die einzelnen Instrumente kennen und ihre Anwendung kontrollieren können. Zudem sollten Sie immer einen Berater der Bank oder Sparkasse hinzuziehen, der Ihr Vertrauen hat.

WISO rät: Auch im Verhältnis zu Ihrer Bank oder Sparkasse gilt, dass Sie sich nie allein auf den Rat Ihres Anlageberaters verlassen sollten. Solange Sie selbst die Möglichkeiten und Gefahren einer bestimmten Anlageform nicht übersehen, sollten Sie auf entsprechende Geschäfte verzichten. Machen Sie sich also zunächst selbst mit den jeweiligen Finanzinstrumenten vertraut. Nur wer versteht, wie diese Anlageinstrumente funktionieren, kann sich vor Fehlberatungen schützen. Überdies sollten Sie keine Anlageform wählen, die nicht Ihrem persönlichen „Risikoprofil" entspricht.

Wandelschuldverschreibungen und Optionsanleihen

Bei allen Instrumenten, die auf den folgenden Seiten dargestellt werden, handelt es sich um Spielarten der oben bereits beschriebenen Derivate, also um Anlageinstrumente, deren eigener Wert vom Kurs oder Preis eines anderen Finanztitels oder einer Ware (wie Aktien, Gold, Nahrungsmittel, industrielle Rohstoffe) abhängt. Bei dem zugrunde gelegten Finanztitel oder der Ware spricht man deshalb vom Basiswert, also dem Wert, auf den sich das Derivat bezieht. Dieses Finanzinstrument selber hat nur einen davon „abgeleiteten Wert". Die Spekulation damit findet also auf einer höheren Ebene statt. Als Basiswert dienen neben Aktien beispielsweise auch Devisen oder Wertpapierindizes. Diese Titel werden an den Kassamärkten der Börse gehandelt. Arbeiten wir uns also schrittweise vor in den Bereich der Derivate.

Wandelschuldverschreibungen und Optionsanleihen sind zwei Anlageformen, die mit einem verhältnismäßig geringen Risiko behaftet sind. Sie sind auch für Anleger gut zu durchschauen, die sich bisher noch nicht intensiv mit solchen Formen des Umgangs mit Geld vertraut gemacht haben. Wandelschuldverschreibungen sind deshalb interessant, weil sie die Sicherheit einer Anleihe mit den Ertragschancen der Aktienanlage verbinden. Sie geben dem Inhaber neben dem Anspruch auf die Zahlung eines festen Zinses die Möglichkeit, die Schuldverschreibungen zu einem bestimmten Zeitpunkt in einem festen, im Voraus festgelegten Verhältnis in Aktien der Gesellschaft umzutauschen.

Zu den Anleihebedingungen kann dabei gehören, dass der Inhaber der Schuldverschreibung bei Wandlung einen vorab festgelegten Betrag pro Aktie zuzahlen muss. Man spricht hierbei von dem Wandlungs- oder Zuzahlungsbetrag. Die Möglichkeit, die Anleihe in Aktien umzutauschen, bedeutet aber nicht, dass der Anleger den Umtausch unbedingt vornehmen muss. Er hat vielmehr die freie Wahl, ob er wandeln oder sich lieber den Nennbetrag der Anleihe zurückzahlen lassen will. Die Wandelschuldverschreibung lässt sich deshalb auch als eine Art Zwitter zwischen Aktie und Anleihe bezeichnen. Denn zum einen besitzt sie die typischen Merkmale einer Anleihe, auf der anderen Seite bietet sie die spekulativen Chancen einer Aktienanlage. Aus diesem Grund bezeichnet man die Anlage in Wandelschuldverschreibungen oftmals auch als „Spekulation mit Netz".

Aber das hat natürlich auch seinen Preis: Die Verzinsung von Wandelanleihen liegt zum Zeitpunkt der Emission in der Regel unter dem Zins für vergleichbare Anleihen ohne Wandelrecht. Damit erkauft sich der Anleger jedoch die zusätzliche Chance, später einen Kursgewinn mit der Aktie zu erzielen.

Wandelschuldverschreibungen: So funktioniert es

Die Möglichkeiten einer Anlage in Wandelschuldverschreibungen lassen sich am besten mit Hilfe eines konkreten Falls darstellen:

Ein Anleger investiert 1.000 Euro in eine Wandelschuldverschreibung mit vier Jahren Laufzeit und einer Nominalverzinsung von 5 Prozent. Der Inhaber der Wandelschuldverschreibung ist berechtigt, die Anleihe am Ende der Laufzeit in fünf Aktien der X-AG unter Zuzahlung von je 50 Euro einzutauschen. Macht der Anleger von diesem Recht Gebrauch, muss er insgesamt 1.250 Euro für fünf Aktien der X-AG aufwenden (1.000 Euro für die Anleihe plus fünfmal 50 Euro als Zuzahlung). Dies ergibt einen Stückpreis pro Aktie von 250 Euro. Der Anleger wird also erst dann wandeln, wenn die Aktie einen Kurs erreicht, der über 250 Euro liegt. Denn nur dann kann er durch Wandlung und Verkauf der erhaltenen Aktien an der Börse einen Gewinn machen. Liegt der Kurs darunter, würde er beim Tausch der Anleihe in eine Aktie und deren Verkauf einen Verlust machen. Der Kurs, den die zugrunde gelegte Aktie überschreiten muss, damit die Wandlung sinnvoll ist, wird deshalb als der kritische Kurs bezeichnet.

Erster Fall: Der Börsenkurs der X-Aktie beträgt in unserem Beispiel im vierten Jahr 210 Euro. Hier ist es für einen Anleger nicht sinnvoll, von seinem Wandlungsrecht Gebrauch zu machen, da es bei diesem Kurs günstiger ist, die Aktien direkt an der Börse zu kaufen, als sie durch Tausch der Wandelanleihe zu beziehen. Er würde also einen Verlust machen, wenn er wandelt und die Aktien anschließend an der Börse verkauft. Es ergibt sich daher folgender Ablauf der Kapitalanlage:

Kauf der Wandelschuldverschreibung im 1. Jahr	– 1.000 €
Vier Zinszahlungen à 50 €	+ 200 €
Rückzahlung des Nennwertes im 4. Jahr	+ 1.000 €
Ergebnis:	**1.200 €**

Zweiter Fall: Der Börsenkurs der X-Aktie liegt im vierten Jahr bei 320 Euro. Da der Kurs jetzt deutlich über 250 Euro liegt, wird der Anleger in dieser Situation von seinem Wandlungsrecht Gebrauch machen und anschließend die Aktien an der Börse verkaufen. Er erzielt damit zusätzlich zu dem Zinsertrag einen Spekulationsgewinn. Es kommt zu folgender Entwicklung bei der Geldanlage:

Kauf der Wandelschuldverschreibung im 1. Jahr	– 1.000 €
Vier Zinszahlungen à 50 €	+ 200 €
Zahlung des Wandlungsbetrages in Höhe von 50 € pro Aktie	– 250 €
Verkauf der fünf Aktien an der Börse zu 320 € pro Stück	+ 1.600 €
Ergebnis:	**1.550 €**

Der Anleger hat in diesem Fall also einen Mehrerlös in Höhe von 350 Euro, der durch den Kursgewinn entstanden ist. Selbstverständlich muss er die erhaltenen Aktien nicht sofort wieder an der Börse verkaufen. Er kann sie auch behalten, wenn er damit rechnet, dass der Kurs weiter steigt. Damit ist aber natürlich – wie bei jeder Aktienanlage – das Risiko verbunden, dass der Kurs auch wieder sinkt, sodass der Spekulationsgewinn geringer wird oder sogar ein Verlust eintritt.

Aus dem Wörterbuch der Terminmarkt-Profis

Wichtige Fachbegriffe

Wer am Börsentermingeschäft teilnehmen will, muss die Sprache der Händler kennen, denn sonst kann es sein, dass es zu teuren Missverständnissen kommt. Hier die wichtigsten Begriffe aus dem Jargon der Profis im Überblick:

Aufgeld: Die Summe, um die der Kurs steigen (beim Call) oder fallen muss (beim Put), bis der Bezug über den Schein genauso teuer ist wie der direkte Kauf oder Verkauf des Wertes an der Börse. Ist dieser Punkt erreicht, ist der Schein wertlos.

Basispreis (Strike): Das ist der vorab festgelegte Preis, zu dem der Basiswert (Aktie, Anleihe, Index, Währung, Rohstoff usw.) erworben oder verkauft werden kann oder muss.

Basiswert: Dies ist der Wert (Aktie, Rohstoff, Währung), um den es bei der Option, ihn zu kaufen oder zu verkaufen, geht.

Bezugsverhältnis: Gibt an, wie viel Stück des Basiswertes für diesen Optionsschein bezogen werden können (Call) oder verkauft werden müssen (Put).

Call: Ein Kaufoptionsschein, der dem Erwerber das Recht gibt, den entsprechenden Basiswert (wie Aktie, Dollar, Weizen) innerhalb eines bestimmten Zeitraums zu einem vorher festgelegten Preis zu kaufen. (Gegenstück dazu: Put, siehe unten.)

Covered Warrants: Unterscheiden sich von klassischen Optionsscheinen dadurch, dass sie unabhängig von einer Optionsanleihe an der Börse emittiert werden. Die Emittentin – meist eine Bank – ist auch nicht gleichzeitig die Gesellschaft, deren Aktien man mit dem Optionsschein erwerben kann. Ein weiterer wesentlicher Unterschied zu klassischen Optionsscheinen: Covered Warrants gibt es nicht nur als Kauf-, sondern auch als Verkaufsoptionen.

Hebelwirkung: Optionen sind wesentlich billiger als die zugrunde liegende Aktie (oder andere Basiswerte). Sie profitieren aber ebenso von Kursveränderungen. Um einen gleich hohen Gewinn zu erzielen, muss also für Optionen wesentlich weniger Kapital eingesetzt werden. Je größer die Gewinnmöglichkeiten, umso größer ist der Hebel. Allerdings kann auch der gesamte Einsatz verloren gehen, wenn die Spekulation nicht aufgeht.

Im Geld (beziehungsweise „am Geld“ oder „aus dem Geld“): Damit wird das Verhältnis zwischen dem Basispreis (zu dem zum Beispiel eine Aktie bezogen werden kann) und dem aktuellen Kurs dieser Aktie bezeichnet. Liegt der aktuelle Kurs über dem vereinbarten Preis, ist der Optionsschein im Geld. Sind beide gleich hoch, ist er am Geld. Liegt der aktuelle Kurs darunter, ist der Schein aus dem Geld – und damit in der Regel wertlos. Denn es ist billiger, die Aktie an der Börse zu kaufen als zum vereinbarten Optionspreis.

Innerer Wert: Ein Call hat einen inneren Wert, wenn der Bezugspreis unter dem aktuellen Kurs der Aktie liegt. Ein Put hat einen inneren Wert, wenn der aktuelle Kurs über dem Basispreis liegt. Je höher die Differenz, umso höher auch der innere Wert.

Laufzeit: Das ist die Zeit zwischen der Ausgabe beziehungsweise dem Kauf eines Optionsscheins und dem letzten Tag, an dem die Option ausgeübt werden kann.

Optionsschein (Warrant): Ein verbrieftes Recht, einen bestimmten Gegenstand innerhalb einer festgelegten Frist zu einem vorher festgelegten Preis zu kaufen oder zu verkaufen. Käufer und Verkäufer schließen damit eine Art Wette ab, wie sich der Kurs in dieser Zeit entwickelt.

Put: Ein Verkaufsoptionsschein, der den Erwerber zum Verkauf des zugrunde liegenden Gegenstandes (Anleihe, Aktie, Rohstoff usw.) zu einem festgelegten Preis berechtigt. Puts steigen im Wert, wenn die Kurse/Preise des zugrunde liegenden Wertes fallen. Sie werden wertlos, wenn der Kurs über den vereinbarten Preis steigt, weil es dann günstiger ist, direkt am Markt zu verkaufen (Gegenstück dazu: Call, siehe oben).

Warrant: Siehe Optionsschein.

Zeitwert: Der Betrag, um den der aktuelle Optionsscheinpreis den „inneren Wert“ des Scheins übersteigt. Je näher das Ende der Laufzeit rückt und je geringer die Volatilität des Basiswertes ist, umso mehr nähern sich beide Werte einander an. Denn: Der Spielraum für „Kursfantasie“ wird immer enger.

Optionsanleihe: viele Wahlmöglichkeiten

Bei Optionsanleihen handelt es sich um Anleihen mit festem Zinssatz und fester Rückzahlung am Ende der Laufzeit. Von normalen Anleihen unterscheiden sie sich dadurch, dass ihnen als „Zugabe“ so genannte Optionsscheine beigefügt sind. Optionsscheine geben dem Inhaber das Recht – aber nicht die Pflicht –, Aktien des Unternehmens, das die Anleihe ausgegeben hat, zu einem festen, vorab vereinbarten Preis zu erwerben.

Im Unterschied zur Wandelanleihe wird bei der Optionsanleihe grundsätzlich der geschuldete Betrag am Ende der Laufzeit zum Nennwert zurückgezahlt – unabhängig

davon, ob der Anleger von seinem Recht Gebrauch macht, Aktien zu erwerben, oder ob er darauf verzichtet. In der Regel sehen die Emissionsbedingungen einer Optionsanleihe vor, dass die Anleihe und die Scheine von einem bestimmten Datum an getrennt an der Börse gehandelt werden können. Der Inhaber der Optionsanleihe hat deshalb auch die Möglichkeit, die der Anleihe beigefügten Optionsscheine zu einem ihm günstig erscheinenden Zeitpunkt an der Börse zu verkaufen, ohne sich gleichzeitig von seiner Anleihe zu trennen. Im Börsenteil der Zeitungen sind dann drei verschiedene Kursnotizen zu finden. Auch dafür ein Beispiel:

Die Kursnotiz der XY-Bank-Optionsanleihe 96/02 zu 5 3/8 Prozent vom 29. 10. 2003

Kurs der Anleihe mit Optionsschein:	124,00 Prozent
Kurs der Anleihe ohne Optionsschein:	100,75 Prozent
Kurs des Optionsscheins:	25,10 Euro

Für den Anleger liegt der Reiz einer Optionsanleihe darin, dass er mit den beigefügten Optionsscheinen an der Kursentwicklung der zugrunde gelegten Aktie teilnehmen kann und damit die Chance auf spekulative Kursgewinne hat. Die Entwicklung des Optionsscheins ist eng mit der Entwicklung der zugrunde liegenden Aktie verbunden. Steigt oder sinkt der Kurs der Aktie, so steigt oder sinkt auch der Kurs des Optionsscheins. Trotzdem hat der Anleger auf Grund der Zinszahlungen die Garantie, eine Mindestverzinsung für sein Kapital zu erhalten.

Beispiel: Ein Anleger investiert 1.000 Euro in eine Optionsanleihe der X-AG mit einer Nominalverzinsung von 7 Prozent und einer Laufzeit von vier Jahren. Der Anleihe sind pro 1.000-Euro-Stückelung fünf Optionsscheine beigefügt. Ein Optionsschein berechtigt den Inhaber, eine Aktie der X-AG zu einem Preis von 200 Euro zu kaufen. Zum Zeitpunkt der Emission der Anleihe liegt der Kurs der X-Aktie bei 170 Euro.

Der sichere Ertrag aus der Anleihe: Vier Zinszahlungen zu je 70 Euro sowie Rückzahlung des eingesetzten Kapitals in Höhe von 1.000 Euro. Dies ergibt am Ende der Laufzeit einen Gesamtbetrag von 1.280 Euro.

Die Entwicklung des Optionsscheins: Zum Zeitpunkt der Emission ist der Optionsschein rein rechnerisch zunächst nichts wert, da es für den Anleger billiger wäre, die X-Aktie über die Börse zu kaufen statt über den Optionsschein. Wenn der Kurs der X-Aktie aber steigt, kann der Bezug der Aktie unter Verwendung des Optionsscheins finanziell interessant werden. Wenn der Kurs der X-Aktie beispielsweise auf 250 Euro steigt, kann der Inhaber des Optionsscheins von seinem Recht Gebrauch machen, die Aktie zum vereinbarten Preis von 200 Euro zu erwerben. Wenn er dann das Papier sofort wieder an der Börse für 250 Euro verkauft, macht er pro Aktie einen Gewinn in Höhe von 50 Euro. (Natürlich muss er auch in diesem Fall nicht verkaufen, wenn mit weiteren Kurssteigerungen zu rechnen ist.)

Eine Alternative zum Bezug der Aktien über den Optionsschein und die anschließende Veräußerung an der Börse ist der direkte Verkauf des Optionsscheins. Der Optionsscheinkurs wird dabei ungefähr so hoch sein wie die Differenz zwischen Aktienkurs und Bezugspreis, denn es wird nie sehr viel teurer oder billiger sein, eine Aktie direkt zu kaufen oder sie über den Optionsschein zu beziehen. Ansonsten würden aufmerksame Händler sofort die Differenz nutzen, um einen sicheren Gewinn zu machen. Man spricht hier auch von Arbitrage.

Im Allgemeinen liegt der Kurs des Optionsscheins aber meist etwas höher als diese Differenz. Man spricht dann davon, dass der Optionsschein ein „Aufgeld" hat. Dieses Aufgeld ergibt sich aus den Erwartungen der Anbieter und Nachfrager hinsichtlich des künftigen Kursverlaufs der Aktie. Das kann zum Beispiel so aussehen:

Kurs der X-Aktie	210 €
Kurs des Optionsscheins	20 €
Bezugspreis der Aktie bei Ausübung der Option	200 €
Aufgeld: 200 + 20 – 210	10 €

Wenn der Kurs der X-Aktie während der Laufzeit der Anleihe unter dem Bezugspreis von 200 Euro bleibt, wird der Anleger auf sein Bezugsrecht verzichten. Er macht dabei keinen Verlust. Sein Ertrag beschränkt sich auf die Zinszahlungen. Für den spekulativ eingestellten Anleger kann es auch interessant sein, nur den Optionsschein an der Börse zu kaufen, ohne dabei die Anleihe mit zu erwerben. In diesem Fall wirkt der Kauf des Optionsscheins ähnlich wie eine Kapitalanlage in Aktien.

Eine Alternative zur klassischen Optionsanleihe sind so genannte Covered Warrants. Diese unterscheiden sich von klassischen Optionsscheinen dadurch, dass sie unabhängig von einer Optionsanleihe an der Börse emittiert werden, die Emittentin – meist eine Bank – des Optionsscheins nicht auch gleichzeitig die Gesellschaft ist, deren Aktien man mit dem Optionsschein erwerben kann, und die Laufzeit der Papiere selten zwölf Monate überschreitet. Ein weiterer wesentlicher Unterschied zu klassischen Optionsscheinen besteht darin, dass es Covered Warrants nicht nur als Kaufoptionen, sondern auch als Verkaufsoptionen gibt. Anleger können damit auch die Möglichkeit nutzen, auf sinkende Kurse zu spekulieren, was bei klassischen Optionsscheinen nicht möglich ist.

Ein weiterer Vorteil von Covered Warrants liegt darin, dass der Anleger unter einer Vielzahl von Optionsscheinen mit unterschiedlichen Laufzeiten, Basiswerten und Ausübungspreisen wählen kann. Bei Covered Warrants kommt es in der Regel nicht tatsächlich zur Lieferung des Basiswerts. Der Ausgleich erfolgt meist in Form einer Geldzahlung. Die oben genannte Anlagestrategie beim Investment in Optionsanleihen, das heißt sichere Rendite aus der Anleihe plus Chance auf Kursgewinne durch die beigefügten Optionsscheine, kann der Anleger trotzdem wahrnehmen, indem er sich durch getrennten Kauf von Anleihen sowie Covered Warrants seine eigene Optionsanleihe „bastelt“. Die Möglichkeiten sind hier fast unbegrenzt, sodass für jeden Anleger das optimale Anlageinstrument entwickelt werden kann.

Beispiel: Covered Warrant zum Bezug von Adidas-Aktien

Basispreis:	55 €
Kurs der Adidas-Aktie:	50 €
Kurs des Covered Warrant:	2 €
Laufzeit: 12 Monate.	

Der Anleger erwirbt für 200 Euro 100 Covered Warrants zum Bezug von Adidas-Aktien. Beim Kauf ist der Warrant rechnerisch nichts wert, da es günstiger wäre, die Adidas-Aktie direkt über die Börse zu erwerben. Der Kurs des Optionsscheins erklärt sich einzig und allein aus den Erwartungen der Anleger, die von einem steigenden Kurs der Aktie des Sportartikelherstellers ausgehen.

Am Ende der Laufzeit notiert die Adidas-Aktie bei 60 Euro. Die Bank zahlt dem Anleger 15 Euro Gewinn pro Optionsschein aus, das heißt 500 Euro. Abzüglich der eingesetzten 200 Euro für den Erwerb der Scheine beträgt der Anlageerfolg des Investors 300 Euro, was einer Rendite von 150 Prozent entspricht.

Der Hebel

Das obige Beispiel zeigt, dass der Unterschied zwischen der Direktanlage in Aktien und der indirekten Anlage über einen Optionsschein darin besteht, dass die mögliche Rendite (aber auch das Risiko eines Verlustes) bei der Anlage in Optionsscheine sehr viel höher sein kann. Dieser Effekt entsteht durch den so genannten Hebel. Hierunter versteht man den (positiven oder negativen) Renditevorsprung einer Anlage in dem jeweiligen Derivat gegenüber der direkten Anlage in den Basiswert.

Die Hebelwirkung von Optionsscheinen wird am folgenden Beispiel deutlich. Angenommen, es bestehen die folgenden Anlagealternativen:

- Kauf der X-Aktie zum Kurs von 210 Euro.
- Kauf eines Optionsscheins zum Kurs von 60 Euro. Er berechtigt den Inhaber, die X-Aktie zu einem späteren Zeitpunkt zum Preis von 150 Euro zu erwerben.

Wenn die X-Aktie dann zum Beispiel auf 230 Euro steigt, sieht die Rechnung hinsichtlich des Anlageerfolgs für den Käufer der Aktie beziehungsweise des Optionsscheins so aus: Kursgewinn der Aktie 20 Euro. Die Rendite beträgt also rund 9,5 Prozent. Kursgewinn des Optionsscheins ebenfalls 20 Euro. Rendite rund 33 Prozent. Die Rendite des

Optionsscheins ist auf Grund des wesentlich niedrigeren Kurses (und des entsprechend geringeren Kapitaleinsatzes) zum Zeitpunkt des Kaufs und des gleichen absoluten Kursgewinns bei Aktie und Option in Höhe von 20 Euro etwa dreimal so hoch wie bei der Aktie. Hier zeigt sich die „Hebelwirkung“ von Optionsscheinen.

Allerdings wirkt dieser Hebel ebenso kräftig bei einem negativen Kursverlauf der Aktie. Ein weiterer Nachteil von Optionsscheinen ist die begrenzte Laufzeit. Kommt es bis zum Ende der Laufzeit nicht zu dem erhofften Kursanstieg der Aktie, kann es zum Totalverlust des eingesetzten Kapitals kommen. Zudem erhalten die Inhaber von Optionsscheinen in der Zwischenzeit im Gegensatz zu Aktionären keine Dividende.

WISO rät: Achten Sie bei einer Geldanlage in Optionsscheinen immer genau auf Bezugspreis, Laufzeit und Aufgeld des jeweiligen Scheins. Liegt der Bezugspreis weit über dem Aktienkurs und ist zudem noch die Restlaufzeit kurz, ist die Chance für einen Anlageerfolg gering. Außerdem sollte das Aufgeld nicht zu hoch sein, da es sonst bei steigendem Kurs der Aktie passieren kann, dass der Kurs des Optionsscheins nicht oder nur unterproportional steigt, weil zunächst das Aufgeld abgebaut wird.

Sehr anzuraten: Risikobegrenzung

Eine Anlage in Optionsscheinen kann also unter Umständen sehr lukrativ sein. Sie birgt aber auch die Gefahr, hohe Verluste zu erleiden – bis hin zum Totalverlust. Hält man allerdings einige Regeln ein, lässt sich das Risiko in Grenzen halten. Es geht dabei vor allem um drei Punkte:

- Sie müssen die Kurse der gekauften Optionsscheine ständig beobachten, damit man weder eingetretene Gewinne verschläft noch durch einen Kursverfall überrascht wird. Das für Aktien oft empfohlene Rezept „kaufen und dann liegen lassen“ gilt hier auf keinen Fall.
- Ein Limit für Gewinne und Verluste setzen. Erreicht der Kurs Ihres Optionsscheins eine bestimmte Gewinnhöhe, sollten Sie konsequent verkaufen und nicht immer hoffen, dass es noch mehr werden könnte. Die Börse ist keine Einbahnstraße! So mancher gierige Anleger hat in der Hoffnung auf immer weiter steigende Kurse seinen gesamten Gewinn – und manchmal noch mehr – wieder verloren. Treten Kursverluste ein, so sollten Sie sich auch hier ein Limit setzen. Bis zu welchem Punkt sind Sie bereit, die Verluste zu tragen? Bei Erreichen dieser Grenze müssen Sie dann konsequent verkaufen. Es ist immer besser, einen begrenzten Verlust zu erleiden, als immer tiefer in die roten Zahlen zu geraten. Sowohl für Gewinn als auch Verlust sind Werte zwischen 10 und 30 Prozent als Limit realistisch. Die genaue Höhe hängt von Ihrer persönlichen Risikobereitschaft ab.

- Niemals alle Ersparnisse in Optionsscheine (oder in eine andere risikobehaftete Geldanlage) investieren. Legen Sie immer nur einen Teil Ihres Kapitals in riskanten Anlagen an – auch wenn der „gute Tipp" eines Bekannten oder eines Anlageberaters noch so verlockend erscheinen mag.

Eine gute Faustformel ist die „90-zu-10-Regel". Hierbei werden 90 Prozent des Kapitals in sichere Anlagen (wie Anleihen) investiert und nur die restlichen 10 Prozent in spekulative Finanztitel (wie Optionsscheine oder noch heißere Papiere). Selbst wenn dann ein Totalverlust bei den Optionsscheinen eintritt, wird er durch den Zinsertrag der Anleihen größtenteils wieder ausgeglichen. Die Substanz der Ersparnisse bleibt bei dieser Methode also weitgehend erhalten.

Bei größerer Risikobereitschaft können Sie diese Regel auch variieren und einen Teil der 90 Prozent in soliden Aktien anlegen. Aber der hochspekulative Anteil sollte sich nicht allzu weit von 10 Prozent Ihrer Gesamtanlage entfernen. Sie können angesichts der großen Gewinnchancen bei Derivaten dann immer noch hohe Gewinne erzielen, halten das Verlustrisiko aber in überschaubaren Grenzen.

Achtung: Eine Regel für die Geldanlage sollten Sie sich in jedem Fall merken und sich vor allem dann daran erinnern, wenn ein so genannter Anlageberater versucht, Sie mit „traumhaften" Gewinnversprechen von 30, 50 oder noch mehr Prozent dazu zu verführen, ihm Geld anzuvertrauen: Je höher der mögliche oder angeblich zu erwartende Gewinn, umso höher ist auch das Risiko des Totalverlustes.

Optionen und Futures: Wetten auf die Zukunft

Zu den spekulativsten und für Kenner auch interessantesten Anlageformen gehören Optionen und Futures. Es handelt sich dabei ebenfalls um Derivate, also Finanzinstrumente, deren eigener Wert vom Preis anderer Finanztitel oder Waren abhängt. Es sind also auch in diesem Fall „abgeleitete Werte". Kennzeichnend für ein Termingeschäft ist, dass in der Gegenwart bindende Vereinbarungen für ein Geschäft getroffen werden, das erst in der Zukunft abgeschlossen wird. Typischerweise werden dabei der Preis, die Liefermenge und der Zeitpunkt der Lieferung festgelegt. Für diejenigen, die sich an diesen Geschäften beteiligen, gibt es zwei sehr verschiedene Zielsetzungen:

- Die einen wollen sich durch Termingeschäfte gegen künftige Preisschwankungen absichern und so für ihre Produktion oder Kapitalanlagen eine sichere Kalkulationsgrundlage schaffen.
- Die anderen sind auf den Terminmärkten engagiert, weil sie deren Möglichkeiten für spekulative Gewinne nutzen wollen. Sie nehmen damit der anderen Seite weitgehend das Risiko ab.

Terminmärkte haben eine wichtige gesamtwirtschaftliche Funktion und sind nicht nur Tummelplätze für Spekulanten. Sie stabilisieren die Preisentwicklung für diejenigen, die Nahrungsmittel oder Rohstoffe produzieren und weiterverarbeiten. Sie erhalten durch die Möglichkeit des Kaufs und Verkaufs auf Termin eine stabilere Kalkulationsbasis. Für die Anleger und Spekulanten, die ihnen die Risiken abkaufen und als Lohn dafür auf hohe Gewinne hoffen, sieht es dagegen anders aus. Sie profitieren von der Ungewissheit.

WISO rät: Ehe Sie Ihr gutes Geld riskieren, sollten Sie es erst einmal virtuell versuchen. Termingeschäfte gehören zu den interessantesten, vielseitigsten, aber auch riskantesten Formen der Kapitalanlage. Wenn Sie dabei ein wenig „mitspielen" wollen, müssen Sie sich zuvor gründlich über die Funktionsweise von Terminmärkten informieren. Mit Hilfe einer Tageszeitung oder der Informationsangebote per Internet sollten Sie zunächst die Kursverläufe der an den Terminbörsen gehandelten Kontrakte verfolgen. Auf diese Art sind auch einige „Trockenübungen" möglich, indem Sie zunächst nur in der Fantasie und auf dem Papier ein wenig mitspekulieren. Sie können dies auch als privates „Börsenspiel" betreiben und erst einmal so tun, als ob Sie tatsächlich Termingeschäfte abschließen würden. Das schärft den Blick für die Chancen und Risiken. Voraussetzung ist natürlich, dass Sie sich nicht selber bemogeln.

Möchten Sie danach tatsächlich einsteigen, sollten Sie nur Geld einsetzen, dessen Verlust Sie notfalls verschmerzen können, also Geld, das nicht in absehbarer Zeit für irgendwelche anderen Zwecke benötigt wird. Das Risiko bei diesen Geschäften ist groß. Denken Sie immer daran, dass selbst ein so renommiertes Bankhaus wie die Londoner Barings Bank innerhalb weniger Tage erledigt war, weil einer ihrer Geldhändler „ein zu großes Rad gedreht" und seine Geschäfte nicht ausreichend abgesichert hatte. Das Ergebnis waren Milliardenverluste. Auch die seit Jahrzehnten im Rohstoffhandel tätige Metallgesellschaft (Frankfurt) geriet durch Fehldispositionen an der Warenterminbörse in eine Existenzkrise.

Vom Handschlag bis zur Computerbörse

Um die Terminbörse besser zu verstehen, ist ein kurzer Blick in ihre Geschichte hilfreich. Der Ursprung liegt im Handel mit Rohstoffen. Produzenten, die sich gegen sinkende Preise absichern wollten, trafen im Voraus Vereinbarungen mit ihren Abnehmern, in denen Preise und Liefermengen ihrer Erzeugnisse – wie beispielsweise Weizen, Kaffee oder Schweinebäuche – für einen bestimmten Termin in der Zukunft festgelegt wurden. Umgekehrt vereinbarten Abnehmer, die einen Preisanstieg befürchteten, mit ihren Lieferanten im Voraus den Abnahmepreis. Das Geschäft wurde unter ehrbaren Kaufleuten per Handschlag besiegelt. So entstanden schon zurzeit der Segelschiffe die ersten Warenterminbörsen.

Ihre im Prinzip bis heute gleich gebliebene Funktionsweise kann an einem Beispiel verdeutlicht werden: Ein Weizenproduzent erwartet in sechs Monaten eine große Ernte, die er dann sofort verkaufen will, um seine Arbeitskräfte bezahlen zu können, neues Saatgut zu kaufen usw. Der heutige Preis für Weizen liegt bei 250 Euro pro Tonne, schwankte aber in den letzten Monaten stark. Um keine Verluste zu erleiden und seine finanziellen Verpflichtungen erfüllen zu können, möchte sich der Weizenproduzent gegen fallende Preise absichern. Aus dem gleichen Grund möchte auch ein Hersteller von Backwaren, dessen Weizenvorräte nur noch für sechs Monate reichen, seine Geschäfte vor stark steigenden Preisen schützen.

Daher ist es für beide sinnvoll, gemeinsam ein Termingeschäft abzuschließen. Im Rahmen dieses Termingeschäfts einigen sie sich darauf, dass der Weizenproduzent in sechs Monaten einhundert Tonnen Weizen zum Preis von 250 Euro pro Tonne an den Backwarenhersteller liefert. Beide Vertragspartner sind nun gegen Preisschwankungen abgesichert und können auf Basis des fest vereinbarten Preises kalkulieren. Steigt der Marktpreis für Weizen, so hat der Hersteller von Brot ein gutes Geschäft gemacht, da der Weizenproduzent ihm den Weizen trotzdem zum vereinbarten Preis liefern muss. Sinkt dagegen der Preis für Weizen, kann sich der Produzent freuen, da ihm der Brothersteller seinen Weizen dennoch zum vereinbarten Preis abnehmen muss.

Unabhängig vom jeweiligen Marktpreis, der sich als Folge von Nachfrageschwankungen oder der Meldung von Missernten in der Zwischenzeit stark verändern kann, können beide Vertragspartner ihre Kalkulation auf die sichere Grundlage des vereinbarten Preises stellen. Als Preis für den Schutz vor Verlusten müssen sie aber auf mögliche Gewinne verzichten, die sich für den einen bei einem Preisanstieg und für den anderen aus einem Preisverfall ergeben würden.

In der Praxis geht es meist nicht so einfach wie in diesem Beispiel. Das Problem bei solchen frei ausgehandelten Termingeschäften besteht nämlich darin, dass sich selten zwei Vertragspartner finden, deren Bedürfnisse hinsichtlich Liefermenge, Preis und Liefertermin genau übereinstimmen. In der Realität wird der Weizenproduzent nur sehr schwer einen Brothersteller finden, der in genau sechs Monaten einhundert Tonnen Weizen benötigt und zudem bereit ist, ihm einen Preis von 250 Euro pro Tonne zu garantieren. Ein weiteres Problem ist, dass sich beide Vertragspartner darauf verlassen müssen, dass der andere den Vertrag tatsächlich einhält. Gerät der Brothersteller beispielsweise in Konkurs und kann daher das vereinbarte Geschäft nicht erfüllen, so war das Termingeschäft für den Weizenanbieter ein Flop. Fällt dann noch der Weizenpreis, kann das für den Getreideproduzenten zu so hohen Verlusten führen, dass er selber Pleite geht. Auf der anderen Seite könnte es auch passieren, dass der Farmer durch Misswirtschaft oder als Folge einer Missernte nicht in der Lage ist, zum festgelegten Zeitpunkt die vereinbarte Menge an Weizen zu liefern. Der Brothersteller muss dann das benötigte Getreide auf dem freien Markt kaufen. Da die Kalkulation des Brotherstellers aber auf dem vereinbarten Terminpreis beruht, kann dies bei gestiegenen Preisen zu herben Verlusten führen. Es kann aber auch sein, dass er die benötigten Mengen überhaupt nicht auftreiben kann. Das wird als das Erfüllungsrisiko eines Termingeschäfts bezeichnet.

Um derartige Risiken zu vermeiden, wurden Terminbörsen gegründet. An den Terminbörsen sorgt die so genannte Clearing-Stelle dafür, dass Käufer und Verkäufer von Terminkontrakten zusammenkommen und die Geschäfte ordnungsgemäß abgeschlossen werden. Wenn es sich um Börsen handelt, an denen Terminkontrakte auf Rohstoffe (wie beispielsweise Weizen, Schweinebäuche oder Orangensaft) gehandelt werden, spricht man von Warenterminbörsen. Wenn es um Finanztitel wie Aktien oder Anleihen geht, sind es Terminbörsen.

Deutschland ist in dieser Hinsicht ein Nachzügler gewesen. Denn hier gibt es erst seit 1988 die Deutsche Terminbörse und später die Eurex, an denen ein Handel mit Terminkontrakten auf deutsche Aktien und Anleihen möglich ist. Eine Warenterminbörse gibt es in Deutschland sogar erst seit April 1998. Mit Eröffnung der Warenterminbörse Hannover (WTB) wurde es für Anbieter und Nachfrager von deutschen Agrarprodukten erstmals möglich, in Deutschland Preise per Termin zu fixieren. Bis dahin waren Warentermingeschäfte für Deutsche nur an ausländischen Börsen möglich – beispielsweise in Chicago oder London.

Das Fehlen eines geregelten und von einer Aufsichtsbehörde überwachten Marktes für Warentermingeschäfte machte es windigen Anlageberatern in der Bundesrepublik besonders leicht, ihre Geschäfte zu betreiben. Die WTB wird als reine Computerbörse betrieben, das heißt, der Handel findet allein über Datennetze statt. Dies hat den Vorteil, dass man unabhängig vom jeweiligen Standort am Warenterminhandel teilnehmen kann, also beispielsweise von Frankfurt oder München, aber auch von Paris oder New York aus.

Deutsch-schweizerische Terminbörse

Im Bereich der Wertpapierderivate ist die Deutsche Terminbörse (DTB), die im Juni 1998 nach dem Zusammenschluss mit der schweizerischen Terminbörse in Eurex umbenannt wurde, der zentrale Handelsort für Terminkontrakte. Nach dem im gleichen Jahr erfolgten Zusammenschluss mit der Terminbörse in Zürich (Soffex) wurde auch der grenzüberschreitende Handel möglich. Er wurde 1999 durch eine transatlantische Kooperation mit der Terminbörse in Chicago und eine Zusammenarbeit mit weiteren europäischen Terminmärkten – wie der finnischen Terminbörse – zu einem interkontinentalen System ausgebaut. Im Gegensatz zu herkömmlichen Präsenzbörsen, bei denen Makler „auf dem Parkett“ tätig sind, lief der Handel mit Finanzterminkontrakten an der Deutschen Terminbörse von Beginn an nur elektronisch. Käufe und Verkäufe werden auch an der heutigen Eurex, die sich innerhalb kurzer Zeit zum weltweit größten Terminmarkt entwickelte, ausschließlich elektronisch abgewickelt. Nur so war auch der weltweite Verbund möglich. Durch eine solche Computerbörse sind die Marktteilnehmer nicht mehr (wie es früher auch bei Aktien und Anleihen der Fall war) an den Standort der Börse gebunden. Sie können von überall aus per Computerterminal am Handel teilnehmen.

Die Deutsche Terminbörse zählte international zu den jüngsten Terminbörsen. Ihre Gründung 1988 war ein wichtiger Schritt, um den Finanzplatz Deutschland im Wettbewerb um internationale Anleger zu stärken. Ein umfangreicher und gut funktionierender Markt für Terminkontrakte ist ein unverzichtbarer Bestandteil jedes wichtigen Finanzplatzes. Seit ihrer Gründung hat zunächst die DTB und danach die Eurex international und vor allem innerhalb Europas ständig an Bedeutung gewonnen und zählt heute weltweit zu den wichtigsten Terminbörsen. Im Handel mit Bund-Futures hat die Eurex schon kurz nach ihrer Gründung Ende der Neunzigerjahre sogar der Londoner Terminbörse LIFFE den führenden Rang abgejagt. An der deutsch-schweizerischen Eurex werden zum Beispiel die folgenden Werte gehandelt:

- Optionen auf Bundesanleihen und Bundesobligationen,
- Optionen auf den DAX, NEMAX, STOXX 50 sowie EuroSTOXX,
- Optionen auf umsatzstarke Aktien,
- Futures auf Bundesobligationen (so genannte Bobl-Futures),
- Futures auf langfristige Bundesanleihen (Bund-Futures),
- Futures auf den deutschen Aktienindex (DAX-Futures),
- Futures auf den Drei-Monats-EURIBOR.

An der Eurex findet der Handel nach dem Market-Maker-System statt. Den Market-Makern kommt die Aufgabe zu, einen kontinuierlichen Handel an der Terminbörse zu gewährleisten. Diese „Markt-Macher" sind Banken oder Wertpapierhäuser, die sich verpflichten, jederzeit als Käufer oder Verkäufer von Terminkontrakten aufzutreten, wenn ein Anleger Kontrakte erwerben oder veräußern möchte. Die Market-Maker sind verpflichtet, ständig faire Kurse für die gehandelten Titel zu stellen.

An der Eurex sind immer mehrere Market-Maker für die einzelnen Terminkontrakte zuständig. So entsteht Wettbewerb um den Geschäftsabschluss zwischen den verschiedenen Market-Makern. Die Marktteilnehmer oder Anleger können sicher sein, dass sie ihre Terminkontrakte jederzeit handeln können, ohne „über den Tisch gezogen" zu werden. Ein Marktteilnehmer, der aus irgendeinem Grund schnell einen Titel kaufen oder verkaufen muss, braucht also nicht zu fürchten, dass sein Handelspartner die Situation ausnutzt. Das Market-Maker-System sichert auf diese Art eine hohe Liquidität des Terminmarktes. Weitere Beteiligte am Börsenhandel sind die Börsenteilnehmer mit Eigen- und Kundengeschäft. Sie handeln entweder für eigene Rechnung oder im Auftrag

eines Kunden (zum Beispiel eines Privatanlegers). Der Handel mit Terminkontrakten an der Eurex findet immer über die so genannte Clearing-Stelle statt.

Aufgaben der Clearing-Stelle

Käufer und Verkäufer von Terminkontrakten haben immer die Clearing-Stelle als Partner. Die Clearingstelle übernimmt die Abwicklung, Abrechnung und Besicherung des Handels. Sie ist für jeden Käufer eines Terminkontrakts der Verkäufer und für jeden Verkäufer eines Terminkontrakts der Käufer. Die Clearing-Stelle führt Käufer und Verkäufer zusammen und übernimmt damit eine Vermittlerfunktion. So entfällt für den Käufer oder Verkäufer eines Terminkontrakts die schwierige Suche nach einem geeigneten Handelspartner.

In dem oben genannten Beispiel würde sich der Weizenproduzent also einfach über seine Bank an die Clearing-Stelle einer Warenterminbörse wenden und das Geschäft abschließen. Er kommt mit dem Backwarenhersteller nie persönlich in Kontakt. Ob dieser schließlich die Ware abnimmt oder nicht, ob er zahlungsfähig oder pleite ist, muss ihn deshalb nicht interessieren. Seit der Börsengesetznovelle von 1989 können auch Privatpersonen verbindliche Geschäfte an der Eurex abschließen. Voraussetzung ist, dass sie zuvor auf die besonderen Risiken von Börsentermingeschäften schriftlich hingewiesen wurden. Kunden (wie Unternehmen oder Privatanleger), die nicht Clearing-Mitglied sind, müssen ihre Geschäfte aber über Clearing-Mitglieder abwickeln, da nur diese direkt Geschäfte mit der Clearing-Stelle machen dürfen. An die Mitglieder der Clearing-Stelle werden hohe Bonitätsforderungen gestellt, damit sie ihren Verpflichtungen aus dem Clearing jederzeit nachkommen können.

Kommt ein Teilnehmer am Handel seinen Verpflichtungen nicht nach, übernimmt die Clearing-Stelle die Erfüllung des Geschäfts. Die Clearing-Stelle haftet also für die Erfüllung jedes Geschäfts. Um das Risiko der Nichterfüllung für die Clearing-Mitglieder und die Clearing-Stelle möglichst gering zu halten, wird von der Eurex bei bestimmten Termingeschäften eine Sicherheitenleistung (Margin) verlangt, deren Höhe sich am Risiko und am Volumen des jeweiligen Geschäfts orientiert.

Damit der Markt übersichtlich bleibt und bei allen gehandelten Derivaten immer eine genügend große Liquidität vorhanden ist, findet der Handel mit Optionen und Futures an der Terminbörse im standardisierten Handel statt. Das bedeutet, dass für die gehandelten Optionen und Futures nur bestimmte Laufzeiten, Basispreise und Handelsgegenstände möglich sind. Die Derivate, die an der Terminbörse gehandelt werden, unterscheiden sich hinsichtlich der Möglichkeiten, Rechte und Pflichten der Marktteilnehmer. Je nach Rechten und Pflichten unterscheidet man **Optionen** und **Futures.**

Das Recht, zu kaufen: Optionen

Eine Option ist ein Finanzinstrument, das dem Käufer das Recht einräumt (ihn aber nicht verpflichtet), einen vereinbarten Handelsgegenstand innerhalb einer bestimmten Frist oder zu einem bestimmten künftigen Zeitpunkt zu einem vorab vereinbarten Preis zu kaufen oder zu verkaufen. Für dieses Recht muss der Optionskäufer dem Optionsverkäufer eine Prämie zahlen. Der dem Geschäft zugrunde liegende Handelsgegenstand (Basiswert) kann eine Aktie oder Anleihe, ein Wertpapierindex, ein Warenterminkontrakt oder Rohstoff sein. Dabei wird zwischen Kauf- und Verkaufsoptionen (Call und Put) unterschieden.

Call: Der Käufer einer Kaufoption erwirbt das Recht, einen vereinbarten Handelsgegenstand (Basiswert) innerhalb einer bestimmten Zeitspanne (Optionslaufzeit) oder zu einem bestimmten Zeitpunkt in der Zukunft zu einem vorher vereinbarten Preis (Basiskurs) zu erwerben. Der Verkäufer einer Kaufoption (Stillhalter) verpflichtet sich, den Basiswert innerhalb der vereinbarten Laufzeit oder zu einem vereinbarten Zeitpunkt zum Basiskurs zu verkaufen. Der Käufer der Kaufoption muss für dieses Recht eine Prämie (Optionsprämie) an den Verkäufer der Kaufoption zahlen.

Put: Der Käufer einer Verkaufsoption erwirbt das Recht, den vereinbarten Handelsgegenstand innerhalb einer bestimmten Zeitspanne oder zu einem bestimmten Zeitpunkt in der Zukunft zu einem festgelegten Preis zu verkaufen. Der Verkäufer eines Puts (Verkaufsoption) verpflichtet sich, den Basiswert innerhalb der vereinbarten Laufzeit oder zu einem bestimmten Zeitpunkt zum Basiskurs zu erwerben. Der Käufer muss für dieses Recht eine Optionsprämie an den Verkäufer zahlen. Der Käufer kann seine Option während der Laufzeit jederzeit an der Terminbörse wieder veräußern. Der Kurs der Option ergibt sich wie bei anderen Wertpapieren aus Angebot und Nachfrage. Diese orientieren sich vor allem am Basiskurs, dem Kurs des Basiswerts und der Laufzeit der Option. Je nachdem, ob der Erwerber einer Option sein Recht während der gesamten Laufzeit oder nur zu einem bestimmten Zeitpunkt am Ende der Laufzeit ausüben kann, unterscheidet man so genannte amerikanische und europäische Optionen.

Ein Geschäft mit Erwartungen

Käufer und Verkäufer einer Option haben unterschiedliche Erwartungen, wie sich der Kurs des Basiswerts innerhalb der Laufzeit entwickeln wird. Das Risiko und Gewinnpotenzial der beiden Kontraktpartner liegt in der Preisentwicklung des zugrunde liegenden Handelsgegenstandes. Der Käufer einer Kaufoption rechnet damit, dass der Kurs des Basiswerts innerhalb der Laufzeit über den vereinbarten Preis steigen wird.

Der Verkäufer geht davon aus, dass der Kurs des Basiswerts unter den vereinbarten Basispreis sinkt. Steigt der Kurs des zugrunde liegenden Wertes (Aktie, Anleihe, Rohstoff) während der Laufzeit der Option über den Basiskurs, kann der Besitzer der Kaufoption vom Verkäufer den Basiswert (also zum Beispiel die Aktie) zum vereinbarten Preis beziehen und ihn in der Hoffnung auf weitere Kurssteigerungen behalten oder sofort an der Börse zum höheren Tageskurs verkaufen.

Der Gewinn (Verlust) des Käufers (Verkäufers) ist die Differenz zwischen Börsenkurs des Basiswerts und der Summe aus vereinbartem Preis und Optionsprämie. Fällt der Kurs des Basiswerts unter den vereinbarten Preis, so ist die Option am Ende der Laufzeit nichts mehr wert. Dann wäre es nämlich billiger, den Handelsgegenstand (zum Beispiel eine Aktie) an der Börse zu kaufen, als ihn beim Verkäufer der Kaufoption zu erwerben. Der Optionsbesitzer ist nämlich nur berechtigt, aber nicht verpflichtet, die Aktie zu kaufen. Der Verlust (Gewinn) des Käufers (Verkäufers) der Kaufoption ist die gezahlte Optionsprämie, also jener Preis, der für das Recht zu entrichten war. Diese Zusammenhänge sollen an einem Musterfall verdeutlicht werden:

Beispiel: Der Anleger Meier kauft im Februar eine Option, die ihn berechtigt, bis Juli 50 Aktien der XY-Gesellschaft zum Basispreis von 180 Euro zu kaufen. Hierfür muss er eine Optionsprämie in Höhe von 10 Euro pro Aktie, also insgesamt 500 Euro zahlen. Der Anleger Bauer verkauft im Februar eine identische Option und geht damit die Verpflichtung ein, bis April XY-Aktien zum Preis von 180 Euro zu verkaufen, wenn der Käufer der Option dies verlangt (also seine Option ausübt). Er erhält dafür 10 Euro pro Aktie an Optionsprämie, zusammen 500 Euro. Diesen Betrag hat der Verkäufer der Option sicher. Er geht dafür aber das Risiko ein, dass seine Aktien am Tag der Lieferung viel mehr wert sind als 180 Euro. Denn der Kurs kann in der Zwischenzeit über diesen Preis hinaussteigen.

Fall 1: Der Kurs der XY-Aktie erreicht im März einen Kurs in Höhe von 210 Euro. Der Anleger Meier nimmt sein Optionsrecht wahr und bezieht 50 XY-Aktien zum vereinbarten Preis von je 180 Euro. Dies ergibt für 50 Aktien einen Betrag von 9.000 Euro. Zusammen mit der bereits gezahlten Optionsprämie musste er also 9.500 Euro für die Aktien aufwenden. Anschließend verkauft er die Aktien zum Tageskurs von 210 Euro an der Börse. Dabei erlöst er 10.500 Euro. Es verbleibt ein Gewinn in Höhe von 1.000 Euro.

Pech für Herrn Bauer. Er musste seine Aktien zum Preis von 180 Euro pro Stück verkaufen. Er erhält einschließlich der schon zuvor kassierten Optionsprämie von 500 Euro insgesamt 9.500 Euro für seine 50 Aktien, obwohl diese am Fälligkeitstag an der Börse 10.500 Euro wert sind. Bei einem Verkauf zum Tageskurs hätte er 1.000 Euro mehr verdient. Der Gewinn von Meier entspricht dem Verlust von Bauer. Aus diesem Grund spricht man bei Options- und Futures-Geschäften auch von Nullsummenspielen.

Meier hätte auch seine Option an der Terminbörse wieder verkaufen können, statt die Aktien zu beziehen. Der Gewinn wäre etwa gleich hoch gewesen.

Fall 2: Der Kurs der XY-Aktie fällt und beträgt am Ende der Laufzeit nur noch 170 Euro. In diesem Fall lässt der Anleger Meier seine Option verfallen, da es für ihn billiger ist, die Aktien an der Börse zu kaufen, weil an diesem Tag die 50 XY-Aktien nur 8.500 Euro kosten. Würde er stattdessen seine Option ausüben, müsste er dem Verkäufer die vereinbarten 9.000 Euro zahlen. Das wären einschließlich der Optionsprämie 1.000 Euro mehr als der aktuelle Börsenpreis. Da Meier deshalb sein Optionsrecht nicht ausübt, hat er die Prämie von 500 Euro verloren. Herr Bauer, der Verkäufer der Option, wird nicht in Anspruch genommen. Er behält seine Aktien und die Optionsprämie.

Dieses Beispiel zeigt, dass sich das Verlustrisiko des Käufers einer Kaufoption auf die entrichtete Optionsprämie beschränkt. Der mögliche Gewinn ist „unbegrenzt", da der Kurs der zugrunde liegenden Aktie theoretisch unendlich hoch steigen kann.

Der mögliche Gewinn des Verkäufers einer Kaufoption beschränkt sich auf die erhaltene Prämie. Sein Verlustrisiko ist theoretisch unbeschränkt hoch – abhängig davon, wie hoch der Aktienkurs und damit sein entgangener Gewinn steigt. Das gilt vor allem dann – und in diesem Fall alles andere als nur theoretisch –, wenn der Verkäufer der Option die Aktien zum Zeitpunkt des Verkaufs noch nicht besitzt, also einen „Leerverkauf" vorgenommen hat. Damit geht der Verkäufer ein sehr hohes Risiko ein, da er im Falle der Ausübung der Option die Aktien an der Börse kaufen und zum vereinbarten niedrigeren Kurs an den Käufer der Option abgeben muss. Wie hoch ein solcher Verlust sein kann, lässt sich leicht erahnen, wenn man sich vorstellt, dass der Kurs der Aktie auf 2.000 Euro oder mehr steigen könnte. Einer möglicherweise sehr hohen Rendite steht bei so genannten „Leerverkäufen" auch ein gefährlich hohes Verlustrisiko gegenüber.

Käufer und Verkäufer von Optionen erwerben diese aus unterschiedlichen Gründen. So können sie Optionen aus rein spekulativen Absichten kaufen – wie in dem Beispiel Herr Meier. Es ist aber auch möglich, sich durch den Kauf oder Verkauf von Optionen gegen Kursrisiken abzusichern, wie der folgende Fall zeigt: Müller hat in seinem Wertpapierdepot 500 Aktien der BASF. Er weiß, dass er im April diese Aktien verkaufen muss, weil er das Geld für ein neues Auto braucht. Auf Grund einer akuten Dollarschwäche fürchtet er einen Ertragseinbruch bei der BASF. Das könnte an der Börse zu einem Kursverfall der BASF-Aktie führen. Falls sich der Dollarkurs erholt, erwartet Müller dagegen einen positiven Kursverlauf der Aktie. Er möchte sich aber in jedem Fall gegen einen eventuellen Kurseinbruch schützen. Aus diesem Grund kauft er eine Verkaufsoption, die ihn berechtigt, seine BASF-Aktien bis zum April zu einem Kurs von 50 Euro zu verkaufen. Hierfür zahlt er eine Optionsprämie in Höhe von 3 Euro pro Aktie, also insgesamt 1.500 Euro.

Fällt die Aktie während der Optionsfrist tatsächlich, so kann er von seinem Optionsrecht Gebrauch machen. Bleibt der Kurs hingegen konstant oder steigt, lässt Herr Müller die Option verfallen und nimmt den Kursgewinn mit. Die Optionsprämie war in diesem Fall eine Versicherungsprämie. Diese Absicherung gegen einen Kursverlust kostet den Anleger 1.500 Euro.

Floor: Sicherheitsgurt für Anleihekäufer

Floors sind Finanzinstrumente zur Absicherung gegen sinkende Zinsen. Floors werden vor allem von Anlegern genutzt, die in Anleihen mit variabler Verzinsung investiert haben. Der Käufer eines Floors kann während der Laufzeit vom Verkäufer des Floors die Zahlung der Differenz zwischen dem vereinbarten Mindestzins und dem tatsächlichen Zins verlangen, sobald der Marktzins unter die vereinbarte Grenze fällt. Wirtschaftlich gesehen entspricht ein Floor damit einer Serie von Kaufoptionen europäischen Typs mit verschiedenen Ausübungszeitpunkten.

Ähnlich wie bei einer Option treten auch bei einer Floor-Vereinbarung zwei Marktteilnehmer miteinander ins Geschäft. Der Käufer eines Floors erwirbt dabei vom Verkäufer des Floors das Recht auf Zahlung der Differenz zwischen dem Marktzins und dem vereinbarten Mindestzins. Die Zahlungen erfolgen zu bestimmten, vorab festgelegten Terminen während der Laufzeit der Vereinbarung. Für das Recht auf Zahlung der Zinsdifferenz muss der Käufer eine Prämie an den Verkäufer des Floors (auch Stillhalter genannt) zahlen. Ein Floor ist also ein Finanzinstrument, das der (Ver-)Sicherung von Anlegern gegen fallende Zinsen dient. Beim Kauf eines Floors werden die Floor-Bedingungen vorab vereinbart:

- Laufzeit,
- Zahlungstermine,
- Prämie,
- Basissummen, auf die sich der Zinssatz beziehen soll, sowie
- Floor- beziehungsweise Mindestzins.

Von ihrer Ausgestaltung und ihrer Verwendung her sind Floors das Gegenteil von Caps, mit denen Kreditnehmer sich gegen steigende Zinsen absichern können. Die Versicherung gegen fallende Zinsen ist natürlich nicht kostenlos zu haben. Die Absicherung kostet einen bestimmten Betrag und die Vereinbarung wird nur dann wirksam, wenn die vereinbarte Bedingung (also in diesem Fall das Unterschreiten eines bestimmten Zinssatzes) eintritt.

Floors eignen sich somit zur Absicherung der meisten Arten von variabel verzinslichen Anlagen, wie beispielsweise Floatern. Mit Hilfe von Floors können sich sowohl private und institutionelle Anleger als auch Banken dagegen absichern, dass die Verzinsung ihrer Investments und damit die erwartete Rendite unter einen bestimmten Mindestwert fällt. Banken nutzen Floors, um die von ihnen vergebenen, variabel verzinslichen Kredite nach unten abzusichern. Eine solche Absicherung ist beispielsweise dann sinnvoll, wenn eine Bank ein Darlehen auf variabler Zinsbasis vergibt, die Refinanzierung (die Aufnahme von Geld an anderer Stelle) aber auf fixer Basis vorgenommen hat.

Die Prämie, die ein Investor für den Kauf eines Floors an den Stillhalter des Floors entrichten muss, richtet sich zum einen nach der Laufzeit des Floors und zum anderen nach der Höhe des vereinbarten Mindestzinses. Je länger die Laufzeit eines Zinssicherungsinstruments ist, desto höher ist normalerweise der Preis, der für die Absicherung zu zahlen ist. Daneben hängt die Höhe der Prämie aber auch davon ab, wie weit der vereinbarte Mindestzins unter dem aktuellen Marktzins bei Abschluss der Vereinbarung liegt. Je weiter der Mindestzins unter dem Marktzins liegt (je geringer also auch das Risiko für den Stillhalter ist, tatsächlich zur Zahlung herangezogen zu werden), desto geringer wird die zu entrichtende Prämie sein.

Wirtschaftlich betrachtet kann man einen Floor mit einem Portfolio von europäischen Zinsoptionen mit unterschiedlichen Ausübungszeitpunkten vergleichen. Ein Floor berechtigt nicht nur einmal zum Erhalt einer Zahlung. Wenn die vereinbarten Bedingungen mehrfach eintreten, kann es auch mehrere Ausübungszeitpunkte geben.

Convertible Bonds: Schuldverschreibung plus Verkaufsoption auf Aktien

Eine interessante und erst seit Ende der Neunzigerjahre in Deutschland bekannte, neue Variante des Optionsgeschäfts ist eine Anleihe mit Aktien-Andienrecht (Reverse Convertible Bonds). Sie kann dazu dienen, besonders hohe Zinsen zu erwirtschaften oder auch erzielte Kursgewinne bei Aktien bis zu einem gewissen Grad durch den Tausch in gut rentierliche Anleihen abzusichern. Der Anleger erwirbt dabei eine Anleihe mit einer Laufzeit von ein oder zwei Jahren, die mit einem Zins von 10 bis 12 Prozent ausgestattet sein kann (zum Vergleich: Bundesanleihen brachten zur gleichen Zeit 1998 nur rund 4 Prozent). Allerdings muss – wirtschaftlich gesehen – gleichzeitig mit dem Kauf der Anleihe eine Put-Option verkauft werden. Zum Fälligkeitszeitpunkt erfolgt die Rückzahlung entweder bar oder in Form einer festgelegten Anzahl von Aktien. Der Emittent hat die Wahl, ob er bar zahlen oder die Aktien liefern will. So könnten die Anleihebedingungen beispielsweise vorsehen, dass eine Anleihe mit dem Nominalwert von 1.000 Euro am Ende der Laufzeit entweder in bar oder durch Lieferung von zehn Aktien der Deutschen Bank getilgt werden kann. Damit ist ein Reverse Convertible Bond sozusagen das Gegenteil zu einer Wandelschuldverschreibung, bei welcher der Anleger das Wahlrecht zwischen Rückzahlung oder Tausch in Aktien hat.

Der Emittent (eine Bank) wird so lange bar zahlen, wie der Kurs der jeweiligen Aktie über einer rechnerischen Schwelle liegt. Diese Schwelle ergibt sich durch die Division des Nominalwerts der Anleihe durch die Anzahl der wahlweise zu liefernden Aktien. Fällt der Aktienkurs unter diesen Schwellenwert, ist es für den Emittenten günstiger, statt der Rückzahlung des Anleihebetrages die Aktie zu liefern. Der Gläubiger muss sie annehmen. Er erhält daneben selbstverständlich auch den vereinbarten Zins.

Banken nutzen das Instrument des Reverse Convertible Bonds vor allem, um eigene Aktienbestände gegen Kursverluste abzusichern. Bei Kurssteigerungen kassieren sie die Gewinne. Fällt der Kurs der Aktie unter den Schwellenwert, muss die Bank die Anleihe nicht zurückzahlen, sondern liefert die Aktie. Die Kosten für die Absicherung liegen in den relativ hohen Zinsen, die auf die Anleihen zu entrichten sind.

Der Vorteil für den Anleger: Wenn er nicht mit weiter deutlich steigenden Kursen, sondern eher mit einer Seitwärtsbewegung rechnet, erhält er eine ansehnliche Verzinsung, die deutlich über dem Marktzins liegt. Bei sinkendem Kurs der zugrunde liegenden Aktie kommt er erst dann in die Verlustzone, wenn Kurs plus Zins unter den Anleihebetrag sinken. Dann hätte er die Aktie an der Börse günstiger erwerben können. Allerdings besteht in diesem Fall die Hoffnung, dass dieser Verlust durch einen späteren Wiederanstieg des Aktienkurses wettgemacht wird.

Beispiel: Ein Anleger verkauft 500 XY-Aktien beim Kurs von 60 Euro. Für die erlösten 30.000 Euro erwirbt er auf die gleiche Aktie lautende Reverse Convertible Bonds mit einem Zinscoupon von 10 Prozent. Der Bond kann wahlweise in bar oder durch Lieferung von 500 XY-Aktien zurückgezahlt werden. Steigt der Kurs der XY-Aktie bis zum Rückzahlungstermin in zwei Jahren auf 88 Euro, wird die Bank ihm einschließlich der Zinsen 36.000 Euro zurückzahlen, die Aktien aber behalten beziehungsweise an der Börse zum Tageskurs verkaufen. Sinkt der Kurs auf beispielsweise 44 Euro, ist es für die Bank vorteilhafter, die Aktie zu liefern. Der Anleger erleidet zwar in diesem Fall einen Verlust. Dieser wird aber durch die Zinszahlung stark gemildert. Allerdings: Im Gegensatz zu Kursgewinnen bei der Aktie (die nur bei Verkauf innerhalb der Spekulationsfrist versteuert werden müssen) ist die Zinszahlung in jedem Fall steuerpflichtig, sobald der Anleger mit seinen Zinseinkünften über dem steuerlichen Freibetrag liegt.

Aktienanleihen waren zeitweise in Deutschland sehr beliebt, weil die Banken mit Zinsen von 30 bis 50 Prozent lockten. Doch der starke Kursrutsch nach 2000 hat dazu geführt, dass die Banken statt der Rückzahlung der Anleihe die vereinbarte Lieferung von Aktien wählten, da deren Kurs am Stichtag oft weit unter dem Anleihebetrag lag. Wer diese Aktien sofort verkaufte, machte einen hohen Verlust. Wer damit wartete, konnte bei weiter fallenden Kursen noch höhere Verluste erleiden – oder das Glück haben, dass die Kurse dieser Aktien sich wieder erholten.

Futures: Chancen, Rechte und Pflichten

Futures sind Finanzinstrumente, die dem Inhaber das Recht und die Pflicht geben, einen zugrunde gelegten Handelsgegenstand zu einem vorab vereinbarten Preis am Ende der Laufzeit zu kaufen oder zu verkaufen. Je nachdem, ob es sich bei dem vereinbarten Lieferungsgegenstand um einen Finanztitel, einen Wertpapierindex, um Devisen oder um Rohstoffe, Schlachtvieh oder Rohstoffe usw. handelt, unterscheidet man Financial Futures oder Commodity-Futures.

Unterschiede zwischen Futures und Optionen: Beim Future gehen *beide* Vertragspartner, also Käufer und Verkäufer, eine Verpflichtung ein. Dagegen verpflichtet sich bei der Option nur der Verkäufer, zu liefern oder zu zahlen (siehe oben). Bei **Terminkontrakten** werden der Preis, die Menge und das Lieferdatum des zugrunde gelegten Wertes frei ausgehandelt. Terminkontrakte werden nicht an der Terminbörse gehandelt. Bei **Futures-Kontrakten** hingegen findet ein standardisierter Handel statt. Das bedeutet, dass nur bestimmte Mengen, Preise, Laufzeiten usw. zugelassen sind. Der Geschäftspartner bei einem Futures-Geschäft ist auch hier wieder die Clearing-Stelle.

Auch Futures-Geschäfte werden aus unterschiedlichen Gründen abgeschlossen. Sie dienen zum einen der Risikoabsicherung und zum anderen der Spekulation. Auch in diesem Fall gehen Käufer und Verkäufer von unterschiedlichen Erwartungen über die künftige Entwicklung aus: Der Käufer eines Future erwartet, dass der Preis des Gegenstandes, den er liefern muss, innerhalb der Laufzeit steigen wird. Der Verkäufer dagegen erwartet, dass der Preis fällt. Möchte sich der Erwerber eines Futures während der Laufzeit von seiner Verpflichtung zum Kauf oder Verkauf befreien (beispielsweise weil er seine Meinung über die Preisentwicklung geändert hat oder weil er entstandene Gewinne absichern will), kann er dies durch ein entsprechendes Gegengeschäft tun. Der Käufer eines Futures verkauft dann einen hinsichtlich Handelsgegenstand, Menge und Liefertermin identischen Future. Da sich diese Verpflichtungen gegenseitig ausgleichen, besteht per Saldo für ihn keine Verpflichtung mehr.

Der Handel mit Futures wurde in Deutschland erst in den Neunzigerjahren begonnen, nahm danach aber in seiner Bedeutung ständig zu. Zunächst wurden an der Deutschen Terminbörse Futures auf Bundesanleihen (so genannte Bund-Futures) und auf den deutschen Aktienindex DAX (so genannte DAX-Futures) gehandelt.

DAX-Futures

Sie berechtigen und verpflichten den Inhaber, einen theoretischen Aktienkorb (den deutschen Aktienindex, DAX) zu einem festen, vorab vereinbarten Preis zu einem bestimmten Termin zu kaufen oder zu verkaufen. Der Käufer eines DAX-Future ist berechtigt und verpflichtet, diesen theoretischen Aktienkorb zu kaufen. Umgekehrt ist auch der Verkäufer des DAX-Future berechtigt und verpflichtet, diesen Aktienkorb zu verkaufen. Diesen theoretischen Aktienkorb kann man sich als ein Depot vorstellen, dessen Zusammensetzung exakt der Struktur des DAX entspricht: Es enthält alle Aktien, deren Kurse für die Berechnung des Index herangezogen werden – einschließlich der dafür geltenden Gewichtung. Um den DAX-Future gut handelbar zu machen, wurden die Bedingungen dafür festgelegt, also ebenfalls standardisiert:

- Der Indexstand eines Kontrakts wird bis auf eine Stelle nach dem Komma ermittelt, also beispielsweise 7.146,5.
- Die kleinste handelbare Einheit eines DAX-Future-Kontrakts beträgt 25 Euro pro Indexpunkt. Bei einem DAX-Kurs (Indexstand) von beispielsweise 7.146 Punkten entspricht das einem Kontraktwert von 178.650 Euro.
- Es sind vier Fälligkeitstermine möglich: März, Juni, September und Dezember.
- Die kleinste Preisänderung (Tick) beträgt 0,5 Indexpunkte, also 12,50 Euro.
- Bei Abschluss des Vertrages stehen immer die nächsten drei möglichen Termine zur Verfügung. Möchte ein Anleger beispielsweise im April einen Future-Kontrakt abschließen, so kann er zwischen den Fälligkeitsterminen Juni, September und Dezember wählen. Die maximal mögliche Laufzeit des DAX-Future beträgt damit neun Monate.
- Der Schlussabrechnungstag, also der Tag, an dem die Gewinne und Verluste der fälligen Futures berechnet werden, ist immer der dritte Freitag im jeweiligen Monat (März, Juni, September oder Dezember).
- Der Future kann an der Terminbörse bis einen Börsentag vor dem Schlussabrechnungstag gehandelt werden.
- Die Erfüllung des Kontrakts kann nur durch Barausgleich zwischen den Clearing-Mitgliedern und der Eurex erfolgen.

Wichtig: Im Gegensatz zu den meisten anderen Derivaten kommt es beim DAX-Future am Ende der Laufzeit *nie* zur Lieferung des zugrunde gelegten Handelsgegenstandes, also des DAX-Index, da es sich um einen abstrakten „Gegenstand“ handelt. Stattdessen ist eine Auszahlung des Differenzbetrags zwischen festgelegtem Preis und Kontraktwert am Ende der Laufzeit vereinbart, also ein Barausgleich. Liegt der DAX am Ende der Laufzeit über dem vereinbarten Basispreis, erhält der Käufer eines DAX-Future eine Zahlung in Höhe der Differenz, während der Verkäufer eine Zahlung in dieser Höhe leisten muss.

Beispiel: Der Käufer eines DAX-Future mit dem Basispreis 7.500 erhält eine Zahlung in Höhe von 1.575 Euro, wenn der DAX am letzten Handelstag bei einem Stand von 7.563 Punkten schließt (5.563 – 5.500 x 25 Euro). Diesen Betrag muss der Verkäufer zahlen. Liegt der DAX hingegen am Ende der Laufzeit unter dem vereinbarten Basispreis, muss der Käufer des Future eine Zahlung in Höhe der Differenz leisten, die dem Verkäufer des Future in gleicher Höhe zufließt.

Der Käufer eines DAX-Future kann sich glattstellen, indem er einen bezüglich Laufzeit und Preis identischen Future verkauft. Analog kann sich der Verkäufer eines DAX-Future glattstellen, indem er einen identischen Future kauft. Wie bei allen Future-Kontrakten besteht also für Käufer und Verkäufer eines DAX-Future die Möglichkeit, sich vor Fälligkeit des Kontrakts durch Glattstellung vorzeitig aus ihren Verpflichtungen zu befreien und so Gewinne abzusichern oder Verluste zu begrenzen. Um das Risiko für die Clearing-Stelle aus dem Futures-Handel zu begrenzen, also der Gefahr zu begegnen, dass Mitglieder der Clearing-Stelle oder deren Kunden ihren Verpflichtungen nicht nachkommen können, verlangt diese, dass die Käufer und Verkäufer von Futures eine Sicherheitenleistung, die so genannte Margin, einbringen.

Kauf und Verkauf von Futures

Wenn Sie als Privatanleger mit DAX-Future-Kontrakten handeln möchten, müssen Sie sich an Ihre Hausbank wenden. Sie kauft oder verkauft dann für Sie einen solchen Kontrakt, da nur Mitglieder der Terminbörse mit der Clearing-Stelle Termingeschäfte abschließen können. Die gesetzlich vorgeschriebene Voraussetzung dafür ist, dass Sie zuvor Ihre Fähigkeit zum Abschluss von Termingeschäften nachgewiesen haben. Dazu müssen Sie einen Vordruck unterschreiben, mit dem Sie bestätigen, dass Ihnen die Grundregeln von Termingeschäften bekannt sind und dass Sie von Ihrem Kreditinstitut oder Broker über die Risiken dieser Art von Geschäften hinreichend informiert worden sind.

Die Margin

Hier geht es um eine Sicherheitenleistung und tägliche Abrechnung: Bei der Sicherheitenleistung wird zwischen der Initial- und Variation-Margin unterschieden. Bei der Eröffnung einer Future-Position, also dem Kauf oder Verkauf eines Future, ist zunächst die Initial-Margin zu hinterlegen. Die Höhe dieser Margin ergibt sich aus der Kursschwankungsbreite eines solchen Future in der Vergangenheit und der erwarteten Schwankungsbreite während seiner Laufzeit.

Beispiel: Der Kaufkurs des DAX-Future beträgt 7.500 Indexpunkte. Der Kontrakt hat also einen Wert von 187.500 Euro. Die erwartete Schwankungsbreite, also die erwartete mögliche Kursänderung, beträgt 50 Punkte. Der Käufer des Future (oder der Verkäufer) muss also 1.250 Euro (50 Punkte mal 25 Euro) als Sicherheitenleistung (Initial-Margin) hinterlegen. Diese Initial-Margin bleibt so lange unverändert, wie die Eurex keine Änderungen der Schwankungsbreite erwartet. Kommt es aber auf Grund eines sehr unruhigen Marktes zu stärkeren Schwankungen des DAX, und die Eurex erwartet, dass die tatsächliche Schwankungsbreite über die zugrunde gelegten 50 Indexpunkte hinausgeht, kann sie eine Erhöhung der Initial-Margin verlangen.

Ganz anders sieht es bei der Variation-Margin aus. Denn dabei handelt es sich um die tägliche Gutschrift oder Belastung von entstehenden Gewinnen und Verlusten.

Beispiel: Der Kaufkurs des DAX-Future am 1. März eines Jahres beträgt 7.560 Punkte. Der Abrechnungskurs (Settlement) am 2. März beträgt 7.575 Punkte. Der Käufer des DAX-Future erhält eine Gutschrift in Höhe von 375 Euro (15 Punkte mal 25 Euro). Der Käufer des DAX-Future kann über diesen Gewinn sofort verfügen. Am 3. Januar des folgenden Jahres beträgt der Abrechnungskurs 7.525 Punkte. Das ist ein Verlust von 35 Indexpunkten gegenüber dem Einstandskurs. Es erfolgt eine Belastung des Margin-Kontos in Höhe von 875 Euro (also 35 x 25 Euro). Der Future-Inhaber schließt am 4. Januar seine Position. Der Kurs des DAX-Future beträgt 7.540 Punkte. Der Anleger erhält eine Gutschrift in Höhe von 375 Euro (15 Indexpunkte mal 25 Euro). Per Saldo hat der Käufer des DAX-Future einen Verlust von 125 Euro erlitten.

Für den Verkäufer eines DAX-Future erfolgt die Berechnung der Variation-Margin analog, nur dass hier die Belastungen erfolgen, wenn der Kurs des Future über den Einstandskurs steigt, und Gutschriften vorgenommen werden, wenn der Kurs unter den Einstandskurs fällt. Sinkt der Saldo des Margin-Kontos unter einen bestimmten Betrag (Maintenance-Margin), so kann die Terminbörse einen Nachschuss verlangen. Der Anleger muss dann sein Sicherheitenkonto wieder auf den vereinbarten Betrag aufstocken. Kann der Future-Inhaber den verlangten Nachschuss nicht erbringen, ist die Clearing-Stelle befugt, die bestehende Position glattzustellen, also ein identisches Gegengeschäft zu tätigen. Die Tatsache, dass der Anleger bei Abschluss des Future-Geschäfts nie den vollen Kontraktwert einzahlen muss, sondern nur die Margin, bewirkt, dass solche Investments über eine enorme Hebelwirkung verfügen.

Beispiel: Ein Anleger erwirbt einen DAX-Future zum Kurs von 7.500 Punkten. Dies entspricht einem Kontraktwert von 187.500 Euro. Die Clearing-Stelle verlangt, dass der Anleger eine Initial-Margin in Höhe von 375 Punkten, also 9.375 Euro hinterlegt, dies entspricht einer Schwankungsbreite von 5 Prozent. Im Vergleich zum Kontraktwert muss also nur ein verhältnismäßig geringer Kapitaleinsatz erbracht werden. Kommt es zu einer Veränderung des DAX in Höhe von 3 Prozent nach oben oder nach unten, also einer Zunahme oder Abnahme um 225 Punkte, bedeutet dies eine absolute Vermögensveränderung in Höhe von 5.625 Euro. Bezieht man die Summe aber auf das eingesetzte Kapital, so bedeutet eine dreiprozentige Veränderung des DAX eine positive oder negative Rendite von 60 Prozent.

Die Kontrolle verloren

Am obigen Beispiel wird schnell klar, wie es 1995 zu der Pleite der britischen Barings Bank kommen konnte. Mit einem Kapitaleinsatz von ein paar hunderttausend Dollar konnte ein einziger Händler einen Verlust von umgerechnet fast einer Milliarde Euro verursachen – eine Summe, die eine Bank von der Größe der Barings Bank nicht decken konnte. Der Händler hatte massiv Futures auf den japanischen Nikkei-Index abgeschlossen, und das Geschäft war außer Kontrolle geraten. Auch private Anleger können durch derartige Spekulationen in eine sehr schwierige Lage kommen. Deshalb müssen solche Geschäfte immer mit größter Vorsicht und unter ständiger Beobachtung des Marktes betrieben werden, damit eine Position notfalls rasch durch ein Gegengeschäft geschlossen werden kann.

Auch der Futures-Markt wurde nicht geschaffen, um Zockern eine Spielwiese zu bieten. Aber Spekulanten sind wichtig, damit der Markt seine Funktion erfüllen kann. Wie alle Terminbörsen hat nämlich auch der Handel mit Index-Futues eine wichtige gesamtwirtschaftliche Funktion. Anleger kaufen und verkaufen DAX-Futures aus unterschiedlichen Motiven. DAX-Future-Kontrakte können sowohl zur Absicherung von bestehenden Depots gegen Kursverluste dienen als auch zu spekulativen Zwecken abgeschlossen werden. Beide Motive ergänzen sich zu einer ökonomisch sinnvollen Veranstaltung.

Kurssicherung mit DAX-Futures

Die Kurssicherung ist der eigentliche Grund für die Existenz von Index-Futures. Vor allem große Kapitalanlagegesellschaften – wie Investmentfonds oder Versicherungen – nutzen diese Möglichkeit der Risikoabsicherung. Verwaltet ein Investmentfonds ein Wertpapierdepot, das in seiner Zusammensetzung dem DAX-Index weitgehend entspricht, so besteht für diese Gesellschaft die Möglichkeit, sich mit dem Kauf oder Verkauf von DAX-Futures gegen Kursrisiken abzusichern. Erwartet die Gesellschaft beispielsweise kurzfristig fallende Kurse, will ihre Aktien aber nicht verkaufen, da sie langfristig mit steigenden Kursen rechnet, so kann sie das Risiko durch den Verkauf von DAX-Futures reduzieren.

Fallen die Kurse der Aktien tatsächlich, so werden die Kursverluste der Aktien in dem Depot ganz oder teilweise durch die Gewinne aus den verkauften DAX-Futures ausgeglichen. Steigen die Kurse der Aktien hingegen, so werden die Verluste, die aus dem Verkauf der Futures entstehen, durch die Gewinne der Aktien ausgeglichen. Das ist am einfachsten, wenn der Fonds (oder auch ein Privatanleger) bei seinen Geldanlagen exakt den DAX abbildet – also alle darin enthaltenen Aktien entsprechend ihrer Gewichtung im Index kauft. Die Absicherung eines Depots mit einem DAX-Future ist aber auch

dann möglich, wenn es sich in seiner Zusammensetzung von dem Aktienkorb unterscheidet, der dem deutschen Aktienindex zugrunde liegt. Zur Berechnung sind dann allerdings recht komplizierte und umfangreiche mathematische Modelle notwendig.

Professionelle Finanzmanager nutzen das Instrument DAX-Futures sehr stark: Ein Investmentfonds, der zu einem bestimmten Zeitpunkt Aktien kaufen möchte, weil er mit steigenden Kursen rechnet, die entsprechenden Gelder aber noch nicht zur Verfügung hat, kann sich das Kursniveau durch den Kauf eines DAX-Futures sichern. Steigen die Kurse tatsächlich, so kann er die Futures wieder verkaufen und Aktien kaufen, ohne die Aufwärtsbewegung verpasst zu haben.

Spekulation mit DAX-Futures

Anleger oder Fondsmanager können mit Hilfe des DAX-Future sowohl auf steigende als auch auf fallende Kurse spekulieren. Neben der Risikoabsicherung mit Hilfe von Aktienindex-Futures spielt daher die Spekulation mit Hilfe des Anlageinstruments DAX-Future eine große Rolle. Erwartet ein Anleger fallende Kurse bei deutschen Aktien, kann er DAX-Futures verkaufen. Fallen die Kurse der deutschen Standardwerte tatsächlich, erzielt er Kursgewinne. Sollten die Kurse allerdings steigen, muss er unter Umständen beträchtliche Verluste hinnehmen. Umgekehrt kann ein Anleger, der steigende Kurse erwartet, DAX-Futures kaufen. Er wird bei steigenden Aktienkursen Gewinne und bei fallenden Kursen Verluste erzielen. Die Anlage in DAX-Futures bietet dem Investor damit die Möglichkeit, mit relativ geringem Kapitaleinsatz hohe Gewinne zu erzielen. Sie birgt umgekehrt aber auch das Risiko von beträchtlichen Verlusten. Der DAX-Future wird an der Eurex zwischen 9.30 und 16.00 Uhr gehandelt.

Bund-Futures: die idealtypische Anleihe

Der Bund-Future ist eine fiktive, idealtypische Bundesanleihe, die in Realität so nicht existiert. Diese Anleihe hat eine Nominalverzinsung von 6 Prozent und eine Laufzeit von zehn Jahren. Diese Art von Futures gibt dem Inhaber das Recht und die Pflicht, zu einem festgelegten Zeitpunkt eine idealtypische Bundesanleihe im Wert von nominal 100.000 Euro zu kaufen oder zu verkaufen. Eine solche fiktive Referenzgröße als Basiswert ist auf Grund der vielen verschiedenen Bundesanleihen notwendig, die tatsächlich an der Börse gehandelt werden. Sonst müssten Futures auf jeden einzelnen Wert abgeschlossen werden. Das würde die Übersichtlichkeit und Handelbarkeit solcher Futures stark einschränken.

Wie bei allen Futures können sich Käufer und Verkäufer ihrer Verpflichtung durch ein identisches Gegengeschäft entledigen. Der Käufer eines Bund-Future kann sich also „glattstellen“, indem er einen bezüglich Preis und Laufzeit identischen Bund-Future verkauft. Analog wird der Verkäufer eines Bund-Future sich durch einen Kauf glattstellen. Somit haben beide Kontrahenten die Möglichkeit, entstandene Gewinne zu sichern oder Verluste zu begrenzen. Dies bewirkt, dass nur sehr selten ein Future am Ende der Laufzeit tatsächlich ausgeübt wird. Wird der Future aber tatsächlich am Ende der Laufzeit ausgeübt, muss die fiktive Anleihe in tatsächliche Bundesanleihen umgerechnet werden, die dann vom Verkäufer eines Future an den Käufer eines Future ausgeliefert werden.

Der Kontrakt ist so gestaltet, dass mehrere Anleihen zur Lieferung in Frage kommen. Nach den Bestimmungen für Bund-Futures sind alle Bundesanleihen mit einer Restlaufzeit von achteinhalb bis zehn Jahren zur Lieferung zugelassen. Der Verkäufer eines Bund-Future hat damit die Wahl, aus einem Bündel von Bundesanleihen die für ihn billigste zu liefern („cheapest-to-deliver“). Durch die Möglichkeit, unterschiedliche Anleihen zu liefern, wird die Gefahr der Illiquidität reduziert.

Der Bund-Future wird an der Eurex ebenso wie an der London International Financial Futures Exchange (LIFFE) gehandelt. Der Preis eines Bund-Future an der deutschen oder britischen Terminbörse wird wie bei allen börsengehandelten Wertpapieren durch Angebot und Nachfrage bestimmt. Die Anleger richten sich bei ihren Kauf- oder Verkaufsentscheidungen nach Faktoren wie Kurserwartungen, Zinshöhe und Finanzierungskosten.

Bei der Betrachtung eines spezifischen Bund-Future muss zwischen dem rechnerischen und dem tatsächlichen Wert unterschieden werden. Der rechnerische Wert ist der Preis, der theoretisch für den Future gerechtfertigt wäre, wohingegen der tatsächliche Preis derjenige ist, der sich an der Terminbörse aus dem Verhältnis von Angebot und Nachfrage ergibt. Um den rechnerischen Wert eines Bund-Future zu ermitteln, benötigt man eine Angleichung sämtlicher lieferbaren Bundesanleihen an das Renditeniveau der idealtypischen Bundesanleihe mit einer Nominalverzinsung von 6 Prozent. Die Angleichung der möglichen Bundesanleihen erfolgt mit Hilfe des Preisfaktors. Der Preisfaktor ist der Kurs pro 1 Euro nominal am Liefertag, bei dem die Anleihe eine Rendite, bezogen auf die Endfälligkeit, von genau 6 Prozent hat. Die Preisfaktoren werden für jede Anleihe und für jeden Liefertermin schon im Voraus berechnet.

Beispiel: Eine Anleihe mit einem Nominalzins von 8,5 Prozent und einer Restlaufzeit von genau neun Jahren hat einen Preisfaktor von 1,1701. Dies bedeutet, dass diese Anleihe bei einem Kaufkurs von 117,01 (Nominalwert mal Preisfaktor) eine Rendite von 6 Prozent erwirtschaftet. Bei der Ermittlung des rechnerischen Wertes eines Future geht man grundsätzlich von folgender Fragestellung aus: Welchen Betrag wäre ein Anleger bereit zu zahlen, wenn er alternativ zu einer Kassaposition (also Kauf einer Bundesanleihe an der Börse) einen Bund-Future kaufen würde? Der Anleger wäre bereit, einen Preis zu zahlen, bei dem die Rendite bei beiden Alternativen identisch ist.

Der rechnerische Wert eines Future ändert sich also ständig – abhängig davon, wie sich die Kurse der Bundesanleihen verändern. Der tatsächliche Kurs eines Bund-Future an der Terminbörse weicht meist von dem rechnerischen Wert ab, da die Anleger auf Grund spekulativer Erwartungen oftmals bereit sind, mehr als diesen rechnerischen Wert zu zahlen. Am letzten Handelstag ist der rechnerische Wert eines Bund-Future aber grundsätzlich mit seinem tatsächlichen Wert identisch, da keinerlei Spekulation mehr stattfindet.

Bund-Futures werden von den Anlegern aus zwei verschiedenen Motiven gekauft. Zum einem werden sie verwendet, um sich gegen Zinsschwankungen und die daraus resultierenden Kursschwankungen abzusichern. Zum anderen werden aber auch Kontrakte in Bund-Futures abgeschlossen, um auf bestimmte Kursschwankungen zu spekulieren. Hierbei werden Anleger, die steigende Kurse erwarten (sinkende Zinsen), Bund-Futures kaufen, wohingegen Anleger, die sinkende Kurse erwarten (steigende Zinsen), Bund-Futures verkaufen werden. Kommt es am Fälligkeitstag des Future zur Lieferung, haben sich also Käufer und/oder Verkäufer nicht glattgestellt, so wird der Abrechnungspreis ermittelt, den der Käufer des Bund-Future an den Verkäufer zahlen muss. Es kommt allerdings bei Futures nur in wenigen Fällen tatsächlich zur Lieferung. Käufer und Verkäufer von Futures stellen sich meist schon vor Fälligkeit durch identische Gegengeschäfte glatt.

Futures-Fonds: Gewinne bei steigenden oder fallenden Aktienkursen

Futures-Fonds zählen zu den Exoten unter den in Deutschland gehandelten Fondsarten. Diese Art des Investmentfonds legt die Gelder seiner Kunden in Futures an, die je nach Anlagegrundsätzen zum Bezug eines Wertpapierindex, von Devisen, Anleihen oder Waren berechtigen. Futures-Fonds zeichnen sich durch hohe Kursschwankungen aus und richten sich zum einen an renditeorientierte, risikofreudige Börsianer und zum anderen an Anleger, die mit Hilfe eines solchen Engagements ihre bestehenden Wertpapierdepots absichern möchten.

Futures-Fonds sind eine in Deutschland noch wenig bekannte Form des klassischen Investmentfonds. Diese Fondsvariante konzentriert ihre Investments ganz auf den Kauf oder Verkauf von Futures an den internationalen Terminmärkten. Der Schwerpunkt der Anlage dieser Fonds liegt meist im Bereich der Financial Futures, also je nach Zielrichtung und Anlagegrundsätzen bei Devisen-Futures, Index-Futures oder Zins-Futures. Es werden aber auch Futures-Fonds gehandelt, die sich auf Waren-Futures, so genannte Commodity-Futures, spezialisiert haben. Gehandelt werden die den Fonds zugrunde liegenden Terminkontrakte an allen großen Terminmärkten, wie etwa an der Eurex oder der ihr verbundenen Chicago Board of Trade (CBOT).

Die Direktanlage in Futures ist für die meisten Privatanleger auf Grund der starken Volatilität dieser Finanzinstrumente mit einem zu hohen Risiko verbunden. Zudem setzt das Engagement an den Futures-Märkten ein hohes Maß an Fachwissen sowie ein nahezu tägliches Engagement von Seiten der Anleger voraus. Diese Gründe führten unter anderem zur Entwicklung von Futures-Fonds. Hier kann der Anleger die Chancen, die ein Engagement am Terminmarkt bietet, wahrnehmen, ohne sich täglich selber intensiv mit der Entwicklung der gehandelten Futures auseinander zu setzen. Durch die vertragliche Konstruktion von Futures ist es möglich, sowohl auf steigende als auch auf fallende Kurse zu spekulieren. Diese Möglichkeit besteht beim direkten Kauf von Aktien oder Anleihen nicht, da diese nur bei steigenden Kursen positive Ergebnisse erzielen können. Bei Futures dagegen lassen sich sowohl bei steigenden als auch bei fallenden Kursen Gewinne erwirtschaften. Ein Futures-Fonds kann daher so strukturiert werden, dass er sich bei fallenden Kursen an der Börse gegenläufig entwickelt, also Gewinne erwirtschaftet. Manager von Futures-Fonds können also in jeder Börsensituation Gewinne für ihre Anleger erwirtschaften. Die Kunst liegt allerdings darin, den jeweiligen Börsentrend rechtzeitig zu erkennen und dementsprechende Derivative zu erwerben.

Futures-Fonds sind die wohl volatilste Form der Investmentfonds, da eine breite Risikostreuung wie bei Aktienfonds oder Optionsscheinfonds nicht möglich ist. Sie ist auf Grund des spekulativen Charakters solcher Fonds oft auch gar nicht gewollt. Die meisten gehandelten Futures-Fonds zeichnen sich durch starke Kursschwankungen aus und sind daher für den eher vorsichtigen, risikoscheuen Anleger nicht geeignet. Der spekulative Anleger dagegen, der sich auf den Futures-Märkten nicht oder nicht gut genug auskennt oder nicht so viel Zeit wie in diesem Fall nötig investieren kann, aber trotzdem eine Anlage sucht, die sehr hohe Renditen ermöglicht, liegt mit Futures-Fonds richtig. Sie bieten ihm die Möglichkeit, das Fachwissen professioneller Fondsmanager für sich zu nutzen und so indirekt am Terminhandel teilzunehmen.

WISO rät: Bei spekulativen Anlageinstrumenten wie Futures-Fonds immer beachten, dass nur ein Teil des Vermögens in ein solches Finanzinstrument investiert werden sollte. Futures-Fonds sollten für den normalen Anleger immer nur eine Depotbeimischung sein, nie der einzige Vermögensträger.

Anleger sollten sich regelmäßig über den Kursverlauf, also die Performance, der Fondsanteile informieren, um die auf Grund der hohen Volatilität vergleichsweise kurzfristig auftretenden Gewinne realisieren zu können und Verluste durch schnellen Verkauf der Anteile möglichst gering zu halten.

Für interessierte Anleger ist die Auswahl an Futures-Fonds in Deutschland und Europa allerdings immer noch gering. Daher muss in der Regel auf ausländische – vor allem amerikanische Fonds – zurückgegriffen werden. Dadurch wird das Risiko jedoch zusätzlich erhöht, da dem deutschen Anleger meist nur spärliche Informationen zur Verfügung stehen. Daher sollte dem Engagement in Futures-Fonds immer eine ausführliche Beratung durch einen erfahrenen Wertpapierspezialisten einer Bank sowie eine intensive Auseinandersetzung des Anlegers mit den Chancen und Risiken jedes in Frage kommenden Fonds vorausgehen.

Spekulieren mit dem Dollar und anderen Währungen

Eine weitere Möglichkeit, Kursschwankungen für Spekulationen zu nutzen, ist die Kapitalanlage in US-Dollar und anderen Währungen. Vor allem in Jahren, in denen der US-Dollar heftige Sprünge nach oben und unten macht, können sich geschickte Spekulanten daran eine „goldene Nase“ verdienen. Auch vor dem Hintergrund einer Stärke oder Schwäche des Euro kann die Spekulation auf den Kurs des US-Dollar beziehungsweise des Euro erhebliche Gewinne, aber auch schmerzhafte Verluste bringen.

Vorsicht: Wie immer gilt, dass da, wo hohe Gewinne locken, bei ungünstigem Verlauf auch mit manchmal extremen Verlusten zu rechnen ist.

Die einfachste Möglichkeit, auf einen steigenden Dollar zu setzen, ist der Weg zur Bank. Dort kann sich jeder am Schalter einige Dollar-Noten kaufen. Steigt der Dollar, lassen sich diese wieder zum höheren Kurs verkaufen. Sollte der Dollar hingegen fallen, so bleibt immer noch die Möglichkeit, die erworbenen Dollar beim nächsten Urlaub auszugeben. Mit dem direkten Kauf von Währungen sind allerdings zwei Probleme verbunden: Zum einen lässt sich so nur auf **steigende** Kurse setzen, und zum zweiten ist die dabei erzielbare Rendite vergleichsweise gering. Hinzu kommen die bei Bargeld besonders hohen Kauf- und Verkaufsspesen sowie das Verlust- und Diebstahlsrisiko.

Beispiel: Ein Anleger vermutet, dass der US-Dollar in den nächsten Wochen im Kurs steigen wird, und möchte an diesen Kurssteigerungen teilnehmen. Aus diesem Grund kauft er bei seiner Bank 100.000 US-Dollar. Der amtliche Mittelkurs liegt bei 0,91, das heißt, 1 Euro kostet 0,91 US-Dollar beziehungsweise 1 US-Dollar kostet 1,1 Euro. Der Anleger muss also eine Gesamtsumme in Höhe von 110.000 Euro aufwenden. Nun steigt der Dollarkurs innerhalb von vier Wochen auf den amtlichen Mittelkurs von 0,88 Dollar pro Euro. Der Anleger verkauft seine Dollar an die Bank und erhält 113.636 Euro. Dies entspricht einem Gewinn in Höhe von 3.636 Euro oder einer Rendite von rund 3,3 Prozent, bezogen auf den Zeitraum der Transaktion. Würde man bei der Rechnung berücksichtigen, dass die Bank den Dollar normalerweise zum höheren

Geldkurs verkauft und zum niedrigeren Briefkurs kauft, so wäre die Rendite deutlich geringer, vielleicht sogar negativ.

Eine Anlage in Devisenoptionen oder Devisen-Futures kann demgegenüber eine wesentlich höhere Rendite erbringen, verursacht nicht die gleichen Spesen und bringt kein Diebstahlsrisiko mit sich. Dafür ist dieser Weg aber mit einem viel höheren Risiko verbunden.

Handel mit Devisenoptionen

Diese Spezialform der Optionen berechtigt den Inhaber, einen bestimmten Währungsbetrag, beispielsweise 1 Million japanische Yen oder 100.000 Dollar, zu einem festen, vorab vereinbarten Kurs (Basispreis) zu einem bestimmten Termin zu kaufen (Devisen-Call-Option) oder zu verkaufen (Devisen-Put-Option). Für dieses Recht muss der Inhaber eine Prämie zahlen, die sich aus Angebot und Nachfrage an den Märkten ergibt.

Devisenoptionen werden an den Terminbörsen gehandelt. Zu den wichtigsten Terminbörsen, an denen Devisenoptionen gehandelt werden, zählen die Chicago Board Option Exchange (CBOE) und die London Stock Exchange. Solange der Handel von Devisenoptionen an der Deutschen Terminbörse nicht möglich ist, muss der deutsche Anleger an einer der ausländischen Terminbörsen kaufen und verkaufen. Das ist im Allgemeinen mit höheren Gebühren verbunden. Zudem lassen sich die Kurse schlechter beobachten.

WISO rät: Eine gute Alternative zum Kauf von Devisen-Calls oder Devisen-Puts sind die von deutschen und ausländischen Banken emittierten Devisenoptionsscheine. Hierbei handelt es sich grundsätzlich um so genannte nackte Optionsscheine oder Covered Warrants, also Optionsscheine, die ohne eine Optionsanleihe herausgegeben werden (siehe auch „Optionsanleihen“).

Bei der Vielzahl der angebotenen Devisenoptionsscheine muss der Anleger aber sehr genau auf die Ausgestaltung der einzelnen Scheine achten: auf den Basispreis, das Aufgeld, den Hebel und die Laufzeit, um eine faire Chance auf einen Kursgewinn zu haben. Es werden sowohl Verkaufs- als auch Kaufoptionsscheine angeboten. Gehandelt werden diese Papiere am deutschen Markt. Der Handel mit Devisenoptionen ist stark standardisiert. Dadurch sind sie leichter zu handeln. Das bedeutet: Devisenoptionen sind bezüglich der Kontraktgröße, der Fälligkeiten und der Ausübung vereinheitlicht. Basispreise, Währungen und Optionsprämien sind dagegen individuell ausgestaltet. Dazu müssen Sie wissen:

- **Basispreis:** Der Basispreis, also der Kurs, zu dem die Währung gekauft oder verkauft werden kann, wird zwischen den Marktkontrahenten weitgehend frei ausgehandelt. Bei den Standardoptionen sind allerdings bestimmte Intervalle üblich. Beim US-Dollar sind beispielsweise Intervalle von fünf Cent üblich.
- **Währungen:** Devisenoptionen werden über alle wichtigen Währungen angeboten.
- **Kontraktgrößen:** Auch die Kontraktgrößen sind prinzipiell frei aushandelbar. Bei den wichtigen Währungen sind jedoch bestimmte Standardkontraktgrößen üblich. Bei US-Dollar/Euro-Optionen sind Kontraktgrößen von 50.000 US-Dollar die Regel.
- **Fälligkeiten:** Die Fälligkeiten für Standardoptionen liegen am jeweils dritten Mittwoch der Monate März, Juni, September und Dezember.
- **Ausübung:** Man unterscheidet zwei Varianten: Optionen, die während der gesamten Laufzeit ausgeübt werden können (American Styled Option), und Optionen, die nur am Ende der Laufzeit ausgeübt werden können (European Styled Option).
- **Optionsprämie:** Nach Angebot und Nachfrage, entweder in Geldeinheiten oder Prozent des Handelsbetrages.

Auch Devisenoptionen werden grundsätzlich aus zwei Motiven gekauft: zur Absicherung gegen Wechselkursrisiken und aus spekulativen Gründen. Vor allem Unternehmen nutzen die Möglichkeit, sich mit Devisenoptionen gegen steigende oder fallende Wechselkurse abzusichern. In diesem Falle kann die Optionsprämie als eine Art Versicherung gegen Wechselkursschwankungen angesehen werden.

Beispiel: Ein deutsches Unternehmen muss in drei Monaten 100.000 US-Dollar an ein amerikanisches Unternehmen zahlen. Der US-Dollar-Kurs liegt bei 0,91 Dollar pro Euro. Das Unternehmen befürchtet, dass der Kurs des Dollar gegenüber dem Euro bis zum Zahlungszeitpunkt steigen könnte, möchte die benötigten Dollar aber nicht schon heute kaufen. Das Unternehmen sichert sich durch den Kauf von zwei US-Dollar-Calls mit einem Kontraktwert von je 50.000 US-Dollar und einem Basispreis von 0,89 Dollar pro Euro beziehungsweise 1,12 Euro pro Dollar ab. Hierfür muss das Unternehmen eine Optionsprämie von 0,02 Euro pro US-Dollar an den Optionsverkäufer zahlen. Die Kosten pro Dollar betragen also im Falle der Ausübung der Option 1,14 Euro (1,12 plus 0,02).

Das Unternehmen wird Gebrauch von seinem Recht machen, wenn der Euro-Kurs bis zum Tag der Fälligkeit der Rechnung unter 0,89 Dollar fällt. Steigt der Dollar-Kurs beispielsweise auf 0,85 Dollar pro Euro, wird das Unternehmen die Option ausüben und zahlt für 100.000,00 US-Dollar einen Preis in Höhe von insgesamt 112.000,00 Euro. Hätte sich das Unternehmen nicht abgesichert, so hätte es 117.647,00 Euro zahlen müssen. Unter Berücksichtigung der Optionsprämie von 0,02 Euro je Dollar beträgt die Ersparnis in diesem Fall also rund 3.600 Euro.

Bleibt der Euro-Kurs über 0,89 Dollar, wird das Unternehmen die Option verfallen lassen. Liegt der Kurs beispielsweise bei 0,94 Euro, wird das Unternehmen die benötigten Dollar am Devisenkassamarkt kaufen und die Option nicht ausüben. Die Kosten für die Dollar betragen 106.383,00 Euro. Zusätzlich musste das Unternehmen 2.000 Euro für die Optionsprämie aufwenden, sodass sich die Gesamtkosten auf 108.383,00 Euro belaufen. Hier wären die Kosten für das Unternehmen geringer gewesen, wenn es sich nicht abgesichert hätte. Die gezahlte Optionsprämie ist verloren, kann aber von dem Unternehmen als Versicherungsprämie gegen steigende Wechselkurse angesehen werden. Für einen Anleger, der so ein Geschäft nur aus spekulativen Gründen macht, ist das aber kein Trost.

Dem spekulativen Anleger bietet das Instrument der Devisenoption die Möglichkeit, hohe Renditen mit geringem Kapitaleinsatz zu erzielen. Es birgt aber auch – wie im Beispiel oben – die Gefahr, dass die eingesetzte Optionsprämie total verloren geht.

Beispiel: Erwirbt der Anleger im oben geschilderten Fall statt 100.000 US-Dollar in bar zwei Devisen-Call-Optionen, die ihn berechtigen, je 50.000 US-Dollar zum Kurs von 0,89 US-Dollar/Euro zu kaufen, so beträgt sein Kapitaleinsatz bei einer angenommenen Prämie von 0,02 Euro pro Dollar lediglich 2.000 Euro gegenüber einem Kapitaleinsatz von rund 112.000,00 Euro beim tatsächlichen Kauf des Dollarbetrages. Der Anleger muss also wesentlich weniger Kapital binden. Steigt der Kurs des US-Dollar tatsächlich, so wird der Anleger mit beiden Varianten einen Gewinn machen, die Rendite wird allerdings unterschiedlich sein. Steigt der Kurs auf 0,85 US-Dollar/Euro, wird der Anleger von seinem Recht Gebrauch machen und die für 100.000,00 Euro gekauften Dollar am Kassamarkt zum aktuellen Dollar-Kurs verkaufen und damit 117.647,00 Euro erlösen. Abzüglich der gezahlten Prämie erzielt er einen Gewinn von rund 3.600 Euro (abzüglich Spesen).

Der absolute Gewinn wäre bei der Kassatransaktion (also dem tatsächlichen Kauf und Verkauf dieser Dollar-Beträge) deutlich höher, da die für die Option gezahlte Prämie von 2.000 Euro vom Gewinn abgezogen werden muss. Die Rendite ist aber bei der Anlagevariante mit den Optionen wesentlich besser. Bei 2.000 Euro Kapitaleinsatz bedeutet ein Gewinn von 3.600,00 Euro eine Rendite von 180 Prozent. Auf der anderen Seite ist das Risiko eines Totalverlustes bei einer Spekulation mit Optionen sehr viel höher als bei Kassaspekulationen. Entwickelt sich der Dollarkurs innerhalb der Laufzeit der Option nicht wie erwartet, sind die 2.000 Euro Prämie unweigerlich verloren. Dagegen kann der Anleger beim direkten Kauf von US-Dollar weiter abwarten und hoffen, dass der Dollar doch noch steigt.

Devisen-Futures

Wie bei allen Futures gehen auch beim Devisen-Future sowohl Käufer als auch Verkäufer eine bindende Verpflichtung ein. Der Käufer ist berechtigt und verpflichtet, einen bestimmten, vorab festgelegten Währungsbetrag zu einem bestimmten Zeitpunkt zu einem vereinbarten Kurs zu kaufen. Der Verkäufer eines Devisen-Future ist hingegen berechtigt und verpflichtet, einen bestimmten Währungsbetrag zu einem bestimmten künftigen Zeitpunkt zum vereinbarten Kurs zu verkaufen.

Devisen-Futures werden an verschiedenen Terminbörsen gehandelt. Die beiden bedeutendsten Handelsplätze für Devisen-Futures sind die Chicago Merchandise Exchange (CME), die Terminbörse in Philadelphia und der Marché à Terme International de France in Paris. Der Handel mit Devisen-Futures ist ebenfalls weitgehend standardisiert. Einer der wichtigsten Devisen-Futures-Kontrakte ist der an der CME gehandelte Euro-FX-Future. Die Kurse der Devisenkontrakte werden grundsätzlich in Dollar je Fremdwährungseinheit notiert, also beispielsweise 0,5 Dollar/Euro für einen Kurs von 2 Euro pro Dollar. Wie schon die oben besprochenen Futures-Kontrakte ist auch der Euro-FX-Future standardisiert. Es gelten folgende Spezifikationen:

Basiswert:	Wechselkurs des US-Dollar gegen Euro
Kontraktgröße:	125.000 Euro
Fälligkeit:	die nächsten vier Quartalsmonate
Letzter Handelstag:	2 Tage vor dem 3. Mittwoch in den Fälligkeitsmonaten
Erfüllung:	physische Lieferung von Euro
Preisnotierung:	in US-Dollar pro Euro mit vier Nachkommastellen
Tick:	0,001 = 12,5 US-Dollar

Der Kauf eines Kontrakts beinhaltet also den Erwerb von 125.000 Euro gegen Bezahlung des Gegenwerts in US-Dollar zum Fälligkeitszeitpunkt. Auch beim Devisen-Futures gilt: Käufer und Verkäufer haben unterschiedliche Erwartungen im Hinblick auf die Entwicklung des Wechselkurses. Käufer von Euro-FX-Futures setzen auf einen steigenden Euro, das heißt, der Euro-FX-Future gewinnt an Wert, wenn der Euro gegenüber dem Dollar an Wert gewinnt. Verkäufer gewinnen, wenn sich der Wert des Euro gegenüber dem US-Dollar reduziert.

Die Marktteilnehmer auf den Futures-Märkten nehmen aus verschiedenen Motiven am Handel mit Devisen-Futures-Kontrakten teil. Nach ihren Motiven lassen sie sich in verschiedene Gruppen einteilen:

Die Hedger: Safety first. Unter Hedgern versteht man Marktteilnehmer, die sich am Handel mit Devisen-Futures beteiligen, weil sie sich gegen Kursrisiken schützen wollen. Hierunter fallen zum Beispiel Unternehmen, die Handelsbeziehungen zu ausländischen Partnern unterhalten und ihre Geschäfte ganz oder teilweise in Fremdwährung abwickeln.

Beispiel: Ein deutscher Unternehmer verkauft Ware im Wert von 1 Million Euro in die USA. Es wird Zahlung in US-Dollar zum aktuellen Kurs in drei Monaten vereinbart. Basis ist der aktuelle Währungskurs in Höhe von 0,9700 US-Dollar für einen Euro. Das bedeutet Zahlung von 970.000 US-Dollar. Der Unternehmer befürchtet eine Aufwertung des Euro gegenüber dem US-Dollar. Das würde bedeuten, dass die in drei Monaten fälligen 970.000 US-Dollar einen Erlös in Euro von weniger als 1 Million bringen würden und damit einen Wechselkursverlust. Aus diesem Grund erwirbt der deutsche Unternehmer 8 Euro-FX-Futures zum Kurs von 0,97 US-Dollar/Euro. Jeder der Kontrakte mit einer Kontraktgröße von 125.000 Euro hat also einen Wert von 121.250 US-Dollar.

Es kommt tatsächlich zu einer Aufwertung des Euro (= Abwertung des US-Dollar). Der Kurs steigt auf 0,99 US-Dollar/Euro. Damit erhält das Unternehmen für seine 970.000 US-Dollar nur noch 979.800 Euro. Dies entspricht einem Wechselkursverlust von 20.200 Euro. Gleichzeitig ist aber der Wert seiner Euro-FX-Futures gestiegen. Jeder Kontrakt über 125.000 Euro ist jetzt 123.750 US-Dollar wert (125.000 Euro x 0,99 US-Dollar/Euro). Dies entspricht einem Gewinn von 2.500 pro Kontrakt beziehungsweise einem Gesamtgewinn von 20.000 Dollar. Umgerechnet in Euro gleicht dies den Wechselkursverlust aus. Das Unternehmen hat sich also erfolgreich gegen das Risiko eines steigenden Dollars durch den Verkauf von Euro-Futures abgesichert.

Die Spekulanten: Profit first. Diese Marktteilnehmer setzen auf steigende oder fallende Kurse bestimmter Währungen und versuchen durch den Kauf oder Verkauf von Devisen-Futures Gewinne zu erzielen.

Beispiel: Eine Möglichkeit, auf einen steigenden Dollar zu setzen, wäre der Verkauf von Euro-FX-Futures. Steigt der Dollar, werden die Euro-Kontrakte weniger wert. Der Anleger kann sie später zu einem geringeren Preis zurückkaufen und macht dann einen Gewinn in Höhe der Differenz. Hierbei muss der Anleger bei Abschluss des Geschäfts nur die Initial-Margin auf ein Sicherheitenkonto einzahlen. Die Höhe der Initial-Margin beträgt nur zwischen 0,5 und 3 Prozent des Kontraktwertes. Beträgt der Kontraktwert eines Euro-Future 125.000,00 Euro, der Euro-Kurs 1,0 Dollar pro Euro und die Initial-Margin 3 Prozent, so muss der Anleger 3.750,00 Dollar auf sein Sicherheitenkonto einzahlen. Der Wert des Kontrakts beläuft sich aber auf 125.000,00 Dollar. Hätte er die Dollar am Kassamarkt gekauft, so hätte sein Einsatz 125.000,00 Dollar betragen. Gewinne aus dem Future-Kontrakt werden ihm täglich gutgeschrieben, Verluste allerdings auch täglich belastet. Bei den teilweise hohen Schwankungen von Devisen-Futures resultiert daraus eine beträchtliche Rendite, aber auch ein erhebliches Risiko.

Kommt es bei dem oben angenommenen Euro-Future-Kontrakt zu folgendem Kursverlauf, so ergibt sich für den Anleger das folgende Gewinn/Verlust-Profil: Steigt der Dollar auf 1,10 Euro pro Dollar, vermindert sich der Wert des Kontrakts auf 113.638,00 Dollar. Dem Anleger werden 11.362,00 Dollar auf sein Margin-Konto gutgeschrieben. Steigt der Dollar dann noch auf 1,20 Euro pro Dollar, so vermindert sich der Wert des Kontrakts auf 104.125,00 Dollar. Dem Anleger werden noch einmal 9.513,00 Dollar gutgeschrieben. Schließt der Anleger nun seine Position durch den Kauf eines identischen Euro-Future, so hat er einen Gesamtgewinn in Höhe von 20.875,00 Dollar beziehungsweise 25.000,00 Euro gemacht, was bei einem Anfangseinsatz in Höhe von 3.125,00 Dollar einer Rendite von ca. 550 Prozent entspricht. Hätte der Anleger für 125.999,00 Euro und einem Kurs von 1,00 Euro pro Dollar 125.000,00 Dollar gekauft und diese später zu einem Kurs von 1,20 Euro pro Dollar wieder verkauft, hätte er zwar den gleichen absoluten Gewinn gemacht. Seine Rendite wäre aber mit 20 Prozent weitaus niedriger gewesen.

Die Makler: Sie agieren im Auftrag der Hedger und Spekulanten, indem sie deren Aufträge abwickeln, die Buchführung übernehmen und das Sicherheitenkonto führen. Für ihre Dienste erhalten sie eine Kommission.

Käufer von Devisen-Futures setzen auf einen steigenden Wechselkurs bei der zugrunde gelegten Währung. Steigt der Kurs tatsächlich, so werden sie einen Gewinn erzielen, bei fallendem Wechselkurs erleiden sie einen Verlust. Verkäufer von Devisen-Futures hingegen erzielen bei fallenden Kursen Gewinne und bei steigenden Kursen Verluste.

Devisenoptionen und Devisen-Futures

Beide müssen genau unterschieden werden. Bei einem Devisen-Future gehen sowohl Käufer als auch Verkäufer die Verpflichtung ein, einen bestimmten Währungsbetrag zu einem festen Preis zu einem vorab festgelegten Zeitpunkt zu kaufen und zu liefern oder zu verkaufen und anzunehmen. Bei einer Devisenoption erwirbt der Käufer gegen Zahlung der Optionsprämie das Recht, den Fremdwährungsbetrag zum vereinbarten Basispreis und Zeitpunkt zu kaufen (Call-Option) oder zu verkaufen (Put-Option). Der Optionskäufer muss aber nicht von diesem Recht Gebrauch machen. Der Verkäufer hingegen verpflichtet sich, den Fremdwährungsbetrag entgegenzunehmen (Put-Option) oder zu liefern (Call-Option), wenn der Käufer von seinem Recht Gebrauch macht. Für diese eingegangene Verpflichtung erhält der Optionsverkäufer vom Optionskäufer die Optionsprämie. Bei dieser Art von Termingeschäft geht also nur der Verkäufer eine bindende Verpflichtung ein.

Die den Ursprüngen des Termingeschäfts am nächsten kommende Anlageform in diesem Bereich sind die Warentermingeschäfte. Hierbei erwirbt der Anleger das Recht und je nach Kontrakt auch die Pflicht, eine bestimmte Menge eines Rohstoffs zu einem bestimmten Preis zu einem späteren Zeitpunkt zu erwerben oder zu verkaufen. Die Kontrakte beziehen sich auf verschiedene Rohstoffe. Zum einen handelt es sich dabei um Edelmetalle wie Gold, Silber, Platin, Kupfer und Nickel. Zum anderen werden aber auch landwirtschaftliche Produkte wie Schweine, Getreide, Rinder und Orangensaft gehandelt. Eine bedeutende Rolle spielt außerdem der Handel mit Rohöl.

Gold und Schweinebäuche – Handel an Warenterminmärkten

Auch bei den Warentermingeschäften gibt es zwei große Gruppen von Marktteilnehmern: zum einen die Hedger, die diese Geschäfte zur Absicherung gegen Kursrisiken betreiben, und zum andern die Spekulanten, die versuchen, die Preisveränderungen am Markt zur Gewinnerzielung zu nutzen.

Die Hedger handeln meist im Auftrag großer Unternehmen, die sich entweder gegen den Preisverfall von ihnen hergestellter oder gegen den Preisanstieg benötigter Produkte schützen wollen. Die Spekulanten handeln entweder in eigener Rechnung oder arbeiten für Kapitalanlagegesellschaften. Sie versuchen, die ihnen von Kunden überlassenen Gelder gewinnbringend anzulegen. Beide Gruppen sind für das Funktionieren von Terminbörsen lebenswichtig.

Ohne diese Marktteilnehmer könnte der Handel nicht stattfinden. Meist fungiert die eine Gruppe als Geschäftspartner der anderen Seite. Hierbei übernehmen die Spekulanten oft die riskantere Position, die ihnen aber auch entsprechende Gewinne ermöglicht. Dem häufig im negativen Sinne gebrauchten Begriff des Spekulanten kommt hier große Bedeutung zu. Während Hedger ihre Terminkontrakte meist relativ langfristig halten, sind Spekulanten bereit, schnell Warenterminkontrakte zu kaufen und zu verkaufen. Sie sorgen so für die notwendige Liquidität des Marktes. Ohne sie wäre es schwer, kurzfristig den benötigten Handelspartner zu finden.

Warentermingeschäfte spielen auf Grund von gestiegenen Preis- und Kursrisiken international eine immer größere Rolle. Trotzdem gab es in Deutschland lange Zeit überhaupt keinen organisierten Handel mit Warenterminkontrakten – ein Umstand, der dem Treiben dubioser Vermögensberater Tür und Tor geöffnet hat. Gehandelt wird diese Art von Kontrakten vor allem an den Warenterminbörsen von Chicago, New York und Kansas City. Eine wichtige Rolle spielt aber auch die englische Warenterminbörse in London. Die erst 1998 gegründete Warenterminbörse in Hannover muss sich erst noch ihre Position erkämpfen. Der Handel findet vor allem über Vermittler statt, die ihren Kunden Kontrakte anbieten, die an einer dieser Börsen gehandelt werden.

Achtung: Neben einigen seriösen Beratern gibt es hier eine Vielzahl von Betrügern, die durch geschickte Verkaufsgespräche versuchen, ihren potenziellen Opfern Gelder für diese Art von Geschäften aus der Tasche zu locken. Auch nach Gründung der Warenterminbörse in Hannover tummeln sich noch zahlreiche dubiose Vermittler auf diesem Gebiet, die ihre Geschäfte überwiegend an ausländischen Warenterminbörsen abwickeln und daher nur schwer zu kontrollieren sind. Hierbei geht es meist nicht um kleine Summen, sondern um beträchtliche Beträge, die je nach Vermögensverhältnissen des Opfers in die Hunderttausende gehen können.

WISO rät: Lassen Sie sich niemals auf telefonische Angebote ein. Hier werden grundsätzlich enorme Gewinne versprochen. Die angebotenen Finanzprodukte sind für den Normalanleger kaum zu durchschauen. Oft sind die Gebühren bei den unseriösen Vermittlern so hoch, dass Sie selbst bei positivem Kursverlauf Ihres Kontrakts keine Gewinne erzielen können, sondern Ihren gesamten Kapitaleinsatz verlieren.

Grundsätzlich gilt: Wenn es so einfach wäre, Geld zu verdienen, würden alle Banken und Sparkassen diese Anlageformen anbieten. Noch weniger ist meist zu durchschauen, wer hinter den Unternehmen steht, die auf diese Art agieren. Sie wechseln häufig den Namen, werden nach Konkursen unter anderer Firmierung neu gegründet und haben ihren Sitz im Ausland – meist in so genannten Steueroasen.

Der an Warentermingeschäften interessierte Anleger sollte deshalb bei Abschluss eines solchen Geschäfts sehr darauf achten, von wem er sich beraten lässt. Ratschläge kann man sich beispielsweise bei Banken holen, die über eine professionelle Vermögensberatung verfügen. Ganz wichtig ist, dass Sie sich vorab genau über die fälligen Gebühren und Provisionen informieren lassen. Hierbei sollten Sie sich grundsätzlich schriftliche Angebote geben lassen.

Deshalb soll noch eine Form der Geldanlage vorgestellt werden, die es ermöglicht, die Gewinnmöglichkeiten des Terminhandels zu nutzen, ohne selbst aktiv an dem Handel teilzunehmen.

Termingeschäfte für Kenner und Genießer

Weinfreunde können seit dem 14. September 2001 an der Euronext einen Terminkontrakt auf erstklassige rote Bordeaux-Weine erwerben. Dem so genannten Winefex liegen fünf Kisten à 12 Flaschen bekannter Weingüter aus den verschiedenen Anbaugebieten Saint-Emilion, Graves, Haut Médoc, Saint-Estèphe, Paulliac, Margeaux und Saint-Julien zugrunde. Der Handel mit dem jeweiligen Kontrakt beginnt jeweils im Juli des Erntejahres und endet zum Zeitpunkt der Auslieferung der jungen Weine, also 28,5 Monate später. Allerdings wird der realisierte Gewinn oder Verlust wohl nicht in Wein, sondern in bar ausgeglichen.

Hedgefonds für Risikofreudige

Hedgefonds sind eine Spezialform der Investmentfonds, die bezüglich ihrer Anlagepolitik keinerlei gesetzlichen oder anderen Beschränkungen unterliegen. Hedgefonds können beispielsweise auch Leerverkäufe tätigen, Optionen und Futures kaufen und verkaufen oder andere Formen von Termingeschäften tätigen. Ursprünglich waren die getätigten Termingeschäfte zur Absicherung des Fondsvermögens gegen Kursschwankungen gedacht. Daraus leitet sich auch der Name Hedgefonds ab. Heute werden die Termingeschäfte verstärkt aus spekulativen Gründen von Fondsmanagern genutzt, sodass der Begriff Hedgefonds irreführend ist. Solche Fonds müssten eigentlich eher Risikofonds heißen.

Hedgefonds versuchen, eine möglichst schnelle Vermehrung ihres Kapitals zu erreichen, und sind dazu bereit, auch verhältnismäßig hohe Risiken einzugehen. Einige der erfolgreichsten Hedgefonds erwirtschafteten 1993 zwischen 40 und 60 Prozent Rendite für ihre Anleger. Allerdings konnte Ende der Neunzigerjahre nur mit hohem Einsatz einer internationalen Bankengruppe verhindert werden, dass die Krise eines der größten Hedgefonds, des Long-Term Capital Management Funds, das gesamte internationale Finanzwesen erschütterte.

Echte Hedgefonds sind Anlagegemeinschaften einer begrenzten Anzahl von Anlegern, die ihr Kapital der Leitung eines Fondsmanagers übertragen. Der Fondsmanager wird seinem Anlageerfolg entsprechend vergütet und ist in der Regel auch verpflichtet, beträchtliche Summen seines eigenen Vermögens in den Fonds zu investieren. Dies gewährleistet, dass er selbst an einer möglichst hohen Rendite und vor allem auch an der Vermeidung von Verlusten interessiert ist. Die Mindestanlagesumme bei Hedgefonds beträgt selten weniger als hunderttausend Dollar. Die hohe Mindestanlagesumme und der Umstand, dass Hedgefonds in der Bundesrepublik verboten sind und daher nur eine Anlage im Ausland möglich ist, macht diese Anlageform allerdings nur für sehr kapitalstarke und risikofreudige Anleger interessant. Allerdings bieten Banken in jüngster Zeit verstärkt Dachfonds an, welche die eingesammelten Gelder wiederum in eine Anzahl von Hedgefonds investieren. Der Vorteil dieser Form des Investments liegt zum einen darin, dass die Mindestanlagesumme bei solchen Dachfonds wesentlich geringer ist als bei einem Direktinvestment in einen Hedgefonds. Der geforderte Mindestbetrag liegt hier meist bei ungefähr 5.000 Euro. Zum anderen erreichen Dachfonds durch die Anlage in mehrere Fonds eine gewisse Risikostreuung, die der einzelne Anleger auf Grund der hohen Mindestanlagesummen bei den einzelnen Hedgefonds nicht umsetzen könnte. Trotzdem sollte man die Risiken, die mit der Geldanlage in Hedgefonds verbunden sind, auch bei dieser Variante nicht vernachlässigen. Investmentprofis empfehlen, dass Geldanlagen in solchen „Exoten“ grundsätzlich nicht mehr als 5 Prozent des gesamten, in Wertpapieren angelegten Vermögens ausmachen sollten. Man spricht hier auch von einer Depotbeimischung.

Hedgefonds sind häufig in so genannten Off-Shore-Zentren angesiedelt, wie den Cayman Islands oder den Bermudas. Unter Off-Shore-Zentren versteht man internationale Bankplätze, an denen besonders liberale Rahmenbedingungen für Kapitalgeschäfte gelten. So sind Off-Shore-Zentren oftmals durch das Fehlen von Reglementierungen durch eine Zentralbank sowie von Kapitalverkehrskontrollen gekennzeichnet.

Trotzdem sind solche Bankplätze für den versierten Kunden meist nicht gefährlicher als andere Bankplätze, da großer Wert auf die Sicherheit der Kundeneinlagen gelegt wird. Das Risiko hängt auch hier in erster Linie von der Art des Geschäfts ab.

Spekulieren mit Devisen – jetzt auch für Kleinanleger

Der Handel mit fremden Währungen kann sehr lukrativ sein, ist aber auch ein hoch riskantes Geschäft. Doch jetzt können auch deutsche Anleger, die sich nicht selber die Finger an heißen Papieren verbrennen wollen, Profis für sich arbeiten lassen. Seit Anfang 2004 sind Währungsfonds zugelassen. Die Ersten (wie der Forex Strategy von DWS oder der Währungsfonds von Adig) kamen schon nach wenigen Monaten auf den Markt. Allerdings sollen das keine Zockerpapiere sein. Die Manager wollen die Kursänderungen der Währungen aber nutzen, um dauerhaft einen Ertrag zu erzielen, der deutlich über der Rendite von Geldmarktfonds angesiedelt ist.

Das Risiko der Währungsfonds soll dadurch in Grenzen gehalten werden, dass ein großer Teil des Fondsvermögens in relativ sichere Geldmarktpapiere und Eurobonds angelegt wird und am Devisenmarkt gegenläufige Termingeschäfte abgeschlossen werden. Es wird also gleichzeitig auf steigende und fallende Kurse gesetzt. Das bedeutet, dass die Risiken vergleichsweise gering sind. Dafür sind allerdings auch keine so spektakulären Gewinne möglich, wie das sonst bei Devisentermingeschäften angestrebt wird.

Der Reiz für den Anleger liegt bei Währungsfonds dieser Art neben der im Vergleich zu Anleihen und Geldmarktfonds – hoffentlich – höheren Rendite vor allem darin, dass sich die Devisenmärkte oft ganz anders entwickeln als die Aktien- und Rentenmärkte. Das bedeutet: Wenn mit Aktien schwer Geld zu verdienen ist, können Währungsfonds immer noch eine ansehnliche Rendite einspielen.

WISO rät: Währungsfonds der geschilderten Art bieten bei niedrigem Risiko Aussicht auf gute Renditen. Ihre Wertentwicklung ist zudem vom Schicksal der Aktienmärkte weitgehend unabhängig. Es sind also typische Anlagen für die „Beimischung“ zum Depot. Bei der Investition größerer Beträge sollten diese in jedem Fall nicht allein in einen der angebotenen Fonds gesteckt werden. Verteilen Sie das Geld auf mehrere Währungsfonds – vor allem, solange noch nicht beurteilt werden kann, welche Fonds die besten Manager haben.

Die Kurse von morgen

Die Analyseinstrumente der Profis: fundamentale Fakten und komplexe Charts

Nach der Schlacht von Waterloo machte der Bankier Rothschild an der Londoner Börse einen riesigen Gewinn. Er hatte ein ausgeklügeltes Botensystem organisiert. Dadurch wurde er einen Tag früher als andere Börsenhändler darüber informiert, dass Napoleon endgültig geschlagen worden war. Heute sorgen das Internet und Nachrichtenagenturen dafür, dass die zeitlichen Informationsvorsprünge einzelner Spekulanten oft auf Sekundenbruchteile geschrumpft sind. Umso eifriger wird versucht, die Zukunft mit Hilfe ausgeklügelter Prognoseinstrumente vorherzusehen.

Wer ahnt oder weiß, welche Nachrichten morgen das Börsengeschehen bestimmen werden, kann durch rechtzeitige Käufe und Verkäufe große Gewinne machen. Das gilt sowohl für gesamtwirtschaftliche Informationen wie Arbeitslosenzahlen oder Wachstumsraten, steuerliche Änderungen oder Lohnabschlüsse als auch für Unternehmensdaten wie Gewinne, Umsätze Produktinnovationen oder drohende Schadensersatzprozesse. Auch politische Nachrichten wie drohende kriegerische Auseinandersetzungen, ein Regierungssturz, Terroranschläge oder Neuwahlen können starke Auswirkungen auf die Erwartungen der Anleger und damit auf die Kurse haben. Wer den „richtigen Riecher" dafür hat oder über zuverlässige Prognosen verfügt, kann die Aktien kaufen oder verkaufen, deren Kurs durch diese Nachrichten mit hoher Wahrscheinlichkeit positiv oder negativ beeinflusst wird – und entsprechende Gewinne einstreichen.

Doch trotz aller Versuche, die Zukunft mit immer raffinierteren Analyse- und Prognoseinstrumenten in den Griff zu bekommen, zeigt die Erfahrung: Auch Profis können irren. Der steile Anstieg und der tiefe Fall der Aktienkurse und Indizes an den Weltbörsen in den Jahren zwischen 1998 und 2003 hat deutlich gemacht, dass gelegentliche „Spekulationsblasen" heute wie vor hundert oder zweihundert Jahren auftreten können, ohne dass die Experten den Richtungswechsel rechtzeitig erkennen. Was sich auch am Ende des 20. und zu Beginn des 21. Jahrhunderts an den Weltbörsen abspielte, zeigte zugleich, wie beschränkt die Möglichkeiten vieler Prognoseinstrumente trotz aller Technik auch heute noch sind – und wie gründlich Analysten irren können. Dass auch Experten nicht davor gefeit sind, aktuelle Trends einfach in die Zukunft zu verlängern, haben sie um die Jahrtausendwende wieder in aller Öffentlichkeit bewiesen – von den Börsen-Gurus mit ihrem Gefasel von den goldenen Bergen gar nicht zu

reden. Den Crash 2000/2001 hat kaum einer der hoch bezahlten Spezialisten vorhergesehen – außer den Berufspessimisten, die irgendwann ebenso wie die Berufsoptimisten per Zufall von der Wirklichkeit bestätigt werden. Die meisten Profis waren ebenso im Höhenrausch wie Otto Normalanleger.

Dennoch kann auf die Analyseinstrumente nicht verzichtet werden. Denn ein ungenauer Kompass ist immer noch besser als gar keiner. Insofern geht es den Wertpapierexperten nicht besser oder schlechter als den Vulkanologen oder den Seismologen. Erdbeben und Vulkanausbrüche lassen sich hinsichtlich ihres genauen Zeitpunktes und des Ausmaßes der Katastrophe bis heute nur unvollkommen vorhersagen. Aber niemand wird deshalb auf die verfügbaren Informationen verzichten wollen.

Überdies gibt es viele Beispiele dafür, dass sich sowohl bei professionellen Konjunktur- als auch bei Börsenprognosen durchaus zutreffende Vorhersagen oder zumindest Trendanalysen erstellen lassen. Das Problem ist nur, dass Manager, Wirtschaftspolitiker und Anleger ihnen oft keinen Glauben schenken. Oder sie schlagen die Warnungen in den Wind, weil sie nicht zu ihrem augenblicklichen Stimmungsbild passen. Solange das Kursfeuerwerk prasselt, wollen sie unbedingt dabei sein, statt den erzielten Gewinn in Sicherheit zu bringen. Im Tal der Kurse können sie sich nicht zu einem rechtzeitigen Neuinvestment aufraffen, weil sie vom vorherrschenden Pessimismus erfasst und wie gelähmt sind.

Doch der Spruch „the early bird catches the worm" gilt an der Börse wie an keinem anderen Ort. Seit es Börsen gibt, wird deshalb nach Möglichkeiten gesucht, dem tatsächlichen Kursverlauf vorauszueilen. Denn den größten Gewinn macht immer der, der früher als andere die richtige Entscheidung trifft. Wer sich nicht allein auf sein „Näschen", das Glück oder mehr oder weniger gute Tipps von Bekannten, aus Zeitschriften, Börsendiensten, von Wertpapierberatern und anderen echten und selbst ernannten Experten verlassen will, muss bei der Zusammenstellung seines Aktiendepots alle verfügbaren Informationen und Analysemethoden nutzen, um sich selber ein Urteil zu bilden. Nur so lässt sich am Wertpapiermarkt die Spreu vom Weizen trennen. Dem fortgeschrittenen Anleger, der bereit ist, sich intensiv mit den verfügbaren Informationen und Analyseinstrumenten zu befassen, stehen dafür vor allem die Fundamentalanalyse und die Chartanalyse zur Verfügung. Die zur Fundamental- und auch Chartanalyse notwendigen Daten kann sich der interessierte Anleger aus verschiedenen frei verfügbaren Quellen zusammensuchen. Hierzu gehören Tageszeitungen mit Wirtschafts- und Börsenteil, wie beispielsweise die FAZ, das Handelsblatt, die Financial Times (Deutschland beziehungsweise Europa) oder das Wall Street Journal Europe. Auch Börsen- oder Wirtschaftsfachzeitschriften bieten dem Leser interessante Analysen hinsichtlich einzelner Wirtschaftszweige sowie bestimmter Unternehmen und ihrer Aktien. Hierzu zählen unter anderem Blätter wie Börse Online, das Wertpapier, die Wirtschaftswoche, Capital oder das Managermagazin. Banken liefern ihren Kunden eine Fülle von Informationen rund um das Wertpapier, von der allgemeinen Marktanalyse bis hin zur detaillierten Analyse einzelner Unternehmen. Dazu kommen die Berichte und Analysen im Fernsehen, die – dem wachsenden Interesse der Zuschauer entsprechend – in den letzten Jahren ihr Informationsangebot zu allen Formen der Geldanlage und speziell der Börse stark ausgeweitet haben. WISO bietet neben den Beiträgen in der wöchentlichen Sendung einen umfangreichen Begleitservice rund um die Themen der Sendung, zu der auch dieses Buch zählt. Einen inzwischen hohen und weiter wachsenden Stellenwert für die allgemeine Informationsbeschaffung und damit auch für die Aktienanalyse nimmt das Internet ein. Es bietet eine Fülle von Informationen – viele davon sogar zum Nulltarif – und ist als Informationsmedium für die Aktienanlage nicht mehr wegzudenken.

Auf der Basis dieser Informationen kann der interessierte Anleger, der sich nicht nur auf die (manchmal nicht uneigennützigen) Ratschläge anderer verlassen will, seine eigene Analyse aufbauen. Im Folgenden stellen wir Ihnen deshalb die wichtigsten Instrumente vor, mit deren Hilfe versucht werden kann, die Chancen einzelner Aktien oder bestimmter Märkte auszuloten.

Die Fundamentalanalyse – die ökonomischen Faktoren hinter den Kursbewegungen

Die Fundamentalanalyse ist neben der Chart- beziehungsweise der technischen Analyse die wichtigste Form der systematischen Aktienanalyse. Ziel der Fundamentalanalyse ist die Prognose des künftigen Kursverlaufs einer oder mehrerer Aktien. Während die Chartanalyse lediglich das Angebots- und Nachfrageverhalten nach einem bestimmten Wertpapier an der Börse untersucht, um so auf Grund der gewonnenen Verhaltensmuster Rückschlüsse auf künftige Kursverläufe treffen zu können, versucht die Fundamentalanalyse den eigentlichen Grund für das Angebots- und Nachfrageverhalten zu ermitteln und daraus Rückschlüsse für die eigenen Anlageentscheidungen zu ziehen. Im Rahmen der Fundamentalanalyse geht man in der Regel nach dem so genannten Top-Down-Approach vor. Dabei wird zunächst das makroökonomische Umfeld („**Gesamtwirtschaftliche Analyse**“) des jeweiligen Unternehmens untersucht. Danach wird die Branche betrachtet („**Branchenanalyse**“), in der das Unternehmen tätig ist. Zuletzt wird das Unternehmen selbst untersucht („**Unternehmensanalyse**“).

Diese Vorgehensweise erklärt sich daraus, dass die Analysten davon ausgehen, dass sich ein Unternehmen, auch wenn es sehr gut geführt wird, der allgemeinen Konjunktur- und Branchenlage nicht vollständig entziehen kann. Aus diesem Grund sind zunächst die grundsätzlichen Rahmenbedingungen zu überprüfen, bevor man sich den spezifischen Unternehmensdaten zuwendet. Aus den Ergebnissen aller drei Teilbereiche der Fundamentalanalyse leitet man dann eine Gesamtprognose für den zu erwartenden Kurs der Aktien des Unternehmens und damit auch eine Investitionsstrategie ab. Die für die drei Teilschritte der Fundamentalanalyse benötigten Daten und Informationen kann der interessierte Investor aus den verschiedensten Quellen gewinnen. Hierzu zählt die allgemeine Presse (vor allem Tageszeitungen), Fachzeitschriften, öffentliche Quellen wie das Statistische Bundesamt, Branchenverbände sowie das Unternehmen selbst. Einen immer größeren Stellenwert in der Fundamentalanalyse nimmt das Internet ein. Die rasante Verbreitung des Internet ermöglicht auch dem Kleinanleger, eine immense Menge an Daten zu sammeln und auszuwerten. Das Internet hat die Suche nach allgemeinen Wirtschaftsdaten, aber auch die Kommunikation zwischen Unternehmen und ihren Anlegern erheblich erleichtert.

1. Die gesamtwirtschaftliche Analyse

Die gesamtwirtschaftliche Analyse untersucht vor allem zwei Bereiche, die einen wesentlichen Einfluss auf die wirtschaftliche Entwicklung eines Unternehmens haben können:

- die allgemeine konjunkturelle Entwicklung in der Volkswirtschaft sowie
- monetäre Größen, wie beispielsweise die Zins- und Geldmengenentwicklung.

Analyse der konjunkturellen Entwicklung: Unter der Konjunktur versteht man die Entwicklung des gesamtwirtschaftlichen Angebots und der Nachfrage in einer Volkswirtschaft im Zeitablauf. Hierbei unterscheidet man in der modernen Wirtschaftstheorie allgemein vier Phasen der konjunkturellen Entwicklung:

- Aufschwung,
- Boom oder Hochkonjunktur,
- Abschwung und
- Rezession.

Diese vier Phasen des so genannten konjunkturellen Zyklus sowie deren potenzielle Auswirkung auf die Aktienkursentwicklung sollen im Folgenden kurz dargestellt werden.

- **Aufschwung:** Der konjunkturelle Aufschwung einer Volkswirtschaft ist im Allgemeinen durch eine verbesserte Auslastung der Unternehmen, steigende Investitionen und auch eine steigende Lohnsumme gekennzeichnet. Die Lohnsumme bezeichnet dabei die Gesamtsumme aller in der Volkswirtschaft gezahlten Löhne (und Gehälter). Zu einem Anstieg der Lohnsumme kann es kommen, wenn bei konstanter durchschnittlicher Entlohnung der Beschäftigten die Anzahl der Beschäftigten in der Volkswirtschaft steigt oder wenn bei konstanter Zahl der Beschäftigten das durchschnittliche Gehalt des einzelnen Beschäftigten gestiegen ist.
  Selbstverständlich kann es ebenfalls zu einem Anstieg der Lohnsumme kommen,

wenn sowohl die Durchschnittsentlohnung als auch die Anzahl der Beschäftigten steigt. Ein Anstieg der Lohnsumme muss also nicht zwingend mit einer Verbesserung der Einkommenssituation des Einzelnen einhergehen. Trotzdem bewirkt der Anstieg der Lohnsumme in der Regel auch einen Anstieg des privaten Konsums, da der einzelne Beschäftigte zwar nicht mehr konsumiert, dafür aber mehr Beschäftigte konsumieren. Wichtig für die Aktienanalyse ist, dass die Aufschwungphase auf Grund der steigenden Investitionen und des erhöhten privaten Konsums durch steigende Unternehmensgewinne gekennzeichnet ist.

- **Boom:** Die sich an den Aufschwung anschließende Phase des Booms beziehungsweise der Hochkonjunktur ist durch eine Vollauslastung der Produktionsfaktoren gekennzeichnet. Die Unternehmen produzieren an ihrer Kapazitätsgrenze. Die bestehende Nachfrage kann nicht mehr durch eine weitere Erhöhung des Angebots befriedigt werden, wodurch es zu deutlichen Preissteigerungen kommt. Um der gestiegenen Nachfrage gerecht zu werden, wird weiter stark investiert. Dadurch kommt es zu einer Verknappung des verfügbaren Kapitals und damit zu Zinserhöhungen.
  In dieser Phase weisen die Unternehmen der Volkswirtschaft hohe Gewinne aus. In Zeiten des Booms kommt es daher oftmals zu staatlichen Interventionen, wie beispielsweise Steuererhöhungen oder Subventionskürzungen, beziehungsweise zu Reaktionen der Notenbank, wie beispielsweise einer Erhöhung der Diskontsätze, um die „überhitzte“ Wirtschaft zu beruhigen und inflationären Tendenzen entgegenzuwirken.

- **Abschwung:** In der Phase des Abschwungs geht die gesamtwirtschaftliche Nachfrage deutlich zurück, wodurch sich die Unternehmen gezwungen sehen, ihre Preise zu reduzieren. Die zu hohen Zinssätzen in der Boomphase getätigten Investitionen erweisen sich auf dem niedrigeren Preisniveau als nicht rentabel. In den ersten Unternehmen kommt es zu Kurzarbeit oder Entlassungen, was wiederum zu einem weiteren Rückgang der privaten Nachfrage führt.
  Um den Abschwung abzubremsen beziehungsweise sogar unter Umständen eine Trendwende herbeizuführen, beginnen der Staat und die Notenbank expansive Maßnahmen, wie beispielsweise Steuersenkungen, erhöhte Subventionen, verstärkte staatliche Nachfrage und expansive monetäre Maßnahmen, einzuleiten. Diese konjunkturelle Phase ist von sinkenden Unternehmensgewinnen oder sogar Verlusten und sinkenden Zinssätzen gekennzeichnet.

- **Rezession:** Der Abschwung kann, wenn sich die Volkswirtschaft nicht fängt, in einer Rezession enden. Das ist eine konjunkturelle Situation, die durch Unternehmenszusammenbrüche, hohe Arbeitslosigkeit und geringe Nachfrage nach Gütern und Leistungen gekennzeichnet ist. In der Rezession investieren Unternehmen we-

nig oder gar nicht, sodass das Geld- beziehungsweise Kapitalangebot auf keine Nachfrage trifft. In einer solchen Situation versuchen der Staat und die Notenbank, Investitionen und Nachfrage durch geeignete Maßnahmen zu stützen. Es werden also beispielsweise weiter Steuern gesenkt, die staatlichen Subventionen erhöht und Abschreibungsmöglichkeiten verbessert. Soweit dem Staat die finanziellen Mittel zur Verfügung stehen, wird unter Umständen auch die staatliche Nachfrage nach privaten Gütern und Leistungen erhöht.

Die Fundamentalanalyse geht bei der Untersuchung des wirtschaftlichen Umfelds der Frage nach, wie sich die Aktienkurse in den verschiedenen konjunkturellen Phasen entwickeln.

Auch wenn es nahe liegt, dass die Aktienkurse in wirtschaftlichen Situationen, in denen die Unternehmen hohe Gewinne verzeichnen, steigen sollten, da mit dem Besitz der Aktie ja auch ein höherer Gewinnanspruch des Aktionärs einhergeht, ist der zeitliche Zusammenhang in der Praxis nicht ganz so klar. Empirische Untersuchungen zeigen, dass die Entwicklung an der Börse in der Regel der konjunkturellen Entwicklung vorauseilt. Die Kurse der Aktien steigen also meist schon, wenn sich die Volkswirtschaft noch im Abschwung oder der Rezession befindet und die Unternehmen erst geringe oder noch gar keine Gewinne verzeichnen. Die alte Börsenweisheit, dass Aktienkurse die wirtschaftliche Entwicklung vorwegnehmen, scheint also ihre Richtigkeit zu haben.

Um die konjunkturelle Analyse für die Prognose von Aktienkursentwicklungen nutzen zu können, müssen die konjunkturellen Wendepunkte frühzeitig erkannt werden, um schon agieren zu können, bevor die Volkswirtschaft in eine neue Konjunkturphase eintritt. Eine der zentralen Aufgaben der Fundamentalanalyse besteht also darin, konjunkturelle Wendepunkte zu bestimmen. In der Praxis werden hierzu verschiedene so genannte Frühindikatoren verwendet, deren jeweilige Ausprägung auf bestimmte, in der Zukunft eintretende, konjunkturelle Entwicklungen hindeuten. Zu den in der wichtigsten Fundamentalanalyse verwendeten Frühindikatoren zählen beispielsweise:

- die Auftragseingänge,
- die Zinssätze,
- die Preisentwicklung,
- der GfK-Index Konsumklima sowie der
- Ifo-Geschäftsklima-Index.

Die Veränderung der Auftragseingänge in einer Volkswirtschaft lässt erkennen, wie sich die Kapazitätsauslastung der Unternehmen in der Zukunft entwickeln wird. Je höher die Zahl der Auftragseingänge, desto eher werden die Unternehmen ihre Produktionsanlagen auslasten können. Zudem lässt sich erkennen, wie die Auftraggeber die konjunkturelle Entwicklung einschätzen. Es muss allerdings beachtet werden, dass die

Aussagekraft der Auftragseingänge von Branche zu Branche unterschiedlich ist. So wird der verstärkte Eingang von Aufträgen bei Unternehmen, die große Produktionsanlagen fertigen, die Auslastung wesentlich länger gewährleisten als bei einem Konsumgüterhersteller, der für die Herstellung seiner Produkte nur einen vergleichsweise geringen Zeitraum benötigt.

Steigende Zinssätze weisen auf eine verstärkte Nachfrage nach Geld oder Kapital und damit auf eine rege Investitionstätigkeit der Unternehmen hin und geben damit Aufschluss über die konjunkturelle Entwicklung. In der Regel werden die Zinssätze in Zeiten des Booms deutlich ansteigen, während sie in der Rezession absinken. Hierbei muss allerdings beachtet werden, dass die nationalen Zinssätze immer stärker dem Einfluss der internationalen Geld- und Kapitalmärkte unterliegen und somit die Zinsentwicklung nicht immer auf die konjunkturelle Entwicklung der heimischen Volkswirtschaft zurückzuführen ist. Die Aussagekraft der Zinssätze ist damit stark eingeschränkt. Die Bedeutung der Zinssätze wird unter dem Punkt „Monetäre Einflussfaktoren" vertieft.

Ähnlich wie die Entwicklung der Zinsen weist auch die allgemeine Preisentwicklung auf bestimmte konjunkturelle Phasen und Entwicklungen hin. Hier ist allerdings ebenfalls darauf hinzuweisen, dass auf die Entwicklung der Preise neben der konjunkturellen Entwicklung auch andere Faktoren einen Einfluss haben, sodass auch hier nur von einer eingeschränkten Aussagekraft der Preise hinsichtlich der konjunkturellen Entwicklung ausgegangen werden kann. Während man bei den Auftragseingängen, der Entwicklung der Zinssätze und der Preise von quantitativen Indikatoren für die Konjunkturentwicklung spricht, handelt es sich bei dem GfK-Index Konsumklima sowie dem Ifo-Geschäftsklima-Index um so genannte qualitative Indizes. Der GfK-Index Konsumklima wird regelmäßig von der Gesellschaft für Konsumforschung in Nürnberg berechnet und veröffentlicht. Die Ergebnisse des Index stützen sich auf die monatliche Befragung von rund 2.000 Personen im Alter zwischen 16 und 69 Jahren. Dabei werden folgende sechs Themenkomplexe behandelt:

- Einschätzung der allgemeinen Konjunkturentwicklung,
- Preisentwicklung,
- Anschaffungsbereitschaft für langlebige Gebrauchsgüter (wie Kühlschrank, Waschmaschine, Möbel, Auto etc.),
- finanzielle Lage des eigenen Haushalts,
- Sparquote des Haushalts.

Einer der interessantesten Indikatoren ist der Ifo-Geschäftsklima-Index, der eine qualitative Einschätzung von ca. 10.000 Unternehmen in Deutschland hinsichtlich ihrer Erwartungen bezüglich der allgemeinen konjunkturellen Entwicklung sowie der eigenen wirtschaftlichen Entwicklung wiedergibt. Dabei haben die Befragten die Möglichkeit, ihre Einschätzung durch Attribute wie „mehr", „gleich" und „weniger" beziehungsweise „gut", „befriedigend" oder „schlecht" zu artikulieren. Aus diesen qualitativen Einschätzungen lassen sich wiederum Rückschlüsse auf die Zukunft ziehen. Schätzt das Management eines Unternehmens die zukünftige Situation der Gesellschaft beispielsweise als gut ein, so ist zu erwarten, dass es verstärkt in das eigene Unternehmen investieren wird. Kommt die Mehrzahl der Unternehmen zu diesem Schluss, so kann man auf eine anziehende Konjunktur schließen.

Gerade die qualitativen Indikatoren sind für die Einschätzung der konjunkturellen Entwicklung besonders wichtig, da die wirtschaftliche Entwicklung ganz wesentlich von den Erwartungen der Marktteilnehmer abhängt. Haben die Marktteilnehmer negative Erwartungen hinsichtlich der künftigen wirtschaftlichen Entwicklung, wird es auch bei noch so guten volkswirtschaftlichen Rahmendaten zu keinem Aufschwung kommen. Dieses gilt unabhängig von der Subjektivität dieser Erwartungen. Das Gleiche trifft auch auf Aktien zu: Sind die Erwartungen der Anleger hinsichtlich der Entwicklung des Unternehmens und damit auch der Aktien negativ, dann wird der Kurs selbst bei sehr positiven fundamentalen Daten nicht steigen.

Zum Glück gilt auch das Gegenteil: Einige Aktien steigen, obwohl sich aus den Geschäftszahlen der Unternehmen kaum positive Entwicklungen ablesen lassen, die Anleger aber trotzdem positive Erwartungen bezüglich der zukünftigen Ertragslage des Unternehmens haben. Ein solches Phänomen ließ und lässt sich vielfach bei so genannten Technologie- und Internetaktien beobachten. Diese Unternehmen erwirtschaften in der Regel nur geringe oder gar keine Gewinne, trotzdem stiegen die Kurse ihrer Aktien teilweise in astronomische Höhen. Die Anleger erwarteten auf Grund der zunehmenden Bedeutung des Internet für viele Bereiche des Lebens langfristig sehr gute Ertragsperspektiven und waren bereit, für diese schon im Vorgriff viel Geld zu bezahlen. An der Börse sprich man daher auch von der „Fantasie", die in einer solchen Aktie steckt.

Andere Aktien von Unternehmen, die in klassischen Bereichen arbeiten, in denen allgemein keine großen Entwicklungen vermutet werden, erwirtschaften oftmals hohe Gewinne, ohne dass der Kurs ihrer Aktien davon profitiert. Es gilt also zu beachten: So schnell „Fantasie" den Kurs einer Aktie nach oben schnellen lassen kann, so rasant kann der Kursverfall sein, wenn die „Fantasie" nachlässt oder durch negative Erwartungen ersetzt wird. Dieses Phänomen ließ sich besonders gut am ehemaligen Neuen Markt oder der amerikanischen Nasdaq beobachten, wo Modeerscheinungen Aktienkurse einzelner Unternehmen in astronomische Höhen getrieben hatten, die oft nach kurzer Zeit wieder ins Bodenlose fielen.

Auch wenn sich die beschriebenen Indikatoren für mittel- bis langfristige Analysen als hilfreich erwiesen haben, stellen sie sich für die Untersuchung der **kurzfristigen** konjunkturellen Entwicklung als weitgehend untauglich heraus. Dafür gibt es vor allem zwei Gründe:

- Zum einen sind die Indikatoren auf Grund ihrer teilweise sehr zeitraubenden Ermittlung in der Regel erst sehr spät verfügbar, sodass die konjunkturelle Entwick-

lung, die man mit ihrer Hilfe eigentlich prognostizieren wollte, oftmals schon eingetreten ist, und
- zum anderen widersprechen sich die Indikatoren auf kurze Sicht häufig, weisen also nicht eindeutig auf eine bestimmte Entwicklung hin.

Sehr viel zuverlässigere Ergebnisse erzielt der Anleger bei der mittel- bis langfristigen Analyse. Hier geben die genannten Indikatoren oftmals einen guten Anhaltspunkt für die längerfristige konjunkturelle Entwicklung. Es lässt sich zwar nicht hinreichend vorhersagen, wann der konjunkturelle Richtungswechsel erfolgen wird. Aber es ist doch erkennbar, dass es mittel- bis langfristig zu einer Veränderung der Konjunktur kommen wird. Problematisch ist auch, dass die klassischen Konjunkturzyklen mit Aufschwung, Boom, Abschwung und Rezession immer weniger zu existieren scheinen.

Oftmals folgt beispielsweise auf den Aufschwung direkt der Abschwung. Dies war auch in den Jahren um die Jahrtausendwende zu beobachten. So befand sich die deutsche Wirtschaft im Jahr 2000 deutlich auf Wachstumskurs, der aber in der ersten Hälfte des Jahres 2001 durch die nachlassende Konjunktur in den USA jäh beendet wurde und nahtlos in einen Abschwung überging. Die Phase des Booms wurde nie erreicht. Daneben sorgen so genannte externe Schocks, wie beispielsweise Währungskrisen oder Kriege, für einen plötzlichen, nicht prognostizierbaren Richtungswechsel der Konjunktur. Bei der Auswahl einzelner Aktien ist zu beachten, dass die Entwicklung der verschiedenen Branchen zeitversetzt zum gesamtwirtschaftlichen Konjunkturverlauf erfolgt. So gilt die Baubranche allgemein als Vorläufer, während der Maschinenbau der Konjunktur eher „hinterherhinkt". Der interessierte Kleinanleger kann die meisten der oben beschriebenen Informationen der einschlägigen Wirtschaftspresse entnehmen und sich so selbst ein Bild von der wahrscheinlichen Entwicklung machen.

Die größeren Banken publizieren umfassende und zuverlässige Konjunkturanalysen, sodass es für den Anleger interessant sein kann, bei seiner Hausbank nach solchen Analysen zu fragen. Bei der Verwertung der gewonnenen Ergebnisse sollte beachtet werden, dass nicht nur die Konjunktur der eigenen Volkswirtschaft Einfluss auf die Aktienkurse der heimischen Unternehmen hat, sondern auch die konjunkturelle Entwicklung im Ausland. In Zeiten zunehmender Globalisierung spielen internationale Einflüsse eine immer größere Rolle bei der Entwicklung deutscher Unternehmen. Das Ausmaß des Einflusses hängt stark davon ab, ob, wo und wie viel der Geschäftstätigkeit des jeweiligen Unternehmens im Ausland stattfindet. So werden stark exportorientierte Unternehmen sicherlich wesentlich stärker vom außenwirtschaftlichen Umfeld abhängig sein als Unternehmen, die ausschließlich für den Binnenmarkt produzieren. Letztlich schlägt aber die Entwicklung der Weltwirtschaft auch immer auf die heimische Volkswirtschaft durch, sodass sich selbst Unternehmen, die lediglich für den Binnenmarkt produzieren, den Einflüssen der internationalen Konjunktur nicht vollständig entziehen können.

Speziell in Deutschland hängt die Binnennachfrage nach Gütern und Leistungen ganz erheblich vom Wohlergehen der exportorientierten Unternehmen ab, da ein erheblicher Teil der Erwerbstätigen in international tätigen Unternehmen beschäftigt ist. Der Anleger muss also nicht nur die Entwicklung der eigenen Volkswirtschaft genau betrachten, sondern auch die internationalen Tendenzen.

Einfluss der monetären Entwicklung auf die Aktienkurse

Die Höhe der in- und ausländischen Zinssätze hat wesentlichen Einfluss auf die Kursentwicklung der Aktien. Grundsätzlich kann man sagen, dass Zinspapiere, wie beispielsweise Anleihen und Obligationen, in einem Konkurrenzverhältnis zu Aktien stehen. Je höher die realen Zinsen stehen, desto schlechter ist im Allgemeinen die Kursentwicklung der Aktien und umgekehrt. Dies erklärt sich aus der Abwägung von Rendite und Risiko, die jeder Anleger trifft. Während die Anlage in Aktien grundsätzlich dem Risiko unterliegt, einen Kursverlust zu erleiden, ist das Investment in ein festverzinsliches Wertpapier, wenn der Anleger das Wertpapier bis zum Ende der Laufzeit hält, weitgehend risikolos. Eine Aktie muss also eine erwartete Rendite haben, die deutlich über der risikolosen Rendite eines Zinspapiers liegt, damit die Anleger bereit sind, das Risiko einer Aktienanlage einzugehen. Erwirtschaftet eine Anleihe beispielsweise eine Rendite in Höhe von 7 Prozent, so muss die erwartete Rendite einer Aktie deutlich darüber liegen, zum Beispiel bei 15 Prozent, damit ein Anleger ein Investment in die Aktie der in ein festverzinsliches Papier vorzieht. Je höher die Rendite festverzinslicher Papiere steigt, desto weniger werden die Investoren bereit sein, Aktien zu kaufen. Je höher das Risiko der einzelnen Aktie ist, desto höher muss die erwartete Rendite über der eines festverzinslichen Wertpapiers liegen.

Diesen Zusammenhang kann man relativ einfach in einem Diagramm darstellen:

Capital Asset Pricing Model

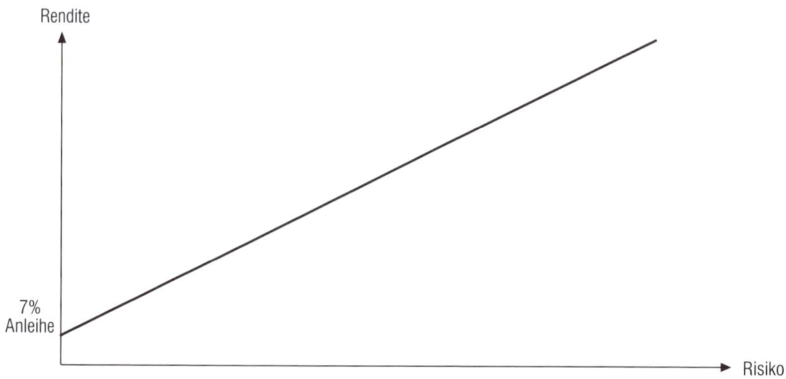

Die Höhe der Zinssätze hat aber nicht nur einen Einfluss auf den Konkurrenzkampf zwischen Aktien und Anleihen um die Gunst der Anleger, sondern auch auf die Höhe der Unternehmensgewinne und damit auch wieder auf die Attraktivität der Aktien dieser Unternehmen. Steigen die Zinsen, so erhöhen sich die Kosten der Unternehmen, wodurch sich die Gewinne tendenziell reduzieren, wohingegen die Gewinne bei sinkenden Zinsen eher steigen.

Anleger, die einen Teil ihrer Aktienkäufe durch Kreditaufnahme finanziert haben, können zudem durch steigende Zinsen gezwungen werden, einen Teil oder alle ihre Aktien zu verkaufen, was zu einem weiteren Angebotsdruck und damit zusammenhängenden Kursverlusten führt. Die Höhe der Zinsen ist außer von Angebot und Nachfrage nach Geld und Kapital ganz wesentlich von der Geldpolitik der Europäischen Zentralbank (EZB) in Frankfurt abhängig. Mit Hilfe der Geldpolitik versucht die Notenbank die Entwicklung der Geldmenge zu steuern und so inflationären Tendenzen entgegenzuwirken.

Die Entwicklung der Zinsen hängt damit eng mit der konjunkturellen Entwicklung und der damit einhergehenden Entwicklung der Geldmenge zusammen. Kommt es beispielsweise in einer Boomphase zu Preiserhöhungen, so kann sich die EZB gezwungen sehen, durch eine restriktive Diskont-, Lombard- oder Offenmarktpolitik eine Geldmengenverknappung herbeizuführen. Eine Reduktion der Geldmenge führt aber in Aufschwung- oder Boomphasen, in denen in der Regel eine rege Kreditnachfrage durch die Unternehmen herrscht, zu steigenden Zinsen. Auf der anderen Seite besteht in Zeiten des Abschwungs oder der Rezession selten inflationäre Gefahr, sodass die Europäische Zentralbank in Frankfurt, auch zur Stützung der Konjunktur, eine expansive Geldpolitik betreiben kann, wodurch es im Allgemeinen zu Zinssenkungen kommt.

Empirische Beobachtungen haben gezeigt, dass die Zinsentwicklung der konjunkturellen Entwicklung zeitlich folgt. Auf einen Konjunkturanstieg folgt in der Regel auch ein Anstieg der Zinsen. Die Gründe hierfür wurden oben beschrieben. Die Tendenz, dass sinkende Zinsen zu steigenden Aktienkursen führen und umgekehrt, konnte ebenfalls in empirischen Untersuchungen nachgewiesen werden.

Einflüsse der Wechselkurse auf die Aktienkurse

Auch die Entwicklung des Außenwerts des Euro beeinflusst auf den Verlauf der Aktienkurse in Deutschland. Vor allem die Entwicklung des US-Dollar hat auf Grund der Tatsache, dass noch immer ein wesentlicher Teil des Welthandels in Dollar abgewickelt wird, einen großen Einfluss auf die Ertragskraft der heimischen Unternehmen und damit auch auf den Kurs der betreffenden Gesellschaften. Es ist unmittelbar einleuchtend, dass ein steigender Dollar-Kurs einen direkten Einfluss auf die Umsatz- und Gewinnentwicklung exportorientierter Unternehmen hat. Steigt der Dollar, erhalten die Unternehmen für jede gegen Dollar verkaufte Ware mehr Euro, also einen höheren Erlös. Zudem werden die Waren des Exportunternehmens für Kunden, die in Dollar bezahlen, billiger. Sie erhalten für dieselbe Menge Dollar mehr Ware.

Ein steigender Dollar hat also einen positiven Einfluss auf die Ertragssituation exportorientierter Unternehmen und damit in der Regel auch einen positiven Einfluss auf den Kurs der Aktien dieser Unternehmen. Anders sieht es aber bei Unternehmen aus, die einen wesentlichen Teil der von ihnen zur Produktion benötigten Rohstoffe importieren, ihre Waren aber vorwiegend auf dem Heimatmarkt absetzen. Wenn man davon ausgeht, dass die Unternehmen die gestiegenen Kosten für Rohstoffe nicht oder nicht vollständig durch Preiserhöhungen an ihre Kunden weitergeben können, so bedeutet eine Erhöhung des US-Dollar-Kurses eine Verminderung der Rohertragsmarge und damit auch einen Gewinnrückgang. Die Aktienkurse der betreffenden Unternehmen werden also tendenziell sinken.

Besonders deutlich ist dies bei den Unternehmen der chemischen Industrie zu beobachten, die sowohl bei der Einfuhr der von ihnen benötigten Rohstoffe als auch beim Export ihrer Produkte sehr stark von Wechselkursveränderungen betroffen sind. Da sie rund 60 Prozent ihrer Exporte innerhalb der Europäischen Union absetzen, hat sich die Situation durch die gemeinsame Währung sehr stark geändert. Ein Anleger, der seine Investitionsentscheidung mit Hilfe der Fundamentalanalyse trifft, sollte also bei der Auswahl geeigneter Aktien den Einfluss möglicher Wechselkursänderungen auf die Kurse beachten.

Ähnliche Bedeutung wie die Entwicklung des US-Dollar hat gerade für deutsche Unternehmen, die den wesentlichen Teil ihrer Exportumsätze mit dem europäischen Ausland bestreiten, die Entwicklung der Wechselkurse mit den europäischen Währungen gehabt. Dieser Einfluss gehört seit der Einführung der gemeinsamen Währung Euro der Vergangenheit an. Dies gilt jedenfalls für die zehn Partnerländer der EWU und für die EU-Länder, die in absehbarer Zeit noch beitreten werden und bis dahin ihre Währungen eng an die Leitwährung Euro binden.

2. Die Branchenanalyse

Empirische Beobachtungen des Aktienmarktes zeigen, dass sich die Kurse der Aktien unterschiedlicher Branchen durchaus nicht parallel entwickeln. Vielmehr kann man so genannte Branchenzyklen beobachten. Ist der Anleger im Rahmen der Konjunkturanalyse zu dem Schluss gekommen, dass die volkswirtschaftlichen Rahmendaten für ein Investment in Aktien sprechen, so kann die Anzahl potenziell interessanter Aktien mit Hilfe der Branchenanalyse weiter eingegrenzt werden. Ziel der Branchenanalyse ist es also, diejenigen Branchen, in denen von vornherein von keinem positiven Kursverlauf auszugehen ist, aus der weiteren Analyse zu eliminieren, um so die weitere Analyse auf Unternehmen, die in viel versprechenden Branchen operieren, zu konzentrieren.

Vorläufer und Nachzügler

Die Banken- und Automobilbranche gelten als ein typischer Konjunkturvorläufer, während die Elektroindustrie, der Maschinen- und der Anlagenbau eher dem jeweiligen Zyklus hinterherlaufen. Speziell beim Maschinen- und Anlagenbau lässt sich dieses Phänomen relativ leicht erklären, da beide Branchen vom Investitionsverhalten anderer Sektoren der Wirtschaft abhängig sind und damit von deren Ertragslage. So wird ein Unternehmen, das Maschinen für die Automobilindustrie herstellt, erst dann von der sich belebenden Konjunktur profitieren, wenn die Automobilproduzenten auf Grund steigender Auslastung ihrer Produktionskapazitäten Erweiterungsinvestitionen vornehmen oder ihre alten Maschinen durch neue ersetzen. Andersherum kann es sein, dass der Maschinenbau noch immer boomt, während sich die konjunkturelle Entwicklung der restlichen Volkswirtschaft schon wieder im Abschwung befindet, da die Aufträge, die Unternehmen anderer Branchen in Zeiten der Hochkonjunktur vergeben haben, erst jetzt abgewickelt werden. Grundsätzlich unterscheidet man in der Fundamentalanalyse Branchen,

- deren Aktienkurse dem jeweiligen Konjunkturzyklus vorweglaufen,
- deren Kursentwicklung parallel zum Konjunkturzyklus verläuft (prozyklische Aktien) und
- solche, die dem Konjunkturzyklus hinterherlaufen.

Die folgende Tabelle gibt eine solche Einteilung am Beispiel einiger typischer Branchen wieder:

Konjunkturelle Vorläufer	Prozyklische Branchen	Nachzügler
Automobilindustrie	Chemische Industrie	Anlagenbau
Bankensektor	Energie	Bauwirtschaft
Software		Maschinenbau
Konsumgüterindustrie		
Textilindustrie		

Leider lässt sich in der Praxis nur sehr schwer feststellen, ab wann der konjunkturelle Funke auf die jeweilige Branche überspringt. Möglich ist auch, dass ein typischer Vorläufer wie der Bankenbereich die Erwartungen nicht erfüllt, weil der Kreditsektor in einer Strukturkrise steckt, wie dies in Deutschland spätestens nach dem Börsencrash deutlich wurde. Daneben kann es auch sein, dass eine konjunkturelle Bewegung an einer Branche nahezu völlig vorübergeht.

Beispiel: In einer Phase der Rezession erwirbt die Zentralbank im Rahmen ihrer Offenmarktpolitik verstärkt Wertpapiere, sodass es zu einer Erhöhung der Geldmenge und einer Reduktion der Zinssätze kommt. Die darauf folgende, konjunkturelle Erholung bewirkt einen Anstieg der privaten Nachfrage, was sich umgehend positiv auf die Ertragslage der Konsumgüterindustrie auswirkt. Auf Grund der ansonsten unveränderten wirtschaftlichen Rahmendaten glaubt die Konsumgüterindustrie allerdings nicht an eine dauerhafte Nachfrageerhöhung und investiert daher nicht in die eigenen Produktionsanlagen. Dadurch kommt es zwar zu einer Erhöhung der Gewinne in der Konsumgüterindustrie, nicht aber zu einer Verbesserung der Auftragslage im Maschinenbau.

Analysten versuchen daher anhand verschiedener Indikatoren die jeweilige Branchenentwicklung schon im Vorfeld zu untersuchen, um so Hinweise auf den richtigen Investitionszeitpunkt und auch den richtigen Zeitpunkt zum Ausstieg aus einer Branche zu erhalten. Wie bei der Konjunkturanalyse verwenden Analysten auch bei der Branchenanalyse Frühindikatoren, die schon im Vorfeld einen Anhaltspunkt geben, wann eine bestimmte Entwicklung in einer bestimmten Branche zu erwarten ist.

Die wichtigsten Indikatoren

Als wichtige Indikatoren gelten dabei die Entwicklung der Auftragseingänge und die Industrieproduktion. Beide Indikatoren geben wertvolle Hinweise auf die mögliche Entwicklung des Umsatzes und der Gewinne in der betrachteten Branche, wobei vor allem die Entwicklung der Auftragseingänge als spezieller Frühindikator angesehen wird, während die Entwicklung der Industrieproduktion eher als Bestätigung für eine beobachtete Branchenentwicklung gilt.

Die Entwicklung der Auftragseingänge gilt als guter Indikator für die Nachfrageentwicklung nach den Produkten der jeweils betrachteten Branche. Ist ein Anstieg der Aufträge zu beobachten, kann man auf eine ansteigende Kapazitätsauslastung und damit in der Regel auch auf steigende Erträge in der Branche schließen. Je höher der Auftragsbestand ist, desto länger und nachhaltiger wird diese positive Entwicklung anhalten. Der interessierte Anleger kann die Entwicklung der Auftragseingänge in den von der Deutschen Bundesbank herausgegebenen Monatsberichten verfolgen, die direkt von der Bundesbank bezogen werden können. Daneben wird die Entwicklung der Auftragseingänge auch regelmäßig in der einschlägigen Wirtschaftspresse sowie teilweise auch in den Fernsehnachrichten publiziert.

Weniger zur Kursprognose geeignet als die Entwicklung der Auftragseingänge hat sich die Entwicklung der Industrieproduktion erwiesen. Dies erklärt sich daraus, dass die Ertragsentwicklung in der Regel weitgehend parallel mit der Höhe der Produktion der Unternehmen verläuft. Unter der Annahme, dass die Börse künftige Ertragsentwicklungen vorwegnimmt, kann ein Indikator, der parallel zu den Erträgen verläuft, zur Kursprognose nicht optimal sein. Trotzdem gibt die Entwicklung der Industrieproduktion wertvolle Hinweise für die Investitionsentscheidungen der Anleger, da sie damit einen Hinweis auf die Nachhaltigkeit der Ertragssituation in einer Branche erhalten.

3. Die Unternehmensanalyse

Die Unternehmensanalyse stellt den letzten, aber oftmals entscheidenden Schritt der Fundamentalanalyse dar und schließt sich direkt an die Branchenanalyse an. Nachdem der Anleger die seiner Meinung nach interessanteste Branche beziehungsweise die interessantesten Branchen ermittelt hat, ist es nun notwendig, die innerhalb der Branche aussichtsreichsten Unternehmen herauszusuchen. Hierbei gilt es relativ billigere, das heißt unterbewertete Aktien zu finden, um so die Chance auf entsprechend hohe Kursgewinne zu erhalten. Im Kern stellt die Unternehmensanalyse die Frage nach der aktuellen und künftigen Ertragskraft der betrachteten Unternehmen. Bei systematischem Vorgehen beginnt die Analyse mit der Untersuchung der in der Vergangenheit erwirtschafteten Erträge, vergleicht diese mit der aktuellen Ertragssituation und wendet sich dann der Prognose der zukünftig erwarteten Erträge zu.

Die Analyse der in der Vergangenheit erzielten Gewinne sowie der aktuellen Ertragssituation stellt sich als verhältnismäßig problemlos dar, da diese Informationen aus den Bilanzen der betreffenden Unternehmen ersichtlich sind. Die Bilanzen beziehungsweise Jahresabschlüsse der Unternehmen werden den Aktionären jährlich zugeschickt, aber auch wenn man nicht Gesellschafter des betreffenden Unternehmens ist, kann man die Bilanzen meist ohne große Schwierigkeiten von dem jeweiligen Unternehmen erhalten.

Die meisten Aktiengesellschaften stellen ihre aktuellen Bilanzen interessierten Dritten zur Verfügung. Daneben werden die Jahresabschlüsse (Bilanz, Gewinn- und Verlustrechnung, Anlagespiegel sowie Lagebericht) der großen Unternehmen regelmäßig im Wirtschaftsteil der einschlägigen Tageszeitungen sowie in Wirtschafts- und Börsenfachzeitschriften analysiert. Seit neuestem publizieren zahlreiche Unternehmen ihre Jahresabschlüsse sowie Quartals- und Halbjahresergebnisse auf ihren jeweiligen Homepages im Internet. Der Anleger kann also oftmals einfach, zeitnah und auch kostengünstig an die gewünschten Informationen kommen.

Deutlich schwieriger stellt sich die Prognose der in Zukunft zu erwartenden Ertragslage dar. Hier gilt es anhand der Angaben der Unternehmensleitung sowie der in der gesamtwirtschaftlichen Analyse und der Branchenanalyse gewonnenen Informationen Aussagen über die künftige Ertragskraft einzelner Unternehmen zu treffen. Eine solche Analyse übersteigt in aller Regel die Möglichkeiten des „normalen" Anlegers. Der Privatanleger muss hier auf die Analysen einschlägiger Anlegermagazine oder der Analyseabteilungen der großen Banken zurückgreifen. Wie schwierig die richtige Einschätzung der zukünftigen Gewinnsituation eines Unternehmens ist, zeigten einerseits die Ergebnisse der teilweise erheblich voneinander abweichenden Prognosen und andererseits die oft großen Abweichungen zwischen den prognostizierten Werten und den später tatsächlich vorgelegten Ist-Zahlen.

Um zu einer Auswahl von Unternehmen zu kommen, in die der Anleger nun sein

Geld investieren soll, müssen die für die Unternehmen ermittelten, absoluten Zahlen in Kennzahlen umgerechnet werden, um so die einzelnen Unternehmen beziehungsweise ihre Aktien miteinander vergleichen zu können. Der reine Ertragsvergleich auf Basis absoluter Zahlen würde den Anleger nicht viel weiter bringen, da die Ertragskraft eines Unternehmens nicht von der absoluten Höhe seines Gewinns oder Cashflows abhängt, sondern vielmehr von bestimmten Relationen, wie beispielsweise Gewinn in Bezug zum eingesetzten Eigenkapital oder Gewinn pro Aktien. Weiter unten werden einige der gebräuchlichsten Kennzahlen vorgestellt.

Die Ertragskraft eines Unternehmens stellt die in der Fundamentalanalyse wichtigste Komponente zur Einschätzung der künftigen Kursentwicklung eines Unternehmens dar. Empirische Untersuchungen zeigen, dass ein sehr enger Zusammenhang zwischen der Ertragskraft des Unternehmens und dem Kursverlauf von dessen Aktien besteht. Allerdings ist auch hier zu beachten, dass der Kurs der tatsächlichen Ertragsentwicklung vorausläuft: Der Kurs nimmt zukünftige Ertragssteigerungen vorweg. Ein besonders deutliches Beispiel für dieses typische Börsenphänomen ist der fulminante Kursverlauf einiger Software- und Internetaktien an der New Yorker Nasdaq.

Die jeweiligen Unternehmen erwirtschaften zum Teil nur geringen oder sogar gar keine Gewinne und werden dies manchmal auch in absehbarer Zukunft nicht tun. Das Vertrauen darauf, dass es sich hier um Unternehmen aus Zukunftsbranchen handelt, die später einmal hohe Gewinne erzielen könnten, lassen die betreffenden Kurse aber trotzdem stark steigen.

Ähnliche Entwicklungen konnten Anleger an dem Neuen Markt in Frankfurt beobachten. Auch hier konnten die Aktien von Unternehmen, die eigentlich nur unterdurchschnittlich hohe Ertragskennziffern aufweisen konnten beziehungsweise erhebliche Verluste erwirtschafteten, mit teilweise extremen Kurssteigerungen aufwarten. So beeindruckend die Kurssteigerungen waren, die diese Aktien verzeichnen konnten, so extrem waren dann allerdings auch die Kursrückgänge, die sich einstellten, als die Investoren feststellen mussten, dass eine große Anzahl der jungen Unternehmen die in sie gesetzten Erwartungen nicht erfüllen konnte.

Andererseits müssen die Beteiligungspapiere einiger Unternehmen Kursverluste hinnehmen, obwohl sie beeindruckende Erträge aufweisen können. Grund dafür sind Ertragserwartungen, die noch über dem guten Ergebnis liegen, das die Unternehmen tatsächlich erreicht haben. Ein Beispiel hierfür ist die Aktie der SAP, die das eine oder andere Mal einen Kursverlust hinnehmen musste, obwohl das Unternehmen überdurchschnittlich gut verdient. Es zeigt sich also, dass sich nicht mit Sicherheit von steigenden Erträgen auf steigende Kurse schließen lässt, auch wenn dies in der überwiegenden Zahl der Fälle zutrifft. Es kommt immer darauf an, ob bestehende Erwartungen erfüllt oder enttäuscht werden.

Zum Vergleich der aktuellen und künftigen Ertragskraft von Unternehmen haben sich einige wichtige Ertragskennzahlen etabliert, die hier vorgestellt werden.

Kennzahlen der Unternehmensanalyse

Grundsätzlich kann man die in der Fundamentalanalyse verwendeten Kennzahlen in drei Kategorien einteilen:

- Bilanzkennzahlen und Kennzahlen aus der Gewinn- und Verlustrechnung,
- aktienbezogene Kennzahlen,
- kursbezogene Kennzahlen.

Bei den Bilanzkennzahlen und den Kennzahlen aus der Gewinn- und Verlustrechnung handelt es sich um Ziffern, die aus Werten errechnet werden, welche sich aus dem Jahresabschluss des Unternehmens entnehmen lassen beziehungsweise auf deren Basis sich zukünftige Erträge schätzen lassen. Hierzu gehören beispielsweise:

- Umsatzrendite,
- Eigenkapitalrentabilität,
- Gesamtkapitalrentabilität,
- Verschuldungsgrad,
- Cashflow.

Die **Umsatzrentabilität** lässt sich nach der folgenden Formel errechnen:

$$\textbf{Umsatzrentabilität} = \frac{\text{Jahresüberschuss oder ordentliches Betriebsergebnis}}{\text{Umsatz}}$$

Die Umsatzrendite gibt in der Regel das Verhältnis zwischen Jahresüberschuss und Umsatz eines Unternehmens an und damit, wie viel Euro Umsatz ein Unternehmen machen muss, um 1 Euro Gewinn zu erzielen oder was den Anteilseigner von 1 Euro Umsatz an Ertrag verbleibt. Um zu einer von Sondereinflüssen, das heißt außerordentlichen Erträgen und Aufwendungen bereinigten Aussage zu kommen, kann man auch alternativ zum Jahresüberschuss das ordentliche Betriebsergebnis verwenden.

Die Formel für die **Eigenkapitalrentabilität** lautet:

$$\textbf{Eigenkapitalrentabilität} = \frac{\text{Jahresüberschuss oder Gesamtergebnis vor Steuern}}{\text{Eigenkapital}}$$

Zu den aus Sicht der Anteilseigner eines Unternehmens wichtigsten Kennzahlen gehört die Eigenkapitalrentabilität. Sie gibt wieder, wie hoch die Rendite des Eigenkapitals ist, das im Unternehmen eingesetzt wird. Grundsätzlich kann man sagen, dass eine steigende Eigenkapitalrentabilität einen positiven Einfluss auf den Aktienkurs des betreffenden Unternehmens hat, da das vom Aktionär eingesetzte Kapital zunehmend besser genutzt wird. Man muss allerdings betrachten, dass das im Unternehmen einge-

setzte Eigenkapital pro Aktie ungleich dem Preis ist, den der Anleger pro Aktie an der Börse zahlen muss.

Neben der Rendite des eingesetzten Eigenkapitals interessiert den Aktionär natürlich auch die **Gesamtkapitalrentabilität**, also die Rendite des insgesamt im Unternehmen eingesetzten Kapitals, des Eigenkapitals wie Fremdkapitals. Die Kennzahl errechnet sich wie folgt:

$$\textbf{Gesamtkapitalrentabilität} = \frac{\text{Jahresüberschuss vor Fremdkapitalzinsen}}{\text{Gesamtkapital}}$$

Verschuldungsgrad und dynamischer Verschuldungsgrad

Der Verschuldungsgrad gibt das Verhältnis zwischen Eigen- und Fremdkapital im Unternehmen an. Grundsätzlich kann man sagen, dass sich ein steigender Verschuldungsgrad positiv auf die Rentabilität des eingesetzten Eigenkapitals auswirkt, also ein steigender Verschuldungsgrad durchaus positiv für den Kursverlauf einer Aktie sein kann. Man spricht hierbei vom so genannten Leverage-Effekt (Hebeleffekt) des Fremdkapitals. Dieser Zusammenhang gilt allerdings nur so lange, wie die Gesamtkapitalrentabilität über den Fremdkapitalkosten liegt. Sobald die Gesamtkapitalrentabilität unter die Fremdkapitalkosten sinkt, kommt es zu einem umgekehrten Leverage-Effekt und die Eigenkapitalrentabilität sinkt schnell ab.

$$\textbf{Verschuldungsgrad} = \frac{\text{Fremdkapital}}{\text{Eigenkapital}}$$

Von der statischen Kennzahl „Verschuldungsgrad“ ist der **dynamische Verschuldungsgrad** zu unterscheiden. Dieser setzt eine Ertragskennzahl, wie beispielsweise den Cashflow (siehe unten), mit dem im Unternehmen befindlichen Fremdkapital in Beziehung und zeigt an, in wie viel Jahren sich ein Unternehmen aus eigener Kraft entschulden könnte, wenn es die ihm zur Verfügung stehende Liquidität vollständig zur Rückzahlung von Verbindlichkeiten einsetzen würde.

$$\textbf{Dynamischer Verschuldungsgrad} = \frac{\text{Fremdkapital}}{\text{Cashflow}}$$

Cashflow

Der Cashflow gibt die Innenfinanzierungskraft eines Unternehmens und damit die Fähigkeit des Unternehmens, Ausschüttungen, Tilgungen und Investitionen aus eigener Kraft zu bestreiten, das heißt ohne Zuführung von Kapital (Eigenkapital oder Kredite) von außen, an. Um zur Innenfinanzierungskraft eines Unternehmens zu gelangen, werden Aufwendungen, die nicht zu Auszahlungen führen, wie beispielsweise Abschreibungen, zum Jahresüberschuss hinzugezählt, während Erträge, die nicht zu Einzahlungen führen, wie beispielsweise aktivierte Eigenleistungen, vom Jahresüberschuss abgezogen werden. Damit bemisst der Cashflow die in Euro gemessene Liquidität, die ein Unternehmen in dem betrachteten Geschäftsjahr erwirtschaftet und die ihm zur Finanzierung zur Verfügung steht. Vereinfacht errechnet sich der Cashflow wie folgt:

	Jahresüberschuss
+	Abschreibungen auf Gegenstände des Anlagevermögens
–	Zuschreibungen zu Gegenständen des Anlagevermögens
+/–	Veränderungen der Rückstellungen für Pensionen und andere langfristige Rückstellungen
–	aktivierte Eigenleistungen
+/–	Abnahme/Zunahme an fertigen und unfertigen Erzeugnissen
=	**Cashflow**

Das wichtigste Signal

Der Cashflow gilt in der Finanzanalyse als wichtigster Indikator für die Finanzkraft eines Unternehmens. Im Gegensatz zum Jahresüberschuss ist der Cashflow frei von mehr oder weniger sinnvollen handelsrechtlichen Bewertungsvorschriften, wie beispielsweise Abschreibungssätzen oder Rückstellungsbildungen.

Eine Zunahme des Cashflow bedeutet damit also eine Zunahme der Finanzkraft eines Unternehmens und hat damit einen grundsätzlich positiven Einfluss auf die Aktienkursentwicklung.

Neben den hier vorgestellten Kriterien existieren eine Vielzahl weiterer Kennzahlen, die in der Fundamentalanalyse Verwendung finden können, wie beispielsweise die Umschlaghäufigkeit des Vorratsvermögens, die angibt, wie lange das Unternehmen durchschnittlich Kapital in Vorräten gebunden hat. Je geringer diese in Tagen ausgedrückte Kennzahl ist, desto geringer ist die Kapitalbindungsdauer. Das schlägt sich in der Regel in einer verbesserten Eigen- und Gesamtkapitalrendite sowie in einem höheren Cashflow nieder. Kennzahlen, die häufig zur Beurteilung der adäquaten Finanzierung eines Unternehmens herangezogen werden, sind der Deckungsgrad A und B, die angeben, zu wie viel Prozent das langfristig im Unternehmen gebundene Anlagevermögen, wie beispielsweise Gebäude, Maschinen und langfristige Forderungen, durch dem Unternehmen langfristig zur Verfügung stehende Geldmittel, wie Eigenkapital und langfristige Kredite, finanziert sind.

Diese Kennzahlen resultieren aus der Erkenntnis, dass ein Unternehmen leicht in fi-

nanzielle Schwierigkeiten kommen kann, wenn es Gegenstände, die langfristig im Unternehmen verbleiben müssen, mit nur kurzfristig zur Verfügung stehendem Kapital finanziert. Kann ein Unternehmen beispielsweise einen kurzfristigen Kredit, der zur Finanzierung einer Betriebsimmobilie aufgenommen wurde, am Ende der Laufzeit nicht wieder zu vergleichbaren Konditionen wiederaufnehmen, so kann dies zu ernsthaften Problemen bei der Liquidität, der Zahlungsfähigkeit eines Unternehmens, führen. Die oben beschriebenen Kennzahlen dienen der Analyse der Rentabilität und der Finanzkraft des betrachteten Unternehmens. Der Analyst kann also mit Hilfe dieser Kennzahlen eine Aussage darüber treffen, ob es grundsätzlich interessant ist, in dieses Unternehmen zu investieren. Die beschriebenen Kennzahlen sagen aber noch nichts darüber aus, ob die Aktien des betreffenden Unternehmens vergleichsweise billig oder teuer sind, das heißt, eher gute oder eher schlechte Chancen auf Kursgewinne bestehen.

Aktienbezogene Kennzahlen

Die aktienbezogenen Kennzahlen rechnen bestimmte Erfolgsgrößen, wie den Gewinn, den Cashflow, den ausgeschütteten Gewinn oder Ähnliches, auf die einzelne Aktie um. Zu dieser Kategorie gehören unter anderem die folgenden Kennzahlen:

- Dividende je Aktie,
- Ergebnis je Aktie.

Während die Dividende je Aktie den insgesamt ausgeschütteten Gewinn in Relation zu der Anzahl der emittierten Aktien setzt, rechnet das Ergebnis je Aktien den insgesamt erwirtschafteten Gewinn, also sowohl den ausgeschütteten als auch den thesaurierten Gewinn, auf die einzelne Aktie um. Die Aussagekraft des Gewinns je Aktie ähnelt damit der Aussagekraft der Eigenkapitalrentabilität, da jede Aktie für einen bestimmten Anteil am Eigenkapital steht. Die Aussagekraft der aktienbezogenen Kennzahlen ist für die Aktienanalyse vergleichsweise gering und kann damit nur in begrenztem Ausmaß zur Anlageentscheidung herangezogen werden.

Kursbezogene Kennzahlen

Zu den kursbezogenen Kennzahlen gehören unter anderem die Dividendenrendite und das Kurs-Gewinn-Verhältnis.

Dividendenrendite: Die Dividendenrendite drückt das Verhältnis zwischen der vom Unternehmen gezahlten Dividende und dem Preis (Kurs), den der Anleger für die Aktie an der Börse zahlen muss, aus. Diese Kennzahl kann sowohl auf Basis der momentan gezahlten Dividende als auch auf Basis der erwarteten zukünftigen Dividende berechnet werden.

$$\textbf{Dividendenrendite} = \frac{\text{Dividende (letzte oder erwartete)}}{\text{aktueller Kurs}} \times 100$$

Eine Betrachtung, die neben der Dividendenrendite alle anderen Faktoren unbeachtet lässt, kann leicht zu Fehlinterpretationen führen. Die Dividendenrendite steigt, wenn entweder das Unternehmen die Dividende erhöht oder wenn der Kurs der Aktie sinkt. Umgekehrt sinkt die Dividendenrendite bei fallender Dividende und/oder steigendem Kurs. Die Dividendenrendite gehört sicherlich zu den am häufigsten verwendeten Kennzahlen zum Vergleich unterschiedlicher Aktien. Trotzdem ist auch die Aussagekraft der Dividendenrendite begrenzt, sodass die Interpretation dieser Kennzahl mit der notwendigen Vorsicht betrieben werden sollte. Dies gilt insbesondere, wenn die historische Dividende, also die zuletzt gezahlte, mit dem heutigen Kurs in Beziehung gesetzt wird, denn:

- Eine hohe Dividendenrendite kann grundsätzlich auf ein relativ niedriges Kursniveau der betrachteten Aktie im Vergleich zur ausgeschütteten Dividende hindeuten. In diesem Fall kann man zunächst auf eine Unterbewertung der Aktie schließen, was wiederum auf ein attraktives Kurspotenzial hindeuten kann. Aber Vorsicht, eine hohe Dividendenrendite kann auch einfach auf einen nachhaltigen Kursverfall der Aktien hindeuten, der sich aus einer schlechten Ertragslage des Unternehmens erklärt. Unter Umständen ist die Ertragslage des Unternehmens sogar so schlecht, dass es im folgenden Jahr gar nicht mehr zu einer Dividendenzahlung kommt, was mit hoher Wahrscheinlichkeit zu einem weiteren Kursverfall der Aktie führen wird. Um zu einer vernünftigen Interpretation der Dividendenrendite zu kommen, muss man also zumindest auch einen Blick auf die oben beschriebenen, unternehmensbezogenen Kennzahlen werfen.
- Analog lässt sich aus einer niedrigen Dividendenrendite auf eine Überbewertung der betreffenden Aktie schließen. Andererseits kann eine hohe Dividendenrendite aber auch darauf hindeuten, dass die Anleger in der Zukunft sehr gute Geschäftsergebnisse erwarten, die dann wiederum zu einer Erhöhung der Dividende führen können.

Aus diesen Gründen verwenden Analysten häufig nicht die historische Dividendenrendite, sondern berechnen die Dividendenrendite vielmehr auf Basis von in der Zukunft zu erwartenden Dividendenzahlungen. Hierbei gehen die Analysten von dem erwarteten zukünftigen Gewinn und den daraus resultierenden Dividendenzahlungen aus. Zwar reduziert diese Vorgehensweise die Gefahr der oben genannten Fehlinterpretationen, dafür unterliegt die Analyse dann aber den Unsicherheiten, die mit der Schätzung zukünftiger Gewinne verbunden sind. Zwar lässt sich der Gewinn des nächsten und vielleicht auch des übernächsten Jahres noch relativ gut schätzen. Die Gewinne werden aber immer schwerer zu schätzen, je weiter sie in der Zukunft liegen.

Kurs-Gewinn-Verhältnis (KGV): Das Kurs-Gewinn-Verhältnis drückt aus, wie oft der Gewinn, den das Unternehmen pro Aktie erwirtschaftet, im Kurs enthalten ist. Der Gewinn pro Aktie wird dabei mit Hilfe des Verhältnisses zwischen Jahresüberschuss und Kurs der ausgegebenen Aktien berechnet. Hierzu wird zunächst der Jahresüberschuss des Unternehmens durch die Anzahl der ausgegebenen Aktien dividiert, so dass man den Gewinn pro Aktie erhält und dann anschließend der Kurswert der Aktie durch den Gewinn pro Aktie dividiert.

$$\text{KGV} = \frac{\text{Kurswert Aktie}}{\text{Gewinn pro Aktie}}$$

Damit gibt das KGV an, wie viel Geldeinheiten der Käufer einer Aktie für einen Euro zukünftigen Gewinns dieses Unternehmens zahlen muss. Hat eine Aktie beispielsweise ein KGV von 20, so bedeutet dies, dass der Anleger 20 Euro für einen Euro zukünftigen Gewinns bezahlen muss.

Ebenso wie die Dividendenrendite wird auch das KGV häufig auf Basis geschätzter zukünftiger Gewinne berechnet. Beim Kauf einer Aktie interessiert es den Anleger nämlich in der Regel mehr, wie viel das Unternehmen in der Zukunft verdienen wird, als wie viel es in der Vergangenheit erwirtschaftet hat. Das KGV wird in der Regel zum Vergleich zwischen unterschiedlichen Aktiengesellschaften verwendet. Hierbei werden die KGV verschiedener Unternehmen der gleichen Branche miteinander verglichen, um so zu analysieren, welche der Aktien vergleichsweise billiger sind. Wenn der Anleger die Ertragskraft der Unternehmen vergleichsweise ähnlich einschätzt, sollte er das Unternehmen auswählen, welches das niedrigste KGV ausweist.

Der interessierte Anleger findet das KGV der wichtigsten deutschen Aktiengesellschaften in einschlägigen Magazinen für Aktienanleger (wie Das Wertpapier, Börse Online, Capital usw.) sowie in den von Banken und Sparkassen erstellten Analysen. Außerdem kann das KGV natürlich relativ leicht auch selbst berechnet werden. Börsennotierte Unternehmen in den USA sind sogar verpflichtet, ihr jeweiliges KGV in ihren Geschäftsberichten anzugeben.

Die Chartanalyse

Welchen Gesetzmäßigkeiten folgt die Kursentwicklung?

Es ist zwar keine wissenschaftliche Methode, sondern nur die Verlängerung früher gemachter Erfahrungen in die Zukunft. Dennoch schwören die Anhänger der Chartanalyse auf diese Methode. Viele richten ihre Anlageentscheidung allein oder überwiegend nach den Ergebnissen der Chartisten aus. Aber allein die Tatsache, dass so viele Anleger sich von den Charts beeinflussen lassen, trägt dazu bei, dass die Prognose oft in Erfüllung geht – oder zumindest die Richtung stimmt.

Der wichtigste Unterschied: Anders als die Fundamentalanalyse verzichtet die technische Aktienanalyse vollständig auf die Untersuchung unternehmensbezogener Daten (wie beispielsweise die Gewinnentwicklung, den erwirtschafteten Cashflow oder die Kostenentwicklung) oder der volkswirtschaftlichen Rahmendaten (wie die Entwicklung des Bruttosozialprodukts, der Arbeitslosenquote, Inflation usw.). Die technische Analyse betrachtet einzig und allein börsenbezogene Daten des Unternehmens. Hierzu zählen beispielsweise:

- Kurse,
- Indizes,
- gehandeltes Aktienvolumen,
- Kursbilder,
- Indikatoren.

Die technische Analyse verzichtet bewusst auf die Frage nach den Gründen für die jeweilige Kurshöhe beziehungsweise der zu beobachtenden Kursbewegungen einer Aktie. Es wird also nicht untersucht, warum der jeweils betrachtete Parameter einen bestimmten Wert erreicht. Die technische Analyse konzentriert sich vielmehr auf die systematische Betrachtung und Aufzeichnung der vergangenen Entwicklung der jeweiligen Parameter, um so etwaige „Gesetzmäßigkeiten" zu finden, mit deren Hilfe der künftige Kurs der jeweils betrachteten Wertpapiere prognostizierbar werden soll.

Technische Aktienanalyse

Die Chartanalyse ist das wesentliche Element der technischen Aktienanalyse. Die Darstellung der oben genannten, technischen Daten erfolgt in der Regel auf grafische Weise in so genannten Charts. Hierbei wird auf der horizontalen Achse (Abszisse) der Zeitraum der Betrachtung, also ein Monat, ein Jahr usw. angegeben, während auf der vertikalen Achse (Ordinate) der jeweilige Kurswert, das Handelsvolumen oder der Stand des betrachteten Index eingetragen wird. Die Einteilung der beiden Achsen hängt sehr davon ab, was man untersuchen möchte, und ist daher sorgfältig abzuwägen. Ist das Ziel der Analyse eine Betrachtung der langfristigen Entwicklung eines oder mehrerer Wertpapiere, so ist die Einteilung der Zeitachse in Wochen oder Monate sinnvoll, um die Übersichtlichkeit des Charts zu gewährleisten.

Die Darstellung der Kurswerte wird grundsätzlich anhand eines arithmetischen oder eines logarithmischen Maßstabs vorgenommen. Auch hier hängt der gewählte Maßstab von dem Ziel der Betrachtung ab. Grundsätzlich kann man sagen, dass die logarithmische Darstellung den Vorteil hat, die Verläufe von Aktien mit unterschiedlichen Kursniveaus, wie beispielsweise von DaimlerChrysler (Kassakurs 72,60 Euro) und BMW (Kassakurs 28,95 Euro), direkt miteinander vergleichbar zu machen. Dies liegt daran, dass die logarithmische Darstellung gleiche Abstände für gleiche prozentuale Veränderungen des Kurses ausweist, während die arithmetische Darstellung gleiche Abstände für gleiche absolute Veränderungen verlangt.

Beispiel: Der Kurs der DaimlerChrysler-Aktie verändert sich von 72,60 Euro auf 80,58 Euro (11 Prozent), während sich der Kurs der BMW-Aktie von 28,95 Euro auf 36,18 Euro (25 Prozent) erhöht. Wird ein arithmetischer Maßstab gewählt, so drücken sich beide Kursbewegungen in einer fast gleichen Veränderung des Charts aus. Erfolgt die Darstellung allerdings mit Hilfe eines logarithmischen Maßstabs, so ist die Veränderung bei der BMW-Aktie viel deutlicher als bei DaimlerChrysler.

Die wichtigsten Chartformen

Im Folgenden sollen die wichtigsten Merkmale der verschiedenen Charttypen vorgestellt werden. Die Chartanalyse unterscheidet im Wesentlichen drei Typen von Charts:

- Liniencharts,
- Balkencharts,
- Point- & Figure-Charts.

Liniencharts: In Liniencharts werden die jeweiligen Schlusskurse der betrachteten Wertpapiere auf der vertikalen Achse des Charts eingetragen. So entsteht eine Linie,

die den Verlauf der Schlusskurse im betrachteten Zeitraum darstellt. Der Linienchart unterscheidet zum jeweiligen Zeitpunkt nicht zwischen Eröffnungs- und Schlusskurs beziehungsweise zwischen Höchst- und Niedrigstkurs. Es wird jeweils nur der Schlusskurs eingezeichnet.

Beispiel: Die Commerzbank-Aktie weist an einem bestimmten Tag folgenden Kursverlauf auf: 33,8 / 31,6 / 33,5 / 31,6 / 33,5. In einem Linienchart würde lediglich der Wert 33,5 eingetragen, sodass der Betrachter des Liniencharts die deutlichen Schwankungen zwischen Höchst- und Niedrigstkurs nicht sehen kann.

Es zeigt sich, dass die Analyse einer Aktie mit Hilfe eines Liniencharts nur dann sinnvoll sein kann, wenn entweder börsentäglich nur ein Einheitskurs gestellt wird oder wenn die Schwankungen des Kurses pro Börsentag oder Zeiteinheit (zum Beispiel pro Woche) unerheblich sind. Statt des Schlusskurses kann auch der jeweilige Kassakurs verwendet werden, wodurch die Aussagekraft des Charts aber nicht verbessert wird.

Linienchart

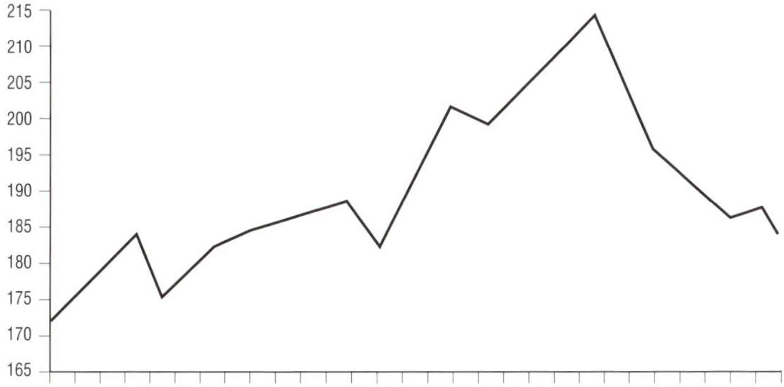

Der Vorteil von Liniencharts ist die relativ unaufwändige Erstellung. Der Nachteil ist hingegen, dass die Angebots- und Nachfragesituation nicht erkennbar ist.

Balkencharts: Eine etwas detailliertere Analyse des Kursverlaufs eines Wertpapiers oder Index ermöglicht die Darstellung mit Hilfe eines Balkencharts. Hierbei wird pro Zeiteinheit sowohl der Höchst- als auch der Tiefstkurs eingetragen und beide durch eine senkrechte Linie verbunden. Zusätzlich kann der jeweilige Eröffnungs- und Schlusskurs durch waagrechte Striche (links beziehungsweise rechts) an dem Balken dargestellt werden.

Beispiel: Der oben beschriebene Kursverlauf der Dresdner-Bank-Aktie würde wie folgt in einem Balkenchart dargestellt:

Balkenchart

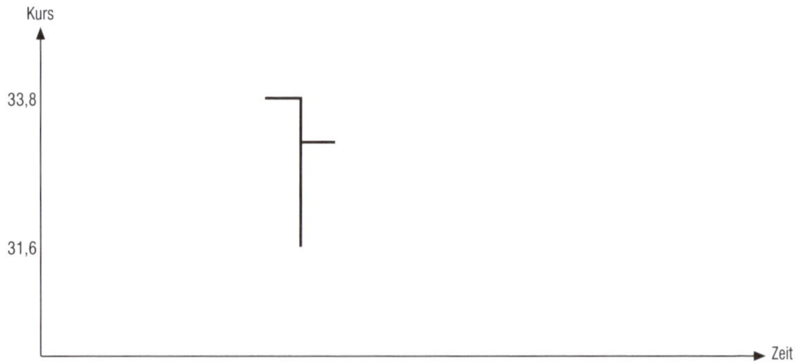

In einem Balkenchart lassen sich Veränderungen von Angebot und Nachfrage wesentlich besser analysieren und bewerten als in einem Linienchart. So kann man einen Schlusskurs, der nahe am Tageshöchstkurs liegt, als technische Stärke des betrachteten Werts interpretieren und somit das Papier als kaufenswert oder haltenswert interpretieren. Um zu einer halbwegs sinnvollen Aussage zu kommen, sollte allerdings beachtet werden, für welchen Zeitraum der einzelne Balken steht, oder man sollte mehrere Balken betrachten.

Point- & Figure-Charts: Sie versuchen, die Wechselbeziehung zwischen Angebot und Nachfrage grafisch darzustellen. Anders als Balken- und Liniencharts wird dabei von dem Betrachtungszeitraum abstrahiert, das heißt, der Zeitraum der Betrachtung wird also außer Acht gelassen.

Um die Angebots- und Nachfragesituation darzustellen, werden Kursbewegungen so lange, wie sie in eine bestimmte Richtung gehen (steigen oder fallen), in einer senkrechten Linie über- beziehungsweise untereinander durch gleich bleibende Symbole dargestellt. Hierbei wird im Allgemeinen ein **x** für steigende Kurse und eine **0** für fallende Kurse verwendet. Kehrt sich die Kursrichtung um, wird mit dem jeweils anderen Symbol eine neue senkrechte Linie begonnen und so lange durch Über- oder Untereinandertragen des jeweiligen Symbols verlängert, bis sich die Kursrichtung wieder verändert. Eine senkrechte „Linie" muss also zumindest immer ein Symbol umfassen.

Wichtig ist dabei, ein sinnvolles Maß zu definieren, ab wann von einer Kursumkehr zu sprechen ist und somit neue vertikale Linien angefangen werden müssen. So scheint es wenig sinnvoll zu sein, bei einem Wert, wie zum Beispiel der BMW-Aktie (Kassakurs 32 Euro), bei einer Kursänderung in Höhe von 0,1 Euro von einem Kursrichtungswechsel zu sprechen. Hier wäre eher eine Einteilung in Schritte von je 0,5 Euro sinnvoll. Man spricht hierbei von der Definition des Umkehrminimums. Wird dieses – wie oben beschrieben – zu klein gewählt, kommt es ständig zu neuen vertikalen Linien. Die Entwicklung wird unübersichtlich, und Trends sind nicht mehr oder kaum noch zu erkennen.

Point- & Figure-Chart

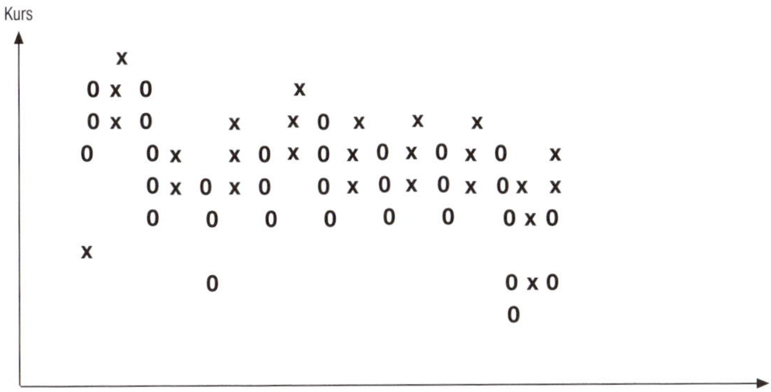

Ziel der Point- & Figure-Chart-Analyse ist es, möglichst frühzeitig in einen Trend hineinzuinvestieren, beispielsweise im Falle einer Aufwärtsbewegung, also dem nachhaltigen Überwiegen der Nachfrage über das Angebot, frühzeitig die betreffende Aktie zu kaufen oder beispielsweise im Falle einer Abwärtsbewegung zu einem frühen Zeitpunkt Verkaufsoptionen zu erwerben. Das Problem dabei ist, dass es keinen verlässlichen Anhaltspunkt gibt, wann ein Trend nachhaltig ist. Je länger man eine Bewegung nach oben oder nach unten betrachtet, desto wahrscheinlicher ist es zwar, dass es sich tatsächlich um einen Trend handelt, desto geringer wird aber auch der Kursgewinn ausfallen, da man dann erst spät einsteigt. Auf der anderen Seite kann aber auch das frühzeitige Einsteigen dazu führen, dass man Kursverluste erleidet, wenn sich der vermeintliche Trend nicht bewahrheitet und es zu einer Kursumkehr kommt.

Auf Grund dieser Problematik greift man bei der Chartanalyse auf so genannte Chartmuster zurück. Hierbei handelt es sich um bestimmte Formationen aus der Vergangenheit, die in der Regel in bestimmten Kursbewegungen mündeten. Statt auf mathematische Regeln wird also auf Erfahrungswerte zurückgegriffen.

Die Analyse von Charts

Die Grundformen der Kursverläufe lassen nur begrenzte Schlussfolgerungen zu. Um zu genaueren Aussagen über die Bedeutung dieser Kurven und zu Anhaltspunkten für

Anlageentscheidungen zu kommen, muss das Analyseinstrumentarium daher verfeinert werden.

Trendlinien: Aktienkursbewegungen verlaufen in den seltensten Fällen kontinuierlich auf- oder abwärts. In der Regel sind vielmehr Wellenbewegungen zu beobachten, die allerdings meist einem Trend folgen. Die Wellenbewegung des Kurses ist entweder aufwärts, abwärts oder seitwärts gerichtet. Die jeweiligen Höchst- und Tiefstpunkte einer Welle werden bei der Chartanalyse als **Tops** beziehungsweise **Bottoms** bezeichnet. Je nach Länge der Trends unterscheidet man zwischen primären (langfristigen), sekundären (mittelfristigen) und tertiären (kurzfristigen) Trends. Auf Grund der hohen Transaktionskosten (Gebühren und eventuell Steuern) und des deutlich höheren Risikos, die mit der Spekulation auf kurzfristige Trends verbunden sind, eignen sich für den Normalanleger die primären Trends am besten für ein Investment in bestimmte Aktien.

Beispiel Aufwärtstrend, aufwärts gerichtete Wellenbewegung:

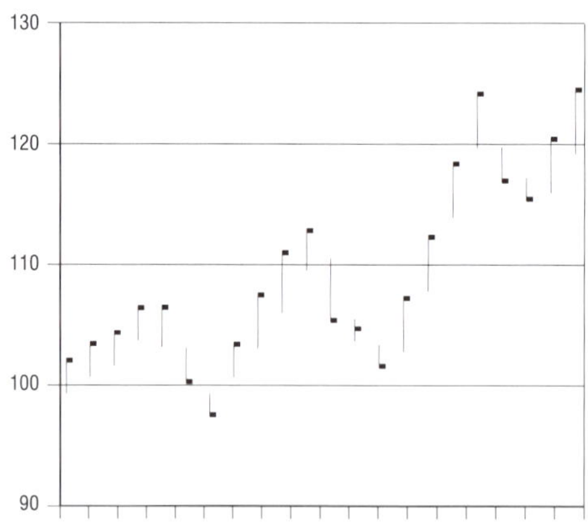

Zur Interpretation der Wellenbewegung und um Anhaltspunkte für möglichst optimale Kauf- oder Verkaufszeitpunkte zu erlangen, zeichnen die Chartisten in den jeweiligen Chart Trendlinien ein. Dabei werden bei einem Aufwärtstrend die jeweiligen Tiefpunkte der Wellenbewegung durch eine Linie miteinander verbunden. So lässt sich die Verlässlichkeit eines vermuteten Trends besser erkennen. Im Allgemeinen gilt, dass der Trend umso sicherer ist, je mehr Tiefpunkte der Kursbewegungen auf der Trendlinie liegen. Liegen nur sehr wenige der Tiefpunkte auf der Linie, so ist die Trendlinie zu flach und hat wenig Aussagekraft.

Die nach oben gerichtete Trendlinie liefert dem Anleger vor allem Hinweise, ob und wann er verkaufen sollte. So sind Kursrückgänge, die nicht zu einem nachhaltigen Durchbruch der Trendlinie nach unten führen, nach Meinung der Chartisten kein

Grund, ein Papier zu verkaufen. Es wird dann vermutet, dass die Aktie kurzfristig auch wieder steigen wird. Wird die Trendlinie allerdings nachhaltig nach unten durchbrochen, so kündigt dies unter Umständen einen längerfristigen Kursrückgang der betrachteten Aktie an: Der Anleger sollte seine Papiere verkaufen. Hierbei stellt sich natürlich die Frage, wann man von einem nachhaltigen Durchbruch der Trendlinie sprechen kann. Im Allgemeinen geht man von einem nachhaltigen Durchbruch aus, wenn der Schlusskurs der Aktie um 3 bis 4 Prozent unter dem Wert der Trendlinie liegt.

Um entstandene Kursgewinne abzusichern, kann der Anleger diese Erkenntnisse dazu nutzen, Stop-Loss-Aufträge zu setzen. Dabei muss er seine Stop-Loss-Marken jeweils um 3 bis 4 Prozent unter den aktuellen Wert der Trendlinie setzen. Die Stop-Loss-Marke muss bei weiter steigenden Kursen regelmäßig angepasst werden. Nach einem solchen Trenddurchbruch kann man oftmals ein Phänomen beobachten, das in der Fachsprache als „Pull back“ bezeichnet wird. Hierunter versteht man eine Aufwärtsbewegung des Aktienkurses bis an die Trendlinien, ohne diese aber nach oben zu durchstoßen. Es folgt dann wieder eine Abwärtsbewegung des Kurses. Solche Pull-back-Bewegungen können mehrfach hintereinander erfolgen. Für Anleger, die große Aktienpositionen handeln und außerdem relativ risikofreudig sind, bieten Pull-back-Bewegungen eine interessante Möglichkeit zum Trading. Kleinanleger hingegen sollten bei Durchbruch der Trendlinien nach unten bei ihrer Verkaufsentscheidung bleiben.

Weitere kurzfristige Handelsmöglichkeiten ergeben sich, wenn man nicht nur die unteren, sondern auch die oberen Wendepunkte einer aufwärts gerichteten Wellenbewegung miteinander verbindet. Es entsteht ein so genannter **Trendkanal**, innerhalb dessen man durch kurzfristige Käufe und Verkäufe Kursgewinne erzielen kann. Dem Kleinanleger ist allerdings hiervon abzuraten, da es in der Praxis schwierig ist, die oberen und unteren Wendepunkte genau zu ermitteln, sodass auch leicht Verluste entstehen können. Außerdem müssen die Kosten bei Kauf und Verkauf sowie die Folgen für die Spekulationssteuer immer einkalkuliert werden

Beispiel für den Durchbruch aus einem Trendkanal:

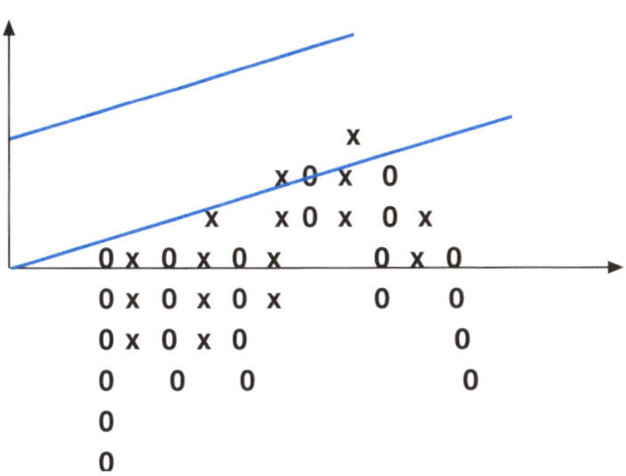

Genauso wie Aufwärtstrendlinien gebildet werden, lassen sich auch Abwärtstrendlinien entwickeln. Hierbei werden bei einer abwärts gerichteten Wellenbewegung die **oberen** Wendepunkte durch eine Linie miteinander verbunden. Auch hier ist der Trend umso sicherer, je mehr obere Wendepunkte auf der Trendlinie liegen. Ein nachhaltiger Durchbruch der Trendlinie nach oben signalisiert dem Anleger, dass die Abwärtsbewegung der betrachteten Aktie ein Ende gefunden hat und nun wahrscheinlich eine nach oben gerichtete Wellenbewegung beginnt. Der Anleger kann die Aktie nun kaufen, um an den zu erwartenden Kursgewinnen zu partizipieren. Von einer Trendwende sollte man aber erst ausgehen, wenn der jeweilige Wert der Trendlinie um mindestens 3 bis 4 Prozent überschritten wird. Einen wichtigen Indikator, ob es sich tatsächlich um eine Trendwende handelt, stellen die gehandelten Umsätze in der betrachteten Aktie dar. Eine Trendwende sollte immer durch einen deutlichen Anstieg des Umsatzes begleitet werden. Deshalb sind die von der Börse veröffentlichten Umsatzzahlen für die jeweiligen Aktien eine wichtige Information für den Anleger.

Beispiel für einen Durchbruch aus einem abwärts gerichteten Trendkanal:

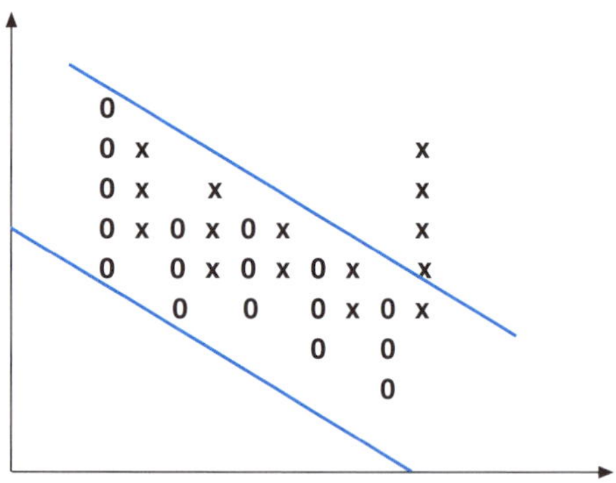

Die für den Anleger uninteressanteste Kursbewegung ist der Seitwärtstrend. Hier kommt es weder zu größeren Bewegungen nach oben noch nach unten. Der Kurs bleibt weitgehend unverändert. Hat der Anleger Geld in die betreffende Aktie investiert, muss er unter Umständen Monate warten, bis er das Papier zu einem Kurs verkaufen kann, bei dem er auch nur seine Kosten wieder hereinbekommt. Das eingesetzte Geld fehlt dann für andere und lukrativere Investments. Aus diesem Grund ist es wichtig, Seitwärtsbewegungen frühzeitig zu erkennen.

Es zeigt sich, dass die Informationen, die der Investor aus den Trendlinien ziehen kann, meist allein nicht ausreichen, um Anlageentscheidungen zu treffen. Ob es tatsächlich zu einer Trendumkehr kommt oder nicht, ist oftmals nicht klar oder früh genug zu erkennen. Zur besseren Analyse der Charts werden also Formationsinterpretationen benötigt. Hierzu gehören beispielsweise so genannte Unterstützungs- und Widerstandspunkte.

Unterstützungs- und Widerstandspunkte

Als Unterstützung wird ein Kurs bezeichnet, bei dem bei den Anlegern eine verstärkte Kaufbereitschaft für die Aktien besteht. Resultat dieser Kaufbereitschaft ist, dass die Aktie bis zu diesem Kurs fällt, dann aber wieder steigt, da die Anleger zu diesem Kurs wieder nachfragen. Der Grund für dieses Verhalten ist, dass bestimmte Aktien zu bestimmten Kursen von den Anlegern als kaufenswert beziehungsweise „billig" eingestuft werden. Sobald die Aktie also diesen Kurs erreicht, steigen alle die Anleger ein, die das Papier zu diesem Kurs als kaufenswert einstufen, und der Wert der Aktie steigt wieder. Auf Grund des vermehrten Einsatzes von computergestützten Kauf- und Verkaufsprogrammen kann es verstärkt zu solchen Unterstützungen kommen.

Ähnlich lassen sich so genannte Widerstände erklären. Hierbei handelt es sich um Kurse, die für eine Aktie eine Art natürliche Begrenzung für den Kursanstieg bedeuten. Der Kurs steigt immer bis zu diesem Wert, kann ihn aber oftmals nicht nach oben durchbrechen, sondern fällt wieder. Auch hier handelt es sich vielfach um psychologische Kursmarken, bei denen sich die Anleger selbst ein Verkaufssignal gesetzt haben.

Beispiel für Unterstützung oder Widerstand

Für den Chartisten ist der nachhaltige Durchbruch (3 bis 4 Prozent) durch einen Widerstandspunkt ein deutliches Kaufsignal, denn nun ist der Weg nach oben frei. Eine deutliche Aufwärtstrendlinie, gepaart mit dem Durchbruch durch einen Widerstandspunkt, ließe damit auf eine nachhaltige Kurssteigerung schließen. Andererseits kann ein Durchbruch nach unten durch eine Unterstützungslinie das Signal für einen sofortigen Ausstieg aus einem der betrachteten Papiere bedeuten. Es zeigt sich, dass die Annahme einer durch eine Trendlinie vermuteten Kursbewegung durch den Durchbruch einer Widerstands- oder Unterstützungslinie noch verstärkt wird. Hierin steckt natürlich auch ein gewisses Maß an „self-fulfilling prophecy“: Weil viele Anleger gleichzeitig auf das Signal reagieren, steigt oder fällt der Kurs verstärkt. Die Theorie bestätigt sich dadurch immer wieder selbst.

Handelsumsätze: wichtig für die Interpretation

Von wesentlicher Bedeutung für die Interpretation von Charts und der darin dargestellten Kursbilder sind die Handelsumsätze, die zu den jeweiligen Kursen der betreffenden Aktien führen. Allgemein kann man sagen, dass hohe Umsätze ein Zeichen für die Nachhaltigkeit eines Trends sind. Je mehr Aktien gehandelt werden, desto sicherer kommt es zu Auf- oder Abwärtstrends. Besonders für nachhaltig steigende Kurse ist die Anzahl der gehandelten Aktien von hoher Bedeutung. Entdeckt ein Anleger für eine bestimmte Aktie eines der im nachfolgenden Kapitel vorgestellten Kursbilder, das im Allgemeinen zu steigenden Kursen führt, und sind die relevanten Kurse durch starke Umsätze gekennzeichnet, so erhöht sich die Chance, dass es tatsächlich zum erhofften Kursgewinn kommt, beträchtlich. Sind die Handelsumsätze hingegen gering, kann ein anfänglicher Kursanstieg schnell an Kraft verlieren und wieder in einen Kursrückgang oder eine Seitwärtsbewegung münden.

Von deutlich geringerer Bedeutung ist der Umsatz für Kursrückgänge. Aktienkurse können auch ohne große Umsätze nachhaltig fallen. Hohe Umsätze verstärken den negativen Trend aber noch.

Die Kursbilder

Kursbilder sind Chartformationen, die in der Vergangenheit immer wieder beobachtet wurden. Sie werden genutzt, um auf bestimmte Kursbewegungen in der Zukunft schließen zu können. Mit Hilfe der verschiedenen Kursbilder versuchen die Chartisten einen möglichst günstigen Zeitpunkt zum Einstieg, das heißt zum Kauf von beobachteten Aktien beziehungsweise einen optimalen Zeitpunkt zum Verkauf der in ihrem Depot befindlichen Aktien zu finden. Die bekanntesten Formationen und ihre Interpretationsmöglichkeiten sollen im Folgenden dargestellt werden.

Bei der Anlageentscheidung auf Grund von Kursbildern sollte beachtet werden, dass sowohl Kauf als auch Verkauf von Aktien niemals erfolgen sollen, solange sich der Kurs noch in der Formation bewegt, sondern erst nach dem Ausbruch aus dieser Formation. Einzige Ausnahme hiervon ist die so genannte Flaggen-und-Wimpel-Formationen“.

Überdies sollte der Anleger immer versuchen, seine Charts möglichst vorurteilsfrei zu analysieren. In der Praxis erscheinen die meisten Formationen nicht so klar und eindeutig wie in den folgenden Darstellungen. Charts sind geduldig, das heißt, man kann alles in sie hineininterpretieren, wenn man es darauf anlegt. Schon viele Anleger haben in einen Chart „Kaufsignale" hineininterpretiert, weil sie unbedingt ein gewinnversprechendes Engagement finden wollten, das aber gar nicht da war. Ein Verlust lässt dann meist nicht lange auf sich warten.

Kopf-Schulter-Formation: Diese Formation gibt es in zwei Variationen:

- eine Formation, bei welcher der „Kopf" nach unten (Head-Shoulder-Bottom) weist. Diese Formation kann auf eine positive Trendumkehr, also auf steigende Kurse, hinweisen, während
- eine Kopf-Schulter-Formation mit Kopf nach oben (Head-Shoulder-Top) in der Regel auf sinkende Kurse hindeutet.

Head-Shoulder-Bottom: Eine Kopf-Schulter-Formation, die auf steigende Kurse hindeutet, hat den in der folgenden Abbildung zu sehenden, idealtypischen Verlauf. Der Kursverlauf soll anhand eines Beispiels erläutert werden.

Head-Shoulder-Bottom-Formation

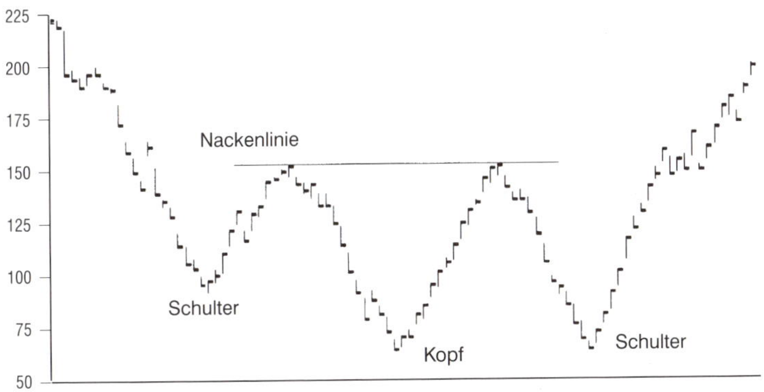

Beispiel: Der Kurs der X-Aktie fällt gemäß einer fallenden Trendlinie in Wellenbewegungen von 200 Euro auf 100 Euro. Hier kommt es zu einer Kurserholung, die den Kurs bis auf 145 Euro steigen lässt. Die Erholung ist durch geringere Umsätze als die vorangegangene Abwärtsbewegung gekennzeichnet. Nun setzt eine erneute Abwärtsbewegung ein, die den Kurs bis unter das Niveau der linken Schulter auf 75 Euro fallen lässt. Es folgt eine weitere Erholung, die wieder bis zum Kursniveau von 145 Euro führt, wobei die Erholung unter deutlich höheren Umsätzen als die erste Erholung erfolgt. Nach Erreichen eines Kurses von 145 Euro kommt es wieder zu einem Kursrückgang bis auf 75 Euro, allerdings mit deutlich geringeren Umsätzen als die vorangegangenen Kursrückgänge. Verbindet man nun die beiden Tops in Höhe von 145 Euro durch eine Linie, so erhält man die so genannte Nackenlinie. Nach dem letzten Kursrückgang kommt ein weiterer Kursanstieg, der die rechte Schulter vollendet. Der Kursaufschwung endet vorläufig bei 175 und damit um mehr als 4 Prozent über der Nackenlinie. Ist dieser Kursanstieg von deutlich höheren Umsätzen als die letzten Auf- beziehungsweise Abwärtsbewegungen gekennzeichnet, kann der Anleger dies als Kaufsignal werten und die betreffende Aktie erwerben.

Das hier dargestellte Beispiel einer Kopf-Schulter-Formation kann als idealtypisch angesehen werden. In der Realität ist es schwer, so eindeutige Kursbilder zu finden. Trotzdem sollten alle wesentlichen Elemente vorhanden sein, bevor die Entscheidung zur Investition fällt. Oftmals findet man auch mehrere Kopf-Schulter-Formationen aneinander gereiht, bevor es zur echten Trendwende kommt. Auch sollte darauf geachtet werden, dass der Kursdurchbruch an der rechten Schulter von deutlich gestiegenen Umsätzen begleitet wird. Denn nur mit hohen Umsätzen, das heißt einer kräftigen Nachfrage, kann eine nachhaltige Trendwende geschafft werden.

Head-Shoulder-Top-Formation: Genauso schwer wie das Erkennen des richtigen Zeitpunkts zum Kauf einer Aktie ist es, den optimalen Zeitpunkt für den Ausstieg aus einem Investment zu finden. Auch hier kann die Kopf-Schulter-Formation wichtige Hinweise liefern. Die so genannte Head-Shoulder-Top-Formation sieht aus wie das Spiegelbild der Head-Shoulder-Bottom-Formation.

Diese Formation schließt sich an einen Aufwärtstrend an. Es kommt zunächst zu einem Kursanstieg, der von sehr hohen Umsätzen begleitet wird. An diesen Kursanstieg schließt sich ein Kursrückgang an, bei dem allerdings die Handelsumsätze in dieser Aktie deutlich zurückgehen. Im Anschluss an diese „linke" Schulter steigt der Kurs wieder, und zwar über das Niveau des letzten Kursanstiegs der linken Schulter. Es entsteht der Kopf der Formation. Der Kursanstieg wird von ansteigenden Umsätzen begleitet. Nun kommt es erneut zu einem Kursrückgang auf das Niveau des ersten Kursrückgangs, wobei die Umsätze wieder fallen. Es folgt eine weitere Erholung, die aber nicht mehr das Niveau der vorangegangenen Erholung erreicht, sondern schon auf Höhe der linken Schulter stehen bleibt und sich in einen abermaligen Kursverfall umkehrt. Verbindet man die entstehenden beiden Tiefpunkte, so erhält man wieder die Nackenlinie der Formation. Von einer nachhaltigen Trendumkehr, also nachhaltig sinkenden Kursen, kann man sprechen, wenn der Kurs mindestens um 3 bis 4 Prozent unter das Niveau der Nackenlinie fällt. Zu diesem Zeitpunkt sollten die Aktienbestände veräußert werden. Anlegern, die diesen Zeitpunkt verpasst haben, kommt häufig eine technische Korrektur (Pull Back) zur Hilfe, die den Kurs wieder nahe an die Trendlinie steigen lässt, ohne dass diese allerdings wieder nach oben durchstoßen wird. Spätestens jetzt sollte der Anleger seine Position veräußern.

Dreiecksformationen: Sie gehören neben den Kopf-Schulter-Formationen zu den bekanntesten und verlässlichsten Kursbildern in der Chartanalyse. Es werden dabei drei Varianten unterschieden, die unterschiedliche Rückschlüsse auf die zu erwartende Kursentwicklung erlauben. Man unterscheidet:

- aufsteigende Dreiecke,
- absteigende Dreiecke,
- umgekehrte Dreiecke.

Aufsteigendes Dreieck: Die Formation des aufsteigenden Dreiecks weist auf einen bevorstehenden Kursanstieg hin. Bei diesem Kursbild bleiben die Tops, also die Kursspitzen, auf nahezu dem gleichen Niveau, während die Bottom-Punkte von Kursbewegung zu Kursbewegung höher liegen. Verbindet man jeweils die Top- und die Bottom-Punkte mit einer Geraden, so erhält man das Bild eines aufsteigenden Dreiecks. Ein Signal für eine nachhaltige Kursbewegung nach oben ist ein Durchstoßen der oberen Geraden um 3 bis 4 Prozent.

Die Bildung eines aufsteigenden Dreiecks erfordert in der Regel um die vier Wochen. Die Höhe des zu erwartenden Mindestkursanstiegs kann relativ einfach errechnet werden, wenn man am Top der ersten Erholung eine Parallele zur unteren Geraden zieht und die Differenz zwischen beiden Geraden errechnet.

Aufsteigendes Dreieck

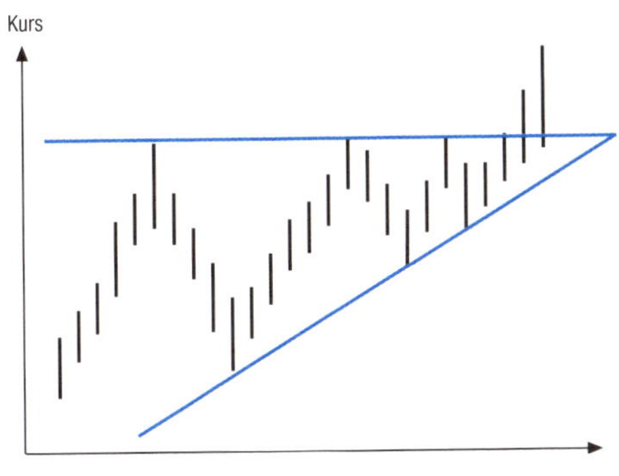

Absteigendes Dreieck: Umgekehrt zum aufsteigenden Dreieck ist das Kursbild des absteigenden Dreiecks ein Hinweis auf einen zu erwartenden Kursverfall. Hierbei liegen die Bottoms weitgehend auf demselben Kursniveau, während die Tops bei jeder Kurserholung auf einem niedrigeren Niveau als bei der vorangegangenen Erholung liegen. Verbindet man wieder die Top- und die Bottom-Punkte mit einer Geraden, entsteht ein nach unten abfallendes Dreieck. Wird nun die untere Gerade um mehr als 3 bis 4 Prozent durchbrochen, kann dies als ein Verkaufssignal gewertet werden.

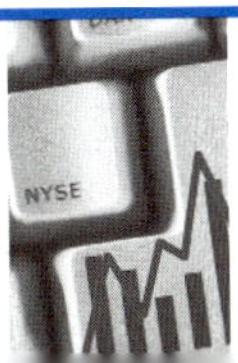

Absteigendes Dreieck

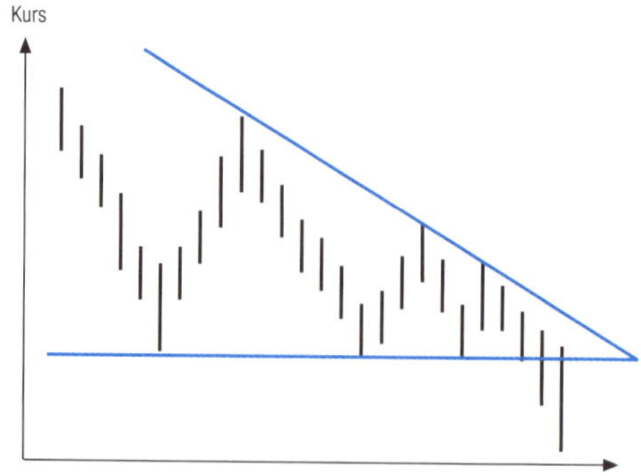

Umgekehrte Dreiecke: Von einem umgekehrten Dreieck spricht man, weil die Spitze dieser Formation nach links, also in die Vergangenheit, und nicht wie bei den anderen Dreiecksformationen in die Zukunft zeigt. Das umgekehrte Dreieck weist den Chartisten auf einen bevorstehenden Kursrückgang der jeweiligen Aktie oder des jeweiligen Index hin. Charakteristisch für dieses Kursbild ist, dass die betrachteten Tops einen ansteigenden Verlauf haben, während die Bottoms einer fallenden Tendenz folgen. Ein Durchbruch durch die untere Gerade wird als Verkaufssignal gewertet. Erkennt man die Tendenz aber schon vor dem Durchbruch, so sollte versucht werden, auf einem der entstehenden Tops zu verkaufen.

Umgekehrtes Dreieck

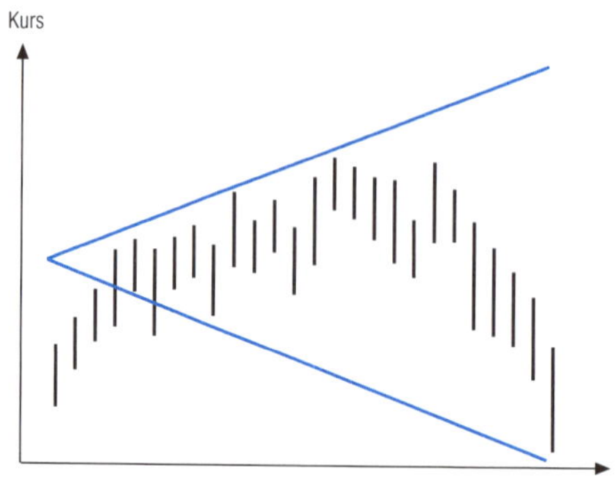

Doppel-Top und Doppel-Bottom: Die Doppel-Top- und die Doppel-Bottom-Formation weisen wie auch schon die Kopf-Schulter-Formation entweder auf einen bevorstehenden Kursrückgang oder auf einen zu erwartenden nachhaltigen Kursanstieg hin.

Die Doppel-Bottom-Formation folgt in der Regel einem längeren Abwärtstrend, dem sich eine größere Erholung anschließt. Die Erholung sollte von deutlich ansteigenden Umsätzen begleitet sein. Der Kurserholung folgt ein erneuter Rückgang auf das Niveau des letzten Bottoms, der allerdings auf einem wesentlich niedrigeren Umsatzniveau als der letzte Rückgang erfolgt. Hieran anschließend kommt es zur zweiten Kurserholung. Wenn sie das Kursniveau der letzten Erholung um mindestens 3 bis 4 Prozent überschreitet und auf Basis eines stark ansteigenden Umsatzniveaus erfolgt, ist das ein Zeichen für einen nachhaltigen Kursanstieg der betreffenden Aktie.

Eine Doppel-Top-Formation gleicht einer Spiegelung der Doppel-Bottom-Formation. Die Doppel-Top-Formation folgt einem längeren Aufwärtstrend. Analog zur Doppel-Bottom-Formation schließt sich bei der Doppel-Top-Formation dem Aufwärtstrend eine Kurskorrektur nach unten an, bei der die Umsätze in der betreffenden Aktie steigen. Dem Kursrückgang schließt sich eine Kurserholung bis ungefähr zum Niveau des vorangegangenen Tops an. Der Kursanstieg wird allerdings von vergleichsweise geringen Umsätzen begleitet. Die Umsätze sollten auf jeden Fall geringer sein als bei der vorausgegangenen Aufwärtsbewegung zum ersten Top. Der nun folgende Kursrückgang kann als Verkaufssignal gewertet werden, wenn er um mindestens 3 Prozent unter das Niveau des letzten Bottoms geht und von deutlich steigenden Handelsumsätzen begleitet wird.

Ein- und Zwei-Tages-Umkehrformation: Eine für den Normalanleger relativ schwer zu nutzende, aber trotzdem interessante Formation ist das Kursbild der Ein-Tages-Umkehrformation (One-Day-Reversal). Dieses Bild beendet innerhalb von einem Tag einen längeren Abwärtstrend. Dabei fällt der Kurs der betreffenden Aktien am Handelstag zunächst sehr deutlich, um danach stark anzusteigen. Sowohl der Kursrückgang als auch der folgende Kursanstieg werden von starken Umsätzen begleitet. Es folgt in der Regel ein längerer steiler Aufwärtstrend. Wichtig ist, dass dieses Kursbild bei hohen Umsätzen erfolgt.

Ähnlich wie der One-Day-Reversal sieht das Kursbild des Two-Day-Reversal aus. Einziger Unterschied dabei ist, dass der Kursrückgang und der anschließende Kursanstieg an zwei aufeinander folgenden Tagen ablaufen.

Für den Kleinanleger ist es schwierig, auf dieses Kursbild zu reagieren, da er meist weder die Möglichkeit hat, so schnell und flexibel zu agieren, noch rechtzeitig das Kursbild zu erkennen. Lediglich bei Vorliegen eines Crashs kann der Anleger überlegen, ob er sofort einsteigt, weil auf einen Crash sehr häufig eine kurzfristige, kräftige Erholung folgt, da viele institutionelle Investoren die „günstigen" Kurse zum Aufbau neuer Positionen nutzen. Eine Garantie für den Erfolg ist allerdings, wie bei allen Kursbildern, auch hier nicht gegeben.

Flagge und Wimpel: Flagge und Wimpel stellen im Gegensatz zu den bislang vorgestellten Formationen reine Konsolidierungsbilder dar. Beide gelten als besonders zuverlässig, wenn die folgenden Voraussetzungen erfüllt sind: Der Formation ging eine steile Kursbewegung voran, während der Bildung der Formation nehmen die gehandelten Umsätze stetig ab, beim Durchbruch durch die Begrenzungslinien nimmt der Umsatz wieder deutlich zu, der Ausbruch erfolgt spätestens vier Wochen nach Beginn der Formationsbildung.

Der Beginn einer bullischen Flaggen-Formation ist stets ein steiler Kursanstieg (Mast), auf den Kurswellen gleichen Ausmaßes folgen. Zeichnet man an die oberen und unteren Wellenpunkte jeweils eine Gerade, so stehen diese parallel zueinander. Die Richtung der beiden parallel verlaufenden Geraden zeigt entweder nach unten oder verläuft waagerecht. Es folgt ein Durchbruch nach oben.

Ein Wimpel weist nach Bildung des Mastes Wellenbewegungen mit abnehmendem Ausmaß auf, sodass man die Tops beziehungsweise Bottoms jeweils mit einer Geraden verbinden kann. Ein Wimpel mit der Spitze nach rechts entsteht. Die Spitze des Wimpels kann aber auch nach oben oder unten zeigen.

Flagge

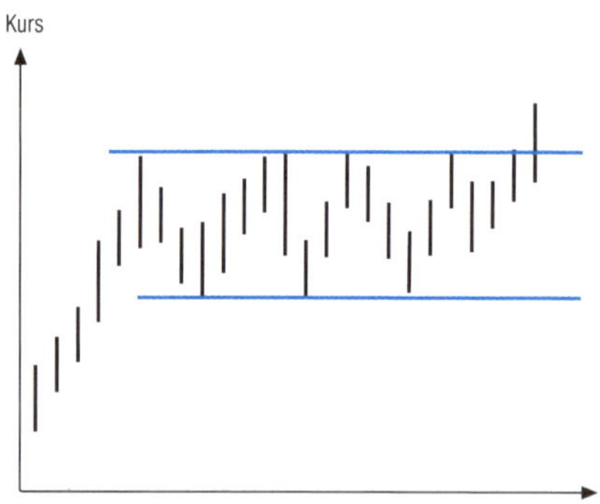

Wimpel

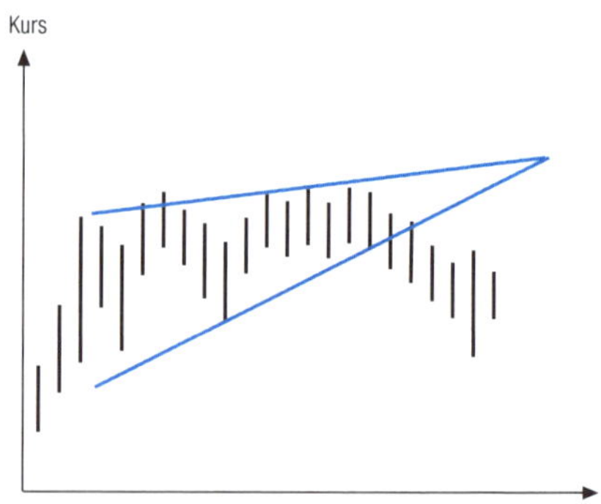

Die Dauer der Formationsbildung beträgt in der Regel um die vier Wochen. Das Problem bei diesen Formationen ist, dass der Anstieg nach Durchbruch aus der Formation meist so schnell erfolgt, dass dem Anleger keine Zeit zum Reagieren bleibt. Aus diesem Grund sollte bei diesen Kursbildern ausnahmsweise schon innerhalb der Formation investiert oder desinvestiert werden.

Untertasse: Eine recht populäre Formation ist die so genannte Untertasse, die auf steigende Kurse hinweist, sowie die umgekehrte Untertasse, die nachhaltig sinkende Kurse ankündigt.

Die Untertasse ist eine Formation, die vielfach nach einer längeren Kursralley (stark steigenden Kursen) anzutreffen ist. Dabei geht dem Aufwärtstrend der Schwung aus und es kommt zu einer vorübergehenden Konsolidierung. Die in dem jeweiligen Wertpapier getätigten Umsätze entwickeln sich in der Regel parallel zum Kursverlauf. Das abwärts verlaufende Teilstück wird von sinkenden Umsätzen begleitet, während diese bei einem Wiederanstieg der Formation erneut zunehmen. Der Durchbruch sollte wieder 3 bis 4 Prozent betragen und von deutlich ansteigenden Umsätzen begleitet werden.

Untertasse

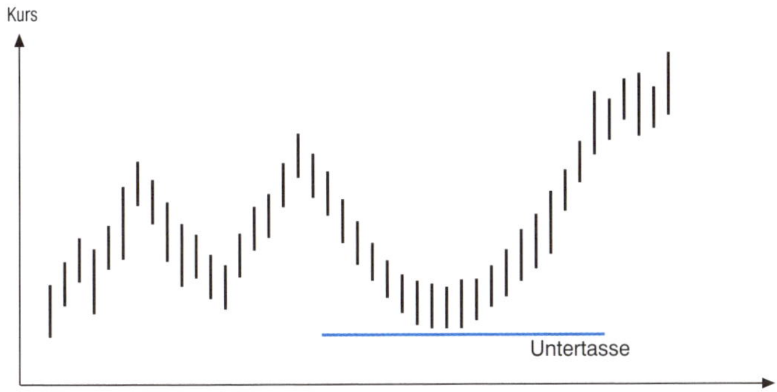

Die umgekehrte Untertasse folgt in der Regel einem längeren Aufwärtstrend. Der Kurs steigt zunächst weiter, aber mit sichtbar geringeren Zuwachsraten (und Umsätzen) und läuft dann irgendwann aus. Nun kommt es zu einem langsamen Verfall des Kurses – allerdings begleitet von steigenden Umsätzen. Als Verkaufssignal wird ein Absinken des Kurses um mehr als 3 bis 4 Prozent unter den Kurs zu Beginn der Formation angesehen. In der Regel folgt ein deutlicher Verfall des Kurses.

Umgekehrte Untertasse

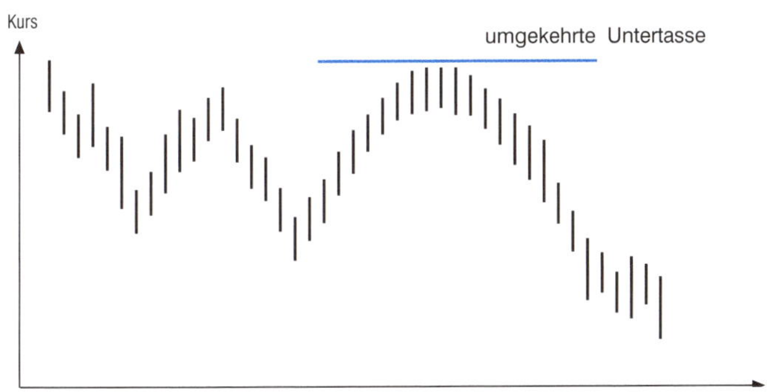

Technische Indikatoren

Zunehmende Beachtung finden die so genannten technischen Indikatoren, die oftmals in Kombination mit der Chartanalyse verwendet werden. Bei den technischen Indikatoren handelt es sich um algebraisch oder geometrisch aufbereitete Börsendaten, die Aufschluss über bevorstehende Kursbewegungen geben sollen. Zielsetzung ist auch hier, Kauf- und Verkaufssignale zu ermitteln, um so frühzeitig in einen Trend hinein zu investieren oder rechtzeitig Gewinne mitzunehmen oder „auszusteigen". Besonders wichtig sind dabei die Indikatoren:

- gleitender Durchschnitt,
- Momentum,
- Überkauft/Überverkauft,
- Beta-Faktor und
- relative Stärke.

Im Folgenden werden beispielhaft die besonders häufig verwendeten Indikatoren dargestellt.

Gleitender Durchschnitt: Aktienkurse verlaufen in der Regel relativ unregelmäßig, was in einem Chart zu gezackten, unregelmäßigen Kursbildern führt. Mit Hilfe der Berechnung von gleitenden Durchschnitten (Moving Averages) kann man diese uneinheitlichen Kursbewegungen glätten und damit übersichtlicher machen. Je nachdem, wie lange der Betrachtungszeitraum gewählt wird (90 oder 200 Tage) oder welche Berechnungsart verwendet wird, kommt man zu unterschiedlichen Formen der Glättung. Durch Kombination verschiedener Formen des gleitenden Durchschnitts lässt sich der Einblick in den Trend und dessen Verständnis vertiefen. Im Folgenden sollen einige gebräuchliche Formen des gleitenden Durchschnitts vorgestellt werden.

Einfaches arithmetisches Mittel: Die einfachste Form des gleitenden Durchschnitts ist das „einfache arithmetische Mittel", das nach der folgenden Formel berechnet wird:

$$aM = \frac{\text{Kurs am Tag 1} + \text{Kurs am Tag 2} + \text{Kurs am Tag 3 ...}}{\text{Anzahl der Tage}}$$

Um eine Trendlinie zu erhalten, wird dieser Mittelwert jeden Tag von neuem berechnet. Dabei fällt immer der älteste Kurs vom Vortag bei der Berechnung weg. Dafür wird der aktuelle Tageskurs hinzugenommen.

Bei dieser Form der Berechnung haben alle Tageskurse dasselbe Gewicht bei der Berechnung. So hätte also bei der Berechnung des 200-Tage-Durchschnitts der vor 200

Tagen erzielte Kurs genau das gleiche Gewicht wie der Kurs am aktuellen Tag, obwohl damals unter Umständen ganz andere Umfeldbedingungen herrschten. Dies wird als der große Nachteil dieser Form der Berechnung angesehen, da man in der Regel davon ausgehen kann, dass die Kurse der jüngsten Vergangenheit einen höheren Erklärungsbeitrag für den künftigen Kurs haben als Kurse, die unter Umständen vor neun Monaten entstanden sind.

Gewichteter Mittelwert: Das oben geschilderte Problem kann man dadurch zu umgehen versuchen, dass die in der Berechnung verwendeten Kurse gewichtet werden. Dabei erhält der jüngste Kurs das höchste Gewicht und der älteste Kurs das niedrigste Gewicht. Die Berechnung erfolgt dann nach folgender Formel:

$$gM = \frac{(\text{Kurs am Tag 1} * GF_1) + (\text{Kurs am Tag 2} * GF_2) + ... + (\text{Kurs am Tag x} * GF_x)}{(GF_1 + GF_2 + ... + GF_x)}$$

Beispiel: Würde man einen Mittelwert aus den Kursen der vergangenen fünf Tage errechnen wollen, könnte der aktuelle Kurs mit dem Faktor 5 multipliziert werden, der Kurs des Vortags mit dem Faktor 4 und schließlich der älteste Kurs mit dem Faktor 1. Die gewichteten Tageskurse würden dann addiert und durch 15 (1 + 2 + 3 + 4 + 5) dividiert. Selbstverständlich lassen sich die Gewichtungsfaktoren auch anders wählen. Die Form der Berechnung bleibt aber gleich. Der gewichtete gleitende Durchschnitt reagiert viel früher auf Kurs- oder Trendänderungen als der einfache arithmetische Durchschnitt, erlaubt also eine deutlich frühere Reaktion des Anlegers. Dafür ist die erreichte Kursglättung in der Regel deutlich geringer.

Momentum: Das Momentum vergleicht den Kurs einer Aktie am jeweiligen Tag mit dem Kurs derselben Aktie einer bestimmten Zahl früherer Tage (n-Tage). So entsteht eine um eine Nulllinie schwankende Kurve. Damit lässt sich das Momentum wie ein Chart in ein Koordinatenkreuz einzeichnen und interpretieren. Hierbei werden negative Werte unterhalb der Nulllinie und positive Werte oberhalb der Nulllinie eingezeichnet.

$$\text{Mom} = K_t - K_n$$

Hierbei steht n für eine bestimmte Anzahl Tage (wie zum Beispiel 12) und t für den aktuellen Tag. In diesem Fall würde also vom aktuellen Kurs immer der Kurs vor 12 Tagen abgezogen.

Berechnungsbeispiel:

Tag	1	2	3	4	5	6	7	8	9	10	11
Kurs	221	225	228	224	219	222	220	226	221	224	225
Tag	12	13	14	15	16	17	18	19	20	21	22
Kurs	227	229	230	225	222	228	231	225	222	229	227

Angenommen, es sollte für den oben dargestellten Kursverlauf ein 12-Tages-Momentum berechnet werden, beginnend beim Tag 17:

$t = 17$
$n = 12$

$t = 17 : 228 - 219 = 9$
$t = 18 : 231 - 222 = 9$
$t = 19 : 225 - 220 = 5$
$t = 20 : 222 - 226 = -4$ usw.

Hinter der Berechnung des Momentums steht die grundsätzliche Überlegung, dass Trendwechsel in der Regel nicht von einem auf den anderen Tag erfolgen. Sie ziehen sich vielmehr über einen gewissen Zeitraum hin. Ziel muss es also sein, diese Trendwende frühzeitig zu erkennen und in diesen Trendwechsel hinein zu investieren – oder dies möglichst schon vorher zu tun. Das Momentum wird von den Anhängern dieser Analysemethode als ein geeigneter Indikator zur frühzeitigen Bestimmung eines Trendwechsels angesehen.

Grundsätzlich entsteht ein Kaufsignal, wenn das Momentum die Nulllinie nach oben durchbricht, während ein Verkaufssignal entsteht, wenn das Momentum die Nulllinie nach unten durchbricht.

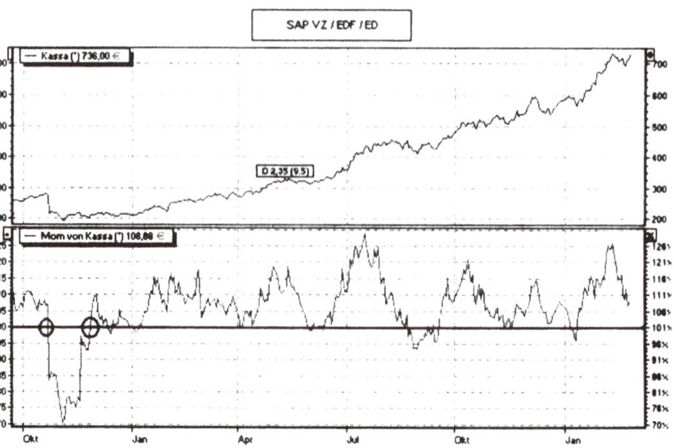

Daneben lassen sich jeweils parallel zur Nulllinie oben und unten so genannte Signallinien ziehen. Die Signallinien sollten so eingezeichnet werden, dass etwa 95 Prozent aller Kurse innerhalb dieser zwei Linien verlaufen. Durchschneidet das Momentum die untere Signallinie, ist dies ein Kaufsignal, während ein Verkaufssignal gesehen wird, wenn das Momentum die obere Signallinie nach unten durchbricht.

Überkauft oder Überverkauft: Dieser Indikator soll den Anleger vor Marktsituationen warnen, in denen der Markt „überkauft“ ist, also bereits zu viele Käufer aufgetreten sind, die den Kurs unbegründet nach oben getrieben haben. Einer solchen Situation, die durch massive Käufe gekennzeichnet ist, folgt meist eine deutliche Kurskorrektur nach unten. Anders bei einer Situation, bei welcher der Markt „überverkauft“ ist. Hier war der Markt durch einen hohen Verkaufsdruck gekennzeichnet, der sachlich nicht begründet ist. Es folgt in der Regel eine deutliche Kurserholung. Der Überkauft/Überverkauft-Indikator berechnet sich wie folgt:

$$\text{OB/OS-Index} = \frac{\text{Periodenhöchstkurs} - \text{Periodentiefstkurs}}{\text{Periodenhöchstkurs} - \text{aktuellem Kurs}} \text{ x } 100$$

Als Periode kann dabei ein Zeitraum von einem Monat, einem halben Jahr oder sogar einem Jahr gewählt werden.

Nimmt der OB/OS-Index einen Wert von ca. 50 Prozent an, gilt der Markt als ausgeglichen. Bei einem Wert um die 90 Prozent spricht man dagegen von einem überkauften Markt. Das ist als Verkaufssignal zu werten, da ein Kursrückgang zu erwarten ist. Bei einem Wert um 10 Prozent hingegen spricht man von einem überverkauften Markt. Hier ist mit Kurssteigerungen zu rechnen. Anleger, die diesen Index nutzen wollen, müssen schnell reagieren, da sonst die Gefahr besteht, in den meist eher kurzen Trend hinein zu verkaufen oder zu kaufen und so entweder keine oder nur geringe Gewinne zu erzielen.

Betafaktor: Er drückt aus, wie sich die Rendite einer betrachteten Aktie verhält, wenn sich die Rendite des Gesamtmarktes um ein Prozent verändert. Als Maßstab für den Gesamtmarkt verwendet man dabei in der Regel einen Wertpapierindex wie den DAX. Wird beispielsweise ein Betafaktor von 2 errechnet, so bedeutet dies, dass sich der Wert der betrachteten Aktie um 2 Prozent positiv oder negativ verändert, wenn der Gesamtmarkt um 1 Prozent steigt oder fällt. In der Regel berechnet man den Betafaktor einer Aktie als Durchschnittswert über ein Jahr. Dies bedeutet allerdings, dass sich die betrachtete Aktie aus unserem Beispiel im Durchschnitt zweimal so stark verändert hat wie der Gesamtmarkt. Die tatsächlichen Einzelwerte an den 250 Börsentagen des Jahres können aber weit von diesem Wert abweichen. Der Aussagewert des Betafaktors allein ist deshalb relativ gering.

Aus diesem Grund wird der Betafaktor einer Aktie meist im Zusammenhang mit deren Korrelationskoeffizienten betrachtet. Der Korrelationskoeffizient ist ein statistisches Maß, das angibt, wie stark der Zusammenhang zwischen der Renditeänderung einer Aktie und der Renditeänderung des Gesamtmarktes ist. Mit Hilfe des Korrelationskoeffizienten kann man eine Aussage darüber treffen, ob ein vermeintlicher Zusammenhang zwischen der Änderung der Rendite einer Aktie und der Entwicklung des Gesamtmarktes tatsächlich besteht oder lediglich Zufall ist. Zusätzlich gibt der Korrelationskoeffizient an, ob der beobachtete Zusammenhang positiv oder negativ ist. Der Wert des Korrelationskoeffizienten kann nur zwischen dem Wert +1 und –1 schwanken. Ein Wert von +1 würde bedeuten, dass die Wertänderung der betrachteten Aktie tatsächlich immer zweimal so hoch ist wie die des Gesamtmarktes. Steigt der Wert des Gesamtmarktes um 1 Prozent, so steigt der Wert der betrachteten Aktie um 2 Prozent. Ein Korrelationskoeffizient von –2 würde bedeuten, dass der Wert der betrachteten Aktien um 2 Prozent fällt, wenn der Wert des Gesamtmarktes um 1 Prozent steigt. Bei einem Korrelationskoeffizienten von 0 lässt sich keinerlei Zusammenhang zwischen den Veränderungen am Gesamtmarkt und der Kursänderung der betrachteten Aktien feststellen.

Relative Stärke: Ähnlich wie der Beta-Faktor misst der Relative-Stärke-Indikator das Kursverhalten eines Titels im Vergleich zum Kursverhalten, das durch einen Aktienindex des Gesamtmarktes ausgedrückt wird. Das Ziel dabei ist, zu messen, ob eine bestimmte Aktie stärker oder schwächer als der Gesamtmarkt schwankt.

Die Berechnung des Relative-Stärke-Indikators erfolgt einfach dadurch, dass für einen bestimmten Zeitraum die prozentuale Kursveränderung der betrachteten Aktie und die prozentuale Kursveränderung des Gesamtmarkts errechnet werden und dann das Ergebnis für die Einzelaktie durch das Ergebnis für den Gesamtmarkt geteilt wird. Je größer der errechnete Wert ist, desto stärker schwankt die betrachtete Aktie im Vergleich zum Gesamtmarkt. Errechnet sich beispielsweise ein Wert in Höhe von 1,7, so bedeutet dies, dass die betrachtete Aktie um 1,7 Prozent steigt, wenn der Gesamtmarkt um 1 Prozent wächst. In Zeiten einer boomenden Börse wird also ein Anleger, der Aktien in seinem Depot hält, die eine hohe relative Stärke aufweisen, überproportional von den allgemeinen Kursgewinnen profitieren. Andererseits wird er in Zeiten eines allgemeinen Kursverfalls aber auch überproportional hohe Verluste erleiden.

Der Fiskus liegt immer auf der Lauer

Es gibt viele Möglichkeiten, ganz legal Steuern zu sparen – mit der richtigen Strategie

Die Steuergesetze werden immer komplizierter und die Schlupflöcher immer enger; das Kontrollsystem wird immer engmaschiger und die Strafen für erwischte Steuersünder werden immer härter. Fazit: Schummeln lohnt nicht. Wer dagegen bei seinen Kauf- und Verkaufsentscheidungen immer auch an die steuerlichen Aspekte denkt, kann viel Geld sparen. Und vor allem müssen Sie das Finanzamt dann nicht nur an den Gewinnen beteiligen, sondern können ihm auch einen Teil der Verluste aufbrummen.

Sparer wollen Erträge sehen, Vermögen bilden und für das Alter vorsorgen. Geldanlage ist keine Liebhaberei wie das Sammeln von Briefmarken, von Anstecknadeln oder Bierdeckeln. Doch wo Geld verdient wird, sitzt immer ein ungebetener Gast mit am Tisch: der Fiskus. Egal, ob Sie neu ins Börsengeschäft einsteigen oder schon ein „alter Hase" sind, ob Sie Aktien, Anleihen oder so genannte Derivate kaufen, ob Sie bei der Geldanlage an Ihre Alterssicherung oder an das „schnelle Geld" denken, ob Sie mehr an Kursgewinnen oder eher an stetigen Erträgen in Form von Zinsen und Dividenden interessiert sind – das Finanzamt interessiert sich auch dafür. Ihr Anlageerfolg, die tatsächliche Rendite, hängt daher nicht zuletzt davon ab, ob und wie Sie Ihre Transaktionen (auch) unter steuerlichen Gesichtspunkten optimieren.

Eine solche Optimierung wird nicht nur durch das komplizierte deutsche Steuerrecht erschwert, sondern auch durch eine Fülle von Anordnungen und Erlassen des Finanzministeriums und Entscheidungen der Gerichte.

Besonders wichtig – die Jahre bis 2005

Für Anleger ist es besonders wichtig, die steuerlichen Aspekte der Jahre 2001 bis 2005 genau zu beachten, da es zum Beispiel zwischen „alten" und „neuen" Verlusten oder Dividendenzahlungen große Unterschiede gibt. Dadurch können sich auch Verluste als gewinnbringend erweisen, wenn sie steuerlich geschickt – aber ganz legal – genutzt werden. Bei der Verrechnung alter Verluste müssen Sie beach-

ten, dass sich durch die Umstellung auf den Euro bestimmte Freibeträge oder Freigrenzen geändert haben. Da sie oft pfennig- oder centgenau eingehalten werden müssen, um negative steuerliche Folgen zu vermeiden, sollten Sie nicht einfach alte DM-Werte „über den Daumen“ umrechnen, sondern wirklich genau vorgehen.

Steueroptimierte Geldanlage ist auch deshalb schwierig, weil es in der deutschen Steuergesetzgebung keine Stetigkeit und Verlässlichkeit gibt. Fast in jedem Jahr wird an den Steuergesetzen herumgebastelt. Was gestern noch als gerecht, sozial oder modern galt, wird morgen schon wieder geändert: Um unerwünschte Folgen bestimmter gesetzlicher Regelungen abzumildern, um Arbeitnehmern oder Unternehmern Anreize für bestimmte Verhaltensweisen zu geben, um irgendwelchen Gerechtigkeitsvorstellungen näher zu kommen oder schlicht um die Kassen des Fiskus zu füllen, wird ständig an den Vorschriften herumgebastelt.

Folgen der Steueränderungen für Aktiensparer

Wegen häufiger Gesetzesänderungen und einer Fülle von Gerichtsurteilen ist es oft schwer, unter dem Gesichtspunkt einer – auch steuerlich – optimalen Geldanlage den Überblick zu behalten. Dennoch sollten Sie sich die Mühe machen, hier immer am Ball zu bleiben. Zwar kann bei der jährlichen Steuererklärung spezielle Software wie das „WISO Sparbuch“ oder Ihr Steuerberater dafür sorgen, dass Sie korrekt abrechnen und alle Möglichkeiten nutzen, die der Gesetzgeber jeweils bietet, um die Steuerlast wenigstens etwas zu mildern, da beide die jeweils neuesten steuerlichen Regelungen beherrschen. Doch zu diesem Zeitpunkt ist es für eine optimale steuerliche Gestaltung Ihrer Geldanlagen oft schon zu spät. Die steuerrelevanten Fakten sind durch Käufe und Verkäufe, Freistellungsaufträge oder Werbungskosten schon geschaffen oder versäumt worden. Deshalb sollten Sie sich bereits zu Jahresbeginn oder noch längerfristiger damit beschäftigen, um nichts anbrennen zu lassen.

Wenn Sie dem Fiskus nichts schenken wollen, müssen Sie sich intensiv mit Spekulationsfristen, Dividenden- und Zinsbesteuerung, Freigrenzen, Verlustvorträgen, Halbeinkünfteverfahren und anderen sperrigen Begriffen aus dem Steuerrecht beschäftigen. Sonst könnte es sein, dass der Fiskus mehr Spaß an Ihren Anlageerfolgen hat als Sie selber. Das gilt insbesondere für die Beachtung der Spekulationsfrist auch und gerade bei Verlusten. Den im Jahr 2001 realisierten Verlusten kam dabei eine besondere Bedeutung zu. Vielleicht können Sie immer noch etwas damit anfangen.

Ihre Spekulationsgewinne und die Verluste in den Jahren 2001 bis 2005 sollten Sie unter steuerlichen Gesichtspunkten besonders aufmerksam betrachten. Denn auch „alte“ Verluste können sich dann als Gewinne entpuppen. Die im Juli 2000 beschlossene Steuerreform hat nämlich nicht nur zu einigen sehr deutlichen Veränderungen bei der fiskalischen Behandlung von Kursgewinnen und sonstigen Wertpapiererträgen geführt. Sie ist auch so angelegt, dass Sie in der Übergangszeit bis zur Wirksamkeit aller steuerlichen Änderungen Ihre Steuerlast durch geschicktes Vorgehen unter Umständen deutlich senken können oder dem Finanzamt bei Nichtbeachtung der (natürlich völlig legalen) Gestaltungsmöglichkeiten bares Geld schenken – Geld, das dann für Ihre eigene Vermögensbildung verloren ist.

Achtung Spekulationsfrist

Private Veräußerungsgewinne sind grundsätzlich steuerfrei. Doch davon gibt es – aus der Sicht der Wertpapiersparer und Immobilienkäufer bedauerlicherweise – zwei Ausnahmen: Spekulationsgewinne nach § 23 Einkommensteuergesetz (EStG) und Veräußerungsgewinne beim Verkauf von wesentlichen Beteiligungen an Unternehmen. Nach § 23 EStG gilt als Spekulationsgeschäft:

- Veräußerung von Grundstücken und grundstücksgleichen Rechten, wenn der Zeitraum zwischen An- und Verkauf weniger als zehn Jahre (bis 1999 zwei Jahre) beträgt. Ausnahme bei selbst genutzter Wohnung. Sie kann bei Umzug usw. ohne Beachtung der Spekulationsfrist veräußert werden;
- Veräußerung von Wertpapieren und anderen Wirtschaftsgütern, wenn der Zeitraum zwischen An- und Verkauf weniger als ein Jahr (bis 1999 sechs Monate) beträgt;
- Veräußerungsgeschäfte, bei denen die Veräußerung der Wirtschaftsgüter früher erfolgt als der Erwerb dieser Güter (Verkäufe auf Termin).

Nur wenn eine dieser drei Voraussetzungen erfüllt ist, gilt ein Gewinn als Spekulationsgewinn, der nach dem Einkommensteuergesetz zu den Einkünften zählt und damit steuerpflichtig ist. Der Begriff des Spekulationsgewinns wird also im Einkommensteuerrecht stark eingeschränkt und damit grundsätzlich von Veräußerungsgewinnen unterschieden. So erzielt eine Privatperson, die eine selbst genutzte Wohnung oder Sammler-Briefmarken kauft und nach zehn Jahren zu einem höheren Preis wieder verkauft, lediglich einen Veräußerungsgewinn, aber keinen Spekulationsgewinn. Daher fallen auch keine Steuern an, da diese Gewinne im privaten Sektor grundsätzlich steuerfrei sind.

Über den „strategischen Umgang“ mit Spekulationsgewinnen und Spekulationsverlusten siehe weiter unten.

Big Brother is watching you

Die Kenntnis und Beachtung der steuerlichen Rechte und Pflichten ist aber auch noch unter einem anderen Aspekt sehr wichtig: Lange Zeit haben viele, die sich als „Kleinanleger“ betrachteten, die Versteuerung von Spekulationsgewinnen nicht besonders ernst genommen. Dafür gab es mehrere Gründe. Zunächst fällt es jedem Anleger verständlicherweise schwer, nach einem mit Glück oder Geschick und oft auch Nerveneinsatz erzielten Kursgewinn die Beute mit dem Finanzamt zu teilen. Diese psychologische Hürde wird noch durch eine in der Vergangenheit häufige Annahme vieler Aktiensparer verstärkt. So meinten viele, es sei höchst unwahrscheinlich, dass das Finanzamt bei einem Steuerzahler namens Otto Normalverdiener nach Spekulationsgewinnen fahnde, die dieser in seiner Steuererklärung vergessen haben könnte. Da, wo nur ein simpler Lohnsteuerjahresausgleich vorgenommen wurde, war dies noch unwahrscheinlicher.

Deshalb nahm man Gewinne, die innerhalb der steuerlich relevanten Spekulationsfrist (von früher sechs Monaten, jetzt einem Jahr) erzielt wurden, oft nach dem Motto mit: „Der Kavalier genießt und schweigt.“ Inzwischen hat sich aber einiges geändert. Auch das Finanzamt weiß, dass es heute in Deutschland weit mehr Aktionäre gibt als noch vor zehn Jahren. Es weiß auch, dass viel mehr Geld als früher in Aktien steckt und dass die Zinseinnahmen aus Sparanlagen oder Bundesanleihen, auf welche die Steuereintreiber schon seit langem ein scharfes Auge haben, auch bei Durchschnittsverdienern oft recht beachtlich, in vielen Fällen aber nicht mehr die einzige Quelle für „Einnahmen aus Kapitalvermögen“ sind.

Hinzu kommt, dass die auf ein Jahr verlängerte Spekulationsfrist die Anleger in Zeiten stark schwankender Kurse viel häufiger als früher zwingt, ihre Aktien innerhalb der steuerlich relevanten Zeit zu verkaufen. Denn wer es in kursbewegten Zeiten nicht riskieren will, einen erzielten Spekulationsgewinn wieder aufs Spiel zu setzen, kann oder will mit dem Verkauf oft nicht so lange warten, bis die Ein-Jahres-Frist abgelaufen ist. Am ehemals Neuen Markt, beim TecDAX, aber auch bei Investitionen in die Emerging Markets kann es sein, dass bei Ablauf der Spekulationsfrist der ursprüngliche Kursgewinn schon wieder dahingeschmolzen ist. So ging es beispielsweise den Erstkäufern von Infineon. Wer den hohen Anfangsgewinn nicht möglichst schnell realisierte, stand nach Ablauf der Spekulationsfrist mit einem bösen Verlust da. In einer solchen Situation ist es nur ein schwacher Trost, dass dann auch das Finanzamt leer ausgeht.

Erträgnisaufstellung führt zum „gläsernen Anleger“

Doch nicht nur weil mehr Steuerzahler als früher häufigere und höhere Spekulationsgewinne haben und weil der Staat notorisch leere Kassen hat, achtet das Finanzamt inzwischen stärker auf Wertpapiererträge. Es hat auch weit mehr Möglichkeiten als früher, nicht deklarierte Zinseinnahmen, Dividenden und Kursgewinne aufzuspüren. Das deutsche Bankgeheimnis ist schon lange kein Geheimnis mehr, sondern durchlöchert wie ein Sieb. Die Auskunftspflicht der Banken gegenüber dem Finanzamt ist immer weiter ausgedehnt worden. Der Fiskus kann unter anderem Sammelauskunftsersuchen stellen, bei denen alle Daten zu melden sind, die von steuerlichem Interesse sein können. Ab 2005 müssen die Banken überdies ihren Kunden generell eine Erträgnisbescheinigung ausstellen – deren Vorlage durch den Steuerzahler das Finanzamt dann verlangen kann. Da bleibt kein Cent Gewinn oder Zinsertrag mehr verborgen.

Hinzu kommt, dass die früher in Deutschland übliche, anonyme Inhaberaktie immer mehr der Namensaktie weicht. Diese Papiere werden auf den Namen des jeweiligen Käufers eingetragen. Selbstverständlich findet dieses heute nur noch elektronisch statt. In dem Augenblick, in dem das Finanzamt in diese Aktionärsverzeichnisse Einblick nimmt und die Daten automatisch auswertet, lässt sich leicht nachvollziehen, wer welche Aktien besitzt, wann sie gekauft und verkauft wurden und ob dabei Gewinne oder Verluste angefallen sind. Die Banken sind inzwischen auch verpflichtet worden, Kapitalerträge ihrer Kunden im Rahmen der Freistellungsregelung an das Bundesamt für Finanzmarktaufsicht (BaFin) zu melden. In diesem Zusammenhang geht es auch um eine Aufteilung zwischen Zinsen und Dividenden. Aus entsprechend hohen Dividendeneinnahmen könnte der Fiskus den Schluss ziehen, dass bei einem Steuerpflichtigen mit hoher Wahrscheinlichkeit auch Spekulationsgewinne angefallen sind. Daraus wiederum könnte das Finanzamt den Wunsch ableiten, die ordnungsgemäße Deklarierung dieser Gewinne zu überprüfen.

Der Ehrliche muss nicht dumm sein

Mehr noch: Die Finanzverwaltung hat seit 2002 auch das Recht, direkt in die Datenverarbeitung der Unternehmen Einblick zu nehmen, sofern es sich um steuerlich relevante Vorgänge handelt. Das bedeutet, dass die elektronische Buchführung für den Fiskus zum offenen Geheimnis wird.

WISO rät: Der Fiskus nutzt alle Möglichkeiten, Ihre Einkommensquellen zu erforschen. Nutzen Sie Ihrerseits umgekehrt alle legalen Mittel, um Steuern zu sparen. Bei

der Aktienanlage ist die frühzeitige Beachtung der steuerlichen Vorschriften und Gestaltungsmöglichkeiten besonders wichtig, denn am Ende des Jahres ist es dazu oft zu spät.

Und schließlich haben die EU-Länder bereits im Jahr 2000 im Grundsatz beschlossen, Europa mit einem flächendeckenden Kontrollnetz zu überziehen, um Zins- und Dividendeneinnahmen auch dann lückenlos zu erfassen, wenn Konten im Ausland unterhalten werden. Deutschland und weitere elf EU-Länder melden dann automatisch Informationen über Kapitalerträge auf Konten von EU-Ausländern an deren Heimatländer. Österreich, Luxemburg und Belgien behalten zwar vorerst ihr Bankgeheimnis. Sie erheben dafür aber auf Kapitalerträge von EU-Ausländern eine Quellensteuer, die zu 75 Prozent an das Heimatland des Anlegers überwiesen wird. Sie steigt 2007 von 15 auf 20 Prozent und beträgt ab 2010 dann 35 Prozent.

Selbst nicht der EU angehörende Länder wie die Schweiz oder Liechtenstein können sich dem Druck, ihre Grenzen für Steuerflüchtlinge zu schließen, auf die Dauer immer weniger entziehen. Aber auch ohne die gewünschten Auskünfte aus dem Ausland weiß sich der Fiskus oft zu helfen. Die Steuerprüfung nimmt bei Banken, Sparkassen und Brokern nicht nur Einblick in die Buchführung. Sie hat in den letzten Jahren zunehmend auch die Kundenkarteien durchstöbert. Anschließend wurden Kontrollmitteilungen an die Wohnsitzfinanzämter der Betroffenen geschickt. Diese wiederum konnten dann prüfen, ob die jeweiligen Steuerpflichtigen Dividenden und Spekulationsgewinne deklariert hatten oder ob das Aktienvermögen bei der bis 1996 fälligen Vermögenssteuererklärung berücksichtigt wurde.

WISO rät: Wenn alle Maßnahmen zur Erfassung von Kapitaleinkünften erst einmal umgesetzt sind, ist es für viele Sparer und Anleger, die immer etwas gemogelt haben, vielleicht zu spät, um noch zu einem ehrlichen Steuerzahler zu mutieren. Denn wenn Sie plötzlich deutlich höhere Dividendeneinnahmen, Zinsen und Spekulationsgewinne melden als in vielen Jahren zuvor, müssen Sie dem Finanzamt schon eine plötzliche Erbschaft oder einen Lottogewinn nachweisen, um dies glaubwürdig zu erklären. Abgesehen von allen Fragen rund um Moral und Steuerehrlichkeit empfiehlt es sich also, die steuerlichen Pflichten ernst zu nehmen. Umgekehrt haben Sie aber auch das Recht, Ihre steuerliche Belastung im Rahmen des Erlaubten so gering wie möglich zu halten. Angesichts der auch nach der Steuerreform immer noch sehr hohen, steuerlichen Belastung sollten Sie dieses Recht nutzen. Dabei gilt es allerdings keine Zeit zu verlieren. Einige der steuerlichen Gestaltungsmöglichkeiten sind nur Vorteile auf Zeit.

Das gab's nur einmal: Verluste zählen doppelt

Die verschiedenen Stufen der Steuerreform, die erst 2005 vollendet sein wird, bot und bietet Wertpapiersparern eine ganze Reihe von (zum Teil einmaligen) Möglichkeiten, ihre Steuerlast zu senken. Das gelingt aber nur dann in vollem Umfang, wenn die jeweiligen Termine genau beachtet werden. Wenn Sie über Ihrer Steuererklärung sitzen, ist es dafür oft schon zu spät.

Vor allem 2001/2002 bot die schrittweise Umsetzung der Steuerreform verschiedene Handlungsmöglichkeiten, die spätestens ab 2005 so nicht mehr existieren. Im Folgenden finden Sie deshalb die wichtigsten steuerlichen Regeln und dauerhaften oder zeitweiligen Gestaltungsmöglichkeiten, die jeder Anleger kennen und nutzen sollte. Weil der Gesetzgeber, die Finanzverwaltung und die Gerichte immer wieder für Überraschungen sorgen, gilt hier ganz speziell, was generell für das gesamte Wertpapiergeschäft zutrifft: Eine ständige, aktuelle Information gehört zu den Grundvoraussetzungen für erfolgreiche Börsengeschäfte.

Dividendeneinnahmen: Weil die Körperschaftsteuer auf einheitlich 25 Prozent gesenkt wurde, gibt es für Gewinne, die ab 2001 erwirtschaftet werden, keine Verrechnung mehr mit der Einkommensteuer der Anteilseigner (Aktionäre). Die bis dahin geltende Anrechnung der gezahlten Körperschaftsteuer auf die Einkommensteuer des Aktionärs entfällt. Sie konnte letztmalig für das Geschäftsjahr 2000 angewendet werden. Zum Ausgleich dafür wurde das „Halbeinkünfteverfahren" eingeführt. Das bedeutet, dass nur noch die Hälfte der gezahlten Dividende vom Aktionär versteuert werden muss. Der jeweilige Empfänger der Dividende zahlt nur den seinem Gesamteinkommen entsprechenden Steuersatz.

Achtung: Für Besitzer von **Investmentanteilen** gelten zum Teil abweichende Bestimmungen. Bitte beachten Sie deshalb unbedingt die entsprechenden Hinweise im Kapitel über das Fondssparen.

Die Ausschüttungen für das Jahr 2000 wurden noch nach den alten Regeln besteuert. Erst bei der Steuererklärung für das Jahr 2001 musste endgültig von der Steuergutschrift Abschied genommen werden.

Beispiel: Für 100 DaimlerChrysler-Aktien gab es im Jahr 2000 eine Barausschüttung von 235 Euro plus eine Steuergutschrift von 197 DM. Nach dem neuen Verfahren gibt es nur noch eine Dividende von 235 Euro, von denen aber nach dem Halbeinkünfteverfahren nur 117,50 Euro bei der Einkommensteuer berücksichtigt werden müssen.

Anlagestrategie: Unterschiedliche Behandlung von Zinsen und Dividenden
Das Halbeinkünfteverfahren gilt nur für Dividenden und nicht für Zinseinnahmen. Deshalb sollten Sie die Aufteilung Ihrer Anlagen auf festverzinsliche Papiere und Dividendenwerte überprüfen. Da Sie für Zins- und Dividendeneinnahmen weiterhin bis zu den geltenden Grenzen (ab Steuerjahr 2002 die etwas höheren Euro-Beträge für Ledige/Verheiratete von 1.601/3.202 Euro) Freistellungsanträge stellen können, bedeutet dies, dass Sie als Lediger 3.202 Euro an Dividenden kassieren können (Verheiratete 16.404 Euro), ohne dem Finanzamt davon etwas abgeben zu müssen. Dividendenzahlungen belasten den Freibetrag also immer nur mit der Hälfte des jeweiligen Zahlungsbetrags, Zinsen werden voll angerechnet. Deshalb kann es eine Überlegung wert sein, statt Anleihen Aktien mit hoher Dividendenrendite zu erwerben. Das sind zwar oft Papiere mit wenig „Kursfantasie" – aber das gilt ja auch für Anleihen und macht deshalb diese Papiere für risikobewusste Anleger attraktiv.

Sofern Zins- und Dividendeneinnahmen die im Freistellungsauftrag genannten Grenzen überschreiten, müssen die Banken die darauf entfallende Kapitalertragsteuer nach wie vor direkt an das Finanzamt abführen. Die entsprechenden Beträge werden aber in der Abrechnung, die Sie von Ihrem Kreditinstitut erhalten, aufgeführt und auf die insgesamt für das jeweilige Jahr zu zahlende Einkommensteuer angerechnet.

Spekulationsfrist: Die Frist für die Besteuerung von Spekulationsgewinnen beträgt ein Jahr. Wer nicht mindestens zwölf Monate und einen Tag wartet, bis eine Aktie oder Anleihe mit Kursgewinn wieder verkauft wird, muss den Gewinn voll versteuern. Dabei wird der von der Höhe des persönlichen Gesamteinkommens abhängige Steuersatz angewendet. Da die Einkommensteuern ab 2001 schrittweise gesenkt wurden, konnte es sich lohnen, geplante Verkäufe in das folgende Jahr zu verlegen. Denn dann sank der Eingangssteuersatz gegenüber dem Jahr 2000 von 22,9 auf 19,9 Prozent und der Spitzensteuersatz von 51 auf 48,5 Prozent. Die gleiche Überlegung gilt dann wieder für 2005, wenn der Eingangs- und der Spitzensteuersatz erneut sinken. Aber auch wenn Sie wissen, dass Sie im folgenden Jahr ein deutlich geringeres Gesamteinkommen haben werden und deshalb Ihr persönlicher Steuersatz geringer sein wird, können Sie prüfen, ob es sinnvoll ist, geplante Verkäufe zeitlich so zu disponieren, dass Sie einen maximalen steuerlichen Vorteil daraus ziehen. **Aber Vorsicht:** Wenn in der Zwischenzeit die Kurse deutlich sinken, könnte Ihr Netto-Ertrag geringer sein als bei früherem Verkauf und etwas höherer Steuer.

WISO rät: Überlegungen, wie der aus steuerlichen Gründen optimale Zeitpunkt für einen Verkauf gefunden werden kann, sind nur dann sinnvoll, wenn Sie bei dem jewei-

ligen Wertpapier keine Kursrückgänge befürchten müssen, die den positiven steuerlichen Aspekt überkompensieren. Wenn Sie ohne Furcht vor einem kräftigen Kursrückschlag warten können, bis die Spekulationsfrist von einem Jahr abgelaufen ist, brauchen Sie den Gewinn überhaupt nicht mit dem Finanzamt zu teilen. Es macht aber wenig Sinn, aus reiner „Steuerphobie“ Verluste zu riskieren, die höher sind als die zu zahlende Steuer. Merke: Lieber dem Finanzamt einen Teil des Gewinns gönnen, als nachher auf hohen Verlusten sitzen zu bleiben. Beispiel: Wer im Jahr 2000 aus steuerlichen Gründen mit einem Verkauf bis zur Steuersenkung 2001 zuwartete, hat möglicherweise Kursverluste erlitten, die den steuerlichen Gewinn bei weitem übertrafen.

Halbeinkünfteverfahren: Noch wichtiger als der Zeitpunkt der nächsten Steuersenkung ist die unterschiedliche Behandlung von Gewinnen und Verlusten vor und nach der Einführung des Halbeinkünfteverfahrens. Falls Sie noch Verluste aus den Jahren 2000/01 „besitzen“, sollten Sie prüfen, ob Sie diese nicht mit Gewinnen aus späteren Jahren verrechnen können. Denn Verluste aus der Zeit vor Einführung des Halbeinkünfteverfahrens (also bis Ende des Jahres 2001) können zu 100 Prozent geltend gemacht werden. Dagegen sind Gewinne, die nach dem 1. Januar des Jahres 2002 innerhalb der Spekulationsfrist erzielt wurden und werden, nur noch zur Hälfte steuerpflichtig. Das bedeutet, dass während der Übergangszeit alte Verluste und neue Gewinne unterschiedlich behandelt werden. Das können Sie ganz legal nutzen, um Ihre Steuerlast zu erleichtern. Denn alle bis zum 31.12.2001 innerhalb der Spekulationsfrist realisierten Verluste können nach Beginn des Jahres 2002 einen doppelt so hohen Gewinn steuerlich „neutralisieren“. Die steuerpflichtigen Spekulationsgewinne werden von da an nur noch zur Hälfte der Einkommensteuer unterworfen. Und ganz wichtig: Verluste aus dem Vorjahr können Sie seit Einführung des Halbeinkünfteverfahrens ins nächste Jahr übertragen und mit Gewinnen verrechnen.

Das alles erscheint auf den ersten Blick recht kompliziert, ist es aber gar nicht, wie ein paar Beispielrechnungen zeigen:

Beispiel 1: Im Jahr 2000 haben Sie 100 X-Aktien innerhalb der Spekulationsfrist verkauft und dabei einen Gewinn von 1.200 Euro gemacht. Im gleichen Jahr haben Sie sich von 50 Y-Aktien getrennt und dabei einen Verlust von 1.000 Euro gemacht. Nach der bis Ende 2001 geltenden Regelung bleibt nach der Verrechnung ein steuerlich relevanter Gewinn von 200 Euro, der als Einkommen versteuert werden muss. Wenn Ihr persönlicher Steuersatz bei 35 Prozent liegt, kassiert das Finanzamt 70 Euro.

Beispiel 2: Sie haben im Jahr 2001 jeweils innerhalb der Spekulationsfrist einen Gewinn von 800 Euro und einen Verlust von 1.300 Euro gemacht. Bleiben 500 Euro Verlust, die Sie zwar nicht gegen Einnahmen aus anderen Quellen aufrechnen, aber als Spekulationsverlust auf das folgende Jahr vortragen können. Wenn Sie im Jahr 2002

dann 100 XY-Aktien mit einem Gewinn von 1.000 Euro verkaufen, werden Ihnen davon nach dem Halbeinkünfteverfahren nur 500 Euro als steuerpflichtiger Gewinn angerechnet. Diesen können Sie gegen den im Jahr 2000 oder 2001 erlittenen und ins Jahr 2002 übertragenen Verlust von 500 Euro aufrechnen. Das steuerliche Ergebnis: Null. Das Finanzamt geht in diesem Fall leer aus.

Für die meisten Anleger, die keine offene Rechnung mehr mit dem Finanzamt aus früheren Zeiten haben, ist das „der Schnee von gestern". Aber die Verrechnung von Gewinnen und Verlusten aus Spekulationsgeschäften nach dem Halbeinkünfteverfahren gilt natürlich auch weiterhin, wie das nächste Beispiel zeigt.

Beispiel 3: Sie erzielen im Jahr 2004 (oder in einem späteren Jahr) einen Spekulationsgewinn von 900 Euro. Ein anderes Wertpapiergeschäft endet mit einem Verlust von 600 Euro. In beiden Fällen ist jeweils die Hälfte der Summe steuerlich relevant. Von 450 Euro steuerpflichtigem Spekulationsgewinn können dann 300 Euro realisierter Verluste abgezogen werden. Bleiben 150 Euro Spekulationsgewinn, die Sie zusammen mit Ihrem Jahreseinkommen (zu dem für Sie zutreffenden Steuersatz) mit dem Finanzamt teilen müssen.

Und weiterhin gilt natürlich: Sie müssen Spekulationsgewinne zusammen mit dem übrigen Einkommen versteuern, dürfen Spekulationsverluste aber nicht mit positiven Einkünften verrechnen. Einzige Ausnahme: Verrechnung mit Spekulationsgewinnen. Und einziger Trost: Sie können Spekulationsverluste unbegrenzt auf kommende Jahre vortragen und mit künftigen Gewinnen verrechnen.

Werbungskosten: Durch die Steuerreform wird das bis Ende 2000 geltende Volleinkünfteverfahren auch bei den Werbungskosten durch das neue Halbeinkünfteverfahren ersetzt. Anleger können ab Inkrafttreten nur noch die Hälfte der anlagebezogenen Werbungskosten absetzen. Das sind zum Beispiel Fahrtkosten zur Hauptversammlung oder Schuldzinsen, wenn Wertpapiere auf Kredit gekauft wurden.

Freigrenze: Spekulationsgewinne von weniger als 512 Euro sind auch dann steuerfrei, wenn sie innerhalb von zwölf Monaten nach Erwerb des Wertpapiers erzielt werden. Da das Halbeinkünfteverfahren angewendet wird, bedeutet dies: Seit 2002 hat sich der tatsächliche Betrag auf 1.024,00 Euro verdoppelt, den Sie pro Person ohne Beteiligung des Finanzamtes jährlich vereinnahmen dürfen. Für Ehepaare, die gemeinsam zur Einkommensteuer veranlagt werden, gilt der doppelte Betrag: Solange die gemeinsamen Spekulationsgewinne unter 2.048,00 Euro (davon steuerlich relevant nach dem Halbeinkünfteverfahren 1.024,00 Euro) liegen, greift die Spekulationssteuer nicht.

Achtung: Da es sich um eine Freigrenze und nicht um einen Freibetrag handelt, wird sofort bei Erreichen (oder Überschreiten) dieser Summe die volle Steuer fällig. Sie müssen also darauf achten, dass die steuerfreien Spekulationsgewinne um mindestens 1 Cent unter den jeweils für Sie geltenden Beträgen liegen.

Auch Verluste können manchmal Freude machen

Auch rote Zahlen können Gewinn bringen. Wenn ein Aktiengeschäft nicht so gelaufen ist, wie Sie dies ursprünglich erwartet haben, können Sie die entsprechenden Wertpapiere kurz vor Ablauf der Spekulationsfrist verkaufen und diesen Verlust nutzen, um ihn gegen kurzfristig erzielte Gewinne aufzurechnen. Trennen Sie sich dagegen nur einen Tag nach Ablauf der Frist von den „Luschen", bleiben Sie auf dem vollen Verlust sitzen und müssen den mit einer anderen Aktie innerhalb der Zwölf-Monats-Frist erzielten Gewinn mit dem Finanzamt teilen. Da es Ihnen niemand verbieten kann, den Verlustbringer (vielleicht sogar zu einem niedrigeren Kurs) später wieder zurückzukaufen, wenn Sie ihm in Zukunft wieder Kurssteigerungen zutrauen oder auf eine ordentliche Dividende hoffen, kann es durchaus sein, dass dann Ihre ursprüngliche Gewinnerwartung doch noch aufgeht.

Beispiel: Sie haben 100 X-Aktien kurz vor Ablauf der Spekulationsfrist mit einem Verlust von 1.200 Euro verkauft. Mit anderen Aktien haben Sie im Laufe des Jahres steuerpflichtige Gewinne in Höhe von 3.300 Euro erzielt. Nach Abzug des Spekulationsverlustes von 1.200 Euro bleiben 2.100 Euro Gewinn. Nach dem Halbeinkünfteverfahren müssen Sie davon 1.050 Euro versteuern. Bei einem angenommenen persönlichen Steuersatz von 30 Prozent zahlen Sie 315,00 Euro an das Finanzamt. Hätten Sie die Verlustbringer erst nach Ablauf der Spekulationsfrist verkauft, müssten Sie die Hälfte des Gewinns von 3.300 Euro (also 1.650 Euro) als Spekulationsgewinn versteuern. Das Finanzamt würde dann 495,00 Euro kassieren.

Selbst wenn Sie einmal das gesamte Börsenjahr durch den Verkauf Ihrer „Kellerkinder" mit Verlust abschließen, kann sich das lohnen, weil Sie die roten Zahlen im folgenden Jahr nutzen können, um die Höhe der zu versteuernden Gewinne zu senken. Im Übrigen bleibt es Ihrer Entscheidung überlassen, ob Sie die mit Verlust abgestoßenen Aktien nach einer mehr oder weniger langen Zeit wieder zurückkaufen. Denn wenn Sie nach reiflicher Überlegung zu der Ansicht kommen sollten, dass diese Papiere doch noch eine bessere Zukunft vor sich haben, oder wenn Sie diese Aktien zu einem noch niedrigen Kurs wieder zurückkaufen, beginnt für Sie und das Finanzamt das Spiel von vorne. Wenn Sie sich innerhalb der folgenden zwölf Monate wieder mit Gewinn davon trennen, können Sie diesen mit den alten Verlusten verrechnen. Wenn

Sie länger als ein Jahr mit dem Verkauf warten und es in dieser Zeit mit dem Kurs aufwärts geht, gehört der dann erzielte Gewinn ganz allein Ihnen.

WISO rät: Überprüfen Sie Ihr Depot regelmäßig auch daraufhin, ob für bestimmte Papiere die Spekulationsfristen ablaufen. Warten Sie bei Kursgewinnen mit einem Verkauf, wenn Sie die Chance sehen, über die Spekulationsfrist hinauszukommen, ohne dass es in der Zwischenzeit zu größeren Kursrückschlägen kommt. Bei Aktien dagegen, deren aktueller Wert unter den Kaufkurs gerutscht ist, sollten Sie über einen Verkauf vor Ablauf der Spekulationsfrist nachdenken, wenn Sie die Möglichkeit sehen, damit Spekulationsgewinne steuerlich zu neutralisieren. Wenn die Spekulationsfrist auch nur einen Tag überschritten wird, bleiben Sie auf den Verlusten sitzen, müssen aber eventuelle Spekulationsgewinne voll versteuern.

Beachten müssen Sie allerdings, dass bei jedem Kauf und Verkauf die üblichen Spesen anfallen. Sie dürfen bei Aktien ab 2002 spiegelbildlich zur Besteuerung von Dividenden und Kursgewinnen nur noch zur Hälfte als Werbungskosten steuerlich geltend gemacht werden. (Das lohnt sich nur, wenn der Betrag über der Werbungskostenpauschale liegt.) Es bringt natürlich auf die Dauer auch nichts, wenn Sie ständig Verluste und Gewinne gegeneinander aufrechnen, nur damit das Finanzamt leer ausgeht. Aber es kann Ihnen auch niemand verübeln, wenn Sie das Finanzamt an gelegentlichen Verlusten beteiligen, die entgegen Ihren Hoffnungen und Erwartungen entstanden sind. Der Fiskus hält schließlich auch die Hand auf, wenn Ihre Spekulation aufgegangen ist. Der Fiskus verdient mit, ohne selber etwas zu riskieren.

Seit 2002 rechnet auch der Fiskus nur noch in Euro

Beachten Sie, dass zwar an der Börse der Euro schon seit 1999 als „Hauswährung" verwendet wird, der Fiskus aber erst ab Januar 2002 allgemein und ausschließlich mit Euro rechnet. Seit dem Steuerjahr 2002 müssen alle Steuerzahler in Euro abrechnen, dürfen dafür aber auch die – meist etwas günstigeren – Sparerfreibeträge, Freigrenzen für Spekulationsgewinne oder Arbeitnehmersparzulagen in Euro anwenden. Anleger müssen also unbedingt beachten, dass sie alte DM-Werte nicht immer einfach mit dem allgemeinen Faktor 1,95583 umrechnen können. Sie müssen die vom Bundesfinanzminister „geglätteten" Beträge verwenden. Das ist kein Nachteil, weil die für Sparer und Anleger wichtigen Beträge überwiegend zugunsten der Steuerzahler gerundet wurden. Aber da oft ein Cent darüber entscheidet, ob zum Beispiel bestimmte Freigrenzen angewendet werden oder nicht, sollten Sie nie „über den Daumen" umrech-

nen, falls es um steuerlich relevante Beträge geht, die noch aus den Zeiten der guten alten Mark stammen.

WISO rät: Nehmen Sie Ihre Steuerpflicht ernst. Die Kontrollmöglichkeiten des Fiskus werden ständig verfeinert. Das „Vergessen" von Spekulationsgewinnen ist bei Aufdeckung einer Steuerhinterziehung kein Entschuldigungsgrund. Es wirkt auch nicht sehr überzeugend, wenn Sie Spekulationsgeschäfte erstmals in Ihrer Steuererklärung aufführen, wenn Sie Verluste zu melden haben. Das Finanzamt könnte auf die Idee kommen, etwas genauer nachzusehen, ob Sie nicht schon in den Jahren zuvor Börsengeschäfte gemacht und dabei Gewinne eingestrichen haben, von denen der Fiskus nichts erfahren hat. Und wenn Sie Gewinne melden und versteuern müssen, bleibt Ihnen immerhin ein Trost: Wenn Sie im Jahr danach innerhalb der Spekulationsfrist Verluste machen, können Sie diese steuerlich auf das Vorjahr zurücktragen. Dadurch können Sie die gezahlten Steuern ganz oder teilweise zurückholen.

WISO wünscht Ihnen
eine glückliche Hand an der Börse!

Wir unterstützen Sie mit Informationen
rund um die Geldanlage –
siehe WISO Service und
WISO-Bücher im Überblick.

Tipps können wir Ihnen geben.
Das notwendige Quäntchen Glück,
das zum Erfolg an der Börse auch immer
dazugehört,
müssen Sie selber haben.

Stichwortregister

A

B

C

NYSE

NYSE

WISO Service

Wie kein anderes Verbrauchermagazin bietet das ZDF-Wirtschaftsmagazin WISO eine Fülle von sendungsbegleitenden Informationen – zum Lesen, zum Hören und zum Verarbeiten am PC.

WISO im Fernsehen: Deutschlands bekanntestes Wirtschaftsmagazin können Sie jeden Montag zwischen 19.25 Uhr und 20.15 Uhr im ZDF sehen.

WISO im Videotext: Ab Seite 530 erhalten Sie stets aktuelle Informationen zur Sendung. Sie können den ZDF-Videotext auch über das Internet einsehen unter: www.zdftext.de

WISO im Internet: Unter www.wiso.de erhalten Sie Texte, können Fernsehbeiträge nochmals ansehen, im Chat live während der Sendung Fragen an Experten stellen, aktuelle Zinskonditionen abrufen, die günstigste Krankenkasse recherchieren, Modernisierungsmaßnahmen an Ihrer Heizung planen und Strom-, Telefon-, Mobilfunk- und Internettarife vergleichen. Wenn Sie die Themen der nächsten Sendung schon vorab wissen wollen, können Sie den kostenlosen WISO-Newsletter unter „WISO Kontakt" per E-Mail abonnieren. Außerdem besteht die Möglichkeit, an WISO-Umfragen zu aktuellen Themen teilzunehmen.

WISO als Faxabruf: Die geldwerten Informationen aus der Sendung können Sie auch per Faxgerät abrufen. Eine Übersicht über alle abrufbaren WISO-Texte erhalten Sie unter 0900 1- 25 00 25 (Talkline: 1 Min. = 0,62 Euro aus dem deutschen Festnetz, 3 Seiten).

WISO auf CD-ROM: Mit der WISO Monats-CD erhalten Sie das geballte Knowhow der WISO -Redaktion immer aktuell, umfassend und objektiv. Sie erscheint jeden Monat mit detaillierten Hintergrundartikeln zu den Themen der Sendung sowie nützlichen Versicherungs- und Konditionsvergleichen, aktuellen Urteilen und Checklisten. Die CD-ROM enthält zusätzlich Formbriefe und Mustertexte für den Umgang mit Behörden und Banken sowie nützliche Softwareprogramme und ein Lexikon mit über 1.400 verbraucherrelevanten Begriffen. Einzelne Beiträge können Sie auch online abrufen unter www.monatscd.de. Die WISO Monats-CD können Sie entweder einzeln für 7,41 Euro, im Test-Abo für 10 Euro (3 Ausgaben) oder als Jahres-Abonnement für 70,56 Euro telefonisch bestellen. WISO Service-Hotline: 0180 5/35 45 51 (12 Cent/Min.).

WISO schwarz auf weiß: Informationen zu den Sendungsthemen von WISO und der ZDF- Redaktion Umwelt erhalten Sie auch im WISO Magazin für 4,70 Euro pro Ausgabe oder für 48 Euro im Jahresabonnement. WISO Service-Hotline: 0180 5 / 35 45 51 (12 Cent/Min.).

WISO als Steuerberater: In Zusammenarbeit mit der WISO-Redaktion publiziert das IWW Institut für Wirtschaftspublizistik den monatlich erscheinenden WISO SteuerBrief, in dem Steuer-Themen leicht und verständlich dargeboten werden. Das Abonnement kostet pro Bezugsjahr (12 Ausgaben) 120 Euro inklusive Versandkosten und Umsatzsteuer. Mehr Informationen und ein kostenloses Probeexemplar erhalten Sie unter: 0931/417 04 72 oder www.wiso-steuerbrief.de

WISO als Bookware: Die WISO-Bookware aus dem Softwarehaus BUHL besteht aus PC-Programmen plus einem Begleitbuch. Zur Produktpalette gehören u.a. das WISO Sparbuch (Steuern), WISO Mein Geld (Onlinebanking) und WISO Börse (Finanzsoftware): Die WISO Bookware Sparbuch führt Sie einfach und leicht verständlich durch Ihre Steuererklärung, gibt Tipps zum Steuersparen und druckt die Erklärung abgabereif aus. Die Software von WISO Mein Geld macht Homebanking praktisch, sicher, einfach und praktikabel. Mit WISO Börse erhalten Sie ein Programm für Ihre Börsengeschäfte (beinhaltet Funktionen zum Depotmanagement und zur Chartanalyse, Hilfen für die Fondsauswahl u.v.m.). Informationen gibt es bei der WISO Service-Hotline: 01805/35 45 51 (12 Cent/Min.) oder unter www.buhl.de.

WISO Geld-Tipp: Zu wichtigen Themen produziert WISO monothematische CD-ROMs mit Softwareprogrammen, detaillierten Texten, Musterbriefen, Bildern und Checklisten. Bislang erschienen: Der WISO Geld-Tipp Riester-Rente zeigt Ihnen, wie Sie für das Alter vorsorgen und welche Spar-Strategie für Sie die beste ist. WISO Geld-Tipps erschienen bislang zu den Themen Bewerbung, Gehalt und Steuern. Nähere Informationen: 01805/35 45 51 (12 Cent/Min.) oder unter www.buhl.de.

WISO als Gastgeber: Schauen Sie der bekanntesten deutschen Wirtschaftsredaktion hinter die Kulissen. Nach einer kostenlosen Führung durch das ZDF können Sie anschließend im Studio Platz nehmen, wenn Moderator und Redaktionsleiter Michael Opoczynski drei Millionen Zuschauer zu einer neuen Ausgabe von WISO begrüßt. Bitte melden Sie sich an unter Telefon: 06131/70 49 72.

WISO kontaktieren: Sie haben Fragen zur Sendung, Anregungen für Berichte oder suchen Informationen zu einem Thema? Kontaktieren Sie uns per E-Mail (wiso@zdf.de), Fax (06131/70 55 35) oder postalisch (ZDF Redaktion WISO, 55100 Mainz).

WISO-Bücher im Überblick

WISO Bewerbungsberater
Überzeugende Unterlagen / perfekter Auftritt / Online-Bewerbungen / Networking / Bewerbermessen
herausgegeben von Michael Opoczynski
288 Seiten, Paperback, 2001
ISBN 3-8323-0740-0

WISO Börsen-Buch
Das aktuelle Lexikon der Geldanlage
3., aktualisierte und erweiterte Auflage
herausgegeben von Michael Jungblut
448 Seiten, Paperback, 2001
ISBN 3-8323-0745-1

WISO Clever einkaufen
Schnäppchen finden / Kaufen im Internet / Fabrikverkauf /Preisverhandlungen / Kundenkarten und Rabattsysteme
von Michael Opoczynski
288 Seiten, Paperback, 2004
ISBN 3-636-01132-4

WISO Die richtige Immobilie – suchen, finden, bewerten
Neu oder gebraucht / Anlage oder Selbstnutzung / Lagen prüfen / Umgang mit Maklern /Auslandsimmobilien /Zwangsversteigerungen
von Claudia Krafczyk und Holger Zimmer
287 Seiten, Paperback, 2004
ISBN 3-636-01105-7

WISO Die 99 besten Tipps
Rund um Geld, Familie, Eigentum, Gesundheit
herausgegeben von Michael Jungblut
392 Seiten, Paperback, 2003
ISBN 3-8323-0942-X

WISO Erben und Vererben
Testament / Erbfolge / Pflichtteil / Steuern
4., aktualisierte und erweiterte Auflage
von Michael Opoczynski und Jürgen E. Leske
248 Seiten, Paperback, 2004
ISBN 3-636-01161-8

WISO Euro-Berater
199 Fragen & Antworten rund um die neue Währung
von Michael Jungblut
192 Seiten, Paperback, 2001
ISBN 3-8323-0835-0

WISO Existenzgründung
Business-Plan / Finanzierung und Rechtsform / Steuern und Versicherungen / Checklisten und Adressen
2., aktualisierte und erweiterte Auflage
von Michael Opoczynski und Willi Fausten
304 Seiten, Paperback, 2002
ISBN 3-8323-0848-2

WISO Fondsführer
Aktienfonds / Immobilienfonds / Mischfonds / Indexfonds
Mit Lexikon & Glossar
Ein Ratgeber der ZDF-Wirtschaftsredaktion
von Rudolf Rauschenberger
280 Seiten, Paperback, 2000
ISBN 3-8323-0668-4

WISO Geld-Buch
Einkommen / Vermögensverwaltung / Kredite / Versicherungen / Gewährleistungen
4., aktualisierte und erweiterte Auflage
Ein Ratgeber der ZDF-Wirtschaftsredaktion
herausgegeben von Michael Jungblut
396 Seiten, Paperback, 2000
ISBN 3-8323-0683-8

WISO Gekündigt – was nun?
Formalitäten / Finanzen / Selbstorganisation / Networking / Perspektiven
von Annette Fuß, Anke Trutter und Bettina Blaß
384 Seiten, Paperback, 2004
ISBN 3-8323-1054-1

WISO Immobilienfinanzierung
Kassensturz / Kapitalbedarf / Finanzierungsformen / Förderungen
Mit vielen Checklisten und Rechenbeispielen
4., aktualisierte Auflage
Ein Ratgeber der ZDF-Wirtschaftsredaktion
von Michael Hölting
272 Seiten, Paperback, 2004
ISBN 3-8323-1098-3

WISO Immobilienrecht
Probleme mit: Maklern, Bauträgern, Architekten, Handwerkern
mit vielen Fallbeispielen und Formbriefen
Ein Ratgeber der ZDF-Wirtschaftsredaktion
von Michael Hölting und Ines Gaedtke
304 Seiten, Paperback, 2000
ISBN 3-8323-0625-0

WISO Kinder, Familie, Geld
Geld vom Staat / Weniger Steuern / Erziehungsurlaub / Kindesunterhalt / Stipendien
Ein Ratgeber der ZDF-Wirtschaftsredaktion
herausgegeben von Michael Jungblut
368 Seiten, Paperback, 2002
ISBN 3-8323-0933-0

WISO Krankenkassenberater
Gesetzlich oder privat? / Kassenwechsel / Leistungsvergleiche / Alternative Medizin / Billiger im Ausland? / Pflegeversicherung
2., aktualisierte Auflage
Ein Ratgeber der ZDF-Wirtschaftsredaktion
herausgegeben von Michael Jungblut
328 Seiten, Paperback, 2004
ISBN 3-636-01095-6

WISO Mein Auto
Kauf / Versicherung / Steuern / Mängel / Service
von Thomas J. Kramer
288 Seiten, Paperback, 2002
ISBN 3-8323-0866-0

WISO Mein Recht
Das Wichtigste aus den Bereichen Arbeitsrecht / Mietrecht / Familienrecht / Erbrecht / Verkehrsrecht / Baurecht
von Sigrid Born und Nicole Würth
304 Seiten, Paperback, 2002
ISBN 3-8323-0899-7

WISO Meine Rechte im Job
Vertragsgestaltung / Urlaub / Krankheit / Kündigung / Zeugnis
von Axel Breuckmann und Nicole Würth
296 Seiten, Paperback, 2003
ISBN 3-8323-0944-6

WISO Musterbeschwerdebriefe
Schadenersatzforderungen / Garantieansprüche / Mahnungen / Rechnungskürzungen
mit professionell formulierten Textbausteinen
von Kai Dietrich und Petra Hirscher
240 Seiten, Paperback, 2004
ISBN 3-636-01103-0

WISO Pflegeversicherung
Einstufungen / Leistungen / Streitfälle
von Thomas J. Kramer
264 Seiten, Paperback, 2004
ISBN 3-8323-1066-5

WISO Ratgeber für Behinderte
Pflege / Wohnen / Finanzen / Arbeit / Recht
von Wolfgang Jüngst und Matthias Nick
336 Seiten, Paperback, 2004
ISBN 3-636-01104-9

WISO Ratgeber Haustier
Steuern / Haftung / Versicherung / Tierpension / Mietklauseln
von Sigrid Born und Nicole Würth
264 Seiten, Paperback, 2003
ISBN 3-8323-0943-8

WISO Ratgeber Rechtsstreit

Anwaltssuche / Prozesskostenhilfe / Rechtsschutzversicherung /
Prozesstaktik / Streitschlichtung
Von Axel Breuckmann und Nicole Würth
320 Seiten, Paperback, 2003
ISBN 3-8323-1009-6

WISO Rentenberater

Riester-Rente / Lebensversicherung / Fondssparen / betriebliche Altersvorsorge / Direktversicherung
2., aktualisierte Auflage
herausgegeben von Michael Jungblut
320 Seiten, Paperback, 2004
ISBN 3-636-01130-8

WISO Scheidungsberater

Unterhalt / Sorgerecht / Zugewinnausgleich
Ein Ratgeber der ZDF-Wirtschaftsredaktion
von Sigrid Born und Nicole Würth
3., aktualisierte Auflage
264 Seiten, Paperback, 2003
ISBN 3-8323-1053-3

WISO Sicher im Alter

Gesundheit / Wohnen / Geldanlage / Versicherungen
von Wolfgang Jüngst und Matthias Nick
336 Seiten, Paperback, 2004
ISBN 3-8323-1051-7

WISO Start Up

Die besten Konzepte der erfolgreichen Gründer
von Michael Opoczynski und Frank Thomsen
264 Seiten, Paperback, 2003
ISBN 3-8323-0934-9

WISO Steuerberater 2002/2003

Schenken Sie nichts dem Finanzamt
von Günter D. Alt und Klaus Bothmann
336 Seiten, Paperback, 2003
ISBN 3-8323-0932-2

WISO Vermögensberater

Karriere / Wohlstand / Sicherheit
2., aktualisierte und erweiterte Auflage
herausgegeben von Michael Jungblut
352 Seiten, Paperback, 2001
ISBN 3-8323-0800-8

WISO Versicherungsberater

Finanzielle Sicherheit zum fairen Preis
2., aktualisierte und erweiterte Auflage
herausgegeben von Michael Jungblut
320 Seiten, Paperback, 2003
ISBN 3-8323-1034-7

WISO Vorsorgeplaner

Hinweise für die Nachlassregelung / Formulare für den Todesfall / Entwürfe für Patienten-, Betreuungs- und Organverfügungen / Alle persönlichen Daten im Überblick / Mit vielen Checklisten und Musterschreiben
von Thomas J. Kramer, Karin Meyer-Götz, Heinrich Meyer-Götz
208 Seiten, A4, Ringbindung, 2002
ISBN 3-8323-0869-5

WISO Wirtschaftswissen

Von Abfindung bis Zahlungsbilanz
Ein Nachschlagewerk der ZDF Wirtschaftsredaktion
herausgegeben von Michael Jungblut
552 Seiten, Hardcover, 1999
ISBN 3-8323-0583-1

in Vorbereitung:

WISO Arbeitslosengeld II

von Wolfgang Jüngst und Matthias Nick
ca. 250 Seiten, Paperback 2005
ISBN 3-636-01187-1

WISO Mieten und Wohnen

Verträge / Mängel und Mietminderung / Nebenkosten / Musterbriefe & Checklisten
3., aktualisierte und erweiterte Auflage
von Thomas J. Kramer
ca. 300 Seiten, Paperback, 2005
ISBN 3-636-01175-8

Best of WISO!

Man muss nicht alles wissen – aber man sollte wissen, wo man nachsehen kann. Zum Beispiel in dieser Sammlung der meistgenutzten WISO-Tipps. Hier finden Sie zahlreiche Hinweise, die Ihnen helfen können, Geld zu sparen oder Nachteile zu vermeiden. Sie erfahren, wie Sie sich vor unberechtigten Forderungen schützen und wie Sie sich und Ihre Familien gegen Risiken absichern. Ob es um die Miete oder die Heizkosten geht, um ein Studium im Ausland, die Rente oder Krankenversicherung, eine Scheidung oder Erbschaft: Diese Tipps können Ihnen weiterhelfen.

392 Seiten
Format 14,8 x 21 cm, Paperback
ISBN 3-8323-0942-X
€ 15,90 [D] / sFr 27,50

Michael Jungblut ist Fernsehjournalist, Leiter der ZDF-Wirtschaftsredaktion und Moderator von WISO. Er ist Autor zahlreicher Bücher; für seine Publikationen wurde er mehrfach ausgezeichnet.

REDLINE WIRTSCHAFT